双葉文庫

1964年のジャイアント馬場

柳澤健

序章　力道山の後継者

力道山が殺された。

ヤクザに刺されて一週間後に死んだ。一九六三（昭和三八）年一二月一五日のことだった。

「日本人はこの惑星で最もプロレス好きの国民である」と言ったのは、〝鉄人〟ルー・テーズだが、テーズの言葉通り、日本人はプロレスを深く愛した。

大相撲力士廃業後、ハワイとサンフランシスコでプロレスを学んだ力道山は、シャープ兄弟、木村政彦、ルー・テーズ、フレッド・ブラッシー、ザ・デストロイヤーらと死闘を演じて、日本中を熱狂の渦に巻き込んだ。北は北海道から南は九州、さらには本土返還以前の沖縄、台湾に至るまで、力道山率いる日本プロレスは、全国どこに行っても超満員の観客を集めた。

同年五月に放送されたザ・デストロイヤーとのWWA世界選手権は、関東地区で平均視聴率六三・七パーセント（ビデオリサーチ調べ）を叩き出した。日本テレビはこれを上回る視聴率を、以後一度も記録していない。

力道山は世界最大のプロレスマーケットの支配者だったのである。

力道山亡き後、この巨大なマーケットを我が物にしようと考える人間が現れるのは当然であった。

日系アメリカ人レスラーのグレート東郷《とうごう》は、一九一一（明治四四）年オレゴン州フッドリバー生まれ。本名ジョージ・カズオ・オカムラ。日本名は岡村一夫。父母ともに熊本県出身といわれるが、朝鮮半島出身という噂もある。

一二歳の時にレスリングを始め、プロになったのは一九四〇年。デビュー当初のリングネームは〝タロー・イトウ〟だったが、まもなく〝グレート・トージョー〟に変えた。もちろん東条英機にちなんだものだ。アメリカ人にとっての東条英機はヒットラーと並ぶ大悪人だったから、観客の憎悪を買うにはピッタリだったが、生命の危機を感じたために日本海軍の名提督《ていとく》だった東郷平八郎にあやかって〝グレート・トーゴー（東郷）〟に変えた。

入場の際には相撲の化粧まわしを締め、下駄《げた》を履《は》いてカラコロと音を立てつつ歩いた。リングに上がれば相撲の四股《しこ》を踏み、塩を撒いた。試合が始まると目つぶしなど、悪の限りを尽くしたから、引き揚げる際には前後左右を警官にガードしてもらわなくてはならなかったが、それでも観客からナイフで切りつけられた。

カナダ、ニューヨーク、中西部とアメリカ各地で活躍したグレート東郷は悪役レスラーとして大成功を収め、ロサンジェルスに豪邸を建てた。そればかりではない。牧場やアパート、保険会社、自動車販売会社を経営する実業家としても成功したのだ。

力道山がナイトクラブを皮切りに、常設のプロレス会場リキ・スポーツパレス、当時珍しかったマンションやサウナ風呂を経営し、ビリヤード場とボウリング場を併設したレストランを作り、さらに死の直前には、自動車レース場、射撃場、室内スケートリンク、モーテルが併設された巨大なゴルフ場の建設を計画していたことは広く知られている。力道山はグレート東郷のような実業家になりたかったのだ。

力道山は東郷を深く信用し、日本プロレスのブッカー（外国人招聘《しょうへい》担当）を頼んだ。

有能なブッカーの存在は団体の死命を決する。東郷が連れてくる一流外国人レスラーはプロレス会場に多くの客を呼び込んだから、力道山は東郷に高額のギャランティを支払った。それだけの価値を認めていたということだ。

しかし、日本プロレスとグレート東郷との蜜月《みつげつ》関係は、力道山の死によって突然終わりを告げる。

新たに日本プロレスの舵取り役となったのは豊登《とよのぼり》、遠藤幸吉《こうきち》、吉村道明《みちあき》、芳《よし》の里《さと》の四幹部だった。

力道山がヤクザに刺された時に、たまたま日本にいたグレート東郷は、力道山の入院から葬儀、日本プロレス再出発に至る過程をつぶさに観察した。東郷の目に、豊登ら四幹部は無能に映った。このまま彼らに任せておけば、世界最大のマーケットは崩壊してしまうだろう。そうなれば自分も大きな収入源を失うことになる。

東郷は「これからの方針は俺に一任しろ」と四幹部に言った。

お前たちは何も考えていない。スーパースターの庇護《ひご》の下で怠惰《たいだ》な日々を送ってきたお前たちに、新生日本プロレスを牽引《けんいん》する能力などない。力道山は俺のアドバイスに従って成功した。お前たちも同じようにすれば、きっとうまくいく。

四幹部は慄然《りつぜん》とした。いまや彼らは、これまでに力道山が東郷に支払ってきた莫大《ばくだい》なギャランティの額を知っていた。東郷はカネだけでは満足できず、自分たちの上に立ち、日本プロレスの支配者となろうとしている。

無能な人間ほど嫉妬《しっと》深く、有能な人間を排除するものだ。豊登らはグレート東郷と絶縁することにした。

当時、東京スポーツのプロレス担当記者だった櫻井康雄（故人。二〇一七年四月死去）が、東郷と日本プロレスが絶縁した経緯を次のように説明してくれた。

「東郷が日本プロレスから切られたのは、カネのことよりも、日本プロレスを牛《ぎゅう》耳《じ》ろうとしたことのほうが大きい。日本は非常に大きなマーケットですからね。力道山の死後、ハワイを仕切っていたエド・フランシスが『日本のプロレスの実情を聞かせてほしい』って僕のところに連絡してきたから、会って話をしました。要するにエド・フランシスは、力道山没後の日本プロレスの偵察にきたんです。

少し後の話ですが、デトロイトのジム・バーネットが日本に突然やってきたこともあります。『ちょっと香港に用があったから立ち寄った』と言っていましたが、違いますよ。みんな日本のマーケットを狙っていたんです。

東郷を切る時、社長の豊登は『自分はレスラーだから行かない』と逃げたので、日本プロレスリングコミッション事務局長だった工藤雷《らい》介《すけ》さん（『柔道新聞』主幹）が新橋の第一ホテルにいるグレート東郷のところに最後通牒《つうちょう》を突きつけに行ったんです。『日本プロレスはあなたと切れたい』とね。東郷は『アメリカのレスラーは、もう日本にはこないよ』と言った。手切れ金も渡したでしょうね」

激怒したグレート東郷はすぐにアメリカに戻り、ジャイアント馬場とマネージャー役のフレッド・アトキンスをロサンジェルスに呼び寄せた。

この時の馬場はアメリカ武者修行中。力道山が馬場をロサンジェルスの東郷に預け、東郷がカナダ・オンタリオ州クリスタルビーチに住むフレッド・アトキンスの下に送り込んだ。

六〇年代前半のアメリカンプロレスはまさに絶頂期であり、凄まじい人気を誇っていた。

そんな中、身長二メートル九センチ体重一四五キロ（公称）という日本人離れした体格の持ち主は、たちまち一流のレスラーにのし上がった。

ニューヨークのマディソン・スクウェア・ガーデン、シカゴのアンフィシアター、セントルイスのキール・オーディトリアムといった大会場のメインイベントに何度も出場したショーヘイ・ババは、NWA世界チャンピオンだった〝野生児〟バディ・ロジャースや〝鳥人〟アントニオ・ロッカ、〝金髪の妖鬼《ようき》〟ジョニー・ヴァレンタイン、〝黒い魔神〟ボボ・ブラジル、〝人間発電所〟ブルーノ・サンマルチノ、〝殺人鬼〟キラー・コワルスキーらと連日のように熱戦を繰り広げた。

グレート東郷は、ロサンジェルスにやってきた馬場にこう言った。

「力道山が死んだいま、日本のプロレスはもう終わりだ。お前はアメリカに残って、好きなだけ稼げばいい」

東郷が馬場に提示した契約書には「契約期間一〇年。契約金は一六万ドル（当時のレートで五七六〇万円）、年収は手取り二七万ドル（同九七二〇万円）を保証する」と書かれていた。

一九六〇年代前半の二七万ドルは、現在の貨幣価値に直せば五～六億円にあたるだろうか。当時、年収一〇万ドルを超えるレスラーは、本場アメリカにも二〇人もいなかった。

にもかかわらず東郷は、その三倍近い破格の契約を馬場に提示したのである。

なぜだろうか？

ジャイアント馬場が、グレート東郷が日本プロレスを支配するための鍵《かぎ》となる存在だったからだ。

日本プロレスは外国人レスラーに通常の倍以上のギャラを支払うことで有名だった。アメリカと同じでは、わざわざ遠い日本まできてくれるはずがない。だから、グレート東郷以外のブッカーであっても、カネを出せばこれまで通りに一流レスラーを招聘することが可能だ。

だが、いくら優秀な外国人を呼んできたところで、エースが二流では客はこない。華のない豊登では、力道山の代役は務まらないのだ。

日本で客を呼べるレスラーはただひとり、ジャイアント馬場だけだ。ごく近いうちに、日本プロレスは必ず馬場に帰国を求めてくるに違いない。

そうなる前に手を打つ。

ジャイアント馬場をいち早く長期契約で縛ってしまえば、アメリカと日本の両方で稼げるばかりでなく、ブッカーの地位も簡単に取り戻せる。

メインイベンター馬場と外国人レスラーの両方を握ってしまえば、もはや日本プロレスは自分の意のままに動くほかない――。

グレート東郷は、馬場を手中に収めることで、自分のクビを切った豊登ら四幹部に復讐《ふくしゅう》し、日本プロレス全体を支配しようとしていた。右の計画を遂行するためには、ジャイアント馬場はどうしても手に入れなければならない最重要のピースだった。

そのためにこそ、東郷は馬場に破格のギャラを提示した。さすがというほかないビジネスセンスである。

馬場にとって、東郷のオファーは信じられない好待遇だった。当時の馬場がアトキンスから受け取っていたのはわずか週給一二〇ドル。月収に直せば五四〇ドルと当時における日本の大卒初任給の約八倍にあたるが、アメリカでは決して高給取りとはいえない。日米の経済格差はそれほど大きかった。

二五歳の青年の心は当然大きく揺れ動いたが、その場でサインすることは思いとどまった。

馬場が東郷の計画をすべて見通していたわけではない。しかし東郷は「いま、東郷さんと日本プロレスとの関係はどうなっているんですか?」という馬場の質問に答えられなかった。

いまの自分に大きな価値があることは確かだ。しかし、日本の現状を知らずして、軽々《けいけい》にサインするべきではない。優秀な頭脳の持ち主はそう考えたのである。

「翌日、実にタイミングよく遠藤幸吉からホテルに電話がかかってきた」
馬場は自伝『王道十六文』でこう書いた。遠藤はもちろん日本プロレスからの全権大使である。

馬場は遠藤から日本の現状をじっくりと聞いた。

力道山亡き後の日本プロレスが豊登、遠藤幸吉、吉村道明、芳の里の四幹部による合議制によって運営されていること。日本プロレスはグレート東郷と手を切り、新たにロサンジェルスのミスター・モトとジュールス・ストロンボーのふたりをブッカーに据《す》えたこと、などなど。

なるほど。だからこそドケチで知られる東郷が破格の好条件を提示し、急かすように自分にサインさせようとしたのか。

ようやくすべてが腑《ふ》に落ちた馬場は、一刻も早く帰国してほしいという遠藤の要請を、まだ契約が残っているからとやんわりと断った。

さらに東郷が提示した契約条件を遠藤に伝え「東郷さんはこう言ってくれている。日本プロレスの条件を教えてほしい」と言った。

遠藤は返答に窮《きゅう》した。馬場から条件提示を求められるとは、思ってもいなかったからだ。

契約社会アメリカでトップレスラーにのし上がった男は、もはや自分たちの意のままになる後輩ではなかった。自らの価値をしっかりと認識したタフネゴシエーターに変貌していたのだ。

「少し待ってほしい。必ず好待遇で迎えるから」

遠藤はそれだけを言って帰国した。

まもなく新しい年、輝かしい一九六四年がやってきた。

「日本プロレスが馬場に提示した金額はわかりません。でも、日本プロレスの専務として実務を取り仕切っていた岩田浩さんに聞いたら『東郷以上のものを出さなきゃこないだろう』と（笑）。

いまの情勢では豊登をトップにせざるを得ないが、それに準ずる待遇で迎える。ギャランティも破格の額にする、馬場を力道山の後継者にする、インターナショナルのタイトルも取らせる、と。なにしろ日本プロレスの存亡がかかっていたわけですから」（櫻井康雄）

東郷とアトキンスは馬場をなんとかアメリカに引き留めようと、ビッグマッチを立て続けに組んだ。

二月八日、馬場はデトロイトでルー・テーズとNWA世界タイトルマッチを戦った。

二月一五日、馬場はシンシナティでやはりルー・テーズとNWA世界タイトルマッチを戦った。

二月一七日、馬場はニューヨークのマディソン・スクウェア・ガーデンでブルーノ・サンマルチノのWWWF世界ヘビー級王座に挑戦した。

これまで週給一二〇ドルでこき使っていた馬場に、アトキンスは三試合で七〇〇〇ドル（二五〇〇万円。現在の貨幣価値でおよそ一四〇〇万円）を渡した。

しかし、馬場の心は動かなかった。グレート東郷という男を信用できなかったからだ。

ニューヨークには、ジュールス・ストロンボーと遠藤幸吉がやってきていて、馬場をひったくるようにロサンジェルスまで引っ張っていった。

二月二八日、馬場はフレッド・ブラッシーとWWA世界タイトルマッチを戦った。この試合をアレンジしたのは東郷とアトキンスではなく、ミスター・モトとジュールス・ストロンボーであった。

これが名高い「三大世界王座への連続挑戦」である。

馬場は試合の勝敗などどうでもよかった。

自分は日本に戻るのだ。

力道山の後継者となるために。

目次

第一章　白球の青春

スパイクがなく、野球部への入部を断念

馬場《ばば》正平《しょうへい》の身長が急激に伸び始めたのは、小学校五年生に進級したばかりの頃だった。

両親は心配して医者に診せたが、身体《からだ》に異常はなく、学校の成績も普通だし、心配はいらないと言われて安心した。

一九三八（昭和一三）年一月二三日、雪の深い日に、四人きょうだいの末っ子として生まれた男児は、体重七五〇匁《もんめ》（二・八キログラム）とごく普通の体つき。「正しく、素直に、平和に伸び伸びと育ってほしい」という願いをこめて〝正平〟と名づけられた。

両親は新潟県三条《さんじょう》市で八百屋《やおや》を営み、正平少年は姉ふたりにあやされながら、のんびりとした優しい子に育っていく。

馬場家を悲劇が襲ったのは、正平が六歳の時だった。ガダルカナルに自動車部隊の一員として配属されていた兄の正一《しょういち》が戦死したのである。

一片の公報が届いただけで、遺骨も遺品も何ひとつ戻ってこなかった。

書道の全国大会で賞をもらったこともある優秀な長男に、両親は大きな期待をかけていたから、その分嘆《なげ》きも大きかった。

正平も涙に暮れたが、やがて兄が大切にしていた絵の具箱を見つけて、熱心に果物や野菜の絵を描くようになった。

終戦直前の空襲によって、軍需工場が密集する新潟県長岡《ながおか》は壊滅に近い損害を被《こうむ》ったものの、すぐ隣の三条は幸いなことに一度も空襲を受けなかった。

商売柄、馬場家の食糧事情が悪化することもなく、正平は戦争の苦しさをほとんど知らないまま終戦を迎えた。

三条の町を二分する五十嵐《いがらし》川は、町外れで信濃《しなの》川に合流する。そこには大きな河原《かわら》があった。

正平は家から一キロ足らずの河原まで歩き、川で泳いだり、釣りをしたりして北陸の短い夏を過ごした。泳いだ後は、近所の仲間と一緒に神社で三角ベースをやって遊んだ。時にはスケッチブックを持っていった。

当時の少年の誰もがそうであったように、正平も野球が大好きだった。木や石を毛糸で固く巻きつけ、二枚の布で縫《ぬ》い合わせる。だんだん物資が入ってくるようになり、スポンジボールを買えた時はうれしかった。

身体が大きくなると、病弱な父に代わって家業の八百屋を手伝わされた。

八百屋といっても店があるわけではない。三条、燕《つばめ》、加茂《かも》、長岡、見附《みつけ》にはそれぞれ朝市が立つから、そこに天幕張りの店を出すのだ。自宅から近い三条と燕にはリヤカーを引っ張って歩き、片道一二キロの見附と加茂には自転車にリヤカーをつけ、一番遠い長岡にはカゴを背負って汽車で向かう。

小学生が一日も休むことなく、早朝から家業を手伝ったのだから立派なものだ。馬場はこのリヤカー引きを七年間続けた。

三条市立第一中学校の入学式では、周囲の好奇の目が正平を包んだ。身長が一八〇センチを超えていたからだ。

野球部では主にファーストとして活躍した。相撲でもバスケットボールでも、さらには水泳でも卓球でも正平は誰にも負けなかった。卓球や水泳においては、体格差はさほど重要ではない。馬場正平はただの巨漢ではなく、運動神経抜群の万能選手だったのだ。

三条実業高校工業科に入学した頃、馬場正平の身長はすでに一九〇センチを超えていた。

のちに高校教師たちは日刊スポーツの取材に応じて、入学当初の馬場の様子を次のように語っている。

《入学式の時、とても恥ずかしそうにうつむいて、自分の大きな身体にみんなが注目していることを意識していたようでした。身体検査の時も、身長を測る器械が全然使えず、椅子を持ってきて測ったことを今でも思い出します。》（体育部主任の横山千秋の証言）

《礼儀正しい子で、おとなしい性格の子でした。一年のときなど、クラス対抗のバレーボール試合で、馬場がひとりで得点を稼ぎ、優勝したことを覚えています。》（担任の石黒清の証言。いずれもベースボール・マガジン社のムック『馬場本』より引用）

プロ野球選手への夢を抱いていた馬場は、もちろん野球部に入部しようと考えていたが、大問題が発生した。足に合うスパイクがないのだ。中学までは運動靴でやっていたが、高校ではスパイクが必要だった。

バスケットボール部からも勧誘されたが、シューズがないのは同様だった。

大相撲からも熱心に誘われた。当時大関だった栃錦《とちにしき》（のちの春日野《かすがの》理事長）が、新潟巡業の際にわざわざ自宅までやってきたほどだ。

しかし母親は「息子は相撲取りとボクサーにはしません」と、きっぱりと断った。

エースで四番の三条実業高校時代

結局、馬場は美術部に入った。

悔しかった。スパイクやシューズがないというだけの理由で野球もバスケットボールもできない。自分よりも遙かに下手な連中がグラウンドで走り回り、コーンコーンと心地よい硬球の打球音を高らかに響かせている。

この世とは、なんと理不尽なのだろう。

着物は二反《たん》を使って作らなければならず、靴は次々に履き替えたが、やがて三条の靴屋に置いてある一番大きな一二文《もん》の靴が入らなくなった。

仕方なく特製の下駄を履いたが、夏は裸足で歩くことも多かった。

自分に合う靴がないことは、馬場正平に大きなコンプレックスとなっていた。

そんな時、近くの政友会《せいゆうかい》というキリスト教（モルモン教）の教会の宣教師が靴をくれた。靴の上に履くいわゆるオーバーシューズだったが、正平にはピッタリだった。

このことがきっかけで正平は宣教師と親しくなり、愛と平和を説く言葉に心打たれて入信を決意する。一九五三年の一二月二六日、馬場正平は真冬の五十嵐川に全身を浸して洗礼を受けた。

モルモン教ではアルコール、煙草、カフェインを禁じているから、以後、正平は茶を断ち、日曜日には熱心に教会に通うようになった。

大好きな野球ができず、憤懣《ふんまん》やるかたない馬場に、高校二年の春、救いの手が差し伸べられた。

野球部長の渡辺剛がわざわざ馬場のスパイクを作ってくれたのだ。

《馬場には、一度口にしたら、もうあとには引かないというところがありましたね。スパイクがなくて野球ができないというので、お母さんもかわいそうだったんでしょうけど、自分が言ったんでは馬場は聞くはずがない。そこで、部長に相談したんでしょうね。野球部の方から支援してスパイクを作ってあげるから、野球部に来ないかと勧誘するかたちにしたんです。実際はお母さんがお金を工面したと思います。確か特注のスパイクは燕のほうの靴屋さんで作ったと聞きました。》（同級生の佐藤正司の証言。『馬場本』）

馬場は狂喜乱舞して野球部に入部。初めて硬球の感触を確かめた時は感動した。中学では中越《ちゅうえつ》地区大会の優勝投手となっていた馬場は、入部直後からエースと四番を任された。

それほどの逸材《いつざい》だったのである。

練習試合では投げまくって七戦全勝。一試合に一八個の三振を奪ったこともあった。

全国高等学校野球選手権大会、通称夏の甲子園の予選が近づいていた。

朝日新聞新潟版は、練習試合の結果を受けて「新潟地区の優勝候補は、巨漢馬場投手を擁する三条実業高校」と書いた。

予選一回戦の相手は、練習試合で快勝している長岡工業高校。

好調の馬場は、スコアボードにズラリと0を並べた。しかし、三条実業も点が取れず、投手戦となった。

《試合は0対0のまま九回になった。長岡の投手との投げ合い……僕は延長戦に持ち込む自信はあった。先攻の僕らの攻撃は、三者凡退に終わった。九回の裏二死に持ち込んだが、残念なことに走者を三塁に置いてしまった。もうひとり打ち取ればいい、と、僕は延長戦目指して、力いっぱい外角を目がけて速球を投げ込んだ。しかし、白球は転々とバックネットへと転がっていった。もちろん、長岡のランナーはホームベースを踏んでいた。決して捕手の取れない球ではなかったが……。夢にまで見た甲子園の影がフッと視界から消滅してしまった。悔しかった。》（馬場正平の発言。『プロレス&ボクシング』一九六三年四月号）

だが、実際の試合展開は違った。

《朝日新聞新潟県版の戦評。

三条実業高校時代

「実力では互角で最後まで予断を許さなかったが、長高は七回二死走者一、三塁のとき敵失で一点を拾い勝敗を決してしまった。長高佐々木のインシュートはよく決まり、一方三条実馬場投手の六尺豊かな巨体から繰り出す重い球を両軍打ちあぐみ、貧打戦だった」（中略）

決勝のホームインの写真が、朝日新聞新潟版に載っている。三条実の捕手は、馬場とともにプロ野球に行こうとした高橋伸義だ。

この試合について、馬場の自伝では、長岡工に九回一対〇で惜敗したと書いている。内容も実際の試合とはまったくことなっている。》（広尾晃『巨人軍の巨人馬場正平』）

同書は、「野球人馬場」の足跡を丹念に追った労作である。著者は、馬場が夏の甲子園予選後に行われた、秋季大会での長岡工業高校戦と混同しているのではないか、と推測している。この試合は翌年春に開催される選抜高校野球の選考試合でもあったが、三条実業は九回サヨナラ負けで惜敗している。

甲子園への道が断たれ、落胆する馬場のところに、なんと読売ジャイアンツからスカウトがやってきた。支度金《したくきん》二〇万円、初任給一万二〇〇〇円で入団を誘われた。

一も二もなかった。子供の頃から憧れたジャイアンツが誘ってくれている。しかも二〇万円もくれるというのだ。大卒の上級国家公務員の初任給が九〇〇〇円程度の時代に、そんな大金は見たこともなかった。馬場は即座に中退を決意する。まだ高校二年生の二学期。早生まれの馬場は一六歳だった。

両親は反対しなかった。担任の石黒先生も「正平くんの決心が固いなら、好きな道を進ませたらどうでしょう。卒業して技術関係の会社で細々と仕事をするよりも、かえってよいのではないでしょうか」と賛成してくれた。

正式契約は一〇月七日。馬場正平の巨人軍入団の評判は、あっというまに三条市ばかりでなく、新潟県中に広まった。

馬場が早朝にリヤカーを引いていると、近所の人たちからこう言われた。

「風邪を引いたら大変だから、もうやめろ」

一一月二〇日、馬場は母親のミツとともに、野球部長の渡辺剛に引率されて上京した。持病のヘルニア（脱腸）を手術するためだ。野球をするのに支障はなかったが、再発しては大変と万全を期した。

水原円《のぶ》裕《しげ》（茂《しげる》から改名）監督に挨拶してから東京飯田橋病院に行き、竹村文祥の執刀を受けた。

手術は無事に成功し、馬場正平はいったん帰郷すると、明けて一九五五（昭和三〇）年一月一八日に単身上京して東京巨人軍事務所に入団の挨拶を済ませ、多摩川寮に入寮した。一月いっぱいは多摩川グラウンドでの練習が続き、この年から始まった宮崎県串間《くしま》市のキャンプにも参加した。

胸にはGIANTSのマーク。背番号は59。スパイクもグローブも新品だった。

一九五五年の開幕戦のメンバーは次の通りだ。

一番　レフト　与那嶺要《よなみねかなめ》
二番　セカンド　千葉茂
三番　センター　岩本堯《たかし》
四番　ファースト　川上哲治《てつはる》
五番　ライト　南村侑広《ゆうこう》
六番　サード　広岡達朗
七番　キャッチャー　広田順
八番　ピッチャー　別所毅彦
九番　ショート　平井三郎

ピッチングスタッフは三〇〇勝投手別所のほか、左腕の剛球投手中尾碩志《ひろし》、サイドスローの大友工《たくみ》、完全試合第一号の藤本英雄と盤石の布陣。一七歳になったばかりの馬場正平に、一軍の登板機会などあるはずもなかった。
一九五一年からセ・リーグ三連覇を飾ったジャイアンツは、馬場入団の前年にあたる五四年こそ中日の後塵《こうじん》を拝して二位に終わったものの、この五五年からはセ・リーグ五連覇を果たすことになる。

まだプロ野球が「職業野球」と呼ばれ、大学野球の下に見られていた時代ではあったが、長嶋茂雄（五八年入団）と王貞治（五九年入団）が加入する以前から、すでに読売ジャイアンツは最強チームだったのである。

一年目の登板は二軍でわずか数試合。プロ選手としての体作りが優先された。

夢にまで見たプロ野球生活だったが、イヤなこともあった。多摩川で練習をしていると「馬場、お前は蔵前《くらまえ》（国技館）へ行け！」と心ないヤジが飛んできたのだ。大きな馬場は、広い多摩川グラウンドのどこにいても目立った。

二年目にはスピードもコントロールもつき、コンスタントに勝利を挙げられるようになった。

なんとかプロでやっていける、そんな小さな自信を手にした一九五六年のオフシーズンのことだった。多摩川の合宿所にいた馬場正平の身体に突然、異変が起こった。

死ぬ覚悟で臨んだ開頭手術

視力が急速に落ち、五メートル先にいる人の顔が判別できなくなった。

慌てて合宿所から近い田園調布の病院に行くと、「ウチでは手に負えないから、飯田橋の警察病院に行け」と言われ、警察病院では「あんた、アンマさんになりなさい」と、いきなりひどいことを言われた。

脳にできた腫瘍《しゅよう》が視神経を圧迫し、癒着《ゆちゃく》しているという。

そもそも馬場の身体が並外れて大きくなったのは、脳下垂体《のうかすいたい》にできた良性の腫瘍によって、成長ホルモンが必要以上に分泌されたからだ。子供の頃に発症すれば巨人症となり、大人になってから発症すれば先端巨大症となる。

馬場の脳下垂体にできた腫瘍はだんだん大きくなって視神経を圧迫し、ついに視力にまで影響を及ぼしたのである。

完治の可能性はほとんどなく、死亡する可能性も大きいと警察病院の医師から告げられた。絶望の淵に沈む馬場は、誰の紹介もないままに、東大病院脳神経外科の清水健太郎博士の診察を受けた。

東大病院に日本初の脳神経外科が置かれてから、まだ六年しか経っていない。

清水博士は東大脳神経外科の初代教授であり、すなわち日本最高の権威であった。

清水博士は馬場に手術を勧め、馬場はその場で「お願いします」と返事をした。

《死ぬ覚悟をしましてね。巨人軍の寮に自分の荷物をまとめて、自分が死んだら親が取りにきてもすぐに持っていけるようにしておいて手術をしたんですね。入院する前に、インターンの人に『どのくらい入院するんですか?』と聞いたら、『一年か一年半』と言われたんですよ。》（ジャイアント馬場　NHKラジオ『人生三つの歌あり』）

多摩川グラウンドに立つ馬場

手術は成功した。しかも開頭手術を行ったにもかかわらず、術後一週間で完治したのだ。

手術が一二月二二日。

抜糸が一二月二五日。

退院が一二月二九日。

考えられないスピードである。

《奇跡というものがあるのなら、これが奇跡だと僕は思っていますけどね。》（ジャイアント馬場『人生三つの歌あり』）

退院した馬場は、新年を郷里三条で迎えた。

母校三条実業高校の体育館に足を運び、バスケットボールをやってみた。

大丈夫だ。身体は元通り動かせる。勘も鈍っていない。

東京に戻った馬場は頭に包帯を巻いたまま、一月半ばから多摩川で行われる合同キャンプに参加する。髪の毛も眉毛も剃られていたから、周囲はさぞ驚いたことだろう。奇跡的な回復により、再びプロ野球の世界へと戻ることができた喜びを、馬場はグラウンドで噛み締めていた。

一軍初先発で味わった理不尽な交代

三年目の夏、一九歳の馬場はついに一軍に呼ばれた。

記念すべき一軍での初登板は八月二五日、甲子園球場での大阪タイガース戦。ダブルヘッダーの第二試合だった。

試合は大阪が大量リードしており、馬場は八回裏から、いわゆる敗戦処理投手としてマウンドに上がった。同期入団の森昌彦（現・祇晶《まさあき》）がキャッチャーとしてマスクを被っていた。

最初に対戦したのは、華麗かつ堅実な守備で名高い〝牛若丸〟こと吉田義男。身長一六七センチと、馬場より実に四〇センチ近く低い。

水原監督は、馬場対吉田のデコボコ対決で観客に楽しんでもらおうと考えたのである。

《まるで天井からボールが飛んでくるようだった。ボールが速い上に重い。おまけにコントロールもいいと来ている。僕はまっすぐを詰まらされてセカンドゴロでした。なんで、こんないいピッチャーが一軍で投げてこないんやろうと不思議に思ったことを覚えています。》(吉田義男の発言。『文藝春秋』二〇一二年三月号)

結局、馬場は好調な大阪打線を三者凡退に打ち取り、無事に責任を果たした。

この一九五七年のシーズン、馬場はもう一度敗戦処理で登板し、同様に相手打線を無失点に抑えている。

もはや若き巨漢投手の能力は、疑いようのないものだった。このままシーズン終了まで、馬場は一軍に帯同することになる。

早々にセントラル・リーグの優勝を決めた巨人軍のシーズン最終戦は、一〇月二三日の中日ドラゴンズとのダブルヘッダー。

第一戦に先発したのは、中日ドラゴンズが〝フォークボールの神様〟杉下茂。通算二〇〇勝がかかっていた。

読売ジャイアンツの先発は、一九歳の馬場正平だった。

後楽園球場のスタンドは半分しか埋まっていない。平日昼間に行われる消化試合を見にやってくる観客は、よほどの野球好きだけだった。

外野の芝生が薄い秋の日差しを柔らかくはねかえす中、巨人ベンチでは水原監督とベテラン選手たちが昔話に花を咲かせていた。

第一試合の先発は一九歳の馬場正平。オーダーは次の通りだ。

一番　ショート　広岡達朗
二番　セカンド　内藤博文
三番　ライト　坂崎一彦
四番　レフト　宮本敏雄
五番　センター　岩本堯
六番　キャッチャー　藤尾茂
七番　ファースト　岩下守道

八番 サード 土屋正孝
九番 ピッチャー 馬場正平

全員の名に聞き覚えがあるのは、よほどの野球マニアだけだろう。〝野球の神様〟川上哲治も、この年にセ・リーグの最優秀選手を獲得した与那嶺要も出場していない。

ジャイアンツは明らかにメンバーを落としてきたのである。

しかし、どこか弛緩《しかん》した空気を漂わせる周囲とは異なり、一軍初先発を命じられた馬場は大いに張り切っていた。緊張した面持ちでマウンドに上がると、いきなり右腕をグルグルと五回も回したから、スタンドは大いにどよめいた。

二メートルを超える長身で注目される馬場正平は、前年とこの年、好成績を残してきた。

一軍ではこれまでリリーフで二度登板し、いずれも打者三人を三者凡退、パーフェクトに抑えている。

この日は一軍初先発という大チャンス。しかも魔球フォークボールを駆使する大投手・杉下と投げ合えるのだ。馬場の心は躍った。

馬場の先発は、前日に発表されていた。観客たちの注目は杉下の二〇〇勝よりも、むしろ巨人軍の大巨人・馬場正平に集まった。

主審がプレイボールをコールしたのは午後一二時二分。

緊張していた馬場は初回、いきなり三安打をされて一点を失ってしまう。

しかしなんとか一点でしのぐと、以後は尻上がりに調子を上げていく。角度のあるストレートと落差の大きい縦カーブ、いわゆるドロップに、中日打線はまったく手が出なかった。

一方の杉下も強力な巨人打線をヒット二本に抑えた。馬場は大投手・杉下茂と、堂々たる投手戦を演じていたのである。

馬場は五回表の中日の攻撃も無失点に抑えた。中日のリードはわずかに一点。このまま頑張っていれば、強力な巨人打線が爆発して逆転してくれるかもしれない。そうなれば、勝利投手の権利は俺のものだ。先発ピッチャーの責任投球回数である五イニングを投げ抜いた馬場は、一軍での記念すべき初勝利を頭にちらつかせつつ、上気した顔でベンチに戻ってきた。

しかし、馬場が再びマウンドに立つことはなかった。五回裏、水原監督は憮然とした表情で、打席が回ってきた馬場の代打に、なんと投手の後藤修を送り出した。

　馬場は呆然となった。

「どうして俺が交代なんだ！」

　後続の若手投手たちは、馬場よりもずっと賢明だった。交代した後藤修（のちにゴルフ理論家として尾崎将司や中島常幸を指導）も、そして、ルーキーながらチーム最多勝となる一七勝を挙げて新人王を獲得した藤田元司《もとし》（のちに巨人軍監督）も、この日ばかりは威力のない球を真ん中に集め、結局中日は六、七、八回にそれぞれ三点ずつを追加して一〇対〇で試合終了。杉下は楽々と完封して通算二〇〇勝を達成した。大量得点が入ったにもかかわらず、試合時間は一時間五二分に過ぎなかった。

　ゲームセットからわずか一二分後、慌ただしく第二試合が始まった。巨人は与那嶺と川上を三、四番に置くベストメンバーを組み、別所毅彦、大友工、中尾碩志といった主戦投手

キャッチボールをする馬場正平

たちも揃って登板した。

三日後に行われる日本シリーズの調整のためだ。

結局、一一対四で中日の勝利。乱打戦にもかかわらず、試合時間は二時間二分に過ぎなかった。

試合終了後、優勝セレモニーが行われた。秋の夕陽を受けて光り輝く金色のトロフィーが、セ・リーグ鈴木竜二会長から巨人の中尾碩志主将に手渡され、水原監督は「お陰で優勝できました。ご声援に感謝します」とファンに謝辞を述べた。

ジャイアンツの選手たちはトロフィーを台車に乗せてグラウンドを一周し、観客に手を振って声援に応えた。周囲よりも頭ひとつ大きな馬場正平を間近で見て、スタンドの観客は大いに喜んだ。

以上のような経緯を見れば、水原円裕巨人軍監督が馬場を途中降板させた意図は明白だ。

川上と与那嶺を休ませたのは「勝つ必要はない」と選手たちに伝えるためだ。すでに巨人の優勝は決まっているし、大投手杉下の通算二〇〇勝は、明日の新聞の見出しにふさわしい。記者たちもきっと喜ぶだろう。この第一試合、巨人は勝利を目指さない。中日の勝ちでいい。

要するに馬場正平は、プロ初先発にもかかわらず、初回から敗戦処理投手として使われたのである。

ところが、若い馬場は監督の意図を汲み取れない。ひとり張り切って、中日打線を一点に抑えてしまった。

一点差では何が起こるかわからない。それでは困る。

そこで後藤と藤田に投げさせて試合を終わらせた。真ん中に放っておけばそれでいい。

大巨人・馬場を予告先発させて話題を作り、大投手・杉下茂の通算二〇〇勝で新聞の見出しを飾り、第二試合は日本選手権の調整に使う。ダブルヘッダーをできるだけ早く終わらせて、明るいうちに優勝セレモニーをやってしまおう。

これこそが水原監督の考えだった。

馬場はやるせない思いを抱えたまま、ベンチから試合を見つめていた。

背が高いことで損ばかりしていた

一九五八年シーズンが幕を開けた。

四月五日に後楽園球場で行われた開幕戦で、長嶋茂雄が国鉄スワローズの大エース金田正一に四連続三振を食らっていた頃、二〇歳の馬場正平は、やる気を半ば失っていた。

二軍で結果を残し、一軍で投げてもほとんど打たれていない。

一軍でのこれまでの成績は七回を投げ、二六人の打者と対戦して被安打五。四球はなく、失点は犠牲フライによる一点のみ。防御率は一・二九である。

にもかかわらず、コーチは自分を一軍に上げてくれない。

プロは実力の世界ではないのか？

二〇歳の馬場正平が一軍に上げてもらえなかった理由を、馬場自身は自伝『王道十六文』の中で三つ挙げている。

一つめは、同郷の先輩がいなかったために、引き上げてもらえなかったこと。

二つめは、監督やコーチにお中元やお歳暮を贈るなど、ゴマをするのが下手だったこと。

三つめは、「大男だから足腰が弱い。大男だから粗雑でコントロールが甘い」と決めつけられたことだ。実際には小学校高学年から野菜を満載したリヤカーを引いていた馬場の足腰は強く、制球力も抜群だったのだが。

その一方で、当時、二軍監督をしていた千葉茂は、馬場と比較的仲が良かったにもかかわらず、ピッチャー馬場を酷評している。

《野球をやっとったと言うからユニフォーム着せて練習させたんやが、これがひどいもんやった。一応ピッチャーやっとりましたと言うんで投げさせたら、ゆるい真っすぐと、ドローンとしたブレーキもなんにもないカーブだけや。角度があり、体重が乗っとるからバットに命中しても遠くへ飛ばんのだけが取り柄やったが、チームプレーになったら目も当てられん。バント守備や一塁カバーやらせたら「それ、何のことです？」という感じや。大きな体がグラウンドに転がっとるから、野手と交錯《こうさく》したりして邪魔くさくてしようがない。三塁手がバントを拾うても、一塁手が見えんのやから始末が悪いやないか。》（千葉茂『巨人軍の男たち』）

なんとも辛辣《しんらつ》な言葉が並んでいるが、実際のところはどうだったのだろう？

〝ゆるい真っすぐと、ドローンとしたブレーキもなんにもないカーブだけ〟のピッチャーが、どうして一軍のマウンドに立てるのだろうか？

また、フィールディングが極端に悪かったのであれば、相手チームは必ずやバント攻撃を仕掛けてくるから、馬場は早い回でマウンドから引きずり下ろされていたはずだ。

馬場自身の説明は千葉茂に比べて遙かに強い説得力を持つが、より真実に近い答えは、杉下茂と投げ合った試合翌日の報知新聞のコラム『ペナント』の中に書かれている。

《巨人は二三日の対中日二五回戦に巨漢馬場を起用した。「いくら優勝が決まったからといって、セ・リーグの看板カードに馬場投手を使うとは……」といきまく人もあるかもしれない。優勝は決まったとはいえ、ペナントレースは一戦もゆるがせにはできない。ましてあと三日で日本選手権。いまの巨人はコンディション調整の大事な時期だ。しかし、二万ファンはこの大器の登場を喜び、そしてそのギコチないピッチングに勝敗を度外視して拍手を送ったという。プロ野球は見せる野球だ。いままで必要以上に真剣勝負を強要されてショー要素の少ない日本のプロ野球には、久し振りのタイムリーヒットではないだろうか。》

投手馬場正平は、常に自分の一〇〇パーセントを出して真剣に投げていた。

しかし、二メートルの大巨人が投げるだけで観客は沸き、馬場の意志とはまったく別のところで、真剣勝負たるプロ野球に〝ショー＝見世物〟という雰囲気が漂ってしまう。

さらに異形《いぎょう》の大巨人がひとたびマウンドに上がれば、観客の視線はスター選手の頭上を通り越して、馬場に集中する。

そのことを嫌う人間が、コーチや先輩に多かったのである。

長く多摩川合宿所の寮長を務めた武宮《たけみや》敏明《としあき》は「馬場は巨人時代、背が高いことで損ばかりしとった」と回想している。

繊細な神経の持ち主が、自分を排除しようとする人々の視線に気づかなかったはずはない。

ただ、馬場は認めたくなかった。

子供の頃から憧れた読売巨人軍が、完全なる実力社会ではなく、人間を差別する嫉妬深い人々の集団であったことを。

失意のプロ野球引退

一九五八年の読売ジャイアンツは、開幕から日本シリーズに至るまで、話題に事欠かない一年となった。

開幕戦に三番サードで先発したスーパールーキー長嶋茂雄は、大投手・金田正一の前に四打席連続三振を喫した。しかし、やはり長嶋はただ者ではなかった。

シーズンが終わってみれば本塁打王と打点王の二冠を獲得し、打率もリーグ二位の三割五厘と抜群の成績を残している。

投手では、前年に一七勝を挙げて最優秀新人賞を獲得した藤田元司が二九勝(一三敗)を挙げる獅子奮迅《ししふんじん》の活躍ぶり。

プロ野球新時代の到来を感じさせる長嶋と藤田の活躍によって、ジャイアンツは悠々とセ・リーグ四連覇を果たした。

日本シリーズで対戦するのは三原脩監督率いる西鉄ライオンズである。

ジャイアンツは三連勝して優勝に王手をかけた。ところが、第四戦の雨天順延がライオンズに幸いする。一日の休養が鉄腕稲尾を甦らせ、ジャイアンツは稲尾の鬼気迫る力投の前に四連敗。結局、西鉄ライオンズが球史に残る大逆転で優勝を飾った。あまりにも有名な「神様、仏様、稲尾様」という言葉が、この時に西日本スポーツがつけた見出しに由来することは、案外知られていない。

巨人軍史上最もドラマチックなこのシーズンを、しかし馬場正平は鬱々《うつうつ》とした思いで過ごした。

この一九五八年シーズン、馬場は開幕を一軍で迎えることができなかった。それどころか、一度も一軍のマウンドに立つことはなかった。

ジャイアンツの投手陣が充実していたわけではない。別所毅彦や大友工は盛りを過ぎたロートルだったし、中尾碩志は前年に引退していた。堀内庄《あつし》は一四勝一三敗、安原達佳《たつよし》は一四勝一〇敗である。藤田元司という唯一の例外を除いて、ジャイアンツに確実に勝利を計算できる投手はひとりもいなかったのだ。

馬場にチャンスが与えられなかったのは、その巨体が目立ちすぎ、観客の注目を一身に集めてしまうことが、コーチやベテラン投手たちから嫌われたからだった。

「小さくなれ、小さくなれ」

馬場は毎晩、身長が低くなる奇跡を願い続けたが、朝起きると、身長はやはり高いままだった。

右ヒジに痛みが出て、思うような速球が投げられない時期もあったが、右腕関節部の軟骨除去手術を行って快癒すると、夏の東北・北海道遠征では大活躍。馬場が投げるだけで観客は沸き、行く先々で子供たちに囲まれた。

それでも一軍に呼ばれることはついになかった。

翌一九五九年春の宮崎キャンプには、王貞治が参加した。バッター転向を命じられた王の打撃練習の相手をつとめたのは馬場正平だった。王はその時のことを鮮明に覚えている。

《マウンドに立った馬場投手は、いちだんと大きく見えます。球もまさに二階から投げ下ろされてくる感じです。ただ、バッターに対しては、体を横に曲げて腕を横に曲げて腕を真上から振り下ろすような、オーバーハンドのフォームではなく、どちらかというと、腕が斜め上から振り下ろされるスリークウォーター気味のフォームだったので、威圧感というのはありませんでした。スピードもびっくりするような球速ではなかったと思います。

だけど、ボールの球質はとても重かった。キャッチャーのミットに収まるときの音や、バットに当たったときの感触はそれまで体験したことがないような衝撃で、「これがプロのピッチャーが投げる球か」と驚きました。僕が投げる球よりも、遙かに重い球質だったと思います。》(王貞治の発言。『DVD付きマガジン　ジャイアント馬場　甦る十六文キック』)

球界の紳士たるジャイアンツは、規格外の投手を最後まで冷遇した。馬場正平が翌五九年シーズンに肩の痛みを訴えると、待ってましたとばかりに、シーズン途中の八月に戦力外を通告したのだ。

絶望の淵に沈む馬場に、大洋ホエールズから救いの手が差し伸べられた。声をかけてくれたのは、馬場が巨人に入団した年にヘッドコーチを務めていた谷口五郎だった。

谷口は馬場にこう言った。

「西鉄ライオンズを率いて日本シリーズを三連覇した三原脩監督が、来季からセ・リーグの大洋ホエールズに移ることになった。俺もコーチとして呼ばれた。お前も大洋のテストを受けろ。お前なら必ず合格する」

実に魅力的な誘いだった。

魔術師の異名をとる名将の下で投げまくり、理不尽にも自分を追い出したジャイアンツを見返してやるチャンスなのだ。

明石で行われた一九六〇年の春季キャンプで、馬場は絶好調だった。胸のマークも背番号もないテスト生の立場だったが、前年に全力投球を控えて腕を休ませたこともあり、右ヒジの痛みはすっかり消えていた。馬場は素晴らしい速球を投げ、三原監督は採用の内定をくれた。

ホッとした馬場は、練習が休みの日に宿舎の旅館でのんびりと朝風呂につかった。ところが、朝食前に長湯をしたために、立ちくらみを起こして転倒、ガラス戸に突っ込んでしまった。
《ガシャーンというもの凄い音でした。すぐに誰かがひっくり返ったんだとわかりました。左ヒジも切れていたのかな。それこそ血だらけでしたよ。ガラス戸は粉々になっていましたから。救急車を呼び、数人がかりで馬場さんを運びました。意識はあったみたいですが、とても話しかけられる雰囲気ではなかったですね。》（当時ルーキーだった近藤昭仁の発言。『文藝春秋』二〇一二年三月号）
《救急車に運ばれ、何か体中がだるくなって目をつぶりかけると、救急隊員に『眠っちゃダメだ！』と頬を叩かれた。湯上がりだからかなり出血多量だったらしい。》（ジャイアント馬場『王道十六文』）
電報を受け取った母親のミツが、新潟県三条市から兵庫県明石市まで息せき切って駆けつけると、大切な息子は左腕から肩にかけて二〇数針を縫う重傷を負っていた。
《正平は体中包帯を巻いて大きな体をベッドに横たえていました。しかし、私が行くと元気な声でこう言いました。『心配しないでくれ。いままでの僕は不運すぎた。僕が東京の田園調布の教会にいったとき、神父さんが、どんな不運な者でも最後のチャンスは必ずくる。それを逃がさないことが神様を信じていれば必ず

プロレス入り後、草野球に興じる馬場（1964 年）

できる』と言っていました。父さんに心配するな、とくれぐれも。》（馬場ミツ『プロレス&ボクシング』一九六三年四月号）

二二歳にしてこの落ちつきぶりは、おそらくは信仰がもたらしたものだろう。自分の不運を嘆いてばかりはいられない。脳腫瘍で死を覚悟したことに比べればたいしたことはない。命に別状はないのだから。

一週間の入院で傷はふさがったものの、左ヒジの腱《けん》が切れて、左手の中指と薬指が手のひらについたまま伸びなくなった。これではグローブがはめられない。大洋ホエールズ入団は幻と消えてしまった。

もしこのケガがなければ、三原脩は必ずや馬場を一軍で使ったに違いない。六年連続最下位を続けていた大洋の投手層は極めて薄かったからだ。

魔術師と呼ばれた男はこの年、真の力を発揮する。

一九六〇年の大洋ホエールズは奇跡の快進撃を続け、水原監督率いる巨人を上回ってセ・リーグを制し、日本シリーズでも圧倒的不利の下馬評を覆《くつがえ》して、パ・リーグの覇者大毎《だいまい》オリオンズに四連勝。堂々の日本一に輝いたのである。

ケガさえなければ、馬場正平は奇跡の快進撃を続ける大洋ホエールズのピッチャーとして素晴らしいシーズンを送っただろう。そうならなかったのは、不運としかいいようがない。

ヒンズー・スクワット一〇〇回

しかし、物事は見る角度によってまったく異なるものだ。

馬場の負傷は本人にとっては大いなる挫折だが、日本プロレス界にとっては、まさに僥倖《ぎょうこう》となった。

力道山とはすでに面識があった。一九五八年のオフ、読売ジャイアンツは球団創設二五周年を記念するファンの集《つど》いを新宿コマ劇場で開いた。その時、ゲストに呼ばれてきた力道山が、馬場に「早く野球をやめて俺のところにこい」と声をかけていたのだ。

幼い頃から「相撲取りになれ」と言われ続けてきた馬場は、力道山の誘いをきっぱりと断った。

だが、野球ができなくなってしまえば、何をするあてもない。

家業の八百屋は、一二歳年上の姉が養子をもらって継いでいた。「帰ってきて手伝ってほしい」とも言ってくれた。

しかし、ジャイアンツに入団した時には散々騒がれて上京した。いまさら故郷に帰ることなどできない。「巨人をクビになったから、しっぽを巻いて逃げ帰ってきた」と陰口を叩かれるだけだ。

巨人多摩川練習場のグラウンドキーパーからは「小林正樹監督を紹介するから、映画俳優になれ」と言われたが、どんな役柄を演じさせられるかは自明だった。

新橋のキャバレーからはドアマンになれと言われた。もちろん客寄せのためだ。

巨人軍時代の友人からは、建築中のホテル・ニュージャパンに一緒に勤めようと誘われた。しかし、自分の巨体は目立ちすぎる。キャバレー同様、玄関に立たされて好奇の目を浴びることには耐えられない。

左腕のケガが治ると、ふと力道山の誘いが頭に浮かび、日本橋浪花町《なにわちょう》のプロレスセンター、通称〝人形町《にんぎょうちょう》の道場〟に力道山を訪ねた。一九六〇年三月のことだ。

《一番の根本は巨人軍をクビになった劣等感だな。それで奴らを見返してやりたい。もう一度、日の目を見たいという気持ちが俺の中にあった。それがある時『プロレス』ということになったのかもしれないねえ。突然にですよ。あの時分、俺、多摩川に住んでいたんだけど、東横線に乗ると、俺でかいからね。すごく目立つわけよ。するとね。みんなが……オイあれは巨人軍をクビになった馬場だといっているような気がしてね。実際はそんなことといってやしなかったと思うんだが、すべてそう聞こえちゃうんだな。その劣等感を吹っ飛ばすために何かやってやろう。プロレスだという気持ちだったんじゃないかな。》（ジャイアント馬場の発言。『東京スポーツ』一九八三年四月六日）

力道山はブラジル遠征中で不在だったが、道場にはプロ野球からプロレスに転向した竹下民夫（のちに国際プロレス）がいた。竹下から「プロレスはカネになるよ。豊登の年収は二四〇万円だ」と教えられて、馬場は俄然その気になった。一九六〇年当時の大卒初任給は一万六〇〇〇円ほど。二一世紀の現在なら、年収三〇〇〇万円にあたるだろうか。

力道山が帰国した翌日、馬場は再び人形町の道場を訪ねた。四月一一日のことだ。

力道山は馬場の身体を上から下までじっと見て、「おい、足の運動を五〇回やってみろ」と言った。

足の運動とは、ヒンズー・スクワットのことだ。パンツ一枚になり、見よう見まねで五〇回こなした。

「やるじゃねえか。もう五〇回だ」

元プロ野球選手にとっては、さほど難しいことではなかった。なにしろランニングは死ぬほどやってきた。

「よし、明日からこい」

そう力道山に言われると、すかさず馬場は尋ねた。

「いくらくれますか？」

普通、プロレス入りする若者は、カネのことなど口に出さない。いや、出せないものだ。しかし、馬場はすでにプロスポーツ選手だった。カネをもらえなければ生活ができない。馬場は職業としてプロレスを選んだのだ。大相撲出身の力道山には、そのことが理解できる。

「お前はジャイアンツでいくらもらっていたんだ？」

「五万円です」

「よし、じゃあ五万円出してやる」

月給五万円を年収に直せば六〇万円。現在の貨幣価値では約八〇〇万円。新人レスラーとしては破格の年収である。

もっとも「バカ野郎、試合もしてねえのに冗談じゃねえ」と、すぐに三万円に下げられてしまったのだが。

翌日からトレーニングが始まった。野球の練習とは比べものにならないほどきつい。

しかし、体力でも運動神経でも、馬場は抜群だった。プロレスに必要不可欠の受け身も、先に入ったマンモス鈴木よりずっとうまくできたから、コーチ役の沖《おき》識名《しきな》から褒《ほ》められた。

《プロレスラーとしての修行は想像以上につらいものだが、スポーツマンの馬場君ならきっとやりとげてくれると思う。半年か一年くらいトレーニングをやって、海外遠征にも連れていくつもりだ。日本人でこれだけの体をしているのは珍しい。

野球をやっていたくらいだから運動神経のほうは大丈夫だろう。案外早く試合に出られるかもしれない。》（力道山の発言。『プロレス&ボクシング』一九六〇年六月号）

二メートルを超える巨人。しかも足腰が強く、運動神経抜群のトップアスリート。

そんな日本人など、世界中探したって見つかるはずがない。

その馬場が、いまや俺の手の内にある。月給三万円などタダ同然だ。

早くアメリカに持っていこう。「日本人は小さい」とバカにしているアメリカ人が自分より大きな日本人を見れば、驚愕《きょうがく》するに違いない。

こいつはきっと売れる。もしかしたら凄いカネを生んでくれるかもしれない。

力道山はほくそ笑んだ。

第二章　創造主・力道山

プロレスに賭けた力道山

日本におけるプロレスの原点は、柔道日本一の木村政彦にある。

一九五一年一月、経営に行き詰まったプロ柔道を脱退した木村は、山口利夫《とし お》、坂部保幸《やす ゆき》とともにハワイに飛び、日系人に柔道指導を行い、模範試合を見せた。

木村の人気に目をつけたプロモーターのアル・カラシックがプロレス入りを勧め、木村はプロレスラーへの転向を決意する。

《プロレスでは、勝敗の決定を個人の自由意志で行うということは絶対に許されない。プロモーターの命令通りである。仮にそれに違反するレスラーがいたとしたら、たちまちアメリカ全土のプロモーターに連絡が周り、レスラーは飯の食い上げとなる。要は、いかにしてお客さんを怒らせ、喜ばせ興奮させるかがプロレスラーの生命である。勝ち、負け、というのは、第三、第四の問題であり、最も大切なことは〝芸〟である。つまり、芸の上手か下手かによって収入が多くなりもすれば少なくもなる。芝居の役者同様である。》（木村政彦『わが柔道』）

真珠湾攻撃以来、ずっと身を縮めて生きてきたハワイの日系人たちは、柔道日本一の木村政彦がアメリカ人レスラーを倒す姿に熱狂し、カラシックの懐は大いに潤った。

やがて、カラシックの頭の中に、ひとつの素晴らしいアイディアが浮かぶ。

日本にプロレスを輸出したら？

相撲と柔道の国の人々が「日本人がアメリカ人を倒す」という物語を心から求めていることは明らかではないか。

まもなく、幸運にも日本からプロレスを招聘したいという話がやってきた。

招聘元はＧＨＱ経済科学局長ウィリアム・マーカット少将が会長を務めるトリイ・オアシス・シュライン・クラブ。フリーメイソンの慈善《じぜん》団体である。

カラシックは、片腕のボビー・ブランズや、のちに映画『００７　ゴールドフィンガー』にも出演した日系レスラーのハロルド坂田、そして元ボクシング世界王者でプロレス興行にも出ていたジョー・ルイスらを日本に送り出した。

両国メモリアルホール（旧国技館）で「朝鮮戦争在日国連軍慰問プロレス大会」が行われたのは、一九五一年九月三〇日のことだった。日本プロレス界にとって歴史的なこの日の様子を、早稲田大学レスリング部ＯＢで日刊スポーツ記者の倉岡正は次のように書いている。

《スリルを喜ぶアメリカ人には絶大の人気を博しているプロ・レスリングは日本

ではせいぜいニュース映画くらいでしか接する機会がなかった。しかし、この程在日シュライン・クラブの人々によって、日本不具児童救済資金獲得のために一流のプロ・レスラーが招かれて日本の各地でその豪放な肉弾絵巻を繰り広げたものだ。三十貫《かん》（筆者注・約一一二キロ）近くの『不死身のジャイアンツ』が打つ、殴る、蹴るの乱闘でリングの上をあばれ回るというので、その日の両国メモリアル・ホールはかなりの人気を呼んでいた。

アマチュア・レスリングのみしか知らないわれわれも本場のプロから〝技〟でも学び取ろうと張り切って出かけた。〝百聞《ひゃくぶん》一見《いっけん》にしかず〟のレスリングはまったくの激闘で、殴る蹴る果ては噛みつくリング外に投げ飛ばすというわけで日本レスリング・ファンの度肝を抜いた。

しかし私の期待した〝学ぶ〟ものは得られなかった。知らぬが故《ゆえ》の認識不足であり、本場のレスリングという先入観念が邪魔したようでもある。なる程アメリカでは『スポーツ・ショウの花形』と言われている。そしてテレビのスケジュールには不可欠のプロ・レスリングはその乱痴気《らんちき》騒ぎだけを楽しめばショウに徹したものである。スリルと笑いを盛ったアメリカ人好みのショウである。

スポーツに対する彼我《ひが》の見方に大分開きがあるように、だが日本人にはあまり受けなかったようだ。あくまでも勝敗を問題にする日本人には試合前に約束のしてある八百長のゲームは許されないからだ。古来親しまれてきた国技相撲は三十六俵内で全力を賭した肉弾戦である。緊張した勝負の合間に『初《しょ》っ切《き》り』で肩をほぐすということはあっても、初っ切りだけでは興行にはならないしファンも喜ばない。プロ・レスは一口で申せば大がかりな『初っ切り』である。目新しいプロ・レスリングはしかも世界一流どこのレスラーで華やかにお膳立てしてくれ、

プロレスに転向を決意した直後の力道山
（1951 年）

その後も国内各地でご披露してくれたが日本人ファンは余り『頂かなかった』ようである。この皮肉な成り行きは、やはり国民性の違いによるのだろう。

　しかし商売とはいえ、つくづく『うまいものだ』と思う場面も多い。それよりたわいない笑いに興ずるアメリカ人にも感心させられた。バカ正直な日本人にはあの八

百長はできないだろうし、見物人はあの単純な笑いの中に正直に引きずり込まれても行かないだろう。日本ではプロ・レスリング興行はまだまだ先のことのようでもある。》（『日刊スポーツ』一九五一年一〇月一五日）

観客動員数は期待外れのものであり、盛り上がりにも欠けた。

アメリカのプロレスを直輸入しても、日本人にはまったくウケなかった。

「やはり日本人レスラーがいなければダメだ」

そう痛感したボビー・ブランズは「西洋相撲をやりたい」と申し出てきた元関脇の力道山にプロレスのＡＢＣを教え、即席で地方興行のリングに上げた。地方の観客は大相撲の関脇まで上《のぼ》った力道山のことをよく知っており、大声援を送った。

大卒の新聞記者がどう思うかなど知ったことではない。そもそもプロレスは労働者階級の娯楽なのだ。

日本のマーケットが持つ途方もない可能性を感じ取ったボビー・ブランズは、「俺がお前をスターにしてやる。ハワイにこい」と力道山を誘った。

ハワイに帰ったブランズから詳しく話を聞いたカラシックは、一年間の正式なマネージメント契約を結ぼうという手紙を力道山に送った。

一年かけてプロレスのなんたるかを学べ。日本に帰ったらプロレス興行の会社を作れ。選手は俺たちが送ってやるから、ということだ。

カラシックとブランズにとって、力道山がプロレスラーになり、日本にプロレス団体が誕生すれば、大きな利益を生むことになる。

ハワイの日系人たちは相撲出身の力道山を応援するために会場に足を運んでくれるだろう。アメリカ西海岸のシアトルやサンフランシスコにも日系人は多い。力道山を送り込めばマージンを取ることもできる。日本でプロレスがどれだけ盛り上がるかは未知数だが、うまくいけば大金が稼げる。

当時の旅客機は航続距離が短く、太平洋を渡る際にはハワイで給油しなければならなかった。日本のカネで一流レスラーたちをアメリカ本土から呼べば、行きも帰りもハワイに立ち寄って、ついでに自分たちの興行にも出てもらえる。こんなにうまい話はない。

力士廃業後、タニマチの新田新作《にったしんさく》が経営する土建屋で働いていた力道山にとって、ハワイのプロモーターからの誘いは人生で二度とないチャンスであった。

力道山はカラシックからの手紙をタニマチの新田新作に見せた。

しかし、侠客《きょうかく》上がりの土建屋の社長は、愚《おろ》かにも千載一遇《せんさいいちぐう》のビジネスチャンスに見向きもせず、「プロレスなどやめておけ」と反対するばかりだった。業を煮やした力道山は、横綱千代《ちよ》の山《やま》のタニマチだった永田貞雄《さだお》を口説きにかかった。

「ハワイの連中は俺に期待してくれている。俺にプロレスをやらせてください」

のちに〝興行界のドン〟と呼ばれることになる永田貞雄は、アメリカとのパイプがある以上、力道山のプロレスが成功する可能性は高いと考えた。

永田は新田新作を説得した。「俺たちふたりで日本のプロレスを回していこう。失敗したところで、たいした損にはならないし、うまくいけばとんでもないことになるぞ」と。

こうして、日本にプロレスを立ち上げるという壮大なプロジェクトがスタートした。

一九五二年二月、渡米直前に東京の目黒雅叙園《めぐろがじょえん》で開催された力道山の壮行会は、実に大規模なものだった。

出席者は酒井忠正《ただまさ》（元伯爵、横綱審議委員会初代委員長、元農林大臣）を筆頭に、新田新作（力道山のタニマチ、元新田建設会長、明治座社長）、永田貞雄（日新プロダクション社長）、林弘高《ひろたか》（吉本株式会社社長）、今里広記《ひろき》（日本精工社長）

といった錚々《そうそう》たるメンバーが揃い、角界からは出羽海秀光《でわのうみひでみつ》相撲協会理事長、横綱東富士《あずまふじ》、横綱千代の山ら。さらに作曲家の古賀政男、作家の村上元三《げんぞう》、挿絵画家の岩田専太郎、政界からは〝政界の寝業師《ねわざし》〟の異名を持つ大麻唯男《おおあさただお》代議士ら総勢三〇〇名が集まった。

ハワイで力道山を待っていたのは、ハワイ相撲出身のプロレスラー沖識名だった。

沖識名は食事とランニングとウエイト・リフティング中心のハードトレーニングで力道山の肉体を改造し、スタミナをつけさせた。

しかし、ハワイでプロレスラーデビューを果たした力道山は、まもなくカラシックの指示に従わなくなった。

あらかじめ決められた勝敗も試合時間もまるで無視して、相手を頭突《ずつ》きでノックアウトしてしまう。

カラシックは言うことを聞かない新人レスラーに激怒して契約を打ち切った。

力道山は沖識名の仲介で単身サンフランシスコに渡り、ジョー・マルセビッチの世話になった。

マルセビッチは、プロレス史上初めて世界タッグチャンピオンを興行の切り札にした切れ者だ。NWA世界タッグ王座は一九五〇年四月にサンフランシスコで生まれたが、一カ月後に第二代王者となったのが、有名なベン&マイクのシャープ兄弟である。

「当時、力道山の面倒を見ていたのは、サンフランシスコでスーパーマーケットを営んでいた親父《おやじ》さんです。力道山はずっとサンフランシスコの日本人街に住んでいた。ロサンジェルスにいたことは一切ありません。キンジ渋谷《しぶや》さんに聞いた話ですが、当時のサンフランシスコの稼ぎはロサンジェルスの二倍くらいあったそうです。しかも試合会場は、遠くてもクルマで三時間程度だから日帰りできた」(プロレスライターの流智美《ながれともみ》)

日系人の多いサンフランシスコで力道山は大いにウケ、力道山はマルセビッチと親友になり、日本でプロレスを立ち上げた際にはブッカー(外国人招聘担当)になってもらう約束をした。

力道山が稼いだドルの大半は、その時のためにマルセビッチに預けておいた。外国人レスラーの支払いはドルで行わなくてはならないが、当時は厳しい外貨規制があり、多額のドルを日本に持ち込むことは禁じられていた。力道山は、自分が稼いだドルをプールしておいて、外国人レスラーへの支払いに充《あ》てようとしたのだ。

「昭和の巌流島対決」の真実

力道山は賢明な人間であり、プロレスのことなど何ひとつ知らない日本人にひとつひとつ、噛んでふくめるようにプロレスの楽しみ方を教えた。

力道山はまずタッグマッチから始めた。もちろんサンフランシスコの真似をしたのである。

大きく強いアメリカ人、つまりシャープ兄弟が、柔道日本一の木村政彦を完膚《かんぷ》なきまでに叩きのめす。終戦からまだ一〇年も経っていない一九五四年二月の段階でこの構図を見せられれば、日本人に敗戦の記憶が甦るのは当然である。

しかし、無条件降伏を受け容れざるを得なかった太平洋戦争とは大きく異なり、プロレスのリング上では、たくましい肉体を持つ荒ぶる神である力道山が、大和魂のこもった空手チョップで卑怯なアメリカに制裁を加えたから、観客は大いに溜飲《りゅういん》を下げた。

要するに力道山はこう言いたかったのだ。

「現実世界では決して起こらないことが、プロレスでは起こります。リングの上では、あなたたちの願望が必ず実現するのです。痛快でしょう？　プロレスを見にきませんか？」

潜在的な願望を刺激すれば、人はどんなものでも信じる。

日本人の潜在的な願望とは、首都東京を焼け野原にし、非戦闘員を大量に虐殺し、広島と長崎に原爆を落としたアメリカに復讐したい、というものだ。敗戦によって四等国に成り下がった日本人は、屈辱を晴らす機会を心から求めていたから、新聞記者が「プロレスは八百長だ、芝居だ」と書こうが気にしなかった。

長くアメリカの占領下にあった日本人が決して口にできなかった願望を、目の前で実現させたからこそ、観客はプロレスに熱狂し、力道山はたちまち国民的なヒーローとなった。

しかし、人は飽きっぽいものだ。何度も反復すれば、復讐の物語はたちまち摩《ま》耗《もう》してしまう。

力道山が次に用意した物語は、プロレス日本一を決める「国際重量級レスリング日本選手権」である。

力道山&木村政彦対シャープ兄弟の試合が大成功して以来、日本各地でプロレス団体が続々と誕生していた。熊本で国際プロレス団を旗揚げした木村政彦、そして大阪で全日本プロレス協会を設立していた山口利夫と、力道山はプロレス日本一を懸けて戦った。

力道山と木村政彦との試合は、いまなお語り継がれる伝説の試合である。

通常のプロレスとして始まったものの、途中からリアルファイトになってしまい、結局力道山が張り手（掌底《しょうてい》）の連打と顔面へのキックによって木村を失神KOに追い込むという凄惨な結末を迎えた。

木村は「引き分けになるはずだったが力道山が裏切り、不意打ちを仕掛けてきた」と弁明したが、木村の発言には筋の通らないところが多い。

試合前、木村政彦は新聞記者に次のように話している。

《力道山はゼスチュアの大きな選手で実力はなく、私と問題にならない。今度挑戦したのは力道山のショー的レスリングに対し私の真剣勝負で、プロ・レスに対する社会の批判を受けるつもりで挑戦した。》（『朝日新聞』一九五四年一一月一日）

これは木村の本音であり、試合を盛り上げるためのセールストークでは決してない。「実力がない」と見下された力道山が激怒したのは当然である。

にもかかわらず、木村政彦はショーとしてのプロレスを演じることを望んだ。

木村政彦が、本当に力道山を倒す自信を持っていたのならば、最初から真剣勝負、すなわちリアルファイトで戦えばよかった。一九五九年六月にブラジルバイーア州でヴァルデマー・サンタナと戦ったように。

木村に真剣勝負を挑まれれば、力道山が拒否することは決してできなかっただろう。拒否すれば「逃げた」と言われ、大きなイメージダウンになるからだ。ファンタジービジネスであるプロレスにおいて、イメージダウンほど恐ろしいものはない。

真剣勝負を望まなかったのは、木村政彦自身なのだ。

理由はただひとつ。力道山に勝つ自信がなかったからだ。それ以外には考えられない。

そしてもちろん、力道山は木村に勝つ自信があった。だからこそリアルファイトに踏み込んだのである。

力道山は身長一七六センチ体重一一六キロ（公称）。

木村政彦は一七〇センチ体重八五キロ。

多少サバを読んでいるはずだが、ふたりの体重差はおよそ三〇キロ。桜庭和志《かずし》

（八五キロ）とエメリヤーエンコ・ヒョードル（一〇五キロ）の体重差二〇キロよりも大きいことは間違いない。

さらに当時力道山が三〇歳だったのに対し、木村は三七歳。わずか四年前に力士を廃業した力道山に比べ、木村が本格的なトレーニングをしていたのは兵役に就いた一九四二年初頭にまで遡る。木村は一三年もの間、まともなトレーニングもせず、毎日のように大酒を飲んでいた。

プロレスにはどこか冷めていた木村政彦

残されている試合映像を見れば、両者のコンディションに大きな差があることは歴然としている。

ふたりが立って戦えば、木村政彦が力道山の突っ張り（掌底）に圧倒されるのは自明だ。

木村が勝つためには、寝技に持ち込む以外ない。寝技になれば木村が圧倒的に有利だ。

では、木村はどうやって寝技に持ち込むのだろうか。

タックルするのか？　それとも組みついて投げるのか？

無理だ。もし木村が力道山をテイクダウンできるなら力士になれる。

《地面に足がついていれば、リキは非常に強い。素晴らしいグレコローマンレスラーのようだ。相撲とグレコローマン・レスリングは、本当によく似ているのだ。とてもよいバランスを持っているために、動かすのは大変だった。》（アメリカで出版されたルー・テーズの自伝『HOOKER』）

では、のちにアントニオ猪木がモハメッド・アリと戦った時のように、木村は寝転んだ状態から力道山に勝負を挑むのか？

いや、史上最強の柔道家が満場の観客から非難を浴びる屈辱には耐えられないだろう。なにしろ木村にとって、相手はインチキなプロレスラーであり、「実力はない。私とは問題にならない」のだから。

すべてのプライドを捨てて勝負に徹したとしたらどうか？　たとえば柔道には「草刈《くさか》り」という技がある。自分が下になった状態から、相手の足首かズボンの裾《すそ》をつかみ、バランスを崩して自分が上になる。それを使えばどうか？

無理だ。草刈りもまた、裸体格闘技で使うことは難しい。柔道では圧倒的な強者であり、さらに古流柔術を身につけている木村政彦といえども、柔道着を着ていない相手を下から攻める技術を持っていたとは考えにくい。

結局、木村政彦が力道山を寝技に持ち込むことはできなかっただろう。寝技に持ち込む自信がないからこそ、木村政彦はリアルファイトを避けたのである。

ルー・テーズとの深い信頼関係

一九五四（昭和二九）年一二月二二日の蔵前国技館では、メインの力道山対木村政彦の前座として、力道山の日本プロレスと木村政彦の国際プロレス団の団体対抗戦が四試合組まれた。

選手たちは死にものぐるいで戦い、相撲出身の芳の里は、柔道出身の市川登を張り手一本槍で失神KOに追い込んだ。もちろんリアルファイトである。

結局、団体対抗戦は日本プロレスの二勝二分けに終わった。配下のレスラーを病院送りにされた木村政彦が、控え室に流れる不穏な空気に気づかないはずがない。

そしてメインイベント。試合開始から一五分後、力道山は木村に急所を蹴られたことをきっかけに、ごくあっさりとリアルファイトに踏み込んでいく。一二発の掌底を放ち、さらに七発の蹴りを入れると、木村はもう立てなかった。

わずか一カ月後の一月二六日には、力道山対山口利夫の試合が行われている。日本選手権は二連戦だったのだ。

リアルファイトに踏み込みつつも、木村政彦に負ける可能性などこれっぽっちも考えていない力道山。

「力道山など問題にならない」と広言する一方でショーとしてのプロレスを望み、試合中の力道山の感情の高まりを肌で感じつつも、ついに応戦することができなかった木村政彦。

どちらが真の自信を持っていたかは明らかではなかろうか。

プロレスはもちろんショーであり、柔道は真剣勝負である。

だからといって「裸で戦っても柔道家がプロレスラーより強い」ということにはならない。

柔道は着衣格闘技であり、相撲やレスリングは裸体格闘技である。

着衣格闘技の技術のうち、裸体格闘技に役立つものは意外に少ない。たとえば柔道の投げ技を使って裸の相手を投げることは難しい。柔道衣がなければ、絞め技の多くも使えない。

一方、裸体格闘技の技術は、着衣格闘技に広く応用できる。たとえばレスリングのタックルは柔道でも極めて有効であり、ゆえに現在の柔道では、帯から下に手を触れることを禁止してしまった。

日本人は柔道を愛してレスリングを愛さない。柔道の技術を語る者は多く、レスリングの技術を知る者は少ない。

《レスリングは両方の肩を同時に畳みにつけると勝ちでつけられたほうが負けになる。技もあるにはある、投げることもないではない。関節を逆にすることもあるが、目的は両肩をつけることにあるので、投げそのもの、逆技（関節技）そのものとして成立していないし、従ってその研究ははなはだ幼稚である。要するに力の争いが主で、技の争いと発達していない。サンテルの動作を見てもいかに力の用法が幼稚であるかがわかる。これは米国においても重、中、軽の三種に体重の区別をして同階級の者で試合することでも証明される。体重の差異はつまるところいわゆる力の差異である。（中略）要するに力づくで両肩をつける、これがレスリングだといえる。ところが柔道は投も発達しているし抑えも発達している。絞め技もあり、関節技もあり当て身技もあり。或る場合には武器も使用するのである。技術の内容の広さと深さともに到底比すべくもない。》（講道館の広報誌『有効の活動』）

これは一九二一（大正一〇）年にプロレスラーのアド・サンテルが講道館に挑戦してきた際、講道館の広報誌に掲載された一文だが、日本人の欠点をまことによく表していて興味深い。

裸体格闘技と着衣格闘技の違いもわからぬまま、レスリングには柔道の精緻な技術体系など存在しないと散々にこき下ろしている。もちろんレスリングには精《せい》緻《ち》な技術体系が存在している。日本がロシアの技術レベルに及ばないのは周知の事実だ。「柔道日本一の木村政彦が、たかがプロレスラーの力道山ごときに負けるはずがない」という発想は、一〇〇年近く前に講道館の某氏が書いた妄言《もうげん》から一歩も出ていない。

話が大きく逸れてしまった。

プロレスを見たことがない日本人にプロレスの魅力を伝えるために、賢明なる力道山がどのような手順を踏んだか、という話に戻ろう。

シャープ兄弟との日米対決、木村政彦、山口利夫との日本選手権の次に力道山が進んだのは、シンガポールのキング・コング、インドのダラ・シンとのアジア選手権大会であった。意外にも、力道山はきちんと段階を踏んでいるのだ。

アジア・ヘビー級王者となった力道山は一九五七年一〇月、ついにＮＷＡ世界ヘビー級王者ルー・テーズに挑戦する。

東京の後楽園球場と大阪市北区扇町公園の大阪プールで行われた二連戦はいずれも引き分けに終わったものの、この時に力道山とテーズは深い信頼関係で結ばれた。

幻想の中にあったNWA認定インターナショナル王座

そして一九五八年八月二七日、ロサンジェルスのオリンピック・オーディトリアムにおいて、力道山はついにテーズを破り、ＮＷＡ認定インターナショナル王座を獲得した。

《（ＮＷＡ世界王座をディック・ハットンに明け渡した後）私は自分でタイトルを作り上げた。インターナショナルヘビー級チャンピオン。フリーランサーになった私の行くところ、どこでもそのベルトを巻いていった。（中略）インターナショナルのベルトは日本で一番価値を持った。リキはインターのベルトを熱望した。メジャータイトルは、母国でのステイタスをより高めることができるからだ。だが、リキはまだNWAと話をつけていなかった。そこで、リキと私はツアーを企画した。ロサンジェルスでリキが私のベルトを奪い、ベルトを取り戻すためにリキを追いかけて私が来日する、という手はずだ。ツアーは大いなるビジネスとなり、リキと私は大いに潤った。》（ルー・テーズ『HOOKER』）

要するに力道山はテーズとNWA会長のサム・マソニックに大金を支払い、〝NWA世界王座と同格〟のインターナショナル王者となったのである。

すでに日本テレビでは、隔週金曜夜八時の定期番組『プロレスリング中継』の計画が進んでいた。

街頭テレビの時代からつきあいのある日本テレビの戸松信康プロデューサーは、力道山を「天才的タレント」と高く評価している。

《力道山は、実に熱心にプロレス放送のテレビ効果を見詰めていた。外国選手を招くにしても、試合の取組をつくるにしても（プロレスだから相当の演出はつきものだ)、すべて、テレビ放送をまず念頭において検討した。マッチ・メークには、必ず、私に相談をかけて来た。そして、実に巧妙な組み合わせを作り上げた。カメラの位置、アナウンスメントや解説についても、希望を申し述べるとともに、あらかじめ研究して、テレビの諸データに合致するような試合展開を心がけてくれた。力道山がコーナーやロープワークを使って攻撃をかけるめざましい動きの映像は、ありありと私の眼底に残っている。全く傑作の絵であった。また、力道山はリング上でよく上を見たが、あれはライトを確かめる動作であった。試合が終わると、深夜でも、必ず私のところに電話してきた。「今夜のテレビ効果はどうでした。視聴者は満足しただろうか」と。》(田鶴浜弘『日本プロレス30年史』)

一九五八年八月二七日に力道山がテーズを破って獲得したインターナショナル王座のベルトは、九月五日から日本テレビでスタートする『プロレスリング中継』のために力道山が発注したものだ。

テレビの普及は急速に進み、すでに一〇〇万台を突破していた。金曜夜八時というゴールデンタイムにお茶の間に届けられるプロレス中継番組の主役は、偉大なる世界の王者でなければならない。それを証明するものが、インターナショナル王座のベルトであった。

ワールドリーグ戦開催のために自宅を担保に入れた

同じ頃、力道山は大きな転機を迎えていた。

タニマチの新田新作が急死し、日本プロレス界の実質的なボスであった永田貞雄も手を引いた。

日本プロレスの現場監督に飽き足らなくなった力道山が、興行収益とテレビの放映権料をすべて自分のものにしようと独立を望み、飼い犬に手を噛まれて腹を立てた永田が去った、ということだ。

それでも永田は、最後にひとつだけ力道山に手を差し伸べてやった。地方興行のやり方がわからない力道山のために、浪曲の地方巡業を熟知するベテラン社員の加藤昭を、日本プロレス興業に出向させたのだ。

爆発的なブームが去ったプロレスには、批判の声が大きくなっていた。アメリカ軍の立川基地拡張反対運動から起こった砂川事件以降、反米反政府運動は次第に熱を帯びた。

評論家の大宅壮一《おおやそういち》に代表される知識人は「テレビとプロレスは一億総白痴《はくち》化の尖兵《せんぺい》であり、日米両政府による愚民化政策の一環である」として、低俗でアメリ力的なプロレスをこぞって批判していたのである。

力道山が苦労して手に入れたインターナショナルのベルトも、すぐに観客に飽きられてしまった。NWA王者と同格になってしまえば、それ以上はない。

さらに〝鉄人〟ルー・テーズの試合を見てしまえば、ほかの外国人レスラーは貧弱に見え、日本人＝正義の味方、外国人＝悪役という単純な構図も通用しなくなった。

プロレス人気の落ち込みは、なべ底不況と呼ばれる不況も重なって一年以上も続いた。

興行界のドンである永田貞雄と袂《たもと》を分かち、日本テレビおよび三菱電機と組んだ力道山は、テレビ向けの斬新な企画を必要としていた。

力道山は永田貞雄の部下である加藤昭に「何かいい企画はありませんか？」と相談した。

加藤は即答した。

「ウチの社長の浪曲大会の真似をすることです」

《永田貞雄が編み出したのが、かたちを変えた浪曲大会である。それは大看板を座長に一座を組むのではなく、当代売れっ子の浪曲師を結集して大会場を中心に全国を回るという画期的な興行であった。一流浪曲師を総出演させるこの新しい浪曲大会方式は、当然のことながら大ヒットした。公共施設や大劇場に数千人単位のファンが押し寄せた。》（猪野健治『興行界の顔役』）

「世界各国からトップクラスのレスラーを六、七人招いて、全国各地で長期間にわたる総当たりのリーグ戦を行い、世界一のレスラーを決めよう」という加藤の提案に、力道山は一も二もなく同意した。

こうして誕生したのが、ワールドリーグ戦である。

だが、アメリカで充分稼げる一流レスラーは極東の島国への長期遠征を好まず、ファイトマネー以外にも飛行機代、滞在費、国内の移動費に途方もないカネがかかる。

それでも力道山は自宅を担保に入れ、不退転《ふたいてん》の決意でワールドリーグ戦の実現に踏み切った。

第一回ワールドリーグ戦は、一九五九年五月二一日に東京体育館で開幕し、六月一五日の最終戦（東京体育館）まで、二六日間にわたって全国をサーキットするというスケールの大きなものだった。

各地の興行主たちはこの壮大な計画を大いに気に入り、興行日程はたちまちのうちに確定した。前売り入場券も好調そのもの。力道山の大バクチは大吉と出たのである。

《東京シリーズ二日間を終わって私は、涙が出そうに嬉しかった。『私もこれで首をつらんですむな』とウチの連中にいったが、これは私の偽りのない気持ちだった。私はこのリーグ戦に私のレスラーとしてのすべて、プロモーターとしてのすべてを賭けていたのだ。開幕の前夜には気になって一睡もしていない。〃もしプロレスリングの人気がなくなっていたら〃そう考えると眠れなかったのである》(力道山『空手チョップ世界を行く〜力道山自伝』)

来日レスラーの中で最も話題を呼んだのは、ドイツ代表の〃赤覆面の悪魔〃ことミスター・アトミックだった。長身の割りにスピードがあり、パンチやマスクに凶器を仕込んだ反則の頭突きは、大いに話題を呼んだ。

さらに〃マットの魔術師〃エンリケ・トーレスが見事な技を披露し、ジェス・オルテガやキング・コングも超重量級のぶつかりあいで観客を圧倒した。

ワールドリーグ戦が終わると、成績上位の外国人レスラーが残って約一カ月間のアンコール興行〃選抜戦〃が行われ、最終戦の田園コロシアムでは力道山の持つインターナショナル王座にミスター・アトミックが挑戦。勝利した力道山がアトミックの覆面を剥ぎ取って素顔をさらし、大団円となった。

《元来、この興行は進退の十字路にたった力道山の放った乾坤一擲《けんこんいってき》の大勝負だったのだが、さて幕をあけるとどの試合も満員札止め、延べ一八万人からの観衆を動員したのだから、一億数千万円の興行水揚げがあがったはず（筆者注・現在の貨幣価値に直せば約一〇億円）。そんな勘定はともかくとして、こうした大成功の結果、〝世界大リーグ戦〟という世界プロレス史上エポック・メーキングな大胆極まる、このこころみはついに成功した。》（田鶴浜弘『週刊ファイト』一九五九年七月一日号）

「堕落」こそが観客を会場に引き寄せた

これまで力道山が見せてきたのは「日本がアメリカに復讐する」「日本人が世界最強の男になる」という単純な物語に過ぎなかった。

しかし、シャープ兄弟から五年の歳月を経て、日本のプロレスは大きく進化した。

ワールドリーグ戦は、様々なキャラクターが激しくぶつかりあいつつ、充分に練られたストーリーラインを演じるエンターテインメントに変貌していたのだ。

プロレスは、もちろんプロフェッショナル・レスリングの略である。

しかし、力道山の空手チョップも大木金太郎の原爆頭突きもジャイアント馬場の十六文キックもアントニオ猪木の延髄斬りも、ドロップキックもウェスタンラリアットもシャイニング・ウィザードも、さらにいうならば凶器攻撃も嚙みつきも、スポーツとしてのレスリングとはまったく関係ない。

プロレスが組技格闘技であるレスリングに縛られることなく、自由な発想で観客を楽しませるようになったのは、一九三〇年代前半からだった。

取っ組み合うだけでは面白くない。殴っても蹴っても嚙みついても目つぶしをしてもいい。観客を喜ばせるためなら何をやってもいい。ただし相手を傷つけない範囲で、ということだ。

ロサンジェルスの新聞社に勤務し、近衛《このえ》文麿《ふみまろ》のブレーンでもあった国際ジャーナリストの四至本《ししもと》八郎《はちろう》(怪獣博士として知られる大伴《おおとも》昌司《しょうじ》の父でもある)が、一九三八(昭和一三)年五月四日付の読売新聞に寄せたプロレス紹介記事は、アメリカンプロレスが変化していく様子を的確に伝えていて興味深い。

《六年ぶりに見たアメリカのプロ・レスリングは? と聞かれたら、僕は即座に

「堕落したことだ」と答えるに躊躇しない。わずか六年の間だが斯界《しかい》はまったく一変している。古くギリシャ、ローマの時代から伝来する「キャッチ・アズ・キャッチ・キャン」のレスリングの手はほとんど忘れられがちだ。殴る蹴る、リング外にかつぎ出す、果ては噛みつくといった騒ぎで、泥中試合もあり、わざわざ泥を塗って女までもがやったり、およそ人間闘争のあらゆる醜態を暴露している。それをまたヤンヤの拍手で平気で見ているヤンキーも実際相当なものだ。

僕はサンフランシスコに上陸第一歩のその夜、友人に連れられてそのレスリング・ショーを見せてもらって驚きの目を見張ったが、それにもまして驚嘆《きょうたん》させられたのは、金切り声の声援がワンワン起こっていることだ。まったくヤンキー・ガールの度胸には呆れるほかない。

しからばわずか六年間に、どうしてレスリングはこんなに堕落してしまったかと、今さら詮議だてしても張り合いのないことだが、実をいうと六年前、僕が在米当時からすでにその兆候は現れていたことも事実である。それは、アメリカの秋のスポーツ界の王座を占めるフットボール・プレイヤーのレスリング界転向がその端緒であるといえる。

カレッジで鳴らしたプレイヤーが学校を卒業しても仕事がなかったり、また身に覚えのある彼らは、つい社会に出てもイージー・ゴーイングに堕《だ》してしまうものだ。そしてレスリング界に飛び込んで一花を咲かすべくチャンスを待つということになる。このために従来人気をボクシングに奪われて八百長だらけの不人気なプロ・レスリングが急に活気づいてきた。今までの欧州移民や老人たちのファンに若いカレッジ・ボーイズやガールズがついてきたのだ。

そしてレスリングそのものにも、フライング・タックルの如《ごと》き新手が加わり、古顔のルイス（エド・ストラングラー・ルイス）、ロンドス（ジミー・ロンドス）などの如きレスラーに恐慌を来たさしめたものだ。フットボール上がりのソネンバーグ（ガス・ソネンバーグ）、ダン・ジョージ（エド・ダン・ジョージ）などの選手が雨後《うご》の筍《たけのこ》のごとく続出して、その覇権を奪い取ってしまったのである。乱暴なタックルが人気に投じ、ついに殴る蹴るといったボクシングにも見られぬワイルドに陥ってしまったのである。》

プロレスがスポーツとはまったく関係のない純然たるエンターテインメントに生まれ変わったことを、インテリである四至本八郎は「堕落」と呼んだ。だが、その「堕落」こそが、多くの観客をプロレス会場に引き寄せたのである。ならばそれは堕落ではなく、進化ではないのか？

もちろんアメリカのプロモーターたちは「進化である」と考えた。彼らにとって、客を呼ぶものはすべて善であり、そうでないものはすべて悪だからだ。

初期の力道山は「強い者が勝つのがプロレスだ」と考えていた。いわば〝一九二〇年代以前の古いタイプのプロレスラー〟だったのである。

しかし、その考え方では、もはや客が呼べなくなってしまった。プロモーター力道山はついに自説を曲げ、キャラクターを重視する最新流行のアメリカンプロレスを受容することにした。

その大いなる成果が、第一回ワールドリーグ戦の大成功だった。

当時のプロレスは、まだ年間スケジュールを持っていなかった。

〝黒い魔神〟ボボ・ブラジルや〝鉄人〟ルー・テーズを招聘した興行は大成功を収めたものの、試合と試合の間隔が空くことも多く、その空白がプロレス人気低迷の要因ともなっていた。

ワールドリーグ戦の大成功はプロレス人気をV字回復させたばかりか、春の年中行事となって年間スケジュールを確定させ、日本プロレスの経営を安定させることにも大きく貢献した。

他団体を駆逐《くちく》して、日本という巨大なマーケットを独占する力道山は、世界有数のプロモーターに成り上がっていく。

翌六〇年三月、力道山は第二回ワールドリーグ戦の参加メンバーを決定するためにアメリカに飛び、さらにブラジルまで足を伸ばした。サンパウロでは一七歳の有望新人、猪木寛至《かんじ》をスカウトして、人形町の道場に連れ帰った。

そこには、入門を希望する馬場正平が待ち構えていた。

馬場はデビュー戦から観客の視線を意識していた

馬場正平と猪木寛至のプロレス入門を、力道山は大いに喜んだ。

ふたりとも、めったにない逸材だったからだ。

二二歳の馬場正平は二メートルを超える日本人離れした体格の持ち主であるばかりでなく、プロ野球の投手として活躍したほどの素晴らしい運動神経の持ち主だった。

ジャイアンツの選手が日本有数のアスリートであることに疑いの余地はないだろう。さらに多摩川の合宿所では、相撲でも卓球でも馬場の相手になる者はひとりもいなかった。二メートルを超える大巨人が、強い足腰ばかりでなく、並外れた動体視力と俊敏性をも兼ね備えていたことを、私たちは胸に刻んでおく必要がある。

一七歳の猪木寛至もまた、一九〇センチ近い身長を持つ逸材であった。馬場ほどの恵まれた運動神経はなかったものの、柔軟な肢体《したい》とブラジルでの肉体労働で培われた根性を持っていた。足も速く、走らせれば猪木に追いつけるレスラーはひとりもいなかった。

《よく馬場さんはエリートで猪木さんは雑草だったという人がいるけど、それは違う。僕から見れば、ふたりともエリート。僕と比べたら、身体も大きかったしね。もともと僕は身体が硬いけど、猪木さんは柔軟。あの柔らかさは羨ましかったね。そのせいか、猪木さんがかけてくる技は何でもよく技が利きましたよ。最初の頃は練習で僕が彼を極《き》めることができたけど、どんどん実力的に近寄ってきて、いつのまにか極められなくなっていた。》（大木金太郎の発言。『Sports Graphic Number』５３９・５４０）

日本プロレスのトレーニングは、〝足の運動〟と呼ばれるヒンズー・スクワットから始まる。

力道山が課したノルマは三〇〇〇回。足腰の強い馬場でさえ最初は二〇〇〇回でぶっ倒れた。三〇〇〇回をこなせるようになるまでには一カ月を要したという。三〇〇〇回をこなすには約二時間半かかる。真夏のトレーニングは道場の窓を閉め切って行うから、大量に流れ出した汗が道場の床に落ちる。タイル貼りの床に汗がしみ込むことはなく、気がつけば足元でピチャピチャと音がする。水たまりになっていたのだ。

ヒンズー・スクワットの次はウエイト・トレーニングである。

「投手はボールやバットよりも重いものを持ってはいけない」

このことは長い間、日本野球の鉄則だった。腕立て伏せやウエイト・トレーニングなどもってのほか。肩はボールを投げることで鍛えられる。ウエイト・トレーニングでつけた筋肉は投球の邪魔になる。そう固く信じられた時代だった。

さらに馬場は左腕に故障を持っていた。大洋ホエールズの春季キャンプに参加していた際、風呂場で転倒して腱を切り、二〇数針を縫う重傷を負ったのだ。右の理由から、馬場には腕力、特に「押す力」がなかった。立ったままバーベルを上に差し上げることも、ベンチプレスも苦手。トレーニングを開始した当時の馬場は、ベンチプレスで六〇キロを上げるのがやっとだった。「猪木寛至が、馬場が使っていたバーベルの軽さを確かめてほくそ笑んだ」という話はあまりにも有名だ。

しかし、実はレスリングには押す力はさほど必要ない。必要なのは、相手を瞬間的に引くパワーとスピードだ。プロレスラーが無数のベンチプレスを行うのは、強くなるためではなく、巨大な筋肉をつけて見映えをよくするためなのである。押す力が弱い馬場も、ダンベルを引き上げる力には群を抜くものがあった。プロ野球の投手だった馬場の腕が弱いはずがない。

ウエイト・トレーニングの後は受け身の練習を行う。受け身とは、倒れる際に頭を打たないための技術で、プロレスの基本中の基本である。優れた運動神経の持ち主は、誰よりも早く受け身を覚えた。

《二年先輩のマンモス鈴木、一年先輩の大木金太郎よりは、入門して二、三カ月目には私のほうが巧くなっていたと自負している。》（ジャイアント馬場『王道十六文』）

受け身の後はスパーリング。これまでの練習で疲れ切っている馬場は、基本的な技さえ教えてもらえないまま、芳の里や吉原功（のちに国際プロレス社長）、金子武雄ら先輩レスラーの稽古台にされ、次々に腕や首を極められた。

練習後の馬場は、中央区日本橋浪花町の道場から川崎市新丸子《しんまるこ》のアパートまで帰る際に、駅の階段を人目もはばからず這って上ったこともあったという。

一九六〇（昭和三五年）年九月三〇日、台東《たいとう》体育館。馬場と猪木は同じ日にデビュー戦を行った。

馬場の対戦相手は大相撲時代から力道山の付け人を長く務めた桂浜《かつらはま》こと田中米太郎、猪木の相手は大木金太郎である。

田中と大木を比べれば、体格でも実力でも大きな開きがある。馬場は田中に楽勝し、猪木は二年先輩の大木に完敗した。

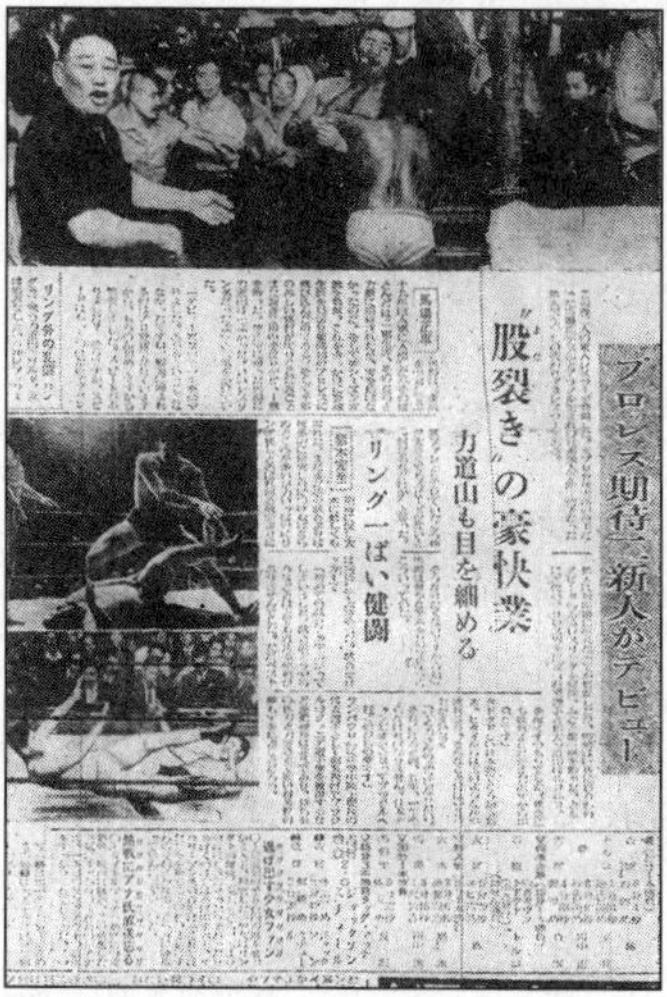
プロレス期待ニ新人がデビュー
〝股裂き〟の豪快業
力道山も目を細める
リング一ぱい健闘

馬場と猪木のデビュー戦について報じるスポーツニッポン。力道山は馬場に「よかった。いいレスリングだったよ」と声をかけたと記されている（1960年10月1日付）

力道山があらかじめ勝敗を決めておくことはなかっただろう。プロレスの勝敗は観客の願望に合わせて決められるものだが、観客は前座試合を見にきているわけではないからだ。

《あがるということはなかったですね。観衆に囲まれるのはプロ野球で慣れていますから。もちろん初めてですから緊張はしました。スピードがありました？　そうですか、スピードはもっとつけたい。プロレスファンとして見ていた頃、身体が大きくてもスピードがないと〝何だあれだけか〟と思った。そうはなりたくないですからね。》（馬場正平の発言。『スポーツニッポン』一九六〇年一〇月一日）

《初めての試合で多少あがってしまいました。試合中どうやろうなどとは考える余裕がありませんでした。ただベストを尽くすつもりでした。残念にも敗れました。また明日から出直しです。》（猪木寛至の発言。『スポーツニッポン』同）

デビュー戦を終えたふたりのコメントからは、それぞれのプロレス観の違いがはっきりと読み取れる。

馬場が観客の視線を意識しているのに対して、猪木は自分がどう戦ったか、ということだけを述べている。

馬場は勝負の世界に生きてきた。バッターに打たれた投手はクビになるという世界である。

プロ野球には選《え》りすぐりのアスリートが集まってくる。とりわけ、ドラフト制度以前の読売ジャイアンツには最高の選手が揃っていた。その中でもピッチャーは、特別なエリートなのである。

リング上で行われているプロレスが真剣勝負ではなく一種のショーであることは、トップアスリートである馬場にとっては自明であった。

選ばれし者であった馬場が、あらかじめ結末の決められた試合を演じるプロレスのチャンピオンに憧れるはずもない。馬場はプロレスを愛していたわけではなく、ヒーローになりたかったわけでもなかった。しかし、プロ野球からの引退を余儀なくされた馬場が、自らの巨体を維持していくためには、一定以上の収入が必要だった。馬場は職業として、生きていくための最良の手段として、プロレスを選択したのである。

アイディアとキャラクター

馬場がプロレスにロマンを求めることはない。観客にサービスと満足を提供して対価を受け取るという、商人の息子としての職業意識があるだけだ。

『プロレス＆ボクシング』一九六一年六月号には、馬場正平の興味深いインタビュー記事が掲載されている。インタビュアーは女性である。

《どう見ても、馬場さんは二枚目的役柄がピッタリのようなんですが？

「いやあ、二枚目というのは弱いなあ。三枚目がやりたいですね。でも、三枚目がやれるっていうのは、技術的にもうまくなくちゃあダメだし、難しいですよね、あれは……」

ナルホド。

「悪役もやりたいんですよ」

と、たいへん欲が深い。

「だって、僕のように大きいのは悪役向きだと思うし……。とにかく、もっと技術的なものを身につけなくちゃあね」》

プロレスは一種の演劇であり、自分はその中で様々な役回りを演じられるようになりたい。そのためには自分はもっと技術を身につけなければならない。馬場ははっきりとそう言っている。

一九六一年二月五日に台東体育館で行われたタッグマッチで、馬場は初めて反則攻撃を披露した。

タッグパートナーのマンモス鈴木にロープ際まで追い込まれた先輩の吉原功の首を、ロープの外から絞め上げたのだ。

日本プロレスのトレーニング風景。若き日の馬場、鈴木、猪木の姿が見える

すでに二二歳の馬場は、観客を喜ばせようとするサービス精神を持っていたのである。

一方、一七歳の猪木にはまだ観客は見えていない。

猪木にとってのプロレスとは、一番になることだった。

猪木は、ほぼ同時に入門した馬場を強く意識していた。馬場が月給を受け取って部屋を借りているのに対して、自分は力道山の付け人として二四時間仕事を言いつけられ、無給同然でこき使われている。馬場は元プロ野球選手。猪木は五歳年下の無名の若手。扱いの差があるのは当然だが、猪木はそう思わない。

猪木は恵まれた体格と才能、そして大きな自負と野心を持っていた。

馬場正平は、猪木の目の前に立ちふさがる唯一の大きな壁だった。単にデカいばかりでなく、何をやらせても自分よりも早く、うまくやってみせるからだ。

しかし、猪木が絶望することはなかった。どれほどの差があろうが、いつか必ず馬場を追い抜いてみせる。

猪木の真の才能は、高い目標を抱き、その目標に向かって日々の努力を欠かさないところにある。猪木は「努力すること」の天才なのだ。

賢明なる力道山は、すべてを見抜いていた。馬場の人並み外れた運動神経と観客を楽しませようとするサービス精神を。猪木の才能と野望、そして馬場への対抗意識を。

力道山の基本的な考えは「プロレスはケンカだ」というものだ。

力道山は馬場と猪木にこう教えた。

「お前が町を歩いていて、誰かに頬を張られたら、この野郎と張り返すだろう。リングの上でも同じことをすればいい」

もちろん本物のケンカではない。ケンカのようなプロレスをしろ、ということだ。

《アメリカなんかでは、ほんとうに百パーセント、ショーでいくようなレスリングだったら、わざばっかりで、これは相撲のショッキリと同じです。要するにアクロバット的な試合になっちゃう。そういうことになると、芝居の演出のように初めからこうやってああやってと決まると、試合の迫力がないです。(中略)日本の国民性からもそういう試合をすると、お客が承知しない。そういう試合をしていたら、日本のファンは今頃は誰も見にきません。私はそういうショーマンも呼んだことがありますが、たいがいタフな、ひっぱたいても、何で殴られても、通じないような人ばっかりしか呼ばないです。それで長年苦労してきたわけです。不平の出たこともだいぶあったが、そうなったら「帰れ、日本では君らの言う通りの試合はできない」と言ったのがだいぶ効きました。》(力道山の発言。『プロレス&ボクシング』一九六一年一月号)

しかし、激しいが単調な「ケンカのようなプロレス」だけでは、もはや多くの観客を惹きつけることは難しくなっていた。

ルー・テーズ戦以降の低迷とワールドリーグ戦の大成功は、プロレスには常に新しい話題づくりが必要であることを証明した。

ワールドリーグ戦が大成功した理由は、世界各国から一流レスラーが集まる〝プロレス版オリンピック〟という斬新な企画であることともうひとつ、充分な前宣伝が行われていたからだった。

第一回ワールドリーグ戦は一九五九年五月二一日に開幕したが、プロボクサー出身という以外、一切正体不明の覆面レスラーが、ミスター・アトミックと名乗って力道山渡米中の四月に来日。芳の里や吉村道明を頭突きで血まみれにして一蹴し、ワールドリーグ戦の前景気を大いに煽った。

「自分の留守中に、謎の覆面レスラーが突如出現して暴れ回る」という素晴らしいアイディアを思いついたのは力道山自身である。

髪が薄く、見ためにに迫力のないドイツ系のクライド・スチーブンスに赤いマスクを被せた。ミスター・アトミックは技でも怪力でもなく、アイディアとキャラクターによって観客の興味と関心を呼び起こし、第一回ワールドリーグ戦を成功に導くための最大の功労者となった。

力道山は、無名レスラーを〝赤覆面の悪魔〟に仕立て上げることで、莫大な利益を手にしたのだ。

乾坤一擲の大バクチによってプロレスブームを再燃させた力道山は、一九六〇年第二回ワールドリーグ戦ではかつてルー・テーズを破ったことで知られるレオ・

ノメリーニを外国人エースに据えた。

アメリカン・フットボールのサンフランシスコ・フォーティナイナーズの現役選手のノメリーニは、オフシーズンになるとプロレスラーに変身するという異色選手であり、一九五三年六月にはサンフランシスコで力道山を破ったこともあるビッグネームだ。

しかし、第二回ワールドリーグ戦は、前回ほどの爆発的な成功を得られなかった。

テレビ視聴率はよかったものの、東京体育館で行われた開幕戦は空席も目立ち、大阪でも満員にならなかった。

大会期間は前回の二六日に比べて二九日に増え、地方興行では大入りが続いたが、儲かったのは地方のプロモーターであり、一興行あたり一〇〇万円から一五〇万円前後で売った力道山ではなかった。規模が大きくなったにもかかわらず、収益は期待していたほどには上がらなかったのである。

力道山はこれまで、ブッカーのジョー・マルセビッチの協力を得ながらも、自分の感覚で来日メンバーを決めてきた。しかし、ハワイとサンフランシスコのプロレスしか知らない自分のアイディアに限界を感じた力道山は、ロサンジェルス在住の悪役レスラーであるグレート東郷に、第三回ワールドリーグ戦の目玉商品を探してくれるよう頼んだ。

東郷が力道山のために用意したのはレスラーではなかった。化け物だった。

強いレスラーより客を呼べるレスラー

力道山がグレート東郷のいるロサンジェルスに飛んだのは、一九六一年三月のことだった。

目的は、五月一日に開幕する第三回ワールドリーグ戦に参加する選手の最終選考と契約である。

新たにブッカーとなったグレート東郷に力道山が求めたのは、興行の目玉となるレスラーを発掘することだった。

プロレスの本場アメリカには、二〇〇〇人とも三〇〇〇人ともいわれる多数のレスラーがひしめく。強いレスラーなど掃いて捨てるほどいる。

普通のレスラーではダメだ。プロレスを知らない人たちを、一目見ただけで驚かせるようなインパクトがほしい。力道山は東郷にそのようなリクエストを出していた。

グレート東郷は極めて優秀な頭脳の持ち主であり、その上、観客の心理を知り尽くしていた。

プロレスにベビーフェイス（正義の味方）とヒール（悪役）がいることはご存じの通りだ。

プロレスとは、極めて単純な勧善懲悪のドラマである。

悪いヒールを正しいベビーフェイスが懲らしめる。

ベビーフェイスは自分の象徴であり、ヒールは他人の象徴である。

正しい自分は常に勝利し、悪い他人は常に敗北する。

現実にはそんなことは決して起こらないが、プロレスのリング上では、観客の願望は常に実現する。そのためにこそ観客は財布からカネを取り出すのだ。

試合を動かすのはヒールである。

ヒールが悪いことをするからこそ、ベビーフェイスは懲らしめることができる。

すなわち、プロレスというドラマの大部分は「ヒールがどのように悪いことをするか」というところに存在する。結末はほぼ同じ。ベビーフェイスが必殺技を出して悪いヒールを退治するだけだ。水戸黄門の印籠《いんろう》であり、ウルトラマンのスペシウム光線であり、力道山の空手チョップである。

極端な話、ベビーフェイスは何も考えなくても試合ができる。ヒールの攻撃に耐えに耐え、最後に反撃すれば試合は成立する。

ところがヒールはそうはいかない。土地柄によって、日によって異なる観客をどのようにして怒らせるかを、常に考え続けなくてはならない。

《私は、いつも試合しながら、お客さんの表情を読み、客に与える効果やその反応に注意している。そして若いレスラーにはいつも〝お客の表情に気をつけて読み取れ〟と教えているのだ。これを忘れたらいかに強くてもプロレスラーじゃない。》（グレート東郷の発言。『週刊スポーツファイト』一九五九年五月一一日号）

観客心理を知り尽くすグレート東郷にとっても、力道山のリクエストに応えることは簡単ではなかった。力道山が求めているのは普通のレスラーではない。リング上で観客を興奮させる力以上に、プロレス会場に多くの観客を呼び寄せる力を持つレスラーが必要なのだ。

しかし、優秀なブッカーは、すでに解答を用意していた。

力道山の目前に、一枚の写真が置かれた。

小雪が舞う中、髪も髭《ひげ》もぼうぼうの大男が、大型バス四台を鎖で引っ張っている。

リングネームはグレート・アントニオ。モントリオールのエディ・クインが推薦してきたという。

どこの馬の骨とも知れないレスラー、というわけではなかった。

本名アントニオ・バリチェビッチ。ユーゴスラビアのザグレブ出身で、カナダに渡ってプロレスラーになり、ユーコン・エリックやジン・キニスキー、バーン・ガニアと戦っている。

一九五九年七月にはトロントで元NWA世界王者ホイッパー・ビリー・ワトソンと戦っている。

一九六〇年にはニューヨークのマディソン・スクウェア・ガーデンのメインイベントにも登場した。パンペロ・フィルポとタッグを組んだグレート・アントニオの対戦相手は、アントニオ・ロッカとブルーノ・サンマルチノだった。

グレート・アントニオが四台のバスを引く写真は、カナダ・モントリオールのセント・キャサリン通りで行われたチャレンジイベントの時のもので、一九六〇年のギネスブックにも掲載されている。グレート・アントニオは意外にも正真《しょうしん》正銘《しょうめい》の力持ちであり、レスラーとして一流ではなくとも、決して無名のレスラーではなかったのだ。

「凄い！　これなら客が呼べる」

写真を一目見て気に入った力道山は、グレート・アントニオと契約を結び、早速日本に国際電話を入れた。

「世界一の力持ちを手に入れた。バスと鎖を用意しておけ」

身長一九三センチ、体重二〇四キロ（公称。実際は一六〇キロ）というグレート・アントニオが羽田空港に到着したのは、第三回ワールドリーグ戦の開幕四日前にあたる四月二七日深夜のことだった。

《アントニオ、ミスターX、グレート東郷の三人が空港ロビーに姿を見せたのは午前零時を回ったころである（飛行機は午後一一時二〇分着）。到着口の奥から「ウォーン、ウォーン」という狼《おおかみ》の遠吠えのような声が聞こえて、アントニオが異様な風体《ふうてい》で出てきた。薄汚れた白黒のチェックのオープンシャツの上に、くたびれた紺の背広、ボタンが留まらず羽織っているだけだ。長身をカッコよくアクアスキュータムの薄いグリーンのトレンチコートに包んだミスターXとは対照的だ。凄まじいフラッシュの嵐、光った瞬間「ウォーッ」と物凄い叫び声を上げて

羽田空港に到着したグレート・アントニオ、東郷、ミスターXを出迎える力道山（1961年4月27日深夜）

アントニオが暴れ出した。カメラマン群に突入、蹴散らしたアントニオはロビーの長椅子を四つ一度に押し倒し、座った客が椅子の下敷きになる。あっという間だ。「キャーッ」という女性の悲鳴、空港ロビーは大混乱になる。

人々の中に様子を見に来た力道山の姿があった。アントニオはそれを見つけた。「ウォーッ」と力道山に突進する。力道山は逃げ出した。追いすがってその背中へパンチを浴びせる怪物。東郷とミスターXがやっとアントニオを取り押さえてロビーから連れ出した。予定されていた記者会見は中止だ。

力道山は「たいへんな野郎だ……背中へ一発パンチを食ったが、ズシッときた。ファンや一般の人を巻き込むわけにはいかないのでワシは逃げたが、あの野郎……リングでは徹底的にやってやる」と吐き捨て、怒りをむき出しにした。》(原康史『激録 力道山』)

なんと素晴らしいプロモーションであろうか。もちろん新聞各紙は、怪物グレート・アントニオの羽田空港での暴れっぷりをセンセーショナルに報じた。

翌日には恐るべき怪力の持ち主がバス四台を引っ張ると聞いて、明治神宮外苑の絵画館前にはおよそ一万人もの人々が見物に押し寄せた。一台目のバスには日本プロレス協会から招待された施設の子供五〇人が乗った。バス四台と子供たち、運転手の体重をすべて合わせると約二五トンになる。

観客一万人とカメラ一〇〇台の前で、アントニオは見事にバスを引っ張って動かしてみせた、という話が伝わっている。移動距離は五〇センチから五メートルまで様々だ。

しかし、力道山にとって、バスが動いたかどうかはたいした問題ではなかった。

怪物グレート・アントニオの一挙手一投足を、スポーツ新聞をはじめ、テレビ、ラジオ、新聞、週刊誌など、あらゆるメディアが話題にしたことのほうが、遙かに重要なのだ。

一九六一年五月一日夜、第三回ワールドリーグ戦が華々しく開幕した。バス四台を引っ張る世界一の怪力男をひと目見ようと、東京体育館は超満員の観客で埋め尽くされた。ダフ屋が四倍以上に吊り上げたチケットも早々に底をつき、会場周辺は、観戦を諦めきれない人々で溢れ返った。二カ月におよぶ第三回ワールドリーグ戦の大成功は、もはや疑いの余地のないものとなった。

グレート・アントニオのバス引きデモンストレーション（1961年4月）

グレート・アントニオのような化け物タイプのレスラーは、一九世紀後半から存在した。

《一九〇〇－一九〇八年は、ロシアにおけるプロレスの隆盛期であった。プロレスの興行主たちは、さまざまな名称の選手権を開催し、観客を集めるため、いろいろな宣伝を行った。たとえば選手たちを鎖でつないで市中行進させ、彼らが野蛮人であることを証明するため観衆の前で生肉を食べさせた興行主もいた。》（S・プレオブラジェンスキー『格闘技の王者』）

一九三〇年代のアメリカには、化け物レスラーばかりを集めて興行を打つプロモーターも現れた。

ジャック・フェファーである。

ジャック・フェファーは一九三八年に『コリアーズ・ウィークリー』誌のインタビューに応じて次のように答えた。

《化け物は大好きさ。俺の十八番だからな。あの怪物たちには誇りすら感じる。どんなに強くったって、見た目が普通じゃ一ドルだって稼げやしない。つるぴか頭にカイゼルひげ、刺青やビヤ樽腹なんか、もう最高だ！　祈祷《きとう》用の敷物を持ってリングに上がるトルコ帽野郎に、いかにもクルド人っぽいクルドマン、やたらに飛び回るチェコ人レスラー、ああいうおかしな連中はみんな、外国からわざわざ俺が連れてきたんだ。連中は誰一人として電話ボックスからも寝袋からも、どうやって出たらいいのかさえ知らないが、そんなことは問題じゃない。なすべきことを仕込んで、送り出せばいい。するとお客さんは、こいつは凄い、と大喝采してくれるってわけさ。》（スコット・M・ビークマン『リングサイド』より再引

用）

ジャック・フェファーにとって、プロレスが見世物であることは自明だった。「自分が提供しているものは、スポーツの試合ではなく、エンターテインメントなのだ」とフェファーは公言してはばからなかった。

フェファーは現役のプロモーターでありながら、業界が守っている秘密を平然と暴露した。これから行われる試合結果をあらかじめニューヨークの新聞記者に漏らし、記者は試合直前に売り出される夕刊紙にフェファーの予言を掲載した。予言が外れることはまずなかった。

つまり、プロレスの試合結果はあらかじめ決められているのだ。

一九三〇年代半ば以降、アメリカの新聞は当然のようにプロレスをスポーツのジャンルから外し、「無学な人間のためのばかばかしい見世物」と見なすようになった。

ゴッチにリンチされたアントニオ

話を一九六一年の日本に戻そう。

一大センセーションを巻き起こした怪物グレート・アントニオは、五月一日東京体育館で行われた開幕戦で遠藤幸吉にベアハッグを決め、最後は大の字になった遠藤の上でジャンプしてボディプレスで押しつぶした。

「早くどかせろ！　遠藤が死んじまうぞ！」

3カウントを取った沖識名レフェリーが叫ぶと、グレート東郷が若手レスラー四人を呼び、鎖を引っ張ってなんとかアントニオを遠藤から引きはがした。アントニオの怪物性を伝えるための、手のこんだ演出だった。

当然のように二日目の東京体育館にも超満員の観客が押し寄せた。アントニオは芳《ら》の里&長沢日《か》一《いち》&土佐の花と一対三の変則タッグマッチを行って一蹴した。

当時、東海地区のプロレス興行を一手に引き受けていたプロモーターの林藤一は、東京スポーツの新米記者だった櫻井康雄にしみじみと語った。

《今年ほど楽な興行はない。切符（入場券）を売り出せばあっという間に売り切れた。余計な宣伝や切符買ってくださいと頭を下げなくても、何月何日プロレスをやりますと体育館に看板をかけるだけで客が殺到する。力道山様々だ。こういうプロレス興行がいつまで続くか怖いよ。リキさんには、いつまでも頑張ってもらいたいな。今年は外人もいい。アントニオなんか何もせんでもいいから、ヌーッとつっ立っているだけで客が喜ぶ。あれは化け物だから客は怖いもの見たさに集まってくる。》(原康史『激録 力道山』)

創刊一周年を迎えていた東京スポーツの井上博編集局長は、「毎日一面はプロレスで行くぞ！」と号令をかけた。「プロレスの東スポ」は、グレート・アントニオから始まったのだ。

グレート・アントニオの評判は高まるばかりで、五月一二日の福岡スポーツセンターでは、六月二日の蔵前国技館でグレート・アントニオ対力道山のインターナショナル選手権試合が行われることが発表された。

力道山とインターナショナル選手権試合を行うということは、外国人レスラーの中でナンバーワンであることを意味する。

グレート・アントニオは有頂天になり、「ワールドリーグ戦がこれほどの人気を獲得したのは自分のお陰だ。功労者である自分には特別ボーナスが支払われるべきだろう。ホテルはスイート、車はリムジンを用意しろ」と日本プロレスに要求した。

アントニオの高慢さと増長ぶりは、ミスターX、カール・クラウザー（のちのカール・ゴッチ)、アイク・アーキンスらを激怒させた。

外国人レスラーの控え室に流れる不穏な空気をグレート東郷から聞いた力道山は、東郷を通じてミスターXやカール・クラウザーを諌《いさ》めた。

「頼むから六月二日まで待ってくれ。自分とアントニオとの選手権試合が終わった後なら、何をしてもいいから」

しかし、カール・クラウザーは力道山の制止を受け容れなかった。

五月二一日に岡山市津島体育館でグレート・アントニオと対戦したクラウザーは、プロレスの試合をするつもりなど最初からなかった。

顔面をパンチやヒジで乱打されたアントニオは、大量の鼻血を吹き出した。ふたりはもつれあったまま場外に転落したが、そこでもクラウザーは無数のパンチとヒジ打ちを繰り出した。

日本人レスラーが四人がかりでも敵わない怪物アントニオが一方的に痛めつけられている。グレート・アントニオの惨めな姿を見て、岡山のファンは呆然となった。

レフェリーの沖識名は慌てて両者リングアウトによる引き分けを宣言した。アントニオには二週間後に力道山とインターナショナル選手権試合を戦ってもらわなくてはならない。ここで価値を落とすわけにはいかないのだ。

にもかかわらず、グレート・アントニオへのリンチは、控室に戻ってからも続いた。アントニオはクラウザー、ミスターX、アイク・アーキンスの三人に袋だたきにされたのだ。

力道山のはらわたは煮えくりかえった。

ギャラを支払っている以上、すべてのレスラーの生殺与奪《せいさつよだつ》の権は、プロモーターである俺が握っている。誰を勝たせるか、誰を負けさせるかは、全部俺が決める。

六月二日の蔵前国技館ではビッグマッチが行われることが決まっている。王者力道山にグレート・アントニオが挑戦するNWA認定インターナショナル・ヘビー級選手権試合だ。

今回のワールドリーグ戦の主役がグレート・アントニオであることは、誰の目にも明らかだろう。観客はアントニオを見にきている。

ワールドリーグ戦という途方もない規模のプランを、大借金をして実現させたのはこの俺だ。グレート・アントニオに羽田空港で大暴れさせ、バス四台を鎖で引かせて、記者たちが大喜びするようなネタを提供したのもこの俺だ。怪物グレート・アントニオの相手はひとりでは足りないと、配下のレスラーに三人がかり、四人がかりで戦わせたのも、すべて俺が命じたことだ。退屈な日常に倦《う》んでいる観客に非日常の喜びを提供するべく、俺は知恵を絞り、努力を重ねてきた。

テレビ、新聞、雑誌がグレート・アントニオの強さを繰り返し伝えたことで、人々の期待は大いに高まり、大会場がフルハウス（満員）になった。

観客の期待はインターナショナル王者であるこの俺、力道山の勝利にあり、観客の不安は挑戦者グレート・アントニオの怪物的な強さにある。期待と不安の間で揺れ動く観客の目の前で、日本人の代表が、最強の怪物を艱《かん》難《なん》辛《しん》苦《く》の果てに打ち破るからこそ、観客もテレビも新聞雑誌も大いに満足してくれる。

その対価として、日本プロレスは興行収益とテレビの放映権料の両方を受け取る。お前たち外国人レスラーに支払われる高額のギャラも、航空券代、移動費、宿泊費、食事代もすべてそこから出ている。

ミスターＸやクラウザーがグレート・アントニオに負けたくない？　ならば仕方がない。引き分けにしてもいいが、その際にはせめてグレート・アントニオの強さを引き立てる努力をするべきではないのか？

にもかかわらず、カール・クラウザー（ゴッチ）のバカ野郎は、インターナショナル選手権試合というビッグマッチの前に、大切な対戦相手を傷つけた。個人的感情で俺の財産を、金の卵を産むニワトリを傷つけた。

最悪なのは、世界一の怪物であるはずのグレート・アントニオが、実際にはただのでくの坊でしかないことを、岡山の観客にはっきりとわからせてしまったことだ（テレビ中継はなし）。

実力もないくせにあからさまに高慢な態度を取り続けるグレート・アントニオはただのアホだ。

だが、クラウザーやミスターXはもっとタチが悪い。俺の商品にリング外でも手を出すとは、プロモーターへの反逆行為以外の何物でもない。

力道山は巡業中の広報担当を務める小松敏雄リングアナウンサーを呼び、「リンチがあったことを記者たちに気づかせるな」と命じ、すべての外国人レスラーに、このことを口外しないよう厳命した。

幸いにもグレート・アントニオのケガは試合に差し支えるほどではなかったが、力道山の怒りは収まらなかった。

力道山は福井市体育館のメインイベントを、力道山&豊登&遠藤幸吉組対ミスターX&ジム・ライト&アイク・アーキンス組から、力道山対カール・クラウザーのシングルマッチに変更した。力道山はリング上でクラウザーを制裁し、自分に従わせようとしたのだ。

クラウザーは「いまアメリカで私に勝負を申し込まれて、即受けて立つというレスラーは少なくなった。力道山はさすがに、いい度胸をしている。福井では力道山を必ずジャーマン・スープレックスで投げてみせる」と言った。

カール・クラウザーは自らの実力に自信を持っていた。

俺たちには俺たちのルールがある。グレート・アントニオのような礼儀知らずには、誰かが制裁を加えなくてはならない。プロモーターが何を言おうが関係ない。力道山は怒り狂っているようだが、どんな攻撃をしてこようが、自分を打ちのめすことは決してできない。プロモーターであり、日本人のヒーローである力道山に勝ってしまうわけにはいかない。試合は最初から引き分けに決まっている。だが、レスラーとしてどちらが上なのか、真の実力者が誰なのかを、俺ははっきりとした形で観客に見せつけてやる。

「力道山をジャーマン・スープレックスで投げてみせる」というクラウザーの宣言には、このような意味が含まれていた。

プロレスにおけるリアルファイト

ごく大まかにいって、二〇世紀初頭のプロフェッショナル・レスリングは勝敗を競うものだった、といえるだろう。時間制限はなく、レスラーのどちらかが疲れ果てるまで、試合は一時間でも二時間でも延々と続いた。

一九〇一（明治三四）年一二月、夏目漱石《そうせき》はロンドンでプロレスを見た時の様子を、正岡子規《まさおかしき》の書簡に書いた。

《西洋の相撲なんて頗《すこぶ》る間の抜けたものだよ。膝をついても横になっても逆立をしても両肩がピタリと土俵の上へついてしかも、一、二と行事が勘定する間、このピタリの体度を保っていなければ負《まけ》でないっていうんだから大《おお》いに埒《らち》のあかない訳さ。蛙のようにヘタバッテ居る奴を後ろから抱いて倒そうとする、倒されまいとする。》

西洋相撲の勝敗はフォールで決まり、両手両膝をついたパーテールポジションからの攻防があった、と漱石は書いている。当時のプロレスはまだ、アマチュア・レスリングとほとんど変わらないものだったのである。

取っ組み合いのレスリングは、観賞用のスポーツとしてはあまりにも退屈だった。

入場料を支払って、プロフェッショナル・レスリングを観にきてくれた観客を一度退屈させてしまえば、二度と会場に足を運んではもらえない。そこでプロフェッショナル・レスラーたちは互いに協力して試合を盛り上げた。退屈な真剣勝負をやめて、スリリングなエンターテインメントを提供することにしたのだ。

二〇世紀初頭に大人気を得たタブロイド紙ナショナル・ポリス・ガゼットが「プロレスの試合には事前の打ち合わせが存在する」という暴露記事を掲載したのは、一九〇五（明治三八）年のことだった。

スポーツを標榜《ひょうぼう》する以上、勝敗は必ずつけなくてはならない。だが、誰もが負け役になるのはイヤだった。だからリング上で行われる試合の前に、プロモーターや仲間のレスラーの前でリアルファイトを行って実力のランクをつけておく。〝プライベートマッチ〟と呼ばれるものだ。

ファンに見せるものではないので、試合がつまらなくても構わない。

プライベートマッチに勝ったレスラーが、リング上でも勝ち役になる。

しかし、観客の目前で行われるリアルファイトも、時には存在する。

一九一六（大正五）年七月には、ネブラスカ州オマハで有名な試合が行われた。〝胴《どう》絞《じ》めの鬼〟ジョー・ステッカーと〝絞め殺し〟エド・ストラングラー・ルイスの世界タイトルマッチである。

試合時間は四時間五二分。ほとんど動きのないスローな攻防に終始した上に、結局引き分け。スリルと興奮を求めて集まった一万八〇〇〇人の大観衆は、ふたりのレスラーに大ブーイングを浴びせた。

一九二〇年代はアメリカンスポーツの黄金期である。ベーブ・ルースは豪快なホームランを連発し、ジャック・デンプシーはハードパンチを炸裂させてKOの山を築いていた。

メジャーリーグ・ベースボールやボクシングが大人気を呼ぶ一方で、プロフェッショナル・レスリングの観客数は減少の一途を辿っていた。そんな中、当時プロレス界を牛耳っていたエド・ストラングラー・ルイス、トゥーツ・モント、ビリー・サンドウの三人組、通称〝ゴールド・ダスト・トリオ〟は、業界を根本的に改革する画期的な解決策を思いついた。プロレスの試合に「プロット＝筋書き」を作り、ドラマチックなエンディングを決め、場外カウントアウトや頭突きなどのアクシデントによる両者KOや、どちらかが一方的に攻め続ける中で時間切れ引き分けとなる〝ブロードウェイ〟を取り入れたのだ。この時、プロフェッショナル・レスリングは、実力を競うものではなくなり、スポーツを装った純然たるエンターテインメントへと変貌した。

プロレスがエンターテインメントになってしまえば、レスリングができるかどうかは関係ない。

試合前の〝プライベートマッチ〟で勝敗を決める必要もない。

ゴールド・ダスト・トリオは、レスリング経験のまったくないアメリカン・フットボール出身のウェイン・マンをリングに上げた。身長一九八センチ、体重一一八キロの巨漢は、王者エド・ストラングラー・ルイスを破って新チャンピオンとなった。

一九二〇年代の終わりには、やはりカレッジフットボールで名を馳せたガス・ソネンバーグが活躍した。レスリングの経験を持たないソネンバーグは、派手に動き回り、フットボールのフライングタックルで相手を組み伏せた。飛んだり跳ねたり、殴ったり蹴ったり。観客が喜ぶことなら何でもよかった。

同じ頃、爆発的な人気を呼んだのが〝黄金のギリシャ人〟ことジム・ロンドスである。彫りの深いハンサムな顔立ちと見事にシェイプされた肉体。ブロンズ色に日焼けした肌の美青年を見るために、会場には女性客が押し寄せ、ロンドスの上半身裸の写真を掲載した新聞は飛ぶように売れた。ジム・ロンドスは、プロレス界に初めて登場したセックスシンボルだったのだ。

一九三四年九月、シカゴ・カブスの本拠地であるリグレー・フィールドで行われたジム・ロンドス対エド・ストラングラー・ルイスの試合は、興行収益九万六三〇二ドルの新記録を樹立した。

この試合で特別レフェリーを務めたのは、元プロボクシング世界ヘビー級王者のジャック・デンプシーだった。

ジム・ロンドスは生涯に五〇万ドル稼いだといわれる。一九三〇年代の五〇万ドルは、現在の貨幣価値に直せば二五億円くらいになるだろうか。

かくして一九三〇年代前半にプロレスはほぼ現在の形になった。

見世物であれば、わかりやすいほうがいいに決まっている。プロレスは急速に進化した。

ベビーフェイスとヒールの役割をはっきりさせた。最もアメリカ的なカウボーイやアメリカン・フットボールの選手は正義の味方。共産主義者や汚い反則を繰り返す日系人は悪役である。

世界一のデブや醜《みにく》く変形した顔の持ち主が登場し、プールの中や泥の中で戦った。小人が女子プロレスラーと戦い、男子レスラーが熊やカンガルーと戦った。

タッグマッチもまた、試合の後半になるとレスラーが疲れて試合が面白くなくなることを防ぐために、この時期に開発されたものだ。

以後、すべてのプロフェッショナル・レスラーは、相手に勝つ能力ではなく、集客力だけを求められるようになったのである。

しかし、カール・クラウザー、のちのカール・ゴッチは誇り高い男であり、レスリングは自分のすべてだった。プロフェッショナル・レスリングが観客のために存在する以上、試合の結末を決め、ショーアップすることはやむを得ない。だが、レスラーがただの道化であってはならない。それがゴッチの考えだった。

ゴッチは、よくいえば昔気質《かたぎ》の、悪くいえば時代遅れのレスラーであり、プロモーターと衝突するのは必然だった。

カール・ゴッチが歩んだ悲しき半生

カール・ゴッチ、本名カレル・イスタスの人生は、悲劇的な色彩に染められている。

一九二四年八月三日、ベルギーのアントワープ生まれ。第一次世界大戦以後、ヨーロッパは大不況に陥った。カレルの家は貧しく、船乗りの父はほとんど家を留守にしており、母親が魚の行商をして、ようやくその日の糧《かて》を得ていた。

レスリングを始めたのは一〇歳の時だ。父親の命令だった。

当時のジムの多くは街の盛り場の裏手にあり、レスラーやボクサーがひしめいていた。入会金も極めて安い。治安は悪いが、貧乏な家の子供にはうってつけのスポーツだった。

カレルが学校に通ったのは一三歳まで。以後は文字通り独力で生きていかなくてはならなかった。

一九四〇年五月、ベルギー全土はナチスドイツに占領され、イスタス家はハンブルクに移住することを余儀なくされた。昼は鉄道や軍需工場で働き、仕事が終わった後、毎日夜の八時から一〇時まで練習した。

肉体を酷使するカレルに悲劇が訪れた。工場で事故が起こり、左小指を切断してしまったのだ。隣の薬指にも重大な機能障害が残り、思うように動かせない。

レスリングにおいて握力は極めて重要だ。握力の強さは小指で決まると言われる。にもかかわらず、カレル・イスタスが左手で使えるのは親指、人差し指、中指の三本だけになってしまったのだ。

それでもカレル・イスタスがレスリングを諦めることは決してなく、ついにグレコローマンとキャッチ・アズ・キャッチ・キャン（現在のフリースタイル）の両スタイルでベルギー・チャンピオンにまで上りつめた。

しかし、レスリングで快進撃を続けるカレルにさらなる悲劇が起こった。父とともに強制収容所に入れられてしまったのだ。カレルの父はハンガリー系のベルギー人、母は生粋のベルギー人である。強制収容所に入れられたのはユダヤ人だけではなかった。

父子は脱走を試みたものの失敗に終わり、別々の棟《むね》に移された。その後、カレルが父親に会うことは二度となかった。

「収容所ではまともな食事さえ与えられず、飢えに苦しんだあげくネズミを捕まえて食べたと聞いた」（ロサンジェルス時代のゴッチに教えを受けたジーン・ラベール）

一九四五年四月二八日を、カレル・イスタスは死ぬまで忘れなかった。地獄のような収容所暮らしから救い出してくれたのはアメリカ軍だった。

ようやく自由の身になったカレルはアントワープの造船所に職を得て、それまで以上にレスリングに打ち込み、一九四八年のロンドンオリンピックにベルギー代表として出場した。

当時二三歳のカレル・イスタスは、フリースタイル（キャッチ・アズ・キャッチ・キャン から改称）と、グレコローマンの両スタイルの87キロ級にエントリーした。

フリースタイルの初戦ではトルコのカンダスに判定負け、次の試合ではスイスのストックリーにわずか一分二〇秒でフォール負けを喫した。

グレコローマンの初戦はフィンランドのグレンダールにいきなりフォール負け、ギリシャのカンバフィスには判定勝ちを収めたものの、ハンガリーのコバチにフォールされて決勝ラウンドに進むことはできなかった。

惨敗である。

世界には自分よりも遙かに強いレスラーが大勢いることを思い知ったカレルは、オリンピックや世界選手権のチャンピオンを心から尊敬した。

翌年に結婚し、まもなく娘が生まれると、カレルはハンブルクでプロ

若き日のカール・ゴッチ

レスラーになった。造船所の給料よりも遙かに高いカネが、簡単に手に入ったからだ。

まもなく耳寄りな話を聞いた。

イギリスのウィガンという炭鉱町に、プロレスラーのためのジムがあるという。強い興味を抱いたカレルは、ウィガンで学ぶことを決意する。すでに二六歳になっていた。

カレル・イスタスがウィガンのビリー・ライレー・ジムに入門した一九五〇年当時、プロレスは完全にショーアップされていた。

プロフェッショナル・レスリングは競技としてのレスリングから遠く離れ、観客を楽しませるためのパフォーマンス、あるいは見世物になっていたのだ。

相手の技は必ず受ける。投げられる時には、巧みに体重を移動して美しく投げられる。相手の攻撃が際立つように派手な受け身をとり、大きなダメージを受けたかのように全身で演技する。

攻撃する側は身体の中心部への攻撃を避け、ケガをしないように投げる。

ドロップキックやフライング・ヘッドシザーズ、フライング・ニードロップ、4の字固め、アルゼンチン・バックブリーカー、ローリング・クレイドルなど、アマチュア・レスリングでは決して見ることのできない技も次々に開発された。

しかし、ウィガンのビリー・ライレー・ジムは、シリアスなレスリングを教えるところだった。

シリアスなレスリングとは、スポーツとしてのレスリングにサブミッション(関節技)を加えて、相手を完全に制圧し、攻撃不能に追い込むサブミッション・レスリングである。

すでにアメリカのマット界では八歳年上のルー・テーズがNWA世界ヘビー級王者として君臨していた。ハンガリーとドイツの血を受け継ぎ、グレコローマン・レスリングの経験を持つ男は、サブミッションの達人でありつつも、華麗なバックドロップで観客を沸かせていた。

カレル・イスタスはサブミッションを学ぶことで、ルー・テーズのように偉大なチャンピオンになろうとしたのだ。

計八年間をウィガンで過ごしたカレル・イスタスは、イギリス各地、ヨーロッパ各地を転戦したのちに大西洋を渡った。カナダを経てプロレスの本場アメリカで初めて試合をしたのは一九五九年七月シカゴでのことだった。

ドイツ人っぽい名にしようと、リング・ネームをキャロル・クラウザーに変えた。

一九六〇年三月、クラウザーはオハイオ州コロンバスにやってきた。コロンバスのプロモーターはアル・ハフト。新参者の実力を計るべく、ハフトは自らのジムで数人のレスラーとスパーリングをさせたが、元オリンピック・レスラーにして関節技の達人であるクラウザーに敵う者はひとりもいなかった。

一方、リング上のクラウザーは、入場料を支払ってくれた観客を楽しませるために、ジャーマン・スープレックス・ホールドやレッグロール・クラッチ、キーロックされたまま相手を頭上に持ち上げるなどの派手な技を披露した。

クラウザー、のちのカール・ゴッチはプロフェッショナル・レスリングを理解していた、と七年間ゴッチに学んだジョー・マレンコは言う。

「もしプロモーターから『今日はジョーに負けてくれ』と頼まれれば、カールは『OK!』と言うだろう。だが、もし私が『今日はもちろん俺が勝つ。なぜなら俺はカールより強いからだ』などと言えば、カールは私をリング上でレッスンするだろう。プロモーターが何と言おうと、カールは私に勝つに違いない。カールには大きなプライドがあったからだ。

実際に、カールは私の父であるボリス・マレンコに数多く負けている。ジョーではない本物の試合だったら、毎回カールが勝っていたはずだ。それでも、カールが文句を言ったことは一度もないし、気にする様子もなかった。私の父はいい人間だったからだ。父はいつもカールに〝サンキュー〟〝サンキュー・ベリー・マッチ〟と感謝していた」

ジャパニーズ・スタイルの起源

自らのレスリングに高いプライドを持つクラウザーは、対戦相手や観客に、自分の強さを理解させようとした。

第三回ワールドリーグ戦開幕直前の一九六一年四月二八日に、神宮外苑の絵画館前で怪物グレート・アントニオがバス四台を鉄鎖で引っ張り、集まった一万人の観衆の度肝を抜いたことはすでに触れた。

その二日後に行われた公開練習では、カール・クラウザーとミスターXことビル・ミラーのふたりが、レスラーおよびメディア関係者全員、そして映画館で映像を見た観客たちを戦慄させた。

高くブリッジしたクラウザーの上を、一九六センチ一四〇キロのミスターXが両足で思い切り踏みつけつつ、何度も往復したからだ。

驚嘆すべき首の強さ、腕や腿《もも》や胸の強靱な筋肉の張り。一体、どれほど鍛えれば、このような離れ業が可能になるのか。若き日の馬場も猪木も、ただ呆然と見守るばかりだった。

五月一日に東京体育館で行われたワールドリーグ戦開幕戦でカール・クラウザーが吉村道明に放ったジャーマン・スープレックス・ホールドの衝撃は、半世紀以上が経過したいまなお、日本マットに残されている。

ギミックやストーリーを重視するアメリカのプロレスラーに比べて、日本のプロレスラーが派手なスープレックスを多用することは、試合を見れば一目瞭然だ。この〝ジャパニーズ・スタイル〟の起源を辿れば、結局はカール・クラウザーが吉村道明に放ったジャーマン・スープレックス・ホールドに行き着く。

ビールを飲んで大騒ぎしながらプロレスを楽しむアメリカの観客とは異なり、日本の観客は、固唾《かたず》を呑んでリング上の攻防を見守る。クラウザーがジャーマン・スープレックス・ホールドで吉村道明をフォールした時には、割れんばかりの拍手が送られた。

日本のレスラーや観客が自分のレスリングを愛し、自分の強さを賞賛していることに、クラウザーは深く満足した。

ただひとつ満足できなかったのは、怪物レスラー、グレート・アントニオのことだった。風呂嫌いのアントニオは悪臭を放ち、近くに寄るのさえおぞましいヤツだったばかりか、自分の人気に驕《おご》り高ぶり、ほかのレスラーを見下すような態度を取っていた。

あんなヤツとフルタイムを戦って引き分けか？　冗談ではない。プロフェッショナルを名乗るなら、礼儀を学んでからこい。

クラウザーはリング上でグレート・アントニオを散々痛めつけ、控え室に戻ってからも、ミスターX、アイク・アーキンスと一緒にアントニオにリンチを加えた。もちろん、試合に差し支えるような大ケガをさせるつもりはなかったが、少々痛い目に遭ってもらわなくては腹の虫が収まらない。

しかし、商品を傷つけられた力道山が黙っているはずもなかった。

力道山は、大相撲の世界で多くの理不尽に耐えてきた男である。二所ノ関部屋の猛稽古に耐え、朝鮮半島出身者への差別にも耐えた。その反動からか、日本プロレスを立ち上げてからの力道山には粗暴な振る舞いが多かった。虫の居所が悪ければ、付け人の桂浜や猪木寛至、大木金太郎を何の理由もなくぶん殴った。

だからこそ、力道山はレスラーとして、クラウザーたちの振る舞いを理解できる部分もあった。グレート・アントニオはあまりにも高慢だったからだ。日本プロレスのすべてはプロモーターとしては絶対に許せない行為だった。日本プロレスのすべてはプロモーターである俺が決める。レスラーは俺が与えた役割を演じてさえいればそれでいい。お前たちに大切な俺の商品を傷つける権利はない。

一方、クラウザーにとってのプロレスとは「強いレスラーが試合を動かす」というものだ。

「プロレスはプロモーターのものである」という思想に、クラウザーはどこかで納得していない。

異なる思想を持った者同士は、必然的に衝突する。

力道山は、当初の予定を変更してクラウザーとのシングルマッチを組んだ。リング上でクラウザーに制裁を加えるつもりだったのだ。

クラウザーは力道山の挑戦を受けて立ち、新聞記者に「力道山をジャーマン・スープレックス・ホールドで投げてみせる」と宣言した。

試合は六〇分三本勝負。一本目は力道山が取り、二本目は回転エビ固めでクラウザーが取った。

そして三本目。クラウザーは力道山のバックを取ると、宣言通りジャーマン・スープレックス・ホールドで力道山を投げてみせた。

福井市体育館を埋め尽くした一万人の大観衆が、ヒーローの大ピンチに悲鳴を上げる。

しかし、次の瞬間、クラウザーのブリッジが崩れた。力道山に勝つわけにいかないクラウザーは「自分も後頭部を強打して動けない」という演技をしたのである。力道山もクラウザーも立てないまま、沖識名レフェリーが10カウントを数え終えた。両者ＫＯによる引き分け。円満決着である。

クラウザーはこの結果に大いに満足した。

思い知ったか力道山、プロモーターのお前は大金持ちかもしれない。だが、レスラーとしては俺のレベルより遥か下にいるのだ。

「この時、力道山は逃げまくりましたから。ゴッチ（クラウザー）には力道山を立てようという気持ちがなかった。だからゴッチは、アメリカでトップがとれなかったんです」（当時『東京スポーツ』の新米記者だった櫻井康雄）

確かに力道山は思い知った。クラウザーという男は、俺に雇われているくせに、俺を強く見せるつもりなど毛頭ないのだ。

以後、力道山がクラウザーを日本に呼ぶことは二度となかった。

「海外に出たら空手チョップを武器にしろ」

馬場正平の一九六一年は、恐ろしい事件で幕を開けた。

一月七日の岐阜市民センター大会。対戦相手はコミカルなレスリングが持ち味のミスター珍である。

股裂きを仕掛けてきた珍を、馬場が下からポーンと蹴ったところ、小柄な珍は吹っ飛んで後頭部から落ち、白目を剝いて失神してしまった。

呆然となった馬場が動けずにいると、セコンドについていた先輩レスラーがすばやくリングに駆け上がり、珍の口を強引にこじ開けて割り箸で舌を押さえ、救急車で病院に担ぎ込んでくれた。舌を喉に巻き込めば窒息死する恐れがあったからだ。

幸いにも珍はすぐに意識を取り戻した。馬場は先輩レスラーの迅速な処置に心から感謝した。もし、ここで珍を殺してしまっていたら、信仰を持つ馬場がその後もプロレスを続けることは難しかっただろう。

一一日後の一月一八日、馬場は珍と再戦した。後輩に恥をかかされたと感じていた珍は、試合中に馬場の胸に噛みつき、肉をかじり取ってしまった。

《この傷痕《きずあと》は、いまも右乳首の上に、肉が盛り上がったように残っていて、「お前、おっぱいが三つあるのか」などと言われる。失神事件といい、この〝復讐劇〟といい、「プロレスは、生やさしい稼業じゃないな」とつくづく思ったものだった。》

(ジャイアント馬場『王道十六文』)

力道山は、できるだけ早く馬場をアメリカに送り出すつもりだった。

豊登、芳の里、吉村道明ら、日本プロレスの主力選手は皆、海外遠征を経験している。多くの日本人にとって、海外旅行はまだ遠い夢だった。

「頑張っていれば、アメリカに行かせてやる」

そう広言して若手レスラーたちの競争意識を煽っていた力道山だったが、心の中では馬場正平にチャンスを与えることに決めていた。

身長二メートル九センチ、体重一二八キロの馬場正平は、アメリカの大きなレスラーの中に入っても、まったく見劣りしない。真珠湾攻撃以来、アメリカにおける日本人の役回りは小柄で卑怯なヒールと相場が決まっている。身長二メートルを超える馬場ならばまったく新たな日本人レスラー像を作り出せるに違いない。

力道山は馬場に「お前は、海外に出たら空手チョップを武器にしろ」と言い、打つ面を三角に変形させた木槌《きづち》で馬場の手を何度も叩いた。

すぐに皮膚が破れて血と体液が流れ出たが、それでもやめない。飛び上がるほど痛かったが、馬場は歯を食いしばって耐えるほかなかった。

何度も繰り返すうちに、やがて破れた皮膚が固まり、丈夫な手ができあがった。

力道山が得意技の空手チョップを馬場に伝授するのは一見不思議なようだが、実は、手刀＝チョップは、アメリカで活躍する悪役日本人レスラーの定番で、力道山のオリジナルではまったくなかった。

アメリカ人は拳で殴るのが普通だから、手を開いたままで叩くチョップ（手刀）には東洋的なイメージがあり、「ジュードーチョップ」と呼ばれた。

もちろん柔道に打撃技は存在しないが、実は空手も拳を使う。空手家が試合中に相手をチョップで攻撃することなどあり得ないのだ。つまり〝空手チョップ〟は〝柔道チョップ〟と同じくらいおかしな呼称であり、その意味でプロレス的な技なのである。

そんな頃、失踪《しっそう》していたマンモス鈴木が戻ってきた。

仙台出身の鈴木幸雄が、大田区梅田町にあった力道山宅の呼び鈴を押したのは三年前、一九五八年二月のことだった。

たまたま自宅にいた力道山は、一八歳の青年を一目見て入門を許した。

身長一九二センチ、一〇五キロ。胸は厚く、肩から背中まで毛むくじゃらの身体。太い首の上には、いかつい顔がのっていた。

気の小さい鈴木に経験を積ませようと、力道山は六〇年二月のアメリカおよびブラジル遠征に鈴木を随行させることに決めた。

ところが二月二五日の出発前夜、鈴木は日本橋浪花町のプロレスセンターの合宿所から夜逃げしてしまう。「お前はブラジルに置いておくから、ひとりで修行してこい」という力道山の言葉を聞いて怖《お》じ気《け》づいたのだ。

《翌朝（二六日）、鈴木は〝先生はブラジルにたってしまった〟と安心して合宿に帰ってきた。ところが、力道山も飛行機が故障で、太平洋の途中から引き返し、二六日の午後、一度プロレスセンターへ戻ってきたのだ。そして鈴木は力道山の前へ引き出された。「この野郎っ！」激怒した力道山の鉄拳が鈴木の頭に雨、あられ。殴りつけて気が晴れた。「まあいいわい。まだ子供だ」と鈴木を許した。》（原康史『激録　力道山』）

四月に帰国した力道山はブラジルから猪木寛至を連れ帰り、プロ野球を引退した馬場正平も入門してきた。

夏になると、鈴木は再び合宿所を脱走した。ふたりの優秀な後輩にスパーリングで完敗して、すっかり自信を失ってしまったからだ。

《グランドで四つん這いになって後ろから攻めると、マンモスはすぐに転んだ。そのくらい弱かった(笑)。わざとやってくれてんの？　と思うくらいだった。》(アントニオ猪木の発言。『アントニオ猪木デビュー50周年記念ＤＶＤ－ＢＯＸ』のインタビューより)

半年間のブランクの後、マンモス鈴木は再びプロレスに戻ってきた。プロレス以外に自分を生かせる道はなかったのである。

この時も力道山は寛容で、マンモス鈴木の復帰を許した。容《よう》貌《ぼう》魁《かい》偉《い》な大男はアメリカで売りものになると考えていたからだ。

一九六一年一月から三月にかけて、馬場と鈴木は何度もタッグを組んでいる。特に新春興行の最後の試合となった二月五日の吉原功&大坪清隆との一戦では、マンモス鈴木の良さが出た。

フルネルソンから小さな相手をそのまま持ち上げて、相手の尾てい骨を膝に叩きつけるというパワフルな技は、台東体育館の観客を大いに沸かせた。

三月に渡米した力道山が、世界一の力持ちグレート・アントニオが四台のバスを引く写真を見て衝撃を受けたことについてはすでに触れた。

力道山の目論見《もくろみ》通り、怪物グレート・アントニオは大評判を呼び、日本プロレスはかつての勢いを完全に取り戻した。

観客がプロレスに求めるのは非日常の興奮である。異次元の怪物グレート・アントニオは日本の観客を興奮させる力を持っていた。ならば、日本の怪物をアメリカに送り込んだら？

力道山にとって、日本の怪物とは馬場正平とマンモス鈴木のふたりのことだった。東洋の巨人タッグチームなら、アメリカできっと売れる。グレート・アントニオの爆発的な人気を見て、力道山の予感は確信に変わった。

《馬場と鈴木は、ともかく〝かわいい子には旅をさせろ〟だ。二人がこのままで通用しようなんて考えないし、無謀だということも知っている。しかし、そんなことで引っ込み思案をしていたら何もできない。それに本人たちが、自分で自分の進むべき道を切り開く気持ちにならなくては、いくらこっちでハッパをかけてもはじまらない。この二人は努力次第では外国の一流どころに負けない素質があるんだし、大成できると私は信じている。》（力道山の発言。『プロレス＆ボクシ

ング』一九六一年六月号）

ビル・ミラーも評価した馬場の肉体

力道山は、馬場と鈴木のふたりにお目付け役の芳の里をつけてアメリカに送り出すことに決め、渡航の準備をさせた。

しかし、馬場と鈴木は同じ巨人とはいえ、大きく異なる点がひとつある。鈴木はただのでくの坊に過ぎないが、馬場はエリート・アスリートなのだ。

力道山は馬場をテストすることにした。ワールドリーグ戦に来日したトップクラスの外国人レスラーにぶつけてみるのだ。

力道山は、サンフランシスコで戦ったことのあるビッグ・ビル・ミラーに、馬場をテストしてほしいと頼んだ。

ミラーは文武両道の超一流レスラーである。オハイオ州立大学ではレスリングと砲丸投げ、そして円盤投げでビッグテン・カンファレンスのオール・アメリカン（全米代表）に選ばれ、フットボールではレターマン、すなわち、母校の頭文字をつけることを許される栄誉を受けた。

学業も優秀で、在学中に獣医の資格を取った。

一九四センチ、一三〇キロという立派な体格と高度なレスリング技術の上に優秀な頭脳まで兼ね備えた逸材は、一九五一年にプロレス入りしてまもなくルー・テーズへの挑戦資格を与えられるなど、順風満帆のレスラー人生を送り、第三回ワールドリーグ戦に覆面レスラーのミスターXとして参加した時には、すでにオハイオ州コロンバスに広大な牧場を所有していた。

ミスターXに扮したビル・ミラー

ミラーにとって、プロフェッショナル・レスリングは一生を捧げる仕事ではなかった。生涯の夢は獣医として開業することであり、レスリングは資金を稼ぐための高収入のアルバイトに過ぎなかったのだ。

ヒールになったミラーは、アルゼンチン・バックブリーカーやネックハンギング、ジャイアント・スイングといった、遠くからでも見映えのする技だけを使い、細かいレスリング・テクニックは封印してしまった。

しかし、リング上で使わないにもかかわらず、インテリのミラーはサブミッション＝関節技に強い関心を抱き続け、オハイオ州コロンバスにカレル・イスタス、のちのカール・ゴッチがやってくると、すぐに仲良くなって関節技を教えてもらった。

日本からのオファーが届いた時、ミラーは、親友になっていたクラウザーを力道山に推薦した。

「ミラーが言うのならば、間違いなく凄いレスラーだろう」

そう考えた力道山は、覆面レスラーのミスターXに変身したミラーと一緒に、無名のクラウザーを招聘することにしたのだ。

五月一日の第三回ワールドリーグ戦の開幕戦で、ミラー扮するミスターXと戦った馬場正平は、四分二一秒、逆エビ固めで敗れた。

《「驚いたね、あの時は。世の中にこんなに強いヤツがいるのかと思ったよ。何をやってもまったく駄目なんだ。やっぱりキャリアを積まなくちゃ、とてもこの世界じゃやっていけないんだということをしみじみと思い知らされたよ。ミスターXにまるっきり赤ん坊扱いにされたんだから」

その時の心境を馬場はこういうが、実をいうとこの一戦が馬場に大きなチャンスを与えることになったのである。馬場と対戦したミスターXが、グレート東郷に「あのでかい新人はなかなか足腰がいいし、鍛えたらものになるぞ」と漏らしたのである。》（山田隆『ジャイアント馬場激闘写真集』）

ミラーは、新人の馬場に好感を持った。レスリングの経験がないことはすぐにわかったが、体格の割りに反射神経が素晴らしく、足腰も鍛えられていたからだ。日本滞在中は充分な時間があったために、クラウザーとミラーの関節技のレッスンは、開場前のリング上で毎日のように行われた。複雑な動きになると、実験台が必要になった。

「ゴッチがミラーに関節技を教えた時に、俺が呼ばれて実験台になったんだよ、と馬場さんから直接聞きました。実験台になってもらったお礼に、ミラーは馬場さんにレスリングの基本的な技を教えてくれた。アイスクリームをご馳走になったこともあったそうです。親切なミラーは馬場さんにとっては初めての外国人の先生。一九七三年六月に四六歳のミラーを全日本に呼んだのは、馬場さんが感謝の気持ちを忘れなかったからです」（全日本プロレスの渕正信）

すでに触れたように、第三回ワールドリーグ戦が空前の人気をもたらした最大の功労者であるグレート・アントニオは、五月二一日に岡山市津島体育館の外国人側控え室でクラウザー、ミラー、アイク・アーキンスの三人からリンチを受けた。

　力道山はこの事件を極秘にするようにと厳命した。六月二日には蔵前国技館で力道山対グレート・アントニオのインターナショナル選手権試合があるからだ。岡山での事件を知らない東京の観客は、力道山がグレート・アントニオと戦う世紀の一戦を何としても見たかった。前売り券は発売した瞬間に売り切れ、わずかな当日売りの立ち見券を求めて徹夜組が出た。

　蔵前国技館は一万七〇〇〇人の観客で埋め尽くされてそれでも入りきれず、せめて館内の歓声とアナウンスだけでも聞きたいから国技館の中庭に入るチケットを作れと交渉するファンまで出て、結局一〇〇〇人以上が試合終了まで国技館の前の道路に立ち尽くした。

　力道山はグレート・アントニオをトップロープから場外に突き落として二―〇の完勝。蔵前国技館は爆発し、観客は大いに満足して家路についた。

　力道山に負けた時点でグレート・アントニオの役割は終わった。

　六月九日の香川県高松体育館で、グレート・アントニオはミスターX＝ビル・

第３回ワールドリーグ戦の参加者たち。後列左端からアントニオ、ミスターX、１人おいて力道山、ゴッチ。前列左端から吉村、東郷、豊登、芳の里らが並ぶ

ミラーにパンチや頭突きなどで一方的に攻撃され、顔面を蹴り上げられ、リング上でズボンを脱がされて尻を叩かれるなど散々なぶりものにされた。リングサイドにいた力道山の顔は恐怖で引きつっていた、という証言もある。アントニオがひとり寂しく帰国したのは、それからまもなくのことだった。

第三回ワールドリーグ戦の決勝戦は六月二九日、大阪府立体育会館で力道山とミスターXの間で行われ、ミスターXが勝利したものの、結局反則負けとされて力道山の優勝が決まった。

馬場正平はすべてを見た。

規格外の怪物が観客を呼ぶ力と、増長したあげくの末路を。そして、アメ

リカの一流レスラーの恐るべき実力を。

すべてを見た馬場は不安だった。

すでに日本プロレスは「馬場正平、鈴木幸雄、芳の里の三選手をアメリカに遠征させる」と発表していたからだ。

アメリカにはミスターXやクラウザーのような恐ろしいレスラーがゴロゴロしているに違いない。果たして俺はやっていけるのだろうか？

馬場、鈴木、芳の里の三人がロサンジェルス行きの飛行機に乗ったのは決勝戦の二日後、一九六一年七月一日のことだった。

第三章　アメリカンプロレスの洗礼

渡米二戦目の出世試合

ロサンジェルス行きの飛行機に乗った時、馬場正平は一ドルも持っていなかった。「東郷に任せてあるから、お前は何も心配しないでいい」と力道山に言われたからだ。

あきれた芳の里は、岐阜のプロモーター林藤一からもらった餞別《せんべつ》一〇〇ドルを三つに分けて、鈴木と馬場に三〇ドルずつ渡した。当時のレート（一ドル＝三六〇円）では一万八〇〇〇円だが、実際の価値は五〇〇〇〇円にもなるまい。とにかく馬場は全財産三〇ドルを握りしめて、ロサンジェルスの土を踏んだのだ。

空港に出迎えたグレート東郷が三人を連れていったのは、ロサンジェルス西南のクレンショー地区だった。

一九六五年に起こった有名なワッツ暴動以前、このあたりは日系人が多く暮らしていたから、リトル・トーキョーまで行かずとも、たいていの用事はここで済む。

三人は当面、アパートの一室で共同生活をすることになった。

《新丸子のアパートに毛が生えた程度のものだったが、ぜいたくは言えない。と

羽田空港からアメリカ遠征に旅立つ３人。手前から鈴木、馬場、芳の里（1961年７月１日）

にかく〝住〟は保証されたのだ。〝衣〟はもちろん自前。〝食〟は毎日東郷が車で、米や芋、コンビーフの缶詰、野菜などを運んでくれた。と書くといかにも豊富のようだが、三人で食うと何も残らない。東郷は実に正確に、一日分だけを供給してくれたのだ。》（ジャイアント馬場『王道十六文』）

力道山は、馬場と鈴木のふたりの巨人に期待していた。小柄な芳の里は従来の日本人悪役の域を出ないが、馬場と鈴木を組ませて〝東洋の巨人タッグ〟で売り出せば大成功できるのではないか、と考えていたからだ。

しかし、グレート東郷の考えは力道山とは違っていた。東郷はグレート・アントニオの大成功が忘れられなかった。

馬場は鈴木よりもデカいが、顔がおとなしい印象がある。その点、マンモス鈴木には迫力のある容貌と毛むくじゃらの肉体の持ち主だ。グレート・アントニオのような怪物に近いのは鈴木のほうだ。

アメリカで人気が出るのは馬場ではなく鈴木だろう。そう考えたグレート東郷は、馬場よりも先に鈴木の売り出しを図った。

興味深いのは、馬場自身も東郷に近い考えを持っていたことだ。

《なにしろマンモス（鈴木）と組んでも人気の点からいえば、マンモスが上になるだろう。あいつはまったくプロレスをやるために生まれて来た男だから、ボクのようなデクの棒は、やはりいろいろと豪快なワザを研究せねば。》（ジャイアント馬場の発言。『プロレス＆ボクシング』一九六一年八月号）

馬場の率直さと客観性には、いつも本当に驚かされる。

馬場は鈴木のスパーリングにおける弱さを熟知している。しかし、「レスリングで自分より弱い鈴木が、自分より人気があるのは許せない」という種類のジェラシーを、馬場は欠片《かけら》も持ち合わせてはいなかった。レスリングの実力とリング上の人気にはまったく関係がないことを、賢明なる馬場正平は渡米以前から知り抜いていたのである。

芳の里とマンモス鈴木はまもなく試合に出るようになったが、馬場はなかなか試合に出してもらえなかった。

《東郷は、体だけはでかいがキャリアはまだ一年足らずの私を、使いものにならないと見ていたようだ。練習もさせてもらえない。試合に出場する芳の里と鈴木を迎えに来た東郷は、私には「ユーは試合が無いのだから、ゆっくり寝ていなさい」と言った。起きて動けば腹が減る。寝ていれば一日一食ですむというわけだ。日本でも東郷のケチケチぶりは有名だったが、これほど凄まじいとは思ってもいなかった。私はしょっちゅう、「ユーはトイレットペーパーを使いすぎる」と怒られた。

東郷は素晴らしいキャデラックを愛車としていたが、私たちが同乗しても灰皿の使用は禁じられた。葉巻をくゆらせている東郷も使わない。灰は、キング・エドワードというその安葉巻の箱に落とした。灰皿は使えばいたむ。いためば車を下取りに出す時に値をたたかれるというのだ。

夫人と買い物に出ても、一セントでも安い所があると聞けば、遠い店でも東郷は歩いて行く。とにかく徹底した節約ぶりだった。》(ジャイアント馬場『王道十六文』)

馬場がアメリカ西海岸で初めて試合をしたのは、渡米から二週間以上が過ぎた七月一七日のことだ。

パサディナで、マット・マーフィーという前座レスラーと対戦した。

五日後の二二日にはマスタファ・アリ・パーシャというトルコ人ギミックのレスラーと戦っている。この試合がアメリカにおけるレスラー馬場の出世試合となったと見ていいだろう。

《動きのいい、ボクサータイプのヤツだったよ。東郷さんから思い切って行けってハッパをかけられて、この時、初めて……アメリカへ行って初めて十六文キックというのをつかったんですよ。吹っ飛ばしておいて、ジャイアント・スイングで振り回してね。それで放り出してボディプレスだったな。一五分一本勝負で七、八分やったと記憶しているな。(中略)まあ、前座レスラーだったよ。まあネ(笑)。だが、その試合でやったジャイアント・スイングがプロモーターに認められて、ぼちぼちと試合があるようになった。》(ジャイアント馬場の発言。『東京スポーツ』一九八三年四月一五日)

渡米直後に撮られたプロモーション写真。左から東郷、馬場、芳の里

ロサンジェルス地区の興行スケジュールは一週間単位で決まっている。

月曜日がパサディナのパサディナ・アリーナ。

火曜日がロングビーチのミュニシパル・オーディトリアム。

水曜日がロサンジェルスのオリンピック・オーディトリアム。

木曜日がベーカーズフィールドのストレリッチ・スタジアム。

金曜日がサンディエゴのサンディエゴ・コロセウム。

土曜日がサンバーナーディーノのサンバーナーディーノ・アリーナ。

日曜日は休み。

売れっ子のレスラーは週六日、ロサンジェルス周辺の各会場を回って稼ぐことになる。

馬場を気に入ったプロモーターとは、サンバーナーディーノのロイ・ワーナーであった。

馬場は二週続けてサンバーナーディーノでマスタファ・アリ・パーシャと戦い、ワーナーの評価を不動のものにした。

バレエダンサーの衝撃

一方、東洋の怪物、日本版グレート・アントニオになるはずだったユキオ・スズキには、この時すでに「何もできないでくの坊」という烙印《らくいん》が押されていた。

《東郷は、全身に剛毛の生えた鈴木に「リング上でゴリラの真似をしろ」と命令したが、鈴木はそれに従わなかった。やはり嫌だったのだろう。その気持ちはわかる。だが怒った東郷は、「あいつはダメだ。ユーが出ろ」と私に出番が回ってきたのだった。》(ジャイアント馬場『王道十六文』)

鈴木にはプロフェッショナルの厳しさがまったくわかっていない。レスリングもできないくせに、怪物のキャラクターを演じるのはイヤだと言う。だったら俺は、お前の何を売ればいいんだ?

腹を立てたグレート東郷は、鈴木の売り出しを諦め、初めて馬場に目を向けた。

馬場にとって、プロフェッショナル・レスリングは一〇〇パーセント職業である。自分は何としてもこの仕事で食べていかなくてはならない。

馬場は東郷の指示に従い、田吾作《たごさく》タイツに高下駄を履いてリングに上がり、塩を撒いて四股を踏んだ。

グレート東郷や芳の里と同様に、典型的な日本人ヒール像を演じたのだ。

馬場はもちろん連勝を続けた。

もちろん、というのは、日本人ヒールである馬場がロサンジェルス地区のゲストであるからだ。

バレエダンサーレスラー、リッキー・スター

ゲストのレスラーは連勝するに決まっている。強く見せなくてはならないからだ。

そのためにオフィスはジョバー（Jobber）と呼ばれる負け役を用意しておく。彼らは仕事（Job）としてゲストのレスラーに負け続ける。

ゲストのレスラーを強く見せておくのは、もちろん最後にはチャンピオンに負けてもらうためだ。強い外敵を倒し続けるからこそ、チャンピオンの強さは光り輝く。

当時のロサンジェルス地区のエースは〝吸血鬼〟フレッド・ブラッシー。

身長六フィート九インチ、体重三二九パウンドと報じられた東洋の大巨人ショーヘイ・ババは、チャンピオンのブラッシーに負けるまでの間、連勝街道を突き進むことになる。

馬場が有名なオリンピック・オーディトリアムに初登場したのは、七月一九日のこと。馬場は芳の里と組んでマイク・シャープ（有名なシャープ兄弟の弟のほう）＆パット・フレーリー組と対戦して勝利を収めたのだが、試合後にリングを見学して驚愕した。

リングに上がったのが、バレエダンサーだったからだ。

リッキー・スター三二歳。この一九六一年の段階で、すでに一〇年以上のキャリアがあった。

白いパンツとバレエ・シューズでリングに上がり、試合前から徹底的に相手をおちょくりまくる。レフェリーのボディ・チェックを「いやん♡」と拒否する。ゴングが鳴れば、相手のことなど知らぬふりで、クルクルとピルエットで舞う。

隙を見て顔面をひっかき、怒った相手が飛びかかってくればサッと避けて、からかうように腰を振る。次の瞬間にはモハメッド・アリと戦った時の猪木のような体勢から、ゴキブリのようにすばやく這って、相手を追いつめる。バックマウントの体勢になると相手の耳に指を入れてみせ、寝技ではお尻をくすぐる。

気持ち悪いゲイのバレエダンサーというキャラクターを演じる一七四センチ九一キロの小柄なショーマンが、実はレスリングの猛者《もさ》であり、有名なシューター（リアルファイトでも強い実力者）であるところが、アメリカンプロレスの奥深さだ。

《人づてにドン・レオ・ジョナサン、ビル・ミラー、カール・ゴッチ、リッキー・スターが強いと聞いたが、残念ながら対戦するチャンスがなかった。》（上田馬之助＋トシ倉森『金狼の遺言』）

力道山が木村政彦と死闘を演じていた時代に、アメリカにはこんなとんでもないレスラーがいたのだ。

日本のプロレスを支配する力道山の思想

「こんなふざけたプロレスラーがいていいのか！」

馬場は開いた口がふさがらなかった。

《わたしが初渡米武者修行に出た昭和三六年夏、ロサンジェルスで初めてスターの試合を見た時、「これでもプロレスかなあ」と首をかしげたものだ。バレエ・シューズをはきリング上で体をくねらせて踊っているのだから、力道山道場で仕込まれたプロレスリングしか知らない私には不思議というほかなかった。体はうちの三沢光晴より小さいくらいだったから、一八〇センチそこそこで九〇キロがやっとというところ。筋肉もあまりついていなかった。

当時のロス・マット界の花形はフレッド・ブラッシー、サンダー・ザボー、エドワード・カーペンティア、ルー・テーズ、プリモ・カルネラ、それにちょいちょい遠征してきたアントニオ・ロッカだが、二七、二八歳（筆者注・実際は三二歳）のスターが彼らとともにトップレスラーで人気があったのだから、私は日本とアメリカのファンの相違を痛感させられたものだ。グレート東郷さんもこのスターだけは来日させようとしなかったが、もし来日していたら日本のファンはオチョクられたと思って怒ったことだろう》(ジャイアント馬場『個性豊かなリングガイたち』)

馬場の言う通り、日本とアメリカのプロレスはまったく異なる。リッキー・スターのようなタイプのレスラーは、日本人の観客にはまったくウケなかったに違いない。

なぜだろうか？

日本のプロレスが、力道山の思想に覆い尽くされているからだ。

日本テレビの戸松信康プロデューサーは「秘話　プロレスとテレビ」の中で次のように書いている。

《昭和二〇年代の日本は、かの太平洋戦争敗戦後の混乱と虚脱の中にあり、いまだアメリカの占領下に呻吟《しんぎん》して、行くべき道を見失っていた。異常な時期であった。国民は精神の拠《よ》り所を喪失し、絶望的心境にあったが、生活でも、その日の糧を得るのに四苦八苦し、餓鬼道《がきどう》の様相を呈していた。

社会秩序も、やや快復《かいふく》した二〇年代後半に入って、アメリカの援助も功を奏して、国民生活の回復も目途がつき、それにつれて民族的自尊心も頭をもたげて来た。(中略)力道山のプロレスは自作自演であり、これが国民大衆を強く惹きつけた根本的原因は、自立、独行に目覚めた国民感情にぴったり来るものがあったからだと断言できよう。力道山ファイトの精神と血が通っていたからに違いなかった。

力道山は、強く語ったことがある。

「わしが、プロレスにいのちを賭けたのは、単なる職業意識からではありません。外人と渡りあって、思い切って、相手の毛唐《けとう》を叩きつけることによって、眠れる日本人の大和魂をゆすぶるのが最大の念願です」と。》(田鶴浜弘『日本プロレス30年史』所収)

アメリカの占領下に置かれた日本は、自主独立に必要な誇りを取り戻さなくてはならない。力道山はリング上でアメリカ人レスラーを叩きのめすことによって日本人のプライドを回復させた。

すなわち、初期の日本プロレスの根本思想は反米にある。

敗戦の記憶が遠のくにつれて、力道山のプロレスが飽きられたのは当然だろう。凋落したプロレス人気を回復させたのがプロレス版オリンピックともいうべきワールドリーグ戦であり、なかでも最大の話題を呼んだのが、第三回ワールドリーグ戦に現れた怪物グレート・アントニオであったことはすでに触れた。

シャープ兄弟の登場から七年が経過し、力道山の考えは柔軟になっていた。プロレスラーが化け物であっても構わない。それでお客さんが大勢きてくれるのであれば。

しかし、力道山が絶対に譲れない点がひとつあった。

「プロレスはケンカであり、真剣勝負である」ということだ。

プロレスラーには強い者もそうでない者もいる。弱いレスラーを短時間で倒したところで、観客は喜ばない。入場料を支払ってくれる観客に楽しんでもらうためには、時には試合を長引かせることもある。しかし、プロレスはケンカであり、あくまでも真剣勝負であり、我々は勝利を目指して力の限り戦っている。

力道山はそう主張し続けた。

国家においても会社においても、創業者の思想は薄れることはあっても、消え去ることは決してない。

馬場がアメリカに渡った一九六一年当時、すでに木村政彦の国際プロレス団や山口利夫の全日本プロレス協会などの他団体は淘汰《とうた》され、力道山の日本プロレスが巨大なマーケットを独占していた（全日本女子プロレスは除く）。

当然のように、日本のプロレスは力道山の思想に色濃く染め上げられていく。

力道山の日本プロレスは、相撲部屋をモデルに作られた〝団体〟である。相撲でいえば、横綱が力道山、関脇が豊登で、小結あたりに遠藤幸吉や芳の里、吉村道明、以下略という感じだろうか。取組も勝敗も番付も給料も、すべて力道山が決める。

客を呼ぶ力を持っているのは横綱である自分ひとりであり、当然メインイベンターをつとめるのも自分である。力道山はそう思っている。

プロモーター力道山は、観客動員とテレビ視聴率に敏感にならざるを得ないが、配下のレスラーは気楽なものだ。客が多かろうが少なかろうが、自分たちの給料に変化はない。

要するに、日本プロレスは力道山の個人商店であり、ほかのすべてのレスラーはサラリーマンなのだ。

プロモーター力道山は配下のレスラーの人気が上がり、プロレス人気が上昇することを望んでいる。だがその一方で、レスラー力道山は若いレスラーの人気が高まり、エースの地位を奪われることを恐れている。

配下のレスラーには、そんな力道山の矛盾《むじゅん》が手に取るようにわかる。力道山を脅かすようなレスラーになることは決してできない。力道山を凌《しの》ぐ人気を得てしまえば、支配者の嫉妬を買うからだ。

鳴り物入りで大相撲から転向した元横綱の東富士《あずまふじ》は、諸手を挙げて日本プロレスに迎え入れられたにもかかわらず、早々にリングを去った。

力道山と対立すれば、日本プロレス界を辞めるほかない。

実際にヒロ・マツダこと小島泰弘《やすひろ》は力道山に反発してペルーに渡り、メキシコからアメリカに移って、NWA世界ジュニア・ヘビー級王者になった。

力道山を超えることは最初からできない相談だ。ならば決して突出せず、無難に前座試合の仕事だけをしよう。時に理不尽なことも言われるが、サラリーマンの何倍もの給料を受け取れるのだから。

トップレスラーである力道山の人気が安泰である限り、団体に所属するレスラーは何も考える必要がない。下のレスラーが何も考えないからこそ、力道山はエースの地位を保つことができる。

それが日本のプロレス団体のあり方なのだ。

プロレスはディズニーランドである

しかし、エンターテインメントの本場アメリカでは、そんな生ぬるいやり方では激烈な競争を勝ち抜くことができない。

そもそもアメリカにプロレス団体など存在しない。プロモーション、すなわち興行会社があるだけだ（近年のＷＷＥは例外）。

たとえば馬場がやってきた頃のロサンジェルスには、カル・イートンというプロモーターがいた。イートンは、有名なオリンピック・オーディトリアムのオーナーでもある。

プロモーターであるイートンの下にはブッカーのジュールス・ストロンボーがいる。レスラーの契約（ブッキング）をするためにブッカーと呼ばれる。

ストロンボーはカード（取組）を決めるマッチメーカーでもある。

ブッカーとマッチメーカーは同一人物である場合もあるが、そうでない場合もある。

七〇年代初頭の全日本プロレスを例にとれば、プロモーター＝ジャイアント馬場、ブッカー＝ドリー・ファンク・シニア＆馬場、マッチメーカー＝マシオ駒になるだろう。

いいレスラーを集め、観客の興味を惹きそうな試合を数多く提供すること。それがブッカーとマッチメーカーを兼ねるストロンボーの仕事である。

プロモーションは団体ではなく、ゆえに所属レスラーはひとりもいない。山本小鉄のような鬼コーチが、若手レスラーを竹刀で叩きつつ鍛える、といった類いのことは、アメリカでは一切ない。アメリカのレスラーにとっての練習とは、自分で自分を鍛えることだ。コーチにカネを払ってレスリングの技術を身につけ、ジムに施設使用料を支払ってコンディションを維持する。

レスラーはブッカーと週単位で契約する。

面白い試合を見せ、観客の人気を集められれば、よりよい条件で再契約できる。観客の人気を得られなければ再契約はなく、ほかの街に行くほかない。

一九六一年当時、全米には二〇〇〇人とも三〇〇〇人ともいわれる膨大な数のレスラーがいた。替えはいくらでもいるから、見込みのないレスラーを時間をかけて教育するプロモーションなどどこにもない。観客を沸かせるためにレスラーにアドバイスをすることはあっても、結局は本人次第であり、ダメならほかのレスラーを使うだけだ。

レスラーは体も使うが、それ以上に頭を使う。

たとえばここに、一七四センチ九一キロのレスラーがいたとしよう。レスリングはもちろん、ボクシングにも相当の自信がある。小さいがケンカは恐ろしく強く、デカいレスラーを相手にしても、寝技に持ち込んで関節技を極めてしまえば簡単に勝てる。それだけの実力の持ち主である。

だが、プロレスの世界では、強さ以上に大切なことがある。

「それで客が呼べるのか？」

ということだ。

小さい自分がデカい相手を地味な関節技で倒して、果たして観客が満足するのか？

アメリカの観客にとって、プロレスはエンターテインメント以外の何物でもない。映画なら西部劇、日本では任侠映画に近い。かっこいい高倉健と美しい藤純子が、骨の髄《ずい》まで腐り切った安部徹や天津敏を叩き切る。そんな単純な勧善懲悪を見て気持ちがスカッとすれば、それでいい。

アメリカ人がベビーフェイスに声援を送るのは、「健さん！　待ってました」と声をかけることと何ひとつ変わらない。違うのは、アメリカのほうが日本よりも圧倒的に豊かであり、多様なキャラクターが登場する複雑なドラマを提供していたことだ。

アメリカンプロレスとは、要するにディズニーランドである。

スリルとスピード感を味わうジェットコースターもあれば、お化けやゾンビが次々に姿を現す幽霊屋敷もある。時には颯爽《さっそう》としたカウボーイが見得を切り、時には酔っ払った海賊がクダを巻く。かっこいいピーターパン、美しいシンデレラ、力持ちのトルコ人、悪い魔女、キャラクターはいくらでもいるから、そこから好みを見つければいい。

プロレスも同じだ。

いいヤツでも悪いヤツでも、アスリートでもデカいだけの怪物でも、キザ野郎でも変態でも何でもいい。

プロレスというディズニーランドの中で、自分というレスラーは観客が列を成すほどの〝アトラクション〟になることができるか？

アメリカのプロレスラーたちは、まさにその一点で勝負している。

一七四センチ九一キロのリッキー・スターは「ゲイのバレエダンサーがリング上でふざけまくる」というキャラクターを、前述のジャック・フェファーとともに作り上げて大成功を収めた。リッキー・スターの人気は爆発的なもので、一九五七年八月号の『リング』誌のランキングではルー・テーズ、バーン・ガニア、アントニオ・ロッカらを抑えて一位に輝いている。

一九六一年の馬場正平はリッキー・スターを見て「これでもプロレスかなあ」と思った。

しかし、リッキー・スターがプロレスラー以外の何者でもないことは明白だった。観客を引きつける〝アトラクション〟だからだ。

「プロレスとは何なのだろう?」

そう考える馬場正平は、すでに力道山の思想、日本人の考え方の外側に一歩踏み出そうとしていた。

なぜ四〇歳を過ぎた中年男が世界王者なのか

ロサンジェルスに渡って二週間が過ぎ、ようやく試合に出られるようになった馬場正平は、トルコ人のギミックを持つレスラー、マスタファ・アリ・パーシャとの試合をきっかけにマッチメーカーのジュールス・ストロンボーの信頼を得て、八月一八日にサンディエゴ・コロセウムのメインイベントでNAWA（North American Wrestling Alliance）世界王者フレッド・ブラッシーと対戦することが決まった。

前々日、有名なオリンピック・オーディトリアムのリングに上がった馬場は、前座試合に勝利した後、メインイベントを見学している。

NAWA世界王者フレッド・ブラッシー対サンダー・ザボーの一戦である。

NAWA王者フレッド・ブラッシー

《控え室や廊下で会って、誰がチャンピオンだかもわからなかった。それで……それでだ。世界タイトルマッチだというから見にいったわけ。通路の後ろの階段でそっとのぞいてみてたんだ。そうしたら、ブラッシーとザボーが上がってきた。（中略）何でこんなおじいさんが世界チャンピオンなんだろうかと思ったよ。》（ジャイアント馬場の発言。『東京ス

ポーツ』一九八三年四月一六日）

日本では〝吸血鬼〟〝銀髪鬼〟と称されるブラッシーがエドワード・カーペンティアを破って世界チャンピオンとなったのは、馬場と対戦する二カ月前にあたる一九六一年六月一二日のこと。すでにブラッシーは四三歳になっていた。

「なぜ四〇歳を過ぎた中年男が、世界王者であり、メインイベンターなのか？」

馬場正平の疑問は、私たちの疑問でもある。

「プロレスはインチキだから」「八百長だから」では、まるで答えになっていないことは明らかだ。

「どうして四〇歳を過ぎた中年男が誰よりも観客を呼ぶ力を持っていたのか？」

そう言い換えれば、考えやすくなるだろう。

あらゆるプロスポーツ興行の目的は、観客を呼ぶことにある。

アメリカのプロレス関係者は、ベースボールやフットボール、ボクシングなどと同様に、観客を呼ぶために知恵を絞り、工夫を重ねてきた。

観客を呼ぶために必要なのは興奮《ヒート》である。観客を興奮させて、最終的にその興奮をハッピーエンドによって鎮めることができれば、観客は大いに満足して、再び会場に足を運んでくれる。

遠征してきた強豪チームを熱戦の末に打ち破れば、地元の観客は大いに喜ぶだろう。逆転サヨナラホームランや逆転のタッチダウン、激しい打ち合いの末の逆転KO勝利であれば、観客は大満足で家路につくに違いない。

しかし、取っ組み合いのレスリングは、殴り合いのボクシングに比べて圧倒的に退屈だった。

レスリングには、プロスポーツに必要不可欠な興奮《ヒート》が決定的に不足しているのだ。

そこでレスラーたちは、あらかじめ試合の結末を決めておき、お互いに協力して興奮を作り上げることにした。プロフェッショナル・レスリングは、スポーツから一種のパフォーマンスに変貌することによって、生き残りを図ったのだ。

《プロレスの目的は、観客を熱狂させることにある。これは真の戦いなのだ。だが、勝者は常にレフェリーによってその手を掲げられる者であるとは限らない。彼のパフォーマンスが観客の心をわしづかみにし、試合が終わり、家路についてもそのことが頭から離れず、また試合を見るために金を支払ってくれるようなパフォーマンスをした者が勝者なのだ。観客が彼に声援を送ろうと罵声を浴びせようと、まったく関係ない。》（ルー・テーズの自伝『HOOKER』）

プロレスはもちろんプロフェッショナル・レスリングの略だが、一九三〇年代以降、プロレスはレスリングから遠く離れていく。

殴ることも蹴ることも、反則さえも許される。観客を呼ぶためにはリング上で何をしても構わない。

〝鉄人〟ルー・テーズが言う通り、プロレスラーは対戦相手ではなく、観客と勝負しているのだ。

プロレスがスポーツではなく、パフォーマンスであることが誰の目にも明らかになったのは、テレビが普及した後のことだ。

日本同様、アメリカ人も新しいメディアに夢中になった。

デパートのショーウィンドウに飾られたテレビには多くの人々が鈴なりになり、何時間でも飽くことなく白黒のブラウン管を眺め続けた。

初期のテレビにとって、プロレスほど素晴らしいコンテンツはなかった。プロレスには肉体美があり、アクションがあり、ドラマがあり、笑いがあり、怒りがあり、憎しみがあり、悲しみがあり、ハッピーエンドがあった。

しかも、テレビ局が用意しなくてはならないものは、リングとレスラーふたり、アナウンサーひとりとテレビカメラ一台だけなのだ。

カネも手間もかからない上に、ノックアウトが存在するボクシングとは異なり、時間通りに必ず終わってくれる。ボクシングには凡戦があるが、プロレスに凡戦はあり得ない。視聴者の興奮はあらかじめ約束されている。そのためにこそ、レスラーは一致協力して熱戦を作りあげるのだから。

日本の無条件降伏によって第二次世界大戦が終結してまもない一九四七（昭和二二）年のアメリカでは、プロレスはテレビの人気番組となっていた。力道山&木村政彦対シャープ兄弟の試合が一九五四年二月だから、日本よりも七年早い。

テレビプロレス時代とゴージャス・ジョージ

テレビ時代に突入したアメリカンプロレスの中心にいたのは〝アメリカの力道山〟ともいうべきスーパースター、ゴージャス・ジョージである。

ゴージャス・ジョージのプロレスは、入場からしてほかのレスラーとはまったく異なる。

まず登場するのは、燕尾服《えんびふく》に縞《しま》ズボンという礼装の執事ジャクソンだ。コーナー付近のマット上に緋色《ひいろ》の毛氈《もうせん》を敷き、主人の入場の準備を整える。

まもなくエルガーの『威風堂々《いふうどうどう》』が鳴り響き、もうひとりの従者《じゅうしゃ》ハワードを伴ったゴージャス・ジョージが入場してくる。プロレス史上、入場テーマ曲を使用したのはゴージャス・ジョージが初めてといわれる。

身長一八二センチ体重九五キロ。プロレスラーとしては決して大きいほうではないゴージャス・ジョージは、プラチナブロンドに脱色した髪にゴールドのピンを刺し、豪華なガウンを身に纏《まと》う。

リングに入ると、執事のジャクソンに命じて噴霧器に入った架空の香水「シャネル№10」をあちこちに撒かせる。対戦相手とレフェリーにも吹きかけて観客の笑いを誘う。

傲慢極まりない男は、試合開始のゴングが鳴ると汚い反則を繰り返す。会場にはたちまち怒号が渦巻き、女のように着飾った〝おかま野郎〟を非難する声が鳴り止まない。

一九二〇年代に活躍した〝大黒柱〟スタニスラウス・ズビスコは、プロフェッショナル・レスリングがまだスポーツであるとみなされていた古き良き時代のレスラーだった。ズビスコには観客の興奮を呼び起こすために創意工夫を凝らし、

テレビプロレスの申し子ゴージャス・ジョージ

研究を重ねた末に生み出されたゴージャス・ジョージのプロレスをまったく理解できなかった。
《ゴージャス・ジョージのバカ者ぶりを見るがいい……ブロンドに頭髪を漂白し、ウェーブをかけ、香水と華美なガウン――あれは一体何だというのだ。奇怪至極《きかいしごく》という他はない。それで、かなわぬと見て、ショーを切りあげるときは、きまり切って使用する反則負けで引きあげるズルさは、胸くそが悪くなってしまう。おきまりのルーティンを呼びものにしているのはボードビル的所作の演出で、ヤツは単なる道化者に過ぎない。》(ズビスコの発言。田鶴浜弘『格闘技スーパースター』)
しかし、テレビ時代の観客は〝単なる道化者〟であるゴージャス・ジョージを圧倒的に支持した。
髪を染め、ピンを飾り、豪華なガウンを身に纏い、香水をつける〝おかま野郎〟に、思う存分罵声を浴びせかける快感を愛したのだ。

アメリカは男らしさを愛する国だ。西部劇や戦争映画に多数出演したジョン・ウェインは自他ともに認める愛国者であり、アメリカの英雄であり続けた。

プロレスの勧善懲悪ドラマの原型は西部劇にある。白人のカウボーイがベビーフェイス、有色人種のネイティブ・アメリカンはヒールである。

フェミニズムが活発化する一九六〇年代後半まで、男らしさは男性の最大の魅力だった。

男とは強く、寡黙で、弱音を吐かず、決して泣かず、女性を守るものでなければならなかった。

女とは美しく、献身的で、男性に従順なものでなくてはならなかった。

しかし〝男らしさ〟や〝女らしさ〟を演じるためには、多くの無理を重ねる必要があった。

軟弱で女々しく卑怯なゴージャス・ジョージは、ジョン・ウェインのような男らしさから完全に自由であったからこそ、国民的な人気を集めたのである。

フレッド・ブラッシーは、〝野生児〟バディ・ロジャースらと同様に、髪を金髪に染め、派手なガウンやジャケットを身につけたゴージャス・ジョージのフォロワーのひとりだ。

セントルイス出身のブラッシーは長く下積み生活を続けたが、一九五四年二月にアラバマ州バーミンガムで南部ヘビー級王座を獲得してアトランタを中心とするテリトリーで活躍、一九五六年にヒールに転向したことで飛躍を遂げた。

ヒールになったブラッシーは相手の急所を攻撃し、目を突き、顔をひっかき、髪を引っ張った。しかし、ブラッシーの攻撃は、相手を痛めつけるためではなく、観客を挑発するためだけに存在する。ブラッシーと幾度となく戦ったディック・スタインボーンは「ブラッシーのヘッドロックは、まったく痛くなかった」と証言している。

《リング上のフレディはみんなの憧れだった。非常に鋭い目で睨み、いまにも対戦相手を殺しそうな雰囲気を漂わせていたのだが、技の掛け方は非常に甘かった。フレディのヘッドロックはとても緩いので、簡単に抜けることができた。それでも彼の表情や身体の動きは非常に激しいので、見ている人はもうすぐ頭が割れるのではないかと心配してしまうんだ。》（『フレッド・ブラッシー自伝』）

ブラッシーが〝吸血鬼〟になったのも、もちろん観客のためだ。

《いまでは血を嫌うプロモーターは少ないが、当時は試合中に〝血を流す〟レスラーだという評判が立ったら、試合を組まれることはまず難しかった。だが、ファンは違った。会場に試合を見にやってきて、仲間に『これって全部、八百長なんだぜ』と言うファンは少なくはなかった。ところが試合中に選手が血を流しているのを見ると、その考えを変えることになる。流血ほど説得力のあるものはない。レスラーが血を流すと、それを見ている観客はすべてが本当だと思ってしまうのだ。（中略）メディアがレスリングを真剣勝負のスポーツとして紹介していた時代のレスラー、つまり、私の試合スタイルが嫌いだったレスラーは、いまではほとんど残っていない。同じようにフライング・ドロップキックを初めて見た時に、業界にとって不利益になるとクレームをつける変人たちもいた。つまり、両足を地面から離して蹴るようなキックは実戦、すなわち本当の喧嘩では使われないということだ。また、ドロップキックの数が多すぎてファンを混乱させるとも言っていた。私が口の周りに血をつけて控え室に戻ると、「そんなのはレスリングじゃない」と皮肉を言う者もいたので、私も言い返した。「そんなことは知ったこっちゃねえ。これが私のレスリングだ！」》（『フレッド・ブラッシー自伝』）

ブラッシーはある意味でゴージャス・ジョージを超えたレスラーだった。卓越した言葉のセンスを持っていたからだ。

「(女性たちに)神から私という贈り物をもらったことを感謝しろ!」

「私はリング上で一番卑劣な男だ」

「女性も私を罵るだろうが、それは間違っている。なぜなら、ここにいる女たちはまるでジャガイモの袋を被っているかのような格好をしている。私の出身地の女性は女らしく着飾って、常に異性の目を気にしているぞ。はっきり言って、ここにいる女たちは豚以外の何ものでもないな」

「お前ら変態野郎は本当に頭が悪いな。もし、知性の欠片が少しでもあれば、そんな女と結婚なんてしないだろう」

「リング上で俺の邪魔をするやつは、誰でもこの歯で噛み殺してやる。それがたとえ、俺のお袋でもな」

筆者は、ブラッシーほど鋭い言語感覚を持つプロレスラーをほかにひとりも知らない。

馬場正平が初めて挑戦したNAWA世界王者フレッド・ブラッシーは、プロレス史上に残る素晴らしいレスラーだったのだ。

観客を怒らせる天才

「(アマチュア)レスリングはスリル、スピード、サスペンスに欠けていて、スペクテイタースポーツ(見るスポーツ)としては難しい部分がある。経験者や専門家にとっては面白いけれど、柔道の一本やボクシングのKOのような決定的瞬間が少なく、見ている人にわかりにくいんです」(日本レスリング協会会長の福田富昭)

人々は退屈な日常を憎んでいる。

だからこそ人々は非日常の興奮を求めてスポーツイベントの観客となる。

しかし、取っ組み合いのレスリングは、ボクシングに比べて観客を興奮させる力が足りない。だからこそ、リアルファイトのプロフェッショナル・レスリングの興行は行きづまった。レスリングが世界一強かろうと、小さな関節技の達人が大男を倒そうと、お客さんがきてくれなくては、プロフェッショナル・レスリングは成り立たない。そこで関係者は、レスリング興行を観客にとって魅力的なものにする方法を必死に考えた。長い年月の間に彼らが思いついたアイディアとは、次のようなものだ。

①真剣勝負を捨て、一致協力して面白い試合を作り上げる
②派手な投げ技が多く出るように、微妙な体重移動を行う
③殴る蹴るなどの打撃技を使う
④相手をロープに飛ばしたり、コーナーポストの上から飛び降りたりする
⑤ドロップキックや４の字固めなど、実戦的ではないが見映えのする技を使う
⑥試合後半の疲労を防ぐためにタッグマッチを行う
⑦巨人やミゼット、毛むくじゃらの男、醜い顔の男など、外見が特徴的な者を戦わせる
⑧女子を戦わせる。女子と男子が、女子とミゼットが戦う
⑨熊やカンガルーなどの動物と戦う
⑩ドイツや日本、ソ連など、敵国のレスラーを演じる
⑪覆面をかぶって神秘性を演出する
⑫場外乱闘を行う
⑬流血して観客を驚かせる

⑭　レフェリーの見えないところで、目つぶしや喉を攻撃するなどの反則攻撃を行う
⑮　泥の中やプールで戦う
⑯　ボクサーや柔道家と異種格闘技戦を行う
⑰　アメリカン・フットボールのスター選手をレスラーにする
⑱　「あいつを殺してやる！」などのマイクパフォーマンスを行う
⑲　キザで気色の悪いゲイを演じて観客の憎悪をかきたてる
⑳　観客そのものを言葉で攻撃して怒らせる

最後の「観客そのものを言葉で攻撃して怒らせる」というやり方は、第二次世界大戦後に生まれたモダンなテクニックである。

プロレスの目的が観客を興奮させることにある以上、客を直接攻撃することが極めて効果的であることはいうまでもない。

〝吸血鬼〟フレッド・ブラッシーは〝リング上で最も卑劣な男〟を自称するロサンジェルスの世界チャンピオンである。ブラッシーの目的は短時間で観客を烈火のごとく怒らせることにあり、そのために対戦相手やレフェリーばかりでなく、

観客をも侮辱《ぶじょく》した。女性を侮辱し、白人を侮辱し、黄色人種を侮辱し、黒人を侮辱したのだ。

天才的な言語感覚を持つフレッド・ブラッシーに散々侮辱された観客たちは、もはや落ち着いて座ってはいられない。ブーイングに飽き足らなくなると、手近なものを投げつけ始める。腐ったリンゴやオレンジ、ビール瓶、犬の糞《ふん》をつめた袋などである。

それでもブラッシーの罵詈雑言は止まず、勢いを増すばかりだ。ついにブチ切れた観客たちは、日頃は決して口にしない汚い言葉を使って、ブラッシーを罵り始める。

もはや観客はただの観客ではいられない。ミイラ取りがミイラになるように、もうひとりのブラッシーになってしまう。品のいい老婦人や仕立てのいい背広を着たビジネスマンが、ブラッシーが作り出す異空間に引きずり込まれ、怒りに任せてわめき散らすのだ。

名著『フレッド・ブラッシー自伝』には、ブラッシーと年老いた女性との感動的なやりとりが記録されている。

《ある時には白髪の女性がリングから下りた私のあとをついてきて、気を引くために甲高い声でいろいろなことを言い始めた。

「ブラッシー、あんた臭いわよ！　この薄汚い、下品で腐ったうすのろ野郎！」

私は立ち止まり、彼女に目配せをして、しばらく間を置いた。観客は静まりかえり、私が怒りに震えたのではないかと心配し始めた。何秒か間を置き、会場の緊張を誘って彼女にこう言った。

「母さん、家に帰れよ！」》（『フレッド・ブラッシー自伝』）

なんと素晴らしいやりとりだろうか。

老婆の罵倒を瞬時に自分のプロレスの中に取り込み、高度なエンターテインメントにまで昇華させてしまうブラッシーの才能には脱帽するほかない。一九六〇年代初頭のロサンジェルスのファンは実に幸運だった。

ブラッシーがリングに上がれば、会場にいるすべての人間は、ブラッシーが作り出すプロレスの一部になる。ありふれたガラクタが、ブラッシーの手にかかれば本物の黄金よりも美しく光り輝く。これこそは、プロレス以外では決してあり得ない感覚ではないだろうか。

ブラッシー戦後に馬場が流した悔し涙

インテリの多くはプロレスを〝品性と知性と感性が同時に低レベルにある人だけが熱中できる低劣なゲーム〟（ジャーナリストの立花隆が井田真木子著『プロレス少女伝説』について書いた第二二回大宅賞選評より。『文藝春秋』一九九一年五月号）とみなしている。

そうかもしれない。筆者も自らを振り返ってみて、思い当たる節《ふし》は多々ある。だが、プロレスラーの中にフレッド・ブラッシーのような高度な知性の持ち主、真のアーティストが存在することも確かなのだ。どんなジャンルであれ、優れたものはごくわずかだ。劣ったものばかりを見ていても何もわからない。

話を戻そう。時に一万人にも及ぶ観客の憎悪をリング上で一身に集めるブラッシーは、自らの才能に酔う。言葉と態度だけで、殺意に近い興奮《ヒート》を作り出すことのできるプロレスラーなど、めったにいないからだ。

しかし次の瞬間、ブラッシーは覚悟を決めなくてはならない。試合が終わればすぐにリングを下り、憎悪に燃えさかる観客の間を通って、控え室まで辿り着かなくてはならないからだ。

《控え室から出て、再び戻ってくるまでは人生を賭けた戦いだったと言えるだろう。観客は振り回せるものであれば、棒であろうとなんであろうと手にしていた。》

（フレッド・ブラッシー『フレッド・ブラッシー自伝』）

背中に硫酸《りゅうさん》をかけられたことも、ふくらはぎをナイフで刺されたこともあった。夜道をクルマで延々と尾行され、気がつけばバックミラーに穴が空き、後部座席に弾丸が転がっていた。銃の国アメリカでトップヒールを務めるというのは、そういうことだ。インチキなプロレスは、時に本物の殺意を呼び起こす。

馬場正平がフレッド・ブラッシーの持つＮＡＷＡ世界王座（のちのＷＷＡ世界王座）に挑戦したのは、一九六一年八月一八日サンディエゴでのことだった。

生涯初のメインイベント。しかも相手は王者フレッド・ブラッシー。

一流レスラーに駆け上るために極めて重要なこの試合は、しかし馬場にとって輝かしい記憶とはならなかった。それどころか、決して忘れることのできない嫌な思い出がつきまとう試合になってしまった。

《攻撃型の反則魔王者だったブラッシーは、中盤からガンガン攻め込んで来た。その時、セコンドについている東郷が「落ちろ、落ちろ！」と怒鳴った。おかしなことを言うなとは思ったが、東郷のことだから、何か魂胆《こんたん》があるのかもしれない。何度も言われて、私はリング外に落ちた。

カリフォルニアルール（筆者注・当時のロス地区では、リングの間近まで客席が設置されていたために、リングの外に出た瞬間に反則負けを宣告される）によって、即座に負けだ。東郷はカンカンに怒った。東郷が言ったのは「ダウンしろ！」という意味だった。ブラッシーの猛攻を突っ立ったままで受けていたのではまずい。とにかくマットにダウンしてタイミングを外せと言いたかったのだが、東郷は日本語の語彙が不足しているし、私は英語がおぼつかない。結果的には私は、東郷の言葉に従って東郷の意に反したのだから、怒られても素直に謝る気にはならなかった。

　それが気に入らなかったのだろう。控え室で私は、東郷に頭を下駄でポカポカッと殴られた。大勢のレスラーが見ている前で、だ。これはみじめだったし、口惜しかった。私の両眼から、涙がぽろぽろと流れ落ちた。大人になってから人前で泣いたのなど、初めて

Olympic Auditorium
WRESTLING NEWS

Ten Cents　Wednesday, September 6, 1961 — RI 9-5171　Ten Cents

GIANT JAP SHOHEI BABA GETS TITLE BID WED. SEPT. 6

Hailed by wrestling experts as the best out of the Orient in many years, towering Shohei Baba gets a chance at Champion Freddie Blassie's title belt next wednesday, Sept. 6.

This outstanding match tops an outstanding card, which marks the begining of television by KCOP, channel 13.

The Blassie—Baba tussle will NOT BE TELEVISED and will start at 7:30 P.M. Following the championship match, the KCOP cameras swing into action.

Since arriving in California recently, Baba has defeated all comers. Despite his size (6'9"), he moves very fast.

The TV feature is a good one . . . Edouard Carpentier and Ricki Starr teamed against Art (Boom Boom) Mahalik and The Preacher.

Champion Freddie Blassie

SHOHEI BABA

TELEVISION RETURNS OLYMPIC WED. SEPT. 6
CALL RIchmond 9-5171 FOR INFORMATION

NAWA王者ブラッシーへの再挑戦を報じる当時のプログラム（1961年9月6日）

のことだ。》（ジャイアント馬場『王道十六文』）

フレッド・ブラッシーも、控え室の出来事をよく覚えている。

《馬場正平には親近感を抱いていた。（中略）その大きさは異常だと思われたが、いったん彼のファイトを目にすると、ファンはすぐに心変わりした。本物のアスリートであり、それゆえ彼はアメリカ遠征に来た時に、塩を撒くような典型的な日本人ヒールなど演じる必要がなかったのだ。

（中略）驚いたのは、アメリカ滞在中の馬場の扱われ方だ。彼は、私が日本で一度圧勝したことがあるベテランレスラーのミスター東郷（グレート東郷）と一緒にやってきて、東郷に対して完全に服従していた。試合後の控え室で、東郷は馬場を怒鳴りつけ、下駄と呼ばれる日本の木製のサンダルで側頭部を殴りつけていた。これには本当に驚いた。馬場は素晴らしい青年で、私は折りに触れ、彼を守ろうとした。

「なんてことをしてるんだ！」

東郷を怒鳴りつけると、こんな風に答えた。

「これが私の教え方なんだ。こうしなければ、馬場はこの先人生で負け犬になってしまうんだ」

馬場を育てたいというのなら、なぜジムへ行ったり、マットの上で練習したりしないのか私には理解できなかった。だが、先生と生徒のルールはアメリカとアジアでは違う。現に馬場は東郷に対して何も言えなかったようだ。なんという皮肉かと思った。馬場はすでに東郷よりも人気のあるスターだったのだ。》(『フレッド・ブラッシー自伝』)

ブラッシーが、若い馬場の素質を極めて高く評価していたことがわかる。身長二メートルを超える巨人は化け物では決してなく、ちゃんとした試合を見せることのできる高い身体能力の持ち主だったのだ。

すでにスターへの階段を上り始めている馬場が、前座レスラーに過ぎない東郷に奴隷のように従わなくてはならないとは、なんと気の毒なことだろう——。親切なブラッシーは馬場に心から同情し、馬場にもう一度チャンスを与えることにした。

九月六日のオリンピック・オーディトリアムで、NAWA世界王者フレッド・ブラッシーと馬場が戦った試合についてわかっていることは少ない。

八七九四名とかなりの観客動員があったこと。日系人が大勢見にきてくれて馬場を応援してくれたこと。クリーンなファイトに終始してブラッシーが勝利、王座を守ったことくらいだ。

ザ・デストロイヤーに直接尋ねたところ、「このタイトルマッチで、ブラッシーは馬場のよさを充分に引き出したに違いない」と推測してくれた。

「ブラッシーは人々を激怒させる達人で、観客はいつもヒートアップしていた。ブラッシーと私が初めて戦ったのは一九五八年アラバマ州のバーミンガム。ブラッシーはその時すでにチャンピオンで、当時の私はグリーンボーイ（新人）だったから、彼と戦うことは恐怖だった。〝どんなにひどいことをされるんだろう？〟と思ったものさ。ところがブラッシーは、私を痛めつけたりはしなかった。試合中に耳元で『ヘイ！　カマン！　もっとやってこい！』と励まされたものさ。張り切っていた私は、その試合で凄いバンプ（受け身）を取った。ブラッシーにリングの外に投げ飛ばされると、トップロープからエプロンを飛び越えて観客席まで吹っ飛んでいったし、場外戦ではコーナーの鉄柱に自分からぶつかっていった。

リングに戻った時、ブラッシーは私の耳元で『そんなことまでやらなくていい。死んじまうぞ！』と囁いた。

ブラッシーからは、いつも〝相手をグッドに見せるように〟と教えられた。相手をグッドに見せれば、自分もグッドに見えるからだ」

ブラッシーとの遭遇によって、馬場正平はアメリカンプロレスの本質に触れたのだ。

土地柄と客層の違い

ブラッシーと戦った翌朝、馬場は芳の里、マンモス鈴木とともに、グレート東郷に連れられてワシントンDCに飛んだ。チャンピオンに負ければ、ヒールの仕事は終わりだ。グレート東郷と力道山は、最初から馬場と鈴木のふたりをニューヨークで売り出すつもりだったのだ。

「アメリカの客層は土地柄によって全然違うんです」

八〇年代前半のテキサス州ダラスで人気レスラーとなったザ・グレート・カブキは、そう指摘する。

「日本も同じですけどね。大阪では血をダラダラ流したハチャメチャな試合をするとめちゃくちゃウケる。ところが、東京で同じような試合をすると、お客さんは引いちゃう。もっときれいなレスリングをやらないといけないんです。

ニューヨークあたりでは、身体のデカいヤツがバシーッと組んで、ひと通りガーッとやったら、客のほうを見て『どうだ、俺は!』と見得を切るようなプロレスがウケる。ヴィンス・マクマホン・シニアも身体のデカいのが大好きですから。

ところが南部のテキサスやジョージアではもっと荒っぽい、流血するような試合がウケるんですね。

ミネアポリスにいるバーン・ガニアのところは、アマチュア・レスリングの素養がないといけない。だからマサやん(マサ斎藤)はガニアに好かれた。アマチュア・レスリングで東京オリンピックに出ていますから」

ニューヨークで大型レスラーが好まれることを知っていたからこそ、力道山と東郷は、馬場と鈴木のふたりを東洋の巨人タッグチームとしてニューヨークで売り出そうとしていたのだ。

頭脳明晰な馬場は、すでに力道山と東郷の意図を見抜いていた。

これは〝海外武者修行〟などではまったくない。自分と鈴木のふたりはグレート・アントニオのような怪物として扱われているのだ。

馬場の心は重かった。

渡米直後の馬場と鈴木

アメリカのプロレスラーは、恐るべきハードスケジュールの中で動いている。九月六日にロサンジェルスでブラッシーと戦った馬場は、翌朝にワシントンDC行きの飛行機に乗り、その日の夜にはテレビマッチを戦って勝利した。

《日本では、テレビマッチに出られればメイン・エベンター扱いだが、アメリカはだいぶ事情が違う。「日本からこんな大きいのが来た」というPRの意味が強く、インタビューの時間がたっぷりとってある。それは東郷が適当にしゃべってくれて、私はその横で凄んでいればよかった。》（ジャイアント馬場『王道十六文』）

アメリカと日本では、テレビに関する考え方が大きく異なる。

馬場の言う通り、日本のプロレスの常識はテレビマッチ＝ビッグマッチである。力道山時代の『プロレスリング中継』はゴールデンタイムに放送され、五〇パーセント以上という驚異的な高視聴率を誇った。

日本プロレスに巨額の放映権料を支払う日本テレビは、高視聴率をキープするために、力道山に好カードを求める。だからこそ日本ではテレビマッチ＝ビッグマッチという図式が成り立つ。

ところが、アメリカでは事情がまったく異なる。馬場正平がアメリカに渡った一九六一年当時、すでにプロレス中継番組が全米で放映されることはなくなっていたのだ。

ニューヨーク北部の町アムステルダムで〝プロレスリング・ホール・オブ・フェイム（プロレスの殿堂）〟を主宰するトニー・ヴェラーノによれば、アメリカのテレビでプロレス中継を最初に行ったのは、ニューヨークから北に二五〇キロほどの距離にあるスケネクタディという町のローカル局WRGBであり、世界で初めてテレビ中継されたのは、ドイツ系のライトヘビー級王者だったトム・デネンバウム対〝セイラー〟ジャック・アダムスの試合だったという。一九三八年のことだ。

スケネクタディには世界的な電機メーカーGE（ジェネラル・エレクトリック）の工場がある。

日本プロレスを語る際に三菱電機が欠かせないように、アメリカのテレビプロレスの創成期には、GEが存在したのである。

プロレスは女性たちの欲求不満を解消した

日本の無条件降伏によって第二次世界大戦が終結すると、テレビの爆発的な普及とともに、プロレス人気が大いに高まった。テレビ放映を興行のプロモーションとして活用する手法がリングの闘いへの視聴者の興味を呼び起こし、会場に観客を呼び戻したのだ。

プロレスライターの流智美の調べによれば、一九五〇年六月の段階で、全米四局（ABC、NBC、CBS、デュモン）は週に六日、合計一二時間一〇分もゴールデンタイムにプロレス中継を行っていたという。日本プロレスの比ではない。

プロレスをテレビで見ていたのは、主に女性だった。

戦時中、アメリカ女性は溢れんばかりの自由を手に入れていた。

第二次世界大戦中、アメリカが戦場となることは決してなかったし、男たちは戦争に忙しく、女性が外に出て働くことが奨励された。

しかし、アメリカは本来、保守的な国である。戦争が終わると女性たちは家庭に押し戻され、再び専業主婦として家事をすることを求められた。

ハンサムで筋骨隆々《きんこつりゅうりゅう》としたたくましい男たちが暴れ回り、勧善懲悪のわかりやすいドラマを提供するプロレスは、家庭の中で大きな欲求不満を抱える女性たちを喜ばせた。

《(メディア研究家チャド・) デルの見解によれば、女性の自己表現を抑えつけようとする社会的圧力が強まってきた時、プロレス会場へ出かけたり、テレビでプロレスを見るという行為は、アメリカ女性にとって、自分は自由であり、女であり、自己主張する権利を持っている、ということを示す手段になったという。

一九五〇年には、プロレス番組視聴者の六〇パーセントを女性が占めるようになった。試合を見に出かける女性がふえて、総観客数も劇的に増加した。一九四二年から一九五〇年にかけて、プロレス観客数は八倍にふくれあがったのだ。》(スコット・M・ビークマン『リングサイド』）
要するに、戦後のアメリカンプロレスには、男性ストリップやホストクラブの要素が含まれていた、ということだ。
ゴージャス・ジョージやバディ・ロジャースは、女性たちの欲求不満を解消するために知恵を絞った。
プラチナブロンドに染めた髪、きらびやかなコスチューム、思いつく限りの派手な格好をして、対戦相手ばかりでなく、観客に対しても無数の罵詈雑言を並べ立て、さらには対戦相手の急所を攻撃し、首を絞め、流血させた。
家庭の中で欲求不満を抱える女性たちは「あいつを殺して！」と絶叫しつつ、心の奥底ではブラッシーと性的な関係を持つことを望み、実際に行動に移す女性も少なからず存在した。
《大袈裟な話ではなく、ホテルにチェックインして一時間もすると、一五人ほどの女性から誘いの電話をもらったものだ。誰からも断られたことはないし、逆に私もその誘いを断ったことはない。》（フレッド・ブラッシー『フレッド・ブラッシー自伝』）
江戸時代の歌舞伎役者は「おしろいちんこ」、相撲取りは「砂ちんこ」、落語家は「扇子《せんす》ちんこ」と蔑まれた。

金持ちの女性に身を売って、ご祝儀をもらっていたからだ。

アメリカの女性が一夜の慰みものとしてレスラーを求めたことにも、役者買いと同様の心理が働いていたに違いない。

テレビが求めるものは派手さであり、見た目のわかりやすさであり、単純な善悪の対立である。正統派のルー・テーズでさえ、時代の流れには逆らえず、バックドロップやドロップキックを使うようになった。視聴者が派手な必殺技を求めていたからだ。

もはや、地味な寝技で試合を終わらせることは不可能だった。

しかし、プロレスがテレビの花形番組であった時代は、早くも一九五〇年代前半で終了する。大量に流されたプロレス番組が飽きられたばかりでなく、中継技術の進歩とともにテレビが映し出す画像は鮮明になり、野球中継やフットボール中継が格段に見やすくなった。

本物のスポーツを中継して視聴率がとれるのであれば、ショーであるプロレスに頼る必要はない。テレビ業界のインテリたちはそう考えた。

四大ネットワークのうち、ABC、NBC、CBSは早々にプロレスから撤退した。

資金的に余裕がなかったデュモン・ネットワークだけは長くプロレス中継を続けていたものの、一九五五年夏に倒産に追い込まれてしまう。かつてシカゴ、ハリウッド、ニューヨークの三カ所から放映されていたプロレスの全国中継は、この瞬間に消滅した。

プロレス人気はガタ落ちとなり、各都市のプロモーターは、生き残りをかけて真剣に考えなくてはならなくなった。

プロモーターが出した答えは「地方局を宣伝に使う」というものだった。

地方局にプロレスを中継してもらって放映権料を受け取るのではない。プロモーターが番組そのものを買い取るのだ。地方局のスポンサー料など、たかが知れている。番組自体を買い取ってしまえば、中身は自由に作れるし、新しいレスラーを紹介することも、次回の興行を宣伝することもできる。テレビ放映を行うのは予告編と一部のどうでもいい試合だけで、メインイベントは決して電波には乗せない。「観たい人は会場に足を運んでください」ということだ。

馬場正平がアメリカに渡った一九六一年、プロレスの人気は再び上昇し、最高潮に達しようとしていた。

ロサンジェルスからワシントンDCに飛んだ当日の夜に馬場が戦った相手はジョバー（負け役）のダグラス・キンスロー。特筆すべき相手ではまったくない。馬場はこの時、もっと重要な人物に会っている。

《控室に、私と同じように隅っこで小さくなっていた駆け出しレスラーがいた。それがブルーノ・サンマルチノだった。初めて顔を合わせたプロレスラー同士は、ほとんどが、相手を値ぶみするような目で見るものだが、サンマルチノは私と視線が合うと、ニコッと人の好さそうな笑みを送って来た。言葉はまだ通じなかったが、「同じグリーンボーイ同士だな」と親近感を持ったらしい。私はこの男がいっぺんに好きになってしまった。》（ジャイアント馬場『王道十六文』）

馬場正平は、生涯の友と出会ったのだ。

イタリア系移民が集まったニューヨーク

ブルーノ・サンマルチノは、一五歳の時にイタリアからアメリカに渡った。同じくイタリア出身で、ボクシングの世界王者からプロレスラーに転身したプリモ・カルネラに憧れていたから、ウエイト・リフティングの州王者となった時にはすでに進むべき道を決めていた。

自分はプロレスラーになるのだ。

一九五九年一一月、ワシントンDC。サンマルチノは初めてプロモーターのトゥーツ・モントと、ビジネスパートナーのヴィンス・マクマホン・シニアに会った。モントとヴィンス・シニアのふたりはサンマルチノを気に入ったが、契約する前に、どうしても確認しておきたいことがあった。

ニューヨークのイタリア系移民から熱狂的支持を得たサンマルチノ

サンマルチノは本当にイタリア生まれで、イタリア語をしゃべれるのか？

ヴィンス・シニアはその場でイタリア語を話せる友人に電話をかけ、受話器をサンマルチノに渡してイタリア語で話してみるよう命じた。受話器の向こうのイタリア人は「ボンジョルノ、君はアメリカにきて何年になるの？　プロレスのどういうところが好き？」と質問し、サンマルチノはイタリア語で答えた。

「ブルーノ・サンマルチノは流暢《りゅうちょう》なイタリア語を話す」

ヴィンス・シニアの友人がそう保証してくれたことで、サンマルチノは無事にプロレスラーとして契約することができた。

身長一七八センチ、体重一二〇キロ。胸囲は一四〇センチに及び、腕まわりは五〇センチを超える。

恐るべき怪力の持ち主は、技こそ少ないものの、意外なすばやさを持ち合わせる逸材だった。

しかし、客を呼ぶにはそれだけでは足りない。サンマルチノがイタリア人であることは、プロモーターにとって非常に重要なことだった。

アメリカにおけるイタリア系移民の割合は六パーセントに満たない。人は生まれた場所を離れたくないものだ。なんとか食べていけるのであれば、わざわざ海を渡ったりはしない。アメリカに移民してきたのは、イタリア南部あるいはシチリア島のごく貧しい人たちだった。

少数派のイタリア系移民に回される仕事はロクなものではなく、当然収入も少ない。非合法の仕事に手を染める者も多かった。映画『ゴッドファーザー』に描写される、いわゆるイタリアン・マフィアである。イタリア系移民の多くはニューヨーク州に住み、強い郷土愛《きょうどあい》と結束力を持っていた。日系移民がリトル・トーキョーを作ったように、イタリア人はリトル・イタリーを作った。

第二次世界大戦でイタリアはドイツ、日本と枢軸《すうじく》を形成し、アメリカ率いる連合国と戦った。戦時中のアメリカでイタリア系移民が敵性外国人と見なされ、白眼視《はくがんし》されたことはいうまでもない。

日系人のように強制収容所に送り込まれることこそなかったものの、ニューヨーク周辺で暮らすイタリア系移民もまた、様々な迫害を受けた。

第二次世界大戦終結後、ニューヨークのプロレスは凋落していた。巨大なマディソン・スクウェア・ガーデンはあるものの、周辺の街には後楽園ホールクラスの会場がいくつかあるだけ。本来、ニューヨークはプロレスの街ではないのだ。

一九四九年二月にはマディソン・スクウェア・ガーデンで一二年ぶりにプロレス興行が行われた。

この日の主役はテレビプロレスの寵児であるゴージャス・ジョージ。だが、二万人を収容する巨大なマディソン・スクウェア・ガーデンに、観客はわずか四一九七人しか集まらなかった。当時のニューヨークの観客は、演劇的なゴージャス・

ジョージのプロレスを受け容れなかった。

しかし、まもなくスーパースターが登場した。

アントニオ・ロッカである。

第二次世界大戦開戦直前にイタリアのボローニャからアルゼンチンに渡ったロッカは、南米各地を遠征中のロシア人レスラー、コーラ・クアリアニに見出されてアメリカ行きを勧められた。

ロッカをアメリカに連れ帰ったクアリアニは、ロッカをテキサスでデビューさせて大評判を呼んだ。やがて噂を聞きつけたトゥーツ・モントに誘われて、ロッカとクアリアニはニューヨークに移った。

ニューヨークに彗星《すいせい》のごとく登場したアントニオ・ロッカのレスリングスタイルを、ジャイアント馬場は次のように評している。

《プロレスはガッと組んでから試合が始まるものだと思っていたが、ロッカの場合はほとんど組もうとしないのだ。こっちが組もうとするといきなり足が飛んでくる。キック・ボクシングの選手を相手にしているような感じだった。（中略）だが彼が単に飛んだりはねたりだけのショーマン派でないことは、彼が編み出したアルゼンチン・バックブリーカーを見てもわかる。やはり大変なパワーの持ち主だったのだ。飛び技もスピードがあってウェートが乗り、東郷さんなどはフライング・ヘッドシザーズをかけられてヨタヨタと転んでしまったものだ。（中略）ロッカの飛び蹴りはお客さんを狂喜させた。誰もやらない時代にこれを連発し、スピンの利いたフライング・ヘッドシザーズで相手をブン回したロッカは、やはり新しい時代の先駆者だったと思う。》（ジャイアント馬場『個性豊かなリングガイたち』）

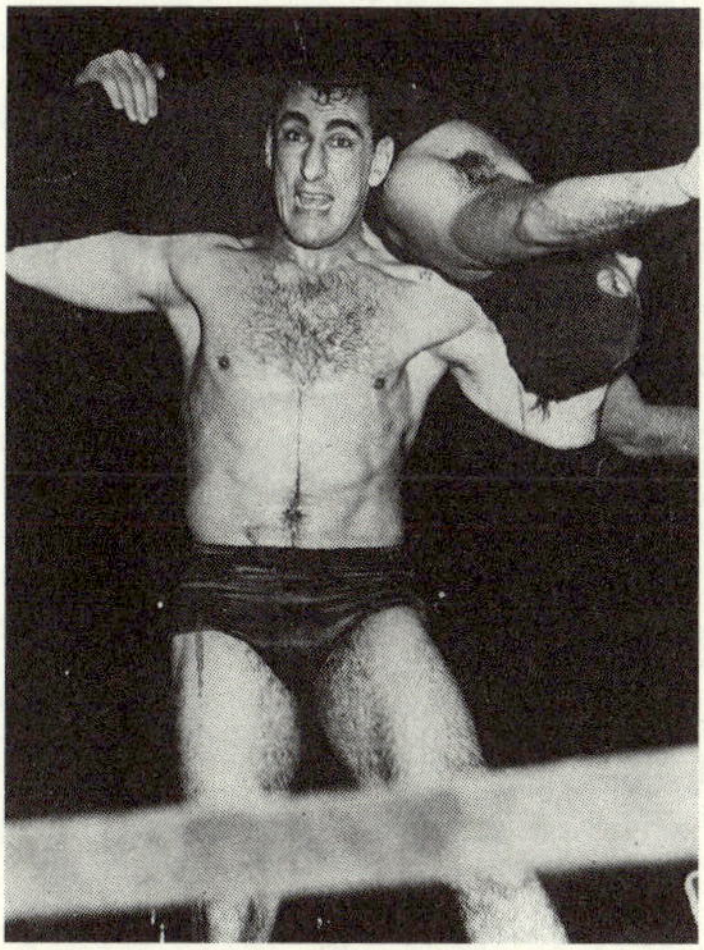
斬新なスタイルで時代を築いたロッカ

ロッカは、一九五〇年代のタイガーマスクともいうべき斬新なスタイルを持っていたのだ。

ハワイの日系人が力道山や木村政彦を熱狂的に応援したように、ニューヨークのイタリア系移民はアントニオ・ロッカを熱狂的に応援した。

プロモーターは観客の出身地など気にしない。入場料さえ支払ってくれれば誰でもいいのだ。

かくしてマディソン・スクウェア・ガーデンにはイタリア系移民が大挙して押し寄せ、アントニオ・ロッカはニューヨークの帝王となった。

《チャンピオンのタイトルなんか〝クソくらえ〟の無冠の王者として、プロレス・マットのヒノキ舞台で、一九四九年から、一九六〇年ごろまでの長期にわたり、ニューヨークっ子のアイドルの座が小ゆるぎもしなかった。今にして思うと、謎めいたほどの人気ぶり。レスラーにはオールマイティーのはずのプロレス興行を牛耳る大ボス――トーツ・モントだろうと、ビンス・マクマホーンだろうと、当時のロッカにだけは、一目も二目もおいて、興行水揚げに対する特別高額なパーセンテージ契約だったらしい。無理もない――ロッカが出場するか出場しないかで、お客の入りが、まるっきり違う。》（田鶴浜弘『格闘技スーパースター』）

世界一の大都会ニューヨーク。二万人を収容する巨大なマディソン・スクウェア・ガーデン。しかし、プロレス興行に大挙して訪れるのは、ロッカを応援する貧しいイタリア系移民ばかり。

だからこそヴィンス・シニアとモントにとって、ブルーノ・サンマルチノが正真正銘のイタリア人であることは、極めて重要だったのである。

サンマルチノはアントニオ・ロッカとタッグを組み、イタリア語で会話をした。サンマルチノはロッカの弟分になったのだ。

「馬場とサンマルチノ友情物語」の虚実

一方、ロサンジェルスから東海岸に渡った馬場正平は、順調なプロレスラー生活を送っていた。

世界の一流どころが集まるマディソン・スクウェア・ガーデンにも、馬場より大きなレスラーはひとりもいなかった。口髭《くちひげ》を生やし、リングに上がって塩を撒き、相撲の四股を踏めば大歓声が起こった。

ニューヨークにやってきてまもない頃、馬場はグレート東郷に連れられてマイク・マズルキのレストランに出かけた。元プロレスラーのマズルキは敵役《ヒール》として多くの映画に出演しつつ、レストランのマネージャーをしていた。

馬場が窓際の席に座ると、すぐにガラスの向こうに大きな人だかりができたから、騒ぎを聞きつけたＵＰＩ通信社のカメラマンが慌てて飛んできた。日本からやってきたプロレスラーの一行と聞いて、写真を撮らせてほしいと頼んだ。皆で撮影に応じると、写真は全米ばかりか日本にまで配信された。中心にいるのは、もちろん馬場だった。

手応えをつかんだ東郷は馬場に派手な紅白の着物を着せ、高下駄を履かせて五番街を歩かせた。カラコロと音を立てつつ歩く異様な風体の巨人を見て、何事かと数十人のニューヨーカーがぞろぞろと後をついてきた。

馬場は愉快だった。

《ニューヨークに行って、自分の名前が売れてきましてね、試合をしても負けなくなった。その時、ニューヨークでブロードウェイをゲタを履いて、白い生地に赤い格子の入った着物を着せられましてね。日本の力道山から送ってもらうんです。

それを着て、ブロードウェイを歩かされるんですよ。自分を売るためにね。「俺はもっと大きくなってやろう」と、その時ほど胸を張って歩けたことはないですね。今までは「小さくなりたい、小さくなりたい」と思ってましたからね。野球選手の時分《じぶん》はですよ。

街を歩いて、ゲタ履いて、大手を振って歩けるようになった時はうれしかったですね。

当時のアメリカのプロレス界が、もう凄かったですからね。毎日五〇州のどこかで興行があるわけです。皆さんに聞くと、野球の税金、アメリカン・フットボールが収める税金、これらを上回って、プロレスの会社が収める税金が一番多かったらしいんですね。》（ジャイアント馬場　NHKラジオ『人生三つの歌あり』）
《俺はそれまで背伸びをして歩いたことがなかった。子供の頃から背がでかいということが俺の大きなコンプレックスになっていた。背を丸めて猫背になったりね……。下向いて歩くくせがいつの間にかついていたんですよ。それがニューヨークへ行って本当に背伸びして胸を張って歩けるようになった。特注じゃなくても俺に合う洋服や靴が買えたしね。ああ、レスラーになってよかったと、しみじみ思ったねえ。》（ジャイアント馬場の発言。『東京スポーツ』一九八三年四月二〇日）

馬場は初めて、プロレスラーになった喜びを噛みしめていた。

人種の坩堝《るつぼ》であるアメリカ、特にニューヨークには多種多様な人間が集まる。大きいのも小さいのもいくらでもいる。自分の巨体は、日本の社会では規格外の怪物だが、アメリカでは「かなりの大男」というレベルに留まる。

すべてのプロレスラーは自分の個性を武器にメインイベンターを目指すが、馬場にはロッカのような跳び蹴りも、サンマルチノのような怪力も、ゴージャス・

ジョージのような策略も、ブラッシーのような当意即妙《とういそくみょう》の会話力もなかった。しかし、馬場は圧倒的な大きさという、すべてのレスラーが羨《うらや》む個性を持っていた。立っているだけで人を驚かせ、人を集めることができるのだ。プロレスラーにとって、これほどの武器はない。

その上、馬場は人並み外れた運動神経を持っていた。

ヴィンス・マクマホン・シニアは『週刊ファイト』の井上譲二編集長によるインタビューの中で、馬場の身体能力を絶賛している。

《ババはただの巨人レスラーじゃない。仮にババがデクの坊だったら、レスリングの技術を身につけていなければ通用しない六〇年代にトップを取れなかったろう。私がババをメインに起用したのはレスラーとしての力量を認めていたからなんだ。だから、ババの身長があと二〇センチ低くても同じように扱っていただろうね。》(『馬場本』)

ショーヘイ・ババ、ビッグ・ババ、あるいはババ・ザ・ジャイアント。

馬場正平はアメリカで様々に呼ばれた。ジャイアント・ババに統一されたのはずっと後のことだ。

ショーヘイ・ババとブルーノ・サンマルチノの初対戦は一九六一年一一月一三

日。会場はマディソン・スクウェア・ガーデンだった。

この日のメインイベントはアントニオ・ロッカ対NWA世界チャンピオンのバディ・ロジャース。当時のドル箱カードであり、マディソン・スクウェア・ガーデンは二万二五三人の観客で埋め尽くされた（結果はロジャースの反則勝ち）。

馬場対サンマルチノの試合は、ロッカ対ロジャースのメインイベントの直前にセミファイナルとして行われている。馬場とサンマルチノが、いかに高く評価されていたかがわかるだろう。

見せ場となったフルネルソンの攻防

『レスリング・レビュー』誌が〝東洋のフランケンシュタイン〟と評した容貌の持ち主は、リングに上がると相撲の四股を踏んだ。試合開始のゴングが鳴ると、馬場は終始サンマルチノを圧倒し、五分四二秒、サンマルチノのリングアウトで馬場が勝利を収めた。

注目すべきは、サンマルチノが馬

場をフルネルソンで攻撃しようとしたことだ。身長が二〇センチ以上も違うために、サンマルチノは馬場の首の後ろでクラッチしても、力をこめて絞り上げることができない。

もちろんこのフルネルソンは、馬場の尋常でない大きさを観客にわからせるためのものだ。

サンマルチノは、ヴィンス・シニアの要望通り、馬場の巨大さと強さを示すために最善を尽くした。優秀な頭脳なくしては、一流レスラーになることは不可能なのだ。

《まだふたりとも下っ端でしたからね。彼もイタリアからきたばかりで、そんなに英語ができなかったんですよ。それで、ジムに行って練習するんです。いま、世界で誰が一番強いだろう、とかね。俺たちも頑張ってスターになろうぜ、ということを話し合ったことは覚えているんですよね。》（ジャイアント馬場　NHKラジオ『人生三つの歌あり』）

アメリカ武者修行時代の馬場とサンマルチノの友情物語は、昭和プロレス史における「重要事項」のひとつだ。

しかし実際には、アメリカ時代のふたりが深い友情で結ばれていたわけではなかったようだ。

筆者がペンシルベニア州ピッツバーグで暮らすサンマルチノを訪ねた時、サンマルチノは次のように語ってくれた。

「ババの英語はノット・グッドだった。だから、アメリカにいた頃のババと話したことはほとんどない。マディソン・スクウェア・ガーデンで顔を合わせたことはもちろんあったけど、ドレッシングルームは会場の反対側にあったし、話をする機会はまったくなく、お互いを知ることもなかった。ただリング上で試合をするだけでね。

ババの印象が強くなったのは、一九六七年に初めて日本に行った時のことさ。ジョー樋口を通訳にして、初めてババと本音で話した。

彼を尊敬したよ。リング上でもタフだけど、リング外でも誠実で信頼できる人物だとわかったんだ」

ニューヨークにおけるふたりの友情物語は存在しなかった。しかし、馬場は嘘を言う男ではないから、異国からアメリカにやってきたグリーンボーイ同士が親近感を抱いていたことは確かだろう。親密な関係が生まれたのがサンマルチノの初来日以降だった、というだけのことだ。

アメリカに渡ってからわずか四カ月、ショーヘイ・ババはトップレスラーへの階段を上りつつあった。

力道山はアメリカで無名だった

馬場正平がニューヨークのマディソン・スクウェア・ガーデンに初登場したのは、サンマルチノとのセミファイナルから二カ月ほど前にあたる一九六一年九月一八日のことだった。

対戦相手は、ビリー・ズビスコという二流レスラーである。

ポーランド出身の有名なレスラー、スタニスラウス・ズビスコの甥《おい》を自称するビリー・ズビスコは、のちにビル・ドロモと改名、日本プロレスや国際プロレス、新日本プロレスのリングに上がった。

若き日の馬場がビリー・ズビスコ＝ビル・ドロモから嫌がらせを受けたことは、プロレスマニアの間では広く知られている。

《レスラーの中にも、意地の悪いのはいる。このころ対戦した中ではビル・ドロモがそうだった。当時ビリー・ズビスコと名乗って売り出し中で、結構人気もあったが、とにかく新人の私を頭から小馬鹿にして、いなしたりスカしたりでまともに相手にしようとしない。私もカーッとなって、ついに試合はただ殴り合うだけのケンカになってしまった。これがMSGでの第一戦だったのだから、私は「嫌なところにきてしまったものだ」と思ったものだ。》(ジャイアント馬場『王道十六文』)

馬場がマディソン・スクウェア・ガーデンに初登場した翌日には、ニューヨークシティから一〇〇キロほど離れたコネチカット州ブリッジポートで興行が行われた。

この時にビリー・ズビスコが戦った相手は、実に意外な人物だった。力道山である。

渡米の目的は、東海岸に渡った馬場、鈴木、芳の里の視察のほかに、ワシントンDCおよびニューヨークのヴィンス・マクマホン・シニアやピッツバーグのトゥーツ・モント、シカゴのフレッド・コーラーら有力なプロモーターと親交を結ぶことにあった。

一九六一年九月一八日ブリッジポートで、力道山&芳の里組はビリー・ズビスコ&カルロ・ミラノ組に勝利した。

記録上、この試合は力道山が東海岸で戦った生涯唯一の試合となっている。力道山がアメリカ修行時代に試合を行ったのはハワイとサンフランシスコだけであり、プロレスの本場である東海岸のニューヨークや中西部のシカゴ、セントルイスで試合を行ったことは一度もなかった。

力道山はマディソン・スクウェア・ガーデンのリングに上がることを切望したが、プロモーターのヴィンス・マクマホン・シニアに断わられた。

《(力道山は)ニューヨーク近郊のサーキットに参加して、二、三試合出場もしたが、リング・アナが「ビッグ・ババの師匠のリッキー・ドーゼンだ」と紹介しなければ、観客はキョトンとしていた。プロモーターのマクマホンは「まだPR不足だから」と本拠MSGの試合にはついに出場させなかった。私は何か申し訳ないような気持ちで、つくづくアメリカ・マット界の広さというものを痛感させられたものだった。》(ジャイアント馬場『王道十六文』)

日本では誰ひとり逆らう者のない力道山は、アメリカでは一介の無名レスラーに過ぎない。その落差の大きさに、馬場は頭がクラクラするような思いがした。偉大なる力道山は、しょせん日本人および日系人のヒーローに過ぎないのだ。

「プロレスはケンカだ」と、力道山は馬場に繰り返し説いた。

だが、本当にそうか？　力道山はマディソン・スクウェア・ガーデンのリングに上がることすらできなかったではないか。

「プロレスとはケンカである」という力道山の思想は、極東の島国だけで通用する二流の思想だ。プロレスラーに必要な能力とは、ケンカに強いことではなく、客を呼ぶ能力なのだ。

馬場がアメリカに渡った一九六一年当時の日本に、力道山率いる日本プロレス以外の団体は存在しない（全日本女子プロレスを除く）。プロレスラーの数は二〇人に満たず、オーナー社長の力道山は、すべての権力を握っている。競合団体はすべて壊滅し、移籍することは不可能だった。配下のプロレスラーは、力道山からどれほど理不尽な扱いを受けても、ひたすら我慢するほかない。

のちにアントニオ猪木は、力道山からひどい暴力を受け続けたことを繰り返し語った。

葉巻を腕に押しつけられたこと。灰皿で思い切り殴られたこと。ゴルフクラブで強烈に殴られ、高熱が出て一週間も寝込んだこと。巡業先の旅館では大勢のファンの前で靴べらで頬を叩かれたこと。一升瓶の日本酒を一気飲みさせられたこと。走行中の車から突き落とされたことも、海の上でクルーザーから落とされたこともあったという。

一方、アメリカには二〇〇〇人とも三〇〇〇人ともいわれる大量のレスラーが存在し、切磋琢磨《せっさたくま》を繰り返している。全米各地のプロモーターは常に新しい素材を探しているから、観客を呼べるレスラーにはすぐに声がかかり、より大きな舞台へと移っていく。

〝アメリカの師匠〟フレッド・アトキンス

競っているのはレスラーばかりではない。プロモーターも必死に戦っている。

この年（一九六一年）の三月には、力道山のブッカー（外国人招聘担当窓口）であったサンフランシスコのジョー・マルセビッチが興行戦争を仕掛けられた。ジュニア・ヘビー級のレスラーとして主にテキサスで活躍していたロイ・シャイアがテレビ局をバックにつけてプロモーターに転身、レイ・スティーブンスをエースに立ててサンフランシスコに乗り込み、収容人員一万人のアリーナ、カウパレスで大興行を行ったのだ。

以後、ロイ・シャイアはマルセビッチのレスラーを次々に引き抜いてサンフランシスコおよび周辺エリアを制圧した。翌六二年にジョー・マルセビッチのオフィスは閉鎖、六四年には失意のうちに世を去った。

勢いに乗るシャイアは、ロサンジェルスのテリトリーも手に入れようと、サンフランシスコ侵攻からわずか半年後の一九六一年一〇月七日、一万五〇〇〇人を収容する大会場ロサンジェルス・スポーツアリーナで大きな興行を企画した。

NAWAのブッカーであるジュールス・ストロンボーは必死に防戦した。ルー・テーズやアントニオ・ロッカなど、考え得る限りのメンバーを集め、さらに東海岸に渡っていた馬場、鈴木、芳の里も一時的に呼び戻し、メインイベントにはフレッド・ブラッシー対リッキー・スターという西海岸最高のカードを用意した。万全の準備を整えた上で、同じスポーツアリーナでシャイアの興行の前日にぶつけた結果、シャイアの興行は惨敗。ストロンボーはシャイアの侵攻を撃退し、ロサンジェルスのテリトリーを守ることに成功した。

アメリカンプロレスの底辺は広く、頂点は高い。レスラーは上に行くために日々のトレーニングを怠らず、自分自身を厳しく鍛え、体型とコンディションの維持に努める。若いレスラーに暴力を振るったり、酒宴の席で無理矢理に大酒を飲ませるようなプロモーターなど、アメリカにはひとりも存在しない。もし愚かなプロモーターがそんなことをすれば、すべてのレスラーがたちまち逃げ出してしまうだろう。

馬場正平の優秀な頭脳は、右の事情のすべてを瞬時に理解する。

「小さくて卑怯な日本人」というステロタイプを打ち破る、二メートルを超える東洋の大巨人にして、卓越した運動神経の持ち主は、まだ二三歳に過ぎなかった。

馬場正平は、自分の目の前に、途方もなく大きな夢が広がっていることに気づいた。アメリカン・ドリームは、いまや陳腐《ちんぷ》な言葉になってしまったが、一九六一年の馬場正平の前には本物のアメリカン・ドリームがあったのだ。

まもなくグレート東郷が東海岸からロサンジェルスに戻っていった。日本プロレスのブッカーという仕事を持つ東郷は、日本に外国人レスラーを送り込むことで大金を稼いでいたから、いつまでもロサンジェルスの自宅を空けておくことはできなかったのだ。

すでに馬場、芳の里、マンモス鈴木の三人はニューヨークでもシカゴでも、フィラデルフィアでもデトロイトでも試合をしている。売り込みの時期は終わった。あとは三人が、それぞれ自分の力でやっていくしかない。

グレート東郷がフレッド・アトキンスに馬場正平のロードマネージャーを依頼

したのは、おそらく一二月八日のシカゴか、九日のニューヨークのどちらかだったはずだ。

対戦カードがいずれもベアキャット・ライト&スウィート・ダディ・シキ&アート・セイラー・トーマスの黒人トリオ対馬場&東郷&芳の里の日本人トリオであったからだ。

アメリカの師匠だったフレッド・アトキンス

《試合が終わってシャワーを浴びてロッカールームへ戻ったら東郷さんとアトキンスが話をしているんだな。この時、アトキンスはアート・セイラー・トーマスのマネジャーだったんですよ。それで何しに敵側のマネジャーがこっちのロッカーへきたんだろうと思っていたら、東郷さんが『オイ馬場、ワシはロサンジェルスへ帰るから、あしたからこのアトキンスがマネジャーだ』っていうわけ。その時からアトキンスが俺のマネジャーになったのよ。（中略）アトキンスはよう教えてくれたね。やっぱり師匠といえるのは……力道山は別としてアトキンスだろうね。（中略）アトキンスは俺につきっきりだったからね。（中略）まだ俺自身も、自分でプロモーターと交渉して、どんどん試合を組んでいく才覚というかキャリアがなかったしね。アトキンスにすべて任せていたからね。（中略）アトキンスがマネジャーになってから、俺の相手がグーンと格上になったよ。今思い出しても身震いするほどの顔ぶれが当時のニューヨークには集まっていたからねえ。

アントニオ・ロッカ、ジョニー・ヴァレンタイン、キラー・コワルスキー、ハンス・シュミット、ヘイスタック・カルホーン、カウボーイ・ボブ・エリス、エドワード・カーペンティアもいたなあ。（中略）偉いマネジャーだったと思うよ。朝起きてセントラルパークを一緒に走ったり、部屋の中でいろいろな道具を使ってトレーニングしたり、木の柄《え》に綱《つな》をつけた道具を持っていて引っ張り合うんですよ。》（ジャイアント馬場『東京スポーツ』一九八三年四月二五日）

フレッド・アトキンスは、この時すでに五〇歳を過ぎている。豪州ヘビー級チャンピオンになった後、一九五〇年代半ばに北米大陸に渡った。

アメリカの永住権が取れず、最後までカナダ人だったアトキンスは、ニューヨーク州バッファローに近いエリー湖畔《こはん》の小さな町クリスタルビーチ（カナダ領）で妻と娘と一緒に暮らしていた。

一九五三年三月にアメリカ修行を終えて帰国した力道山が「三〇〇戦戦ったが、シングルマッチで敗れたのはフレッド・アトキンス、タム・ライス、レオ・ノメリーニの三人だけ」と言ったのは有名な話だ。

「フレッド・アトキンスは豪州ではナンバーワンの選手。オーストラリアのプロレスファンで、アトキンスの名前を知らない人はいない。

アトキンスのことは、サンフランシスコで負けた力道山はもちろん、ルー・テーズさんも褒めていた。要するにレスラーからの評価の高い実力者です。

マネージャーもやって、トレーナーもできて、現役レスラーでガチンコも強い。しかも、住んでいるのはニューヨークにもシカゴにもピッツバーグにもデトロイトにもトロントにも近いエリー湖畔のクリスタルビーチ。力道山とグレート東郷が求めるロードマネージャー像に、アトキンスはピッタリだったんです」（プロレスライターの流智美）

フレッド・アトキンスの仕事は、馬場を一流レスラーに育て上げて大金を稼がせることだ。

馬場が稼ぐ大金は、馬場本人、力道山、グレート東郷、そしてロードマネージャーのアトキンスによって分配された。正確な比率は不明だが、レスラーよりマネージャーが多く取ることはまずあり得ないから、馬場・力道山サイド六割、東郷・アトキンスサイド四割が妥当なところで、あくまでも想像だが、馬場が三割、力道山が三割、東郷が二割、アトキンスが二割、という比率に近いのではないか。ただし、力道山の取り分は日本円に換金されることなく、東郷に預けられた。外国人レスラーのギャランティは米ドルで支払わなくてはならないからだ。

修行中の身である馬場は、自分の取り分を力道山に預け、日常生活に必要なカネを別に週給で受け取った。

馬場は自分が稼いだギャランティのすべてを記録し、力道山に手紙で知らせている。

一九六一年一二月初旬、ビッグ・ババがアメリカンプロレスの中心部に入り込む準備が整った。

第四章　ＮＷＡ世界ヘビー級王者の物語

史上最高のレスラー

馬場正平がアメリカに渡った一九六一年七月、同国におけるプロレス人気は最高潮に達していた。

シカゴ、セントルイス、ニューヨーク、コロンバス、ピッツバーグ、ロサンジェルス、そしてモントリオール、トロント。全米およびカナダのプロモーションは、かつてない数の観客を集めた。

新たなるプロレス黄金時代の頂点に君臨していたのが、NWA世界ヘビー級王者のバディ・ロジャース（実際の発音は〝ロジャーズ〟と濁る）であった。

ジャイアント馬場は「バディ・ロジャースこそが世界最高のレスラーである」と断言する。

《ロジャースは、私が見、戦った中の世界最高のレスラーだった。私は、全盛期のロジャースのNWA世界王座に挑戦したただ一人の日本人レスラーであることを、大いに誇りとしている。》（ジャイアント馬場『王道十六文』）

ジャイアント馬場が生涯に戦ったレスラーが一流中の一流ばかりであることはいうまでもない。

ルー・テーズ、アントニオ・ロッカ、パット・オコーナー、ブルーノ・サンマルチノ、キラー・コワルスキー、ディック・ザ・ブルーザー、ボボ・ブラジル、ジョニー・ヴァレンタイン、エドワード・カーペンティア、ドン・レオ・ジョナサン、クラッシャー・リソワスキー、フレッド・ブラッシー、ジン・キニスキー、ザ・デストロイヤー、ドリー・ファンク・ジュニア、ハーリー・レイス、ブルーザー・ブロディなど。

彼らは素晴らしい。しかし、バディ・ロジャースはさらに上のレスラーなのだ、と馬場は言う。

プロレス黄金期の象徴だったバディ・ロジャース

一般的な見解では決してない。もし仮に、古今東西のプロレス関係者全員に「史上最高のレスラーは誰ですか？」というアンケートをとれば、最も多くの票を集めるのはルー・テーズであり、バディ・ロジャースに入る票はわずかだろう。

だが、馬場はロジャースのプロレスを深く愛した。

《初渡米武者修行中に私が最も強烈な印象を受けたレスラーは、時のNWA世界選手権者バディ・ロジャースだった。美しい金髪をなびかせてロープに飛び、スピード満点のタックルをぶちかまして来る姿が今でも目に浮かぶ。これぞアメリカのプロレスの粋という感じを受けたものだ。

ロジャースは一九二一年ニュージャージー州生まれで、六一年六月にパット・オコーナーを破って第四三代王者になったのが四〇歳、当時が脂の乗り盛りだった。ついに未来日に終わりそのファイトを日本のファンに見ていただけなかったのが残念だが、そう、全盛期のブラッシーとデストロイヤーを合わせたようなレスラーと言えば当たっているだろうか。

彫りの深いハンサムで、見事に鍛えあげた体、美しい金髪、豊かなスピード、足の4の字固めとパイルドライバーを切り札とする華麗なテクニック、派手でゴージャスな雰囲気、すべての点で世界チャンピオンとして申し分のないレスラーだった。しかもそれでいてヒールに徹し、人気も収入も米マット界の最高だったのだから、当時駆け出しの二三歳の私などそのムードに圧倒されてボーッとなってしまったものだ。》（ジャイアント馬場『個性豊かなリングガイたち』）

筆者の知る限り、馬場が〝ボーッとなる〟という表現をロジャース以外のレスラーに使ったことは一度もない。

これまでに述べてきたように、馬場は生きるために、人並み外れた巨体を維持するためにプロレスラーになった。馬場正平にとってプロレスとは職業以外の何物でもなく、プロ野球選手に憧れたことはあっても、プロレスラーに憧れたことなど一度もなかった。

バディ・ロジャースは、そんな馬場の冷静さを失わせるほどの色気の持ち主だったということだ。

ジャイアント馬場を語ることは、六〇年代初頭のアメリカンプロレス全盛時代を語ることであり、バディ・ロジャースを語ることであり、NWA（National Wrestling Alliance）を語ることでもある。

NWAの設立は一九四八年だが、世界チャンピオンはもちろんそれ以前から存在していた。『レスリング・レビュー』一九五九年秋号には、古い時代のチャンピオンを知るための格好の記事が掲載されている。

一九二〇年代に最強を誇った〝胴絞めの鬼〟ジョー・ステッカーのエピソードを、プロモーターのアル・メイヤーが回想したものだ。

《一九二五年にジョー・ステッカーが（スタニスラウス・）ズビスコを破ってチャンピオンになった後のことだ。ステッカーは素晴らしいレスラーで、偉大な男だった。ある晩、エド・ホワイトという新人が挑戦者に選ばれた。会場はさびれた小さな町のアリーナで、観客も数百人しかいなかった。

八時頃会場に着いたエド・ホワイトは冷汗をかきつつ、王者がやってくるのを控え室の隅で待っていた。

偉大な人物が竜巻のように控え室に入ってきたのは八時四五分頃のことだった。ベンチにバッグを放り投げ、コートをゆっくりと脱いだステッカーが大声で言った。

「今夜の対戦相手は誰だ？」

レスラーたちはビクビクしながら、部屋の隅で小さくなっていた可哀想なエド・ホワイトを指さした。

「おい小僧、レスリングの何を知ってる？」と大男は聞いた。

「レスリングをしたことがあるのか？　と聞いているんだ」

エドは声を出すことさえできず、喉の奥で妙な音を立て続けるばかりだった。

「どうってことはない！　全力でやれ。みんなに素晴らしいショーを見せてやろうぜ！」

ステッカーは壊れんばかりの勢いでエドの肩を叩いた。

実際に、ふたりは素晴らしい試合を観客に披露した。もしステッカーが本気になれば、エドは一分もかからずにフォールされるか、頭をもぎ取られてしまっただろう。エドにはそのことがよくわかっていた。

しかし、チャンピオンはそうしなかった。その代わりに、若いレスラーとたっぷり三〇分間取っ組み合い、数少ない観客を興奮させ、支払った金額以上の喜びを与えた。

その上、新人レスラーにも素晴らしいスタートを与えたのだ。世界チャンピオンと好勝負を演じたことを認められ、エド・ホワイトは人気レスラーに成長していった。

覚えておいてほしいことは、ステッカーはこの日、一〇〇ドルもファイトマネーをもらっていなかったということだ。翌日の晩はスタジアムで同じクオリティの試合をして一〇万ドルを稼いだというのに！　どれほど小さな会場でも手を抜かず、スタジアムとまったく同じ内容の試合をしたのだ。ステッカーこそ真のチャンピオンだよ。》（『レスリング・レビュー』一九五九年秋号）

真の実力者がチャンピオンとなり、弱い相手をリードして、観客を興奮させる試合を作り上げる。

プロレスは一九二〇年代から、いやもっと古い時代から、そのようなものだったのだ。

一九三〇年代になると、プロフェッショナル・レスリングはレスリングから逸脱するようになる。

殴る蹴るが認められるようになり、レフェリーはわざと反則を見逃すようになり、タイムキーパーは試合の興奮がピークに達したところで時間切れ引き分けの鐘を打ち鳴らすようになった。

エンターテインメントへの転換

レスラーは必ずしもレスリングの猛者である必要はなく、大きく、強く見えればよくなった。

現在のプロレスの原型である。

ルー・テーズの自伝『HOOKER』によれば、テーズが一九三三年に一六歳でデビューした頃、すでにリング上でリアルファイトが行われることはめったになかったという。

にもかかわらず、実戦能力は相変わらず重要なものだった。《私も何度かコンテスト（リアルファイト）を戦ったが、それは誤解した対戦相手が仕掛けてきたり、腕に覚えのあるレスラーが私をテストしようと挑んできたものだった。

私がこの業界に入った一九三〇年代、レスラーにとって実戦能力は最も重要なものであり、関係者やファンも、マット上の能力に大いに敬意を払った。レスラーには厳然としたピラミッド構造が存在し、階級は（リング上ではなく、スパーリングを行う）マット上での強さによって決定された。

最も大きな、そして最も下位に位置する集団は〝ジャーニーマン（journeyman＝中堅職人）〟と呼ばれるレスラーたちだ。彼らは良いパフォーマーだ（がレスリングはできない）。

その上がシューター（shooter）である。彼らはレスリングのエキスパートだ（が関節技はできない）。

ピラミッドのトップに位置するのが、エリートであるフッカー（hooker）である。

レスリングに熟達し、さらに数多くの古いカーニバルのフック（hook＝関節技）の技術を身につけた人々である。フッカーは真に危険な男たちであり、ドレッシングルーム内のレスラーやプロモーターからも敬意を払われていた。

今日、このピラミッドは追憶《ついおく》の彼方《かなた》に存在する。フッキングは失われたアートなのだ。

いまやプロレスは、バカげたショーに落ちぶれてしまったが、私たちの時代は決してそうではなかった。プロフェッショナル・レスリングは〝コンペティティブ・スポーツ（真剣に勝敗を争うスポーツ）〟として認識されていたのだ。

私たちレスラーは、このイメージが失われれば業界は消滅してしまうのではないか？　と恐れていた。実際には、ヴィンス・マクマホン・ジュニアによって（プロレスがショーであり、エンターテインメントであるという）情報公開が行われた後も、業界は存続している。だから、私たちの恐怖に根拠があったかどうかはわからない。

しかし、業界が痛烈な批判や懐疑主義に直面した時、私たちはレスリングのイメージを守る必要を感じた。どれほど深く内情を知る質問者であろうとも、レスラーたちが「プロフェッショナル・レスリングはコンペティティブ・スポーツ以外の何かである」と認めることは決して許されなかった。プロレス業界は秘密クラブだったのだ。》(『HOOKER』)

一九三〇年代、インテリはプロレスをショーとみなして去り、プロレスの観客は、主に労働者階級へと移り変わっていた。

正統派を自負するルー・テーズは、プロレス＝真剣勝負というイメージを守るために、寝技をフィニッシュに使った。ダブルリストロック、クロスフェイス(STF＝ステップオーバー・トーホールド・ウィズ・フェイスロック)、クルックド・ヘッドシザースなど、地味ではあるが実戦で使える技だ。

しかし、第二次世界大戦終了直後に爆発的に普及したテレビが、プロレスを大きく変えた。

レスラーには実戦能力以上に、次の三つの能力が強く求められるようになったのである。

①　派手なコスチュームと個性的なジェスチャーと魅力的なルックス
②　マイクロフォンを向けられた時の当意即妙の受け答え
③　テレビカメラの位置を計算して、衝撃的な映像を作り出す能力

テレビがもたらしたプロレス新時代に最も早く、最も巧みに適応したのがゴージャス・ジョージである。キザで傲岸不遜《ごうがんふそん》なおかま野郎を思い切り罵る快感を求めて、大勢の観客が会場に足を運んだ。

ゴージャス・ジョージの大成功を目の当たりにして、プロレス関係者は考え方を改めた。

観客が求めるものは退屈なスポーツではなく、スリリングなショーだ。ならば私たちは、観客が求めるものを提供するべきではないのか?

かくしてプロフェッショナル・レスリングは、レスリングとはまったく関係のない、純然たるエンターテインメントへと変貌していく。

スパーリングの勝者がリング上でも勝利する、などという戦前の古い価値観は完全に駆逐された。

「長髪で、シェイプアップされた身体を持つカラフルでビューティフルなヤツらが、殴る蹴るのブルファイトをする。女子供はそういうプロレスが大好きだ。だから彼らは大金を稼ぐ。

だが、彼らはレスリングができない。ルー・テーズは『俺の婆ちゃんだってヤツらを倒せるだろう』と言ったことがある」(柔道の全米王者でルー・テーズとカー

ル・ゴッチに教えを受けたジーン・ラベール）

一九六〇年代初頭の新たなるプロレス黄金時代は、カラフルでビューティフルなパフォーマーが、レスリングと関節技の達人であるフッカーに勝利する時代であり、新旧の価値観がぶつかりあい、大きな軋轢を生んだ時代でもあった。

最強の男・テーズの苦悩

ゴージャス・ジョージに強い影響を受けたのが、馬場が〝世界最高のレスラー〟と絶賛するバディ・ロジャースである。

豪華なガウンの代わりに派手なジャケットを身に纏うバディ・ロジャースは、ゴージャス・ジョージよりも遙かに美しい容貌の持ち主であり、日々の厳しい節制によって素晴らしい肉体を長く保った。

《レスラーの多くが、太って醜くなり、ファンをがっかりさせている。アスリートに見えなくなったら、バディ・ロジャースは人々の前から姿を消すよ。体型を維持するのは簡単じゃない。つらく単調なことの繰り返しさ。ジムに毎日通ってトレーニングをしたり、慎重にダイエットするんだ。運動で消費できる以上は絶対に食べない。長年の経験から、適正な食事の量はわかっているんだ。信じてもらえないかもしれないけど、夜に戦う相手によって、食事の量を変えているんだ。ペッパー・ゴメッツやバーン・ガニアと戦う時は糖分を多く摂る。なぜなら、（実力派の彼らと戦うときには）すぐにエネルギーに代わるものが必要だからね。》（バディ・ロジャースの発言。『レスリング・レビュー』一九六一年冬号）

何よりもロジャースは、観客の心理を操作する独特の勘を持っていた。ルー・テーズは、ロジャースを次のように評している。

《戦後、プロフェッショナル・レスリングは恐るべき勢いで伸びていった。テレビジョンとふたりのパフォーマー、バディ・ロジャースとゴージャス・ジョージによって。

ロジャースは多くの〝フライングムーブ〟を初めて取り入れたレスラーだった。ボディスラムやドロップキック、パイルドライバーやロープに飛んで相手に体当たりする跳躍技。今日私たちが日常的に見ているムーブである。

すべての〝フライングムーブ〟はロジャース以前から存在している。しかし、ロジャースは数多く使い、私を含めたすべてのレスラーに影響を与えた。

ロジャースはレスリングができなかった。だが、観客を操る天性の勘を持って

いた。ロジャースこそ我々の業界が持った最大のパフォーマーなのだ。》
（『HOOKER』）
ロジャースはレスラーではなく、パフォーマーに過ぎないという言い方には、真の強者であるテーズのプライドが垣間見える。
「ゴージャス・ジョージはレスリングができたけれど、ロジャースのレスリングはせいぜい大学のフレッシュマン（一年生）レベルだった、とテーズさんは言っていた」（テーズの日本でのマネージャーだったプロレスライターの流智美）

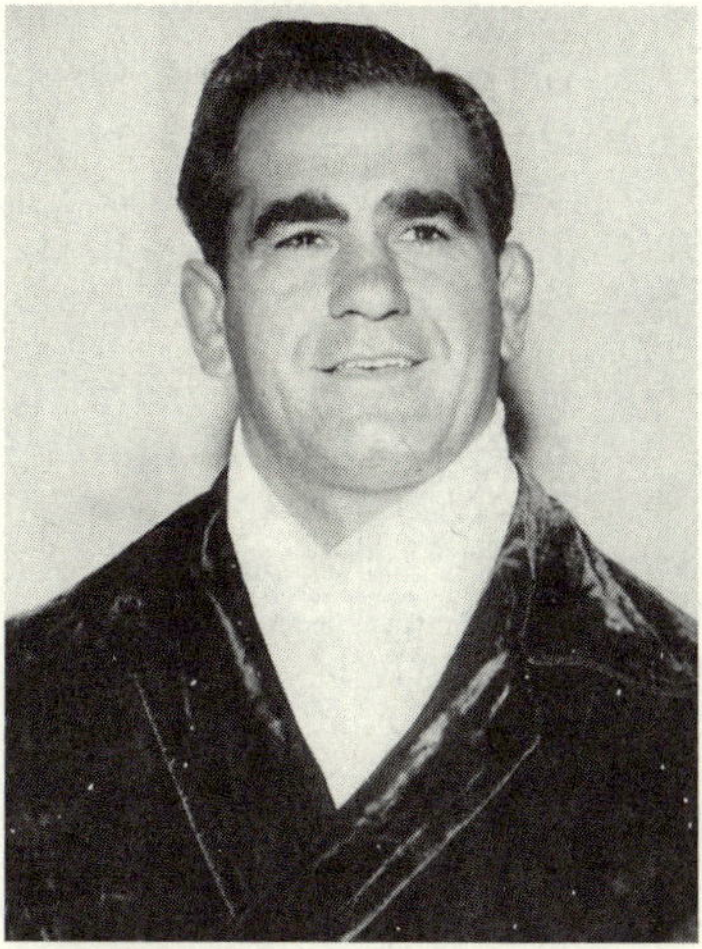

“世界最強の男”ルー・テーズ

レスラーは強くなくてはならない。自分は強く、ロジャースは弱い。だからロジャースは自分より下なのだ、とテーズは自伝の中で主張している。

しかし、ロジャースからすれば、テーズの主張は言いがかりに過ぎない。テーズは自分とまったく同じ仕事をしているからだ。

すべてのプロフェッショナル・レスラーが観客に見せているものは、レスリングではない。パフォーマンスなのだ。

俺がパフォーマーならば、テーズだってパフォーマーに決まっている。お前だってドロップキックやフライング・ボディシザース、エアプレン・スピン、バックドロップを使うだろう。それのどこが〝レスリング〟なんだ？　観客受けのするパフォーマンスではないか。

ロジャースはもちろんそう考えている。矛盾しているのは自分ではない。テーズのほうなのだ。

《戦争が終了したあと、プロレス界はテレビという新しいメディアによって大きな変革を余儀なくされた。（中略）華麗なコスチュームとか、派手なゼスチュアがもてはやされるようになり、〝ギミック〟に頼るレスラーの数が急増した。テレビカメラに向かって衝撃的な映像を作れるショーマンが重宝がられ、本当にレスリングのできるレスラーが片隅に追いやられる。（中略）私自身、ある程度この流れについていかざるを得ない部分もあった。たとえばドロップキックであるとかフライング・ボディシザースであるとか、ロープの反動を利用してのタックルであるとか……これらはテレビの出現以前には到底考えられない動きであったが、ゴージャス・ジョージとバディ・ロジャースという二人の出現により、テレビプロレスでメインイベントを取るには絶対に必要な技になってしまった。》（ルー・テーズ『鉄人ルー・テーズ自伝』）

レスラーであり、フッカーであることを自負するテーズの苦悩が、この一節に表れている。

プロレスラーは戦っている。相手と戦うのではなく、観客と戦っているのだ。何のために？　プロフェッショナル・レスラーとして生き残るために。生き残るために、観客を会場に呼ぶために、プロレスラーは観客にわかりやすいキャラクターを必死に演じている。プロレスとはディズニーランドである、とは以前にも述べた。

テーズは間違いなく強い。

だが、テーズとて観客を呼ばなくてはプロレスラーではいられない。最強のレスラーであるルー・テーズもまた、わかりやすいキャラクターを演じることで多くの観客を呼んだのである。

テーズが演じたキャラクターとは何だろうか？

世界最強の男、NWA世界チャンピオンである。

テーズもまたキャラクターを演じていた

NWAが誕生したのは、ゴージャス・ジョージがプロレス界を席捲していた一九四八年七月のことだった。

NWAとは、プロモーターがお互いに協力してプロレス界を牛耳るために設立された組織で、ひとことでいえばカルテルである。テレビによってプロレスが恐ろしい勢いで拡大する中、富の独占を考える連中が現れた、ということだ。

NWAでは、ほかのプロモーターの所属レスラーを勝手に引き抜いたり、ほかのプロモーターのテリトリー内で勝手に興行を行うことは禁止された。

新参のプロモーターがNWA傘下のプロモーションに対抗することは極めて難しい。NWAの結束は固く、いったん興行戦争が起これば、すぐにその地区に多くの有名レスラーが回されてくるからだ。

また、いったんNWAに属してしまえば、離脱することは容易ではなかった。離脱した瞬間に、新たにNWA傘下に入ったプロモーションから興行戦争を仕掛けられることは明白だからだ。

かくしてNWAはたちまちのうちに全米各地へ、カナダへと広がっていく。

NWA世界チャンピオンは、年に一度夏に行われる総会で決める。NWA傘下のプロモーターはどんな王座を作っても構わない。タッグ王座やジュニア王座に関しては何をやってもいい。ただし、シングル王座に〝世界〟を冠することだけは許されない。世界最強の男は、NWA世界ヘビー級チャンピオンただひとりでなくてはならないからだ。

結局のところ、NWAとは、世界最強の男というファンタジーを作り上げ、自分たちが独占するために作られた組織なのである。

NWAに雇われたチャンピオンは、NWA本部から渡されたスケジュールに従って全米各地を回る。

各地のプロモーターからすれば、普段の試合以外に、年に一度、世界チャンピオンを迎えて特別なシリーズを組むことができるというメリットがある。

しかし、リングの外でもプロレスに裏切りはつきものだ。プロモーターが用意した大金と引き換えに王者がベルトを渡したことは、これまでに何度もあった。

そこでNWAは、チャンピオンが裏切った場合に備えて特別なルールを作った。

「NWA世界チャンピオンは、NWA本部に二万五〇〇〇ドルの供託金《きょうたくきん》を収めなくてはならない」というルールである。

もし王者がNWA本部の意向に反して勝手にベルトの移動を行えば、供託金二万五〇〇〇ドル（現在の貨幣価値に直せば七二〇〇万円に相当する）は即座に没収されてしまう。

NWA本部が決めたスケジュールに従ってハードな長距離移動を繰り返すNWA世界チャンピオンは、いわば雇われ社長であり、NWA総会で王者交代が決議されれば、すぐに王座を明け渡さなくてはならない。逆らえば即座に二万五〇〇〇ドルは没収である。

その一方で、NWA世界チャンピオンには興行収入の一〇パーセントが支払われることとなっていた。プロレス人気が爆発していた時代に、これは大変な高額であった。大金を保証されたからこそ、NWA世界チャンピオンのベルトは大きな価値を持ったのである。

逆にいえば、大金を稼げるのであればNWA世界王座などまったく必要ない。全盛期のゴージャス・ジョージは興行収入の三〇パーセントを保証されていたといわれる。

誰をチャンピオンにすれば、自分たちプロモーターが最も潤うのか？　NWAが白羽《しらは》の矢《や》を立てたのはルー・テーズだった。

ハンサムで男らしく、しかも当代随一の実力者。ルー・テーズほど、〝世界最強のNWA世界ヘビー級チャンピオン〟にふさわしいレスラーはどこにもいなかった。

一方で、もしテーズに〝NWA世界チャンピオン〟という肩書きがなければ、ゴージャス・ジョージやバディ・ロジャース、アントニオ・ロッカほどの観客動員力を持つことは決してなかっただろう。いわばテーズは〝世界チャンピオン〟というキャラクターを演じることによって、名声と大金を手にしたのである。

ルー・テーズとNWAの契約期間は一年間だったが、延長が繰り返され、結局テーズは一九四九年から一九五七年まで、七年半もの長きにわたってNWA世界ヘビー級王者のベルトを巻き続けた。理由は単純で、テーズ以上に客が呼べるレスラーが見つからなかったからだ。

また、ルー・テーズが真の実力者であったことは、NWAにとっても極めて都合がよかった。万が一挑戦者が実力でベルトを奪いにきても、テーズは王座と権威の両方を守ることができるからだ。

ルー・テーズがホノルルのシビック・オーディトリアムで力道山の挑戦を受けたのは一九五三年一二月六日、力道山が木村政彦と組んでシャープ兄弟と戦う二カ月ほど前のことだ。

テーズによれば、この試合はシュートマッチ、すなわちリアルファイトになったという。

《試合前の控え室で、力道山はプロモーターのアル・カラシックに向かって引き分けを希望した。お互いを傷つけないためだ。しかし、カラシックは典型的なプロモーターであり、日本のテリトリーを我が物にしようとしていた。そのためには力道山がテーズに叩きのめされれば良い、と考えたのだ。

カラシックは私と交渉するふりをして実際には何もしないまま、再び力道山の控え室に戻り、力道山にこう言った。

「テーズは引き分けるのはイヤだと言った。自分が勝つと言っている。俺にはどうしようもない」

リキは腹をくくり、王者を倒すしかないと心に決めた。

その直後、カラシックは私の控え室にやってきた。

「あのバカは、シュート（リアルファイト）で戦うと言ってるぞ」

「ドローにして、もう一回やればいいじゃないか。そのほうが儲かる」

「いや、再戦のことは考えなくていい。あいつにレッスンをしてやれ」

結局、私は寝技に持ち込み、力道山をステップオーバー・トーホールド・ウィズ・クロスフェイス（STF）で決着をつけた。》（『HOOKER』）

第二次世界大戦後、プロフェッショナル・レスリングは完全なパフォーマンスへと変貌していた。

にもかかわらず、プロレスからリアルファイトが消滅することはなかった。プロモーターの意向に従いつつも、レスラーたちのプライドは高く、男たちは血気盛んだった。鉄人ルー・テーズの実力が、男たちのジェラシーを抑え込んでいた。

NWA王者交代の複雑な筋書き

しかし、全米中の人気者となったルー・テーズにも、やがて落日の時が訪れる。最盛期には週に六日ゴールデンタイムで流されていたプロレス中継は視聴者に飽きられ、唯一プロレス中継を続けていたデュモン・ネットワークも一九五五年に倒産。プロレス人気を盛り上げたテレビの全国中継は消滅してしまった。

さらに悪いことに、一九五六年には司法省がNWAを反トラスト法違反の疑いで告発した。NWAは興行、王者、会長を独占し、自由競争を阻害《そがい》する排他的な組織であるとみなされたのである。

プロレス人気が低迷し、裁判が長期化する中、NWAは世界チャンピオンの交代を決めた。物事がうまく運ばない時には、何かを変えなくてはならない。

一九五七年六月一四日、シカゴのアンフィシアターでアメリカンプロレスの歴史に永遠に刻まれる試合が行われた。

王者ルー・テーズ対挑戦者エドワード・カーペンティアのNWAヘビー級世界選手権試合である。

三本勝負で行われたこの試合は、一対一のタイスコアになった時点で腰を負傷したテーズが試合を放棄、カーペンティアが勝利したのだが、これは単なるアクシデントではなかった。最初からのシナリオだったのだ。

試合前、テーズはサム・マソニックNWA会長に直談判していた。

自分は七年半におよぶ長期間にわたって苦しい旅生活を続け、NWAの権威を高めることに貢献してきた。そして、いまNWAのベルトを失えば、自分のレスラーとしての価値が半減することは明らかだ。

ならば最後にワールドツアーに出たい。すでにオーストラリアのディック・リーン、シンガポールのキング・コング、日本の力道山から熱心なNWA世界王者招聘の依頼状が届いている。彼らは高額のギャランティを約束してくれているから、それを退職金代わりにもらいたい。もちろんNWAの金庫も潤う。

NWA会長サム・マソニックは、大功労者であるテーズの提案に同意して、次のような筋書きを作った。

暫定王者となったエドワード・カーペンティア

テーズ不在の間はカーペンティアにベルトを預け、防衛戦をさせる。ただし、カーペンティアは暫定王者に過ぎない。サマーソルトキックを得意とし、佐山聡《さとる》のように俊敏に動き回るカーペンティアはNWA世界王者のタイプではまったくないからだ。

《フランス人という触れ込みのエドワード・カーペンティアは、実際にはポーランド人であり、パリの場末のサーカスでアクロバットを演じていた。（モントリオールのプロモーターである）エディ・クインがレスラーとしての可能性に目をつけ、レスリングの基礎を教えた。有名なフランス人ボクサーのジョルジュ・カルパンティエ（Carpentier）にちなんでカーペンティアと改名した。》（ルー・テーズ『HOOKER』）

　カーペンティアに時間稼ぎをしてもらいつつ、テーズの帰国を待つ。ワールドツアーから戻ったテーズはカーペンティアと再戦を行い、勝利して再びNWA世界王者となり、続いて真の実力者ディック・ハットンの挑戦を受ける。そしてハットンはテーズに勝ち、新たなるNWA世界王者となる――。

　複雑な筋書きができ上がると、テーズはようやくワールドツアーに出かけた。

　一九五七年八月二九日、オーストラリアに渡ったルー・テーズは、リッキー・ワルドー、ロード・ブレアース、スカイ・ハイ・リーらと一〇試合を戦った後にシンガポールへ飛び、キング・コングと一試合を戦って引き分けた。

　一〇月には日本に初上陸し、東京、大阪、福岡、広島、神戸、名古屋、仙台、そして那覇で力道山と戦った。東京と大阪の興行は観客三万人を数えたといわれる。かなりの水増しはあるはずだが、NWA世界王者を迎えた興行が記録破りの大入りだったことは間違いない。

テーズの目に映る力道山は、かつてホノルルでシュートマッチを仕掛けてきた危険なレスラーである。テーズは試合前に、力道山と信頼関係を築いておく必要を感じた。

《東京では力道山と腹を割って話した。力道山は私に言った。

「私があなたを裏切ることはない。もしそんなことをすれば、あなた（とＮＷＡ）が選手の供給をストップすることを知っているからだ」

私たちは東京でのタイトルマッチをドローにし、一週間後の大阪でも同様にすることに同意した。

やがて話はホノルルでの一件になり、リキは私に言った。

「ホノルルでの試合をドローにしてくれなかったのは残念だった」

「それは違う」

私は事情を説明した。

「それでわかった」

と、リキは言った。リキは初めて、ハワイのプロモーター、アル・カラシックの日本侵攻計画を知ったのだ。これが私とリキの大いなる協力関係の始まりだった。》（ルー・テーズ『HOOKER』）

力道山は約束を守った。テーズに挑戦したNWA選手権試合は、クリーンファイトに終始した末に、いずれも引き分けに終わった。

第二章で触れたように、翌一九五八年八月二七日にロサンジェルスでテーズは力道山に敗れた。テーズが自分で作ったNWAインターナショナル王座を力道山に売却したということだ。

〝自称・世界チャンピオン〟カーペンティア

さて、NWAヘビー級王座をカーペンティアに明け渡したテーズがオーストラリア、シンガポール、日本を回るワールドツアーに出かけている留守中に、アメリカのプロレス界では異常事態が進行していた。

NWA世界チャンピオンのエドワード・カーペンティアをマネージメントするエディ・クインがNWAを離脱、さらにカーペンティアもクインにコントロールされることを嫌い、自分の考えで動き始めるようになったのである。

一九五七年八月二三日に開かれたNWA総会では「テーズとカーペンティアの試合結果は無効であり、引き続きテーズを王者として認定する」という声明が出された。

しかし、チャンピオンベルトがカーペンティアの腰に巻かれていることは、厳然たる事実だった。

ベルトのバックル上部には、世界ヘビー級チャンピオン、ルー・テーズと刻まれている。NWAの名はどこにもない。バックルの下部に、カーペンティアは自らの名を刻んだ。テーズからこのベルトを奪ったという事実を永遠に残すために。ルー・テーズの名が刻まれているからこそ、カーペンティアが保持するベルトは大きな価値を持ったのである。

一九五七年一一月一四日、トロントでディック・ハットンはルー・テーズを破り、NWA世界ヘビー級王座を獲得した。チャンピオンベルトは新しく作った。ディック・ハットンは恐ろしく強いレスラーだったが、残念ながらプロレスラーとしての華がまったくなかった。新たなるNWA世界チャンピオンはまったく客を呼べず、NWAは王者の交代を余儀なくされる。結局、ハットンは一年二カ月後の一九五九年一月にセントルイスでパット・オコーナーに敗れて王座を失った。

パット・オコーナーもハットン同様に恐ろしく強く、その上、敏俊さをも兼ね備えた素晴らしいアスリートだったが、やはりテーズほど多くの観客を呼ぶことはできなかった。

一方、NWAの手の届かないところで、世界チャンピオンは増殖し続けた。

一九五八年五月三日、キラー・コワルスキーはボストンでエドワード・カーペンティアを破り、ACC（Atlantic Athletic Commission）世界王座を獲得した。

一九五八年八月九日、バーン・ガニアはネブラスカ州オマハでカーペンティアを破り、世界王者を名乗った。のちにガニアはミネソタ州ミネアポリスにAWA（American Wrestling Association）を設立することになる。

一九六一年六月一二日、フレッド・ブラッシーはロサンジェルスでカーペンティアを破り、NAWA（North American Wrestling Alliance のちのWWA）王座を獲得した。

かつて世界王者はルー・テーズただひとりだった。

しかし、〝テーズを破った世界チャンピオン〟であるカーペンティアは、全米各地で次々に世界チャンピオンを生み出していったのだ。

テレビの全国中継が消滅したことで、各都市の情報は、ほかの州には伝わらなくなっていた。

カーペンティアは大金を受け取って試合に負け続けたが、王者の敗北がほかの都市に伝わることは決してなく、だからこそカーペンティアは長きにわたって世界チャンピオンを自称することが可能だった。

一九五八年八月二七日にロサンジェルスのオリンピック・オーディトリアムでルー・テーズを下した力道山が獲得したＮＷＡ認定インターナショナル王座も、日本版の〝世界チャンピオンベルト〟といえるだろう。

力道山がインターナショナルのベルトを巻いた頃、すでにＮＷＡの権威はガタ落ちになっていたのである。

ＮＷＡのプロモーターたちはサム・マソニック会長を口々に非難した。司法省に反トラスト法違反で告発されて解散の瀬戸際まで追い込まれたばかりか、テーズのわがままを許したことをきっかけに複数の王者が各地に誕生して、ＮＷＡの権威が大きく損なわれたからだ。

彼らはサム・マソニック会長の罷免を決議し、会長職を一年交替の輪番制にした。

一九六〇年夏、新たに会長に選出されたトロントのフランク・タニーが、ＮＷＡの失われた権威の回復に汲々とする中、アメリカ東北部の大プロモーターたち、すなわちピッツバーグのトゥーツ・モント、ワシントンＤＣのヴィンス・マクマホン・シニア、シカゴのフレッド・コーラーらはローカルテレビ局の番組を買い取り、ひたすら宣伝に努め、プロレス人気を大きく回復させていた。有能なプロモーターたちは、NWA世界チャンピオンとはまったく関係ないところで、自分の興行に大観衆を呼び込んでいたのだ。

そんな頃、モントリオールのエディ・クインがシカゴのフレッド・コーラーに興行戦争を挑んできた。プロレスの街シカゴのテリトリーを乗っ取ろうとしたのである。一九五九年初頭のことだ。

〝世界チャンピオン〟のエドワード・カーペンティアを擁するエディ・クインは、シカゴのテレビ局と組み、シカゴスタジアムを使って大規模な興行を行った。クインの大興行に対抗できなければ、シカゴのテリトリーを失うことは明らかだったから、コーラーは必死に防戦した。

侵略者エディ・クインの息の根を止めたのは、一九六〇年七月二九日にMLBシカゴ・ホワイトソックスの本拠地コミスキー・パークに三万人もの観客を集めて行われた野外興行だった。

《「ギャンブルをしなくては、大きなことは成し遂げられません。北極点の発見も、ライト兄弟の初飛行成功も、ギャンブルに勝利した成果です」と、フレッド・コーラーは言う。球場を借りるための費用が五〇〇〇ドル。チケット販売のために必要な費用が二〇〇〇ドル、宣伝には一五〇〇ドルをかけた。「宣伝はとても重要です。私は五〇〇台の市営バスと二〇〇もの鉄道の駅にポスターを貼り、三万人の固定ファンにダイレクトメールを送りました。大イベントのためには必要な経費ですよ」》（フレッド・コーラーの発言。『レスリング・レビュー』一九六一年春号）

エディ・クインは失意のうちにオフィスを閉鎖してシカゴを去り、コーラーは一九六〇年度のプロモーター・オブ・ザ・イヤーに選ばれた。

コミスキー・パークのメインイベントは、バディ・ロジャース対ベアキャット・ライト。

すでにロジャースは、全米でナンバーワンの観客動員力を誇るレスラーになっていた。

第五章　憧れのバディ・ロジャース

自己愛性パーソナリティ障害キャラクター

アメリカンプロレスが最も華やかだった一九六〇年代初頭、敏腕プロモーターのフレッド・コーラーはスタジアムを使った野外興行を次々に成功させ、シカゴのプロレスは、ほかのどの都市よりも熱く燃え盛っていた。

主役を演じたのはバディ・ロジャースである。

一九二一年二月二〇日、ニュージャージー州カムデン生まれ。本名ハーマン・ローデ。父親はドイツのハンブルク出身。母親はやはりドイツのハイデルベルク出身。父は船乗りで、若い時には世界中を見て回ったが、一家の暮らしは決して裕福とはいえなかった。

高校時代はフットボールと水泳に熱中し、冬にはレスリングに打ち込んだ。

警察官だったローデがプロレスラーに転向したのは一九三九年七月。第二次世界大戦前夜である。

《(プロレスラーになった理由を)正直に言えば……やはり金が稼げるからだよ。当時、ドイツからの移民は現在の黒人などと同様に本当に貧しかったからね。一応、アマチュアで名前が上がり始めていた私としてはプロになるのが出世の早道だったわけさ。フレッド・グラブマイヤーという名レスラーに認められてプロに誘われた。当時フレッドはニューヨークのトゥーツ・モントのところでマッチメーカーとして働いていたのだが……私の評判を聞いてスカウトに来てくれた。デビュー戦は一九三九年七月四日で、場所はアトランティックシティのガーデン・ピア、対戦相手はモー・プレージンというベテランのラフファイターだった。》

（バディ・ロジャースの発言。『ゴング』一九七九年五月号）

プロレスラーとなったローデは、まもなくバディ・ロジャースと改名する。一九四〇年代に人気を博したSFコミック『バック・ロジャース』から名前を頂戴し、野生児＝ネイチャーボーイのニックネームは、ナット・キング・コールが一九四八年にヒットさせたムーディーなバラードからいただいた。

ロジャースは〝チャラチャラとした、いけ好かないナルシスト〟というキャラクターを身に纏った。

精神疾患《しっかん》の一種に〝自己愛性パーソナリティ障害〟がある。『DSM－IV－TR　精神疾患の診断・統計マニュアル　新訂版』（医学書院）によれば、次のような傾向が見られれば、自己愛性パーソナリティ障害と診断されるという。

《自己の重要性に関する誇大な感覚（例：業績や才能を誇張する、充分な業績がないにもかかわらず、優れていると認められることを期待する）。

限りない成功、権力、才気、美しさ、あるいは理想的な愛の空想にとらわれている。

自分が〝特別〟であり、独特であり、ほかの特別なまたは地位の高い人たちに（または施設で）しか理解されない、または関係があるべきだ、と信じている。

過剰な賞賛を求める。

特権意識、つまり、特別有利な取り計らい、または自分の期待に自動的に従うことを理由なく期待する。

対人関係で相手を不当に利用する、つまり、自分自身の目的を達成するために他人を利用する。

共感性の欠如：他人の気持ちおよび欲求を認識しようとしない、またはそれに気づこうとしない。

しばしば他人に嫉妬する、または他人が自分に嫉妬していると思い込む。

尊大で傲慢な行動、態度。》

バディ・ロジャースがリング上で演じたのは、まさに〝自己愛性パーソナリティ障害〟のナルシストである。

ロジャースは、誰もが心の中に秘めつつも、決して表に出すことのできない反社会的で幼児的な自己愛願望をリング上で全面的に解放した。

大人の世界では決して通用せず、病気としか思えないような子供っぽいナルシシズムが、プロレスのリング上では全開となる。だからこそロジャースは真面目な大人たちから罵声を浴びつつ、若い女性や子供たちから熱狂的な支持を集めたのである。

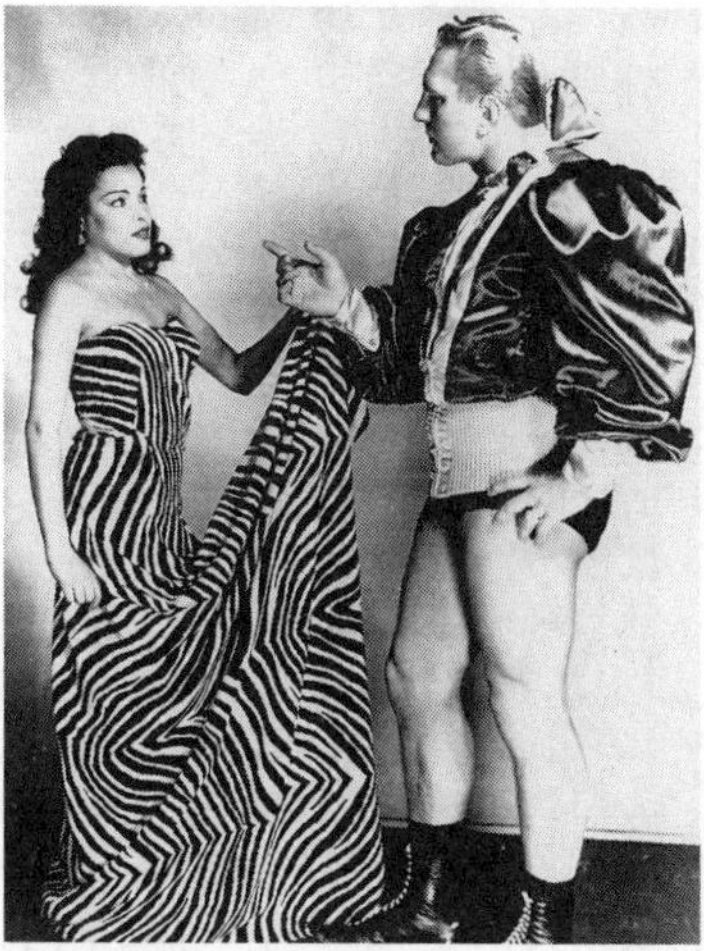
キザな色男キャラで観客のヒートを買ったロジャース

二四年間にわたってシカゴ・トリビューン紙でコラムを書き続けたボブ・グリーンはそのうちのひとりだ。

《バディ・〝ネイチャーボーイ〟・ロジャースは少年時代のぼくにとってアイドルのひとりであり、今なお憧れを抱き続けている。》

（ボブ・グリーン『アメリカン・ヒーロー』）

要するにロジャースは、エルビス・プレスリーやミック・ジャガーのような、不良のロックンロール・ヒーローだったのである。

身長一八八センチ、体重一〇三キロと理想的な体格のロジャースは、金髪をカールさせてオールバックに撫でつけた、いわゆるポンパドールという髪型と、ボディビルと節制と食事制限によって作り上げた美しい肉体の持ち主である。

多くの宝石で飾られた派手なジャケットに身を包み、時に美女を付き添わせて入場した。

キザな色男がベビーフェイスに投げられて大げさにのたうち回ると、観客の大部分を占める大人たちは狂喜し、女子供は息を呑んだ。

傲慢なロジャースがピンチに陥り、哀れっぽくひざまずいてベビーフェイスに許しを乞《こ》うと、大人たちは「やっちまえ！」とベビーフェイスに声援を送った。

卑怯でずる賢いロジャースがベビーフェイスの急所を殴り、レフェリーから見えないところでノドを攻撃すると、大人たちは一斉に大ブーイングを送り、女子供は「もっとやれ！」と密かに声援を送った。

怒りのあまり心臓麻痺で死んだ八一歳の老人

ロジャースの〝ストラット〟は有名だ。腰を振りつつ膝を曲げて気どって歩けば、いかにも相手を馬鹿にしているように見える。ザ・デストロイヤーやリック・フレアーもフルコピーしている。ロジャースの影響はアメリカンプロレスに深く、長く及んだ。

ちなみに、デストロイヤーとフレアーが得意とする4の字固めも、オリジナルはバディ・ロジャースである。

《ヒントになったのは、私をプロにスカウトしてくれたフレッド・グラブマイヤーが使っていたフィギュア・4・ボディシザースというホールドで……このホールドを見て私が当時のスパーリングパートナーだったウイルソン・カーとの練習中に完成させたホールドだった。最初はカーが私にかけ、その次に私がカーにかけて絶対外れないことを確認してから試合で使うようになったんだ。そうそうアトミック・ドロップ（尾てい骨割り）というホールドも私のオリジナルだよ……当時、ヒロシマに原爆を落としたばかりだったので、こんなネーミングもつけられたようだ。あの当時、私自身も〝アトミック・ブロンド〟などと呼ばれていたからね。》（バディ・ロジャースの発言。『ゴング』一九七九年五月号）

ロジャースはブラッシーのような言葉の達人だったわけではない。しかし、ちょっとした態度や振る舞いで、一瞬のうちに大人たちを激怒させることのできる魔術師だった。

一九六二年三月一九日には、バディ・ロジャースのあまりの卑怯なファイトぶりに、マディソン・スクウェア・ガーデンのリングサイドで観戦していた八一歳の老人が、心臓麻痺《まひ》を起こしてショック死するという事件が起こった。当時の新聞記事を紹介しておこう。

《レスリング・ファンがガーデンで死去――ナショナル・レスリング・アライアンスの王者バディ・ネイチャーボーイ・ロジャースとテキサスからやってきたカウボーイ・ボブ・エリスのふたりが作り出した熱狂の中、ひとりの年老いたファンがリングサイドで昏倒した。

コミッションドクターのハリー・クレインマンが到着したとき、四三四ストリート西四〇〇番に住むルイス・カサス氏八一歳は、すでに亡くなっていた。

ロジャースはエリスを三三分四二秒でフォール。その他アントニオ・ロッカ&ジョニー・ヴァレンタインがブルート・バーナード&スカル・マーフィーを二―一で破った。》

来日したフレッド・ブラッシーがグレート東郷に噛みついて大流血させたシー

ンをテレビで見た老人がショック死した、という話はあまりにも有名だが、あれはプロレスを見慣れない老人が、突然テレビで大流血シーンを見せられたからだ。わざわざカネを払ってプロレスを観にきた観客を死に至るほど怒らせるという話は、ロジャース以外に聞いたことがない。

バディ・ロジャースは、八〇歳を過ぎた老人を心臓麻痺で死に至らしめるほどの興奮《ヒート》を作り出すことができたのだ。

天才である。

《俺に言わせれば、観客は全員アホだ。なぜ俺があいつらを嫌いかわかるか？　この傷を見てみろ！　ヤツらは俺に敬意を払うあまり、ナイフや尖ったものや帽子のピンで刺して攻撃してくるんだ。俺はレスラーしか傷つけたことはないし、ファンには絶対に手を上げない。世界最高のレスリングを見せて、五年若返ったような気にさせて家に帰しているだけだ。だけどヤツらは俺が嫌いなんだ。まあ、ヤツらに知っておいてもらいたいのは、ヤツらが俺にヤジを飛ばすたびに、俺は笑いながら一ドルずつを銀行に預けているんだ。ざまあみろ！》（バディ・ロジャースの発言。『レスリング・レビュー』一九六二年一二月号）

傲岸不遜でずる賢く、反則を繰り返す悪役レスラーでありつつ、誰よりも美しい。当然、女性には圧倒的な人気があった。

「昔、ジーン・スタンレーというレスラーがいましてね、これが最高に女にもてた。金髪でいい男で。ロジャースはスタンレー二世といわれていたんです」(元『東京スポーツ』記者の櫻井康雄)

「馬場さんから聞いた話だけど、ロジャースはクラーク・ゲーブルを参考にしたらしい。有名な映画俳優だけど、若い頃はギャングの役ばかりやっていた。昔は、ハンサムな優男《やさおとこ》で、女性に甘い言葉をかけるような俳優が人気を集めていたんだけど、クラーク・ゲーブルは悪くて強くて野性的で、強引に女を奪い取る凄いヤツだった。

ロジャースも、クラーク・ゲーブルみたいに、悪くて強くて野性的で傲慢なイメージで行こうと思ったんでしょう。

ロジャースは悪役だけど、ベビーフェイスのレスラーよりも遥かに人気がある。リングの外でもロジャースはいつも考えていた、と馬場さんは言っていた。次に誰とどんな試合をすれば、お客さんがたくさんきてくれるか。要するにバディ・ロジャースはただのプロレスラーではなく、プロモーターであり、プロデューサーでもあった」(全日本プロレスの渕正信)

男らしさから自由なロジャースは、善悪からも自由であり、あらゆる手段を使って観客の心理を自在に操り、熱狂の渦に巻き込んだ。

〝華麗なる殺気〟とロジャースを形容したのは、日本初のプロレス評論家、田鶴浜弘であった。

賢明なる読者諸兄諸姉はすでにお気づきだろう。

バディ・ロジャースは、アントニオ猪木のようなレスラーだったのである。

一九六〇年から一九六一年にかけて、プロモーターのフレッド・コーラーと〝野生児〟バディ・ロジャースのコンビは、シカゴだけで一年間に二〇万人の観客を集め、五〇万ドルの興行収入を上げている。MLBシカゴ・ホワイトソックスの本拠地コミスキー・パークや大会場アンフィシアターには、毎月のように一万人を超える観客が押し寄せた。

一九六〇年六月二四日の観客は一万六二三人（対戦相手は黒人レスラーのスウィート・ダディ・シキ）。

七月二九日は三万二七五人（対戦相手はやはり黒人レスラーのベアキャット・ライト）。

八月一九日の観客は一万二〇七人（エディ・グラハムと組んで、ベアキャット・

ライト&スウィート・ダディ・シキと対戦)。

九月一六日の観客は二万六七三一人(対戦相手は体重二七〇キロの〝お化けかぼちゃ〟ヘイスタック・カルホーン)。

一〇月七日の観客は一万一〇二〇人(対戦相手は空中技を得意とするレッド・バスチェン)。

一一月一一日の観客は一万九六五人(対戦相手はレッドの弟ルー・バスチェン)。

一二月九日の観客は一万二〇一一人(対戦相手はジョニー・ヴァレンタイン)。

一九六一年二月二四日の観客は一万二〇七五人(ジョニー・ヴァレンタインとの再戦)。

一九六一年三月一七日の観客は一万一六三五人(対戦相手は黒人のマッチョマン、アート・セイラー・トーマス)。

四月一四日の観客は一万一一〇〇人(対戦相手は再びヘイスタック・カルホーン)。

四月二八日の観客は一万一八一六人(アート・セイラー・トーマスとの再戦)。

一万人以上を集めた大興行でロジャースと対戦したレスラーの多くが〝黒人レスラー〟か〝世界一の大デブ〟であったことは注目に値する。

大会場で行われるビッグマッチの負け役にふさわしいのは、何よりもデカいヤツであり、有色人種であればなお望ましいのだ。

卑怯でずる賢い俗物たる支配者階級のパロディ

プロレスは極めて単純な勧善懲悪のドラマである。自分の象徴であるベビーフェイスが、他人の象徴であるヒールに勝利する。

この物語は、もちろんアメリカで生まれたものだ。

アメリカ合衆国は、人類史上類を見ない大虐殺の末に誕生した国家である。一七世紀以降、ヨーロッパから新大陸に移り住んだ人々はネイティブ・アメリカン（いわゆるインディアン）を大量に殺戮し、あるいは不毛の土地に閉じ込めてアメリカ合衆国という国を作った。

《(西欧諸国は) さまざまなネイティブ・アメリカンの社会・文化を押しひしぎ、圧殺し、すりつぶし、殺戮《さつりく》の限りを尽くして、強引に征服していった。じつは、人類史上、最大の征服は、この時期における西欧の南北アメリカ征服ではないか。それは、同時に、人類史上もっとも悪辣で、残虐で、野蛮な征服であった。これは、率直・単純な厳然たる事実である。西欧風の人道主義などで覆いきれるものでは、到底ない。欧米人もふくめ、わたくしたちはこの事実を、もっとストレートに見る必要がある。》（杉山正明『遊牧民から見た世界史』）

新生国家アメリカに生きる人々にとって、自分たちの国が史上空前の大虐殺の上に成立しているという「原罪」はあまりに重く、直視することができない。

そこで彼らは、ひとつの巨大なるフィクションを作り上げた。

「自分たちはピルグリム・ファーザーズの末裔《まつえい》である」というフィクションである。

ピルグリム・ファーザーズとは、一六二〇年に英国国教会の迫害に抵抗し、信仰の自由を求めてイギリスからメイフラワー号で新大陸に移り住んだ一〇二名の清教徒《ピューリタン》のことだ。清教徒とは、聖書に従って、宗教改革を徹底することを求めるプロテスタントの一派である。ちなみに清教徒の〝清〟は〝ピュア＝純粋〟、ピルグリムとは〝巡礼〟を意味する。

つまり、アメリカ白人は自らを以下のように規定したのだ。

自分たちは神の導きによってイギリスを逃れ、大西洋を越えて新大陸に移住してきた純粋にして平和を愛する清教徒の末裔である。ところが、無知で野蛮で残虐なネイティブ・アメリカンたちは、清く正しい私たちに襲いかかり、略奪と暴行を働いた。ゆえに私たちは自らを守るために彼らと勇敢に戦い、追い払った。アメリカ合衆国のすべては、この建国神話の上に成り立つ。

アメリカで作られた最初の劇映画は『大列車強盗』(一九〇三年)。西部劇である。

アメリカ人は、以後、大量の西部劇を作った。

西部劇を代表する作品といえば、ジョン・フォード監督の『駅馬車』(一九三九年)だろう。

御者《ぎょしゃ》と護衛を入れて計九名の異なる背景を持つ男女が、途中でアパッチ族の襲撃に遭う。疾走する駅馬車の屋根の上で、あるいは馬上で、ジョン・ウェイン扮するリンゴ・キッドが八面六臂《はちめんろっぴ》の活躍を見せるものの、最後の銃弾を撃ちつくしてしまう。絶体絶命の危機に、騎兵隊のラッパが鳴り響き、ついに恐るべきアパッチは逃走していく——。

この映画をきっかけとしてジョン・ウェインは多くの西部劇の大作に出演。模範的なアメリカ人を象徴する俳優として国民的スターになっていく。

ネイティブ・アメリカン虐殺の歴史を反転させて作られた西部劇は、アメリカ白人にとって絶対に必要な原物語＝オリジナル・ストーリーであり、新たなる建国神話でもある。

アメリカンプロレスも、ハリウッド製のアクション映画も、西部劇の焼き直しであることはいうまでもない。

それらすべてはアメリカを正当化するための装置なのだ。

「神の使者である自分たちには絶対的な正義があり、その実現を妨げる者は神に反逆する極悪人である」という思想は、すでに紹介した〝自己愛性パーソナリティ障害〟の症状そのものだ。

真実から目を背け続けるアメリカは自己愛に強迫的に突き動かされ、無意味な戦争を繰り返す。

日本のヒロヒト、ベトナムのホー・チ・ミン、イランのホメイニ、イラクのフセイン、アル・カーイダのビン・ラディン。

絶対的正義の立場を代表するアメリカの白人たちは、インディアンに似た〝有色人種の極悪人〟と戦い続けることによって、自分たちのアイデンティティをかろうじて保っている。

《ニューヨークが「人種のるつぼ（メルティング・ポット）」なら、ボストンはいわば「階級（カースト）の街」だ。トップには、伝統ある貴族的な上流社会がでんと構え、社会的、政治的権力をほしいままにしている。俗物根性はこの上なく強い。

アメリカのカリスマ的な元大統領、ジョン・F・ケネディは、ボストンの出身だ。父親は億万長者で、元駐英大使。ボストン市長だった祖父は、一九一二年のワールドシリーズで始球式をつとめている。

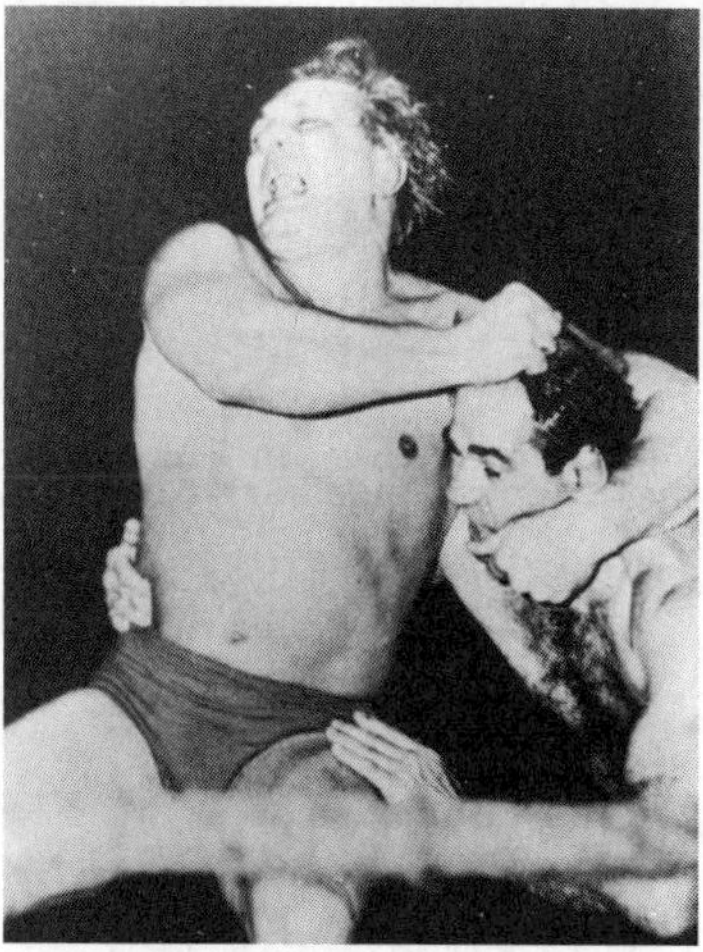
憎むべき支配者階級を演じたロジャース

ところがそんなケネディ一族も、ボストンでは〝二流〟とみなされる。先祖がメイフラワー号に乗ってこなかったからだ。カポート一族やロッジ一族など、ボストンの伝統ある商家の祖先は、メイフラワー号で荒れ狂う大西洋を横断し、新天地アメリカに初の植民地を築き上げた。

階級意識を表す有名なことわざがある。「ケネディ家はロッジ家に頭を下げ、ロッジ家はカポート家に頭を下げ、カポート家は神に頭を下げる」――。ボストンは、アメリカの一流大学がひしめいていることでも有名だ。ハーヴァード大学、マサチューセッツ工科大学（MIT）、ボストン大学……。たしかに、これほど平均IQが高い街は、アメリカ全土を探してもほかにない。》（ロバート・ホワイティング「メジャーにようこそ！」。『本の話』所収）

一九六〇年代初頭、アメリカのプロレスはすでに〝品性と知性と感性が同時に低レベルにある人だけが熱中できる低劣なゲーム〟（立花隆）であった。プロレスの観客は被雇用者であり、肉体労働者であり、要するに貧乏人であった。

バディ・ロジャースは、優雅さと上品さを気取りつつ、実際にはレフェリーの目の届かぬところで平然と不正を行い、自分の懐を肥やすことしか考えない卑怯でずる賢い俗物である支配者階級、すなわちカポート家とロッジ家を頂点とするWASP（ホワイト・アングロサクソン・プロテスタント）のパロディを演じた。

労働者階級の観客たちはロジャースを思う存分非難し、罵倒することによって、資本家や金持ちへの欲求不満を解消した。

彼らにその機会を提供したからこそ、バディ・ロジャースは大金を稼いだのだ。

ロジャース人気はNWAの価値観すら壊した

もともと、アメリカンプロレスを支えてきたのは、オハイオ、イリノイ、アイオワ、ミズーリ、カンザス州などの中西部で暮らす肉体労働者たちであった。有名なNWAは、一九四八年七月にアイオワ州デモインのプロモーターであるピンキー・ジョージの呼びかけに応じて、アイオワ州ウォータールーのホテルに五人のプロモーターが集まったことから始まる。

プロモーターたちのテリトリーは以下の通りだ。

アイオワ州デモイン、ミネソタ州ミネアポリス、ネブラスカ州オマハ、イリノイ州シカゴ、ミズーリ州セントルイス、そして、ミズーリ州とカンザス州の境に位置するカンザスシティ。

これらの都市の場所を地図上で探してみれば、発足当時のNWAの規模がいかに小さいものだったかがわかるだろう。

〝ハートランド〟と呼ばれるこれらの州は、もともと大穀倉《こくそう》地帯であり、二〇世紀初頭から発展した五大湖沿いの工業地帯はアメリカの発展を支えた。中西部は文字通りアメリカの心臓部なのだ。

この地域に住み、額に汗して働く白人のブルーカラー（肉体労働者）たちは、自分たちこそが、本来あるべきアメリカ人だという誇りを胸に抱いている。

労働者階級にとって、スポーツは生活の一部だ。仕事が終わるとバーに出かけ、プロ野球のＭＬＢやプロバスケットボールのＮＢＡの試合を、ビールジョッキを片手にテレビ観戦し、休日には草野球や釣り、ハンティングに出かける。

プロレス草創期の伝説的なレスラーであるフランク・ゴッチはアイオワ州フンボルト生まれであり、〝鉄人〟ルー・テーズはミズーリ州セントルイス育ちだ。

肉体労働に従事する者の多くはＷＡＳＰではなく、カトリック教徒の多い東欧（ポーランド、ハンガリーなど）、南欧（ギリシャ、イタリアなど）、およびアイルランドからやってきた移民たちである。

彼らがアメリカにやってきた時点で、土地のほとんどはすでに支配階層である西欧・北欧系の先発移民たちに占有されていた。必然的に東欧、南欧、アイルランドからの移民たちは貧しく、肉体労働に従事するほかなかった。彼らが働くのはアイオワ州などの大穀倉地帯や、すでに大きく成長しつつあった五大湖沿いの工業地帯だった。

貧しい白人たちは肉体労働の合間にレスリングを楽しみ、強い者同士の試合には賭けが行われた。その中から、やがてプロフェッショナル・レスラーが誕生していく。

ジム・ロンドスはギリシャ移民、パット・オコーナーはアイルランド系のニュージーランド人、ジン・キニスキーはポーランド移民である。

セントルイス（Saint Louis＝聖ルイス）と同じ名を持つルー・テーズ（Lou Thesz＝Lou は Louis の省略形）の父マーティンは、ハンガリーからやってきた靴修理工だった。

貧しい移民の子が、自らの肉体だけを武器に、様々な困難に打ち勝って勝利する。セントルイスのしがない靴修理工の息子がレスリングに打ち込み、ついに世界チャンピオンにまで上りつめ、全米の人気者になる。

それこそが肉体労働に従事するブルーカラーの貧しい白人たちが求めるアメリカン・ドリームであり、NWAの物語にほかならない。

古いレスリングの伝統につながるNWAの価値観と、アメリカという幻想そのものをパロディ化するポストモダンなロジャースの価値観は、本来、相容れない。

しかし、バディ・ロジャースの観客動員力はあまりに凄まじく、セントルイスのサム・マソニックでさえ、ロジャースにNWAのベルトを巻かせたいと考えるようになった。

ロジャースもまた、NWAチャンピオンベルトを巻くことを欲した。

かつてロジャースは宝石をちりばめた豪華なジャケットを身に纏って入場していたが、NWA世界王者となる日が近づいたと感じると、タオル一枚を首に巻いてリングに上がるようになった。NWA王者にきらびやかなジャケットは似合わない。ロジャースはそう判断したのだろう。アントニオ猪木が黒いパンツを穿くようになったのと同じ理由だ。

《「かつてのあなたは高級なジャケットを着ていました。どうして今はソックスと靴、トランクス、そしてタオルを片手にリングに上がるのですか?」

「気づいたんだ。何千ドルもするジャケットも、脱いでしまえば五セントの価値しかない。勝利に何の貢献もしないのさ。だからある日『どうして俺はカネをどぶに捨てているんだ?』と思って、翌日トランクいっぱいのジャケットを処分した。みんなはジャケットじゃなくて俺を観にきてくれているんだからね」》(バディ・ロジャースの発言。『レスリング・レビュー』一九六一年一一月号)

一九六一年六月三〇日、ついにバディ・ロジャースがNWA世界ヘビー級チャンピオンのパット・オコーナーに挑戦する日がやってきた。

ＭＬＢシカゴ・ホワイトソックスの本拠地コミスキー・パークで行われたこの試合は、三万八六二二人の大観衆を集め、興行収入一四万二三四五ドル（現在の貨幣価値に直すと約三億円）の新記録を一〇年ぶりに打ち立てた。

馬場正平が初めてアメリカの地を踏んだのは、ロジャースがオコーナーを破り、ＮＷＡ世界王者となった翌日にあたる七月一日のことだった。

馬場はロジャースがアメリカンプロレスのすべてを握った直後に、アメリカにやってきたのだ。

ジャイアント馬場がバディ・ロジャースを〝世界最高のレスラー〟と呼んだのは当然だった。

アトキンスの厳しさと優しさ

一九六一年秋、アメリカ西海岸からプロレスの本場である東部に移った馬場は、順風満帆のプロレスラー生活を送っていた。

当時の馬場をブッキングしていたのは、ニューヨークのヴィンス・マクマホン・シニアである。

一九六〇年代はじめ、マディソン・スクウェア・ガーデンのプロレス興行は月に一度、中旬の月曜日に行われていた。

通常の月曜日には、ヴィンス・シニアの本拠地であるワシントンDCで興行を行う。

火曜日はロングアイランド。

水曜日はモントリオール、コマックやウォーターバリー、ヘイガースタウンなどの様々な会場。

木曜日はやはりワシントンDC。

金曜日はハイランドパーク。

土曜日はホワイトプレーンズ。

日曜日は休みである。

二万人以上を収容するマディソン・スクウェア・ガーデンはあまりにも有名だが、実はニューヨーク周辺には、さほど大きな会場はない。セントルイスやシカゴで働くほうが稼ぎはいいのだ。

馬場はニューヨークのホテルに長期滞在して、毎日のように試合に飛び回っていた。

《日本人街みたいなのもありましたよ。そこへ行って、レコードを買って、ホテルの部屋に置いておいて。そのレコードは民謡なんですけど。もっともホテルにいることはあんまりない。あちこち出歩きましてね。自分が売れてきましてね。今日は（カナダの）モントリオール、明日はオタワ、キューベック（ケベック）、あの辺を回りましてね。次はシカゴ、デトロイト、クリーブランドという風に、毎日あちこち行くんですよ。行くけれども、そのまんままたニューヨークに帰ってくるんですね。そんな生活でしたから、日曜日が休みなんですよ。ですから、日曜日はホテルで民謡を聴いたり。》（ジャイアント馬場　NHKラジオ『人生三つの歌あり』）

一二月の半ばを過ぎるとグレート東郷はロサンジェルスに帰り、ヴィンス・シニアに契約延長を断られた芳の里はテネシーに移った

馬場がアメリカ東部で活躍した頃の珍しい手書きの対戦表（1961 年 9 月）

から、馬場はマンモス鈴木とともに、トレーナー兼マネージャーであるフレッド・アトキンスの指示の下に動いていた。

ニューヨークの冬は厳しく、アトキンスの指導も厳しかった。

連日のように試合をこなし、試合の合間にはアトキンスにトレーニングを課せられた馬場は、夜になるとただぐっすりと眠った。

《アトキンスは頑固一徹な人ではあったが、私を人間的に傷つけ、あるいは見下そうとするような人ではなかった。とにかく私を強くすることに没頭してくれた。私はいつの間にか、アトキンスが〝外人〟であることを忘れていた。「やかまし屋の親戚のオジさん」といった感覚になっていったのだ。

言葉もなんとか通じるようになって、控え室などでレスラー仲間から「お前、よくアトキンスのところから逃げ出さないでいるな」などと言われたが、アトキンスと私は、体質的にどこか、共通するところがあったのかもしれない。

アトキンスとの生活は、肉体的にはきつかったが、精神的苦痛は無かった。食事の面でも私は「もう米の飯は食えないんだ」と腹をくくってしまえば、（モルモン教の）茶断ち肉断ちと同じで、それほど苦痛とも思わずにパン食に徹底出来た。

一年八カ月間の初渡米武者修行中、一度もホームシックにかからなかったのも同じで、「当分、家には帰れない」と覚悟していたことと、食事に不自由しなかったこと、そしてアトキンスという頑固オヤジを得たからだったろう。

私の中のストイックな部分が、「今の生活は、俺のために必要なことだ」と受けいれていたのだ。》（ジャイアント馬場『王道十六文』）

自伝『王道十六文』は、馬場自らの手によるものではなく、聞き書きである（執筆は馬場と親交の深かったプロレス評論家の故・菊池孝）。

しかし、この一節は、読む者の胸を打つ。

力道山やグレート東郷、さらに読売巨人軍の指導者たちと比べて、アメリカの一流レスラーの、なんと温かいことだろう。

ブラッシーやアトキンスなど、真のレスラーたちには、はるばる太平洋を越えてやってきた若いレスラーの挑戦を応援しようという思いやりがあるのだ。

アメリカのプロレスラーたちは、厳しい生存競争を戦っている。会場を沸かせ、観客を呼び、プロモーターから高い評価を受けなければ、翌週からの再契約を獲得することはできない。

プロレスがリアルファイトではなく、観る者をパフォーマンスで魅了するエンターテインメントであることは、本書の中でも繰り返し述べてきた。しかし、一流プロレスラーがいい加減な仕事をしているわけではまったくない。プロレスラーは真剣に戦っている。観客の興奮《ヒート》を得るために、全身全霊を打ち込んでいる。そうでなくては、人の心を動かすことは決してできない。

二三歳の職業意識

馬場正平は、自分の仕事に熱心に打ち込んだ。

《プロレスラーという仕事だからね。悪党ファイトも正義派のファイトも仕事ですよ。だからヒゲ生やして相手を思いきりぶちのめせ、と東郷やアトキンスに言われても……これは上、つまりメインイベントに行くための一つの過程なんだなと素直になれた。

だから、一回目の渡米の時は、マネージャーがマネージャーだから相当にリングの上では悪いことをやらされたが、嫌だなあと思ったことはない。ヒゲ生やそうが、ドテラ着ようが四股を踏もうが、これも俺のビジネスとはっきり割り切れた。だから、それに対する内面からの抵抗感といったものはなかったね。

はっきり言えば、プロレスってのは格闘するスポーツであると同時に、ショービジネスなんですよ。これは誰がどう言おうと本当の話なんだ。だからヒゲ生やすのもショーマンシップ、ドテラ着るのもショーマンシップ……。俺は素直だったよ（笑）。》（ジャイアント馬場の発言。『東京スポーツ』一九八三年五月一〇日号）

ニューヨークを中心とした馬場の活躍には、シカゴの敏腕プロモーター、フレッド・コーラーも大いに注目していた。

コーラーは月に一度、金曜日に一万二〇〇〇人収容の大会場、アンフィシアターで行われる興行には、必ずニューヨークから馬場を呼び寄せるようになった。

東洋の大巨人の強さをシカゴの観客に伝えつつ、徐々に馬場の格を上げていく。

アメリカでの馬場はヒゲに下駄姿と“悪い日本人”を演じた

もちろん、最終的にバディ・ロジャースにぶつけるためである。

日本武道館と同規模のアンフィシアターのメインイベントで戦わせるためには、周到な準備が必要なのだ。

フレッド・コーラーはバディ・ロジャースを押し立てて、これまでに数々の大興行を成功させてきた。一九六一年六月三〇日、MLBシカゴ・ホワイトソックスの本拠地コミスキー・パークでバディ・ロジャースがパット・オコーナーを下しNWA世界ヘビー級王座を奪取した試合は、コーラーにとっても人生最高の瞬間だった。観客数三万八六二二人、興行収益一四万一三四五ドルの史上最高のゲート（興行収入）を上げたからだ。

ちなみに、以前の記録は、五二年五月二一日にロサンジェルスのギルモアフィールドで行われたルー・テーズ対バロン・レオーネの試合だ。観客二万五二五六人、興行収入一〇万三二七七ドル。ロジャースはテレビ全盛期のテーズの約一・五倍の観客を呼んだことになる。

やがてフレッド・コーラーは、金儲けだけでは満足できなくなった。

NWA会長になり、全米中のプロモーターの上に立つ名誉を得たいと考えたのである。

一九六一年八月のNWA総会で会長選挙が行われた際に立候補したコーラーは、全米に三八人いるNWAの会員たちに向かってこう言った。

「俺が会長になった暁には、みんなのところにロジャースを送り込む。みんなもロジャースを使って、存分に稼いでくれ」

選挙の結果、コーラーは一九対一八の僅差《きんさ》で会長に当選した。

しかし、すでにバディ・ロジャースは、コーラーおよびNWAのプロモーターたちのコントロールを嫌い始めていた。

ロジャースの考えは次のようなものだ。

ルー・テーズ？　ヤツはNWA世界チャンピオンという飾りをつけてもらって、初めてある程度の観客を呼んだ。ディック・ハットンやパット・オコーナーは、チャンピオンベルトを巻いてもなお、観客を呼ぶことのできない無能な連中だ。真の一流レスラーは、ベルトに頼らずに自分の能力だけで客を集めることができる。

実際に一流中の一流であるこの俺は、チャンピオンベルトを巻かずとも、全米各地の会場に大観衆を集めてきた。

NWA世界チャンピオンは興行収入の一〇パーセントを得るだって？　ふざけるな。これまでお前たちプロモーターは、大興行に俺を呼ぶために、二〇パーセント、三〇パーセントの取り分を提示してきたじゃないか。チャンピオンになったから俺の収入が減るのか？　冗談ではない。俺は興行収入の一〇パーセントでは到底満足できないし、南部の小さな会場に行って、ケチな仕事をさせられるのもイヤだ。

俺の言い分を聞けないのなら、いますぐにベルトを返上するから、さっさと二万五〇〇〇ドルの供託金を返してくれ。

ＮＷＡの新会長となったフレッド・コーラーは、ロジャースの言うことはもっともだと感じていた。

ＮＷＡはロジャースを必要とするが、ロジャースにとってＮＷＡのベルトは必要不可欠のものではない。

ロジャースはＮＷＡより優位に立っているのだ。

「ロジャースのわがままを聞かざるを得なくなったＮＷＡは、ＮＷＡ認定ＵＳヘビー級王座を新設して、パット・オコーナーを王者として認定した。そうすればオコーナーがロジャースの代わりに、南部の小さな町にＮＷＡ認定ＵＳヘビー級王者として行けるからです。これは一九六一年八月の総会の議事録にはっきりと残っている。あらかじめそういう話になっていたからこそ、オコーナーもロジャースに王座を譲ることに同意したんです。

『世界チャンピオンのロジャースがこない』という南部のプロモーターたちの不満を、新会長のコーラーはそうやって鎮めていた。でも、オコーナーはしょせんロジャースに負けたレスラー。南部のプロモーターの中にだんだん不満がたまっていったのは当然でしょう」（プロレスライターの流智美）

ロジャースの「人生最高の試合」

プロフェッショナル・レスリングの目的は観客を呼ぶことにあり、誕生以来ずっと、観客を呼ぶためにありとあらゆる創意工夫を重ねてきた。リング上のレスラーはどんなことをしてもいい。バカバカしいギミックだろうが、見え透いたインチキだろうが、観客を呼ぶものはすべて正しいのだ。

観客を呼べるレスラーはメインイベンターとして大金を稼ぎ、観客を呼べないレスラーは前座試合に出てわずかなカネしか得られない。これがプロレス界を支配する唯一のルールである以上、誰よりも多くの観客を呼んだバディ・ロジャースが世界一のレスラーであることに、疑いの余地はない。

《「第二次大戦後から一九六二、六三年に至るまで、この業界でバディ・ロジャースほど大きな存在はいなかった。ルー・テーズは反論するだろうけど」と、長期間にわたって取材を続けてきたベテラン記者は言う。テーズが数十年にわたってロジャースと反目を続けていたことはよく知られているが、そのテーズさえ、ロジャースがトップ・ワーカーであったことを認め、次のように評している。
「ロジャースはレスラー（シューター＝実力者）ではなかった。だが、ロジャースはどのようにふるまい、どのように金を稼ぎ、どのようにプロモーターと契約すれば良いかを知っていた。あらゆるプロモーターは、金を稼ぐレスラーと契約を結びたがっている。そして、金を稼ぐ力を持つレスラーはめったにいない。ロジャースは私の時代における最高のパフォーマーだった。彼に匹敵するレスラーはひとりもいなかった」》（『レスリング・オブザーバー』一九九二年七月六日号）
バディ・ロジャース自身は「人生最高の試合は、一九六一年六月三〇日にシカゴ・コミスキー・パークで行われたNWA世界ヘビー級王者、パット・オコーナーに挑戦した試合だった」と回想している。
この試合は、プロレス史上空前のゲート（入場料収入）を獲得した試合でもあった。

バディ・ロジャースという天才レスラーが君臨した一九六〇年代初頭という時代を知るために、プロレス史に永遠に名を刻むこの試合を振り返ってみよう。

NWA世界チャンピオンのパット・オコーナーは当時三三歳。スピード感溢れる技巧的なレスリングは〝魔術師〟の異名にふさわしい。ひとことでいえば速く、強く、うまい。それがオコーナーである。

1961年6月30日に行われるオコーナーvsロジャース戦を伝えるパンフレット

一方、挑戦者のバディ・ロジャースはすでに四〇歳。オコーナーのような技の切れも俊敏さも運動能力もない。ロジャースは本物のアスリートではないのだ。

にもかかわらず、観客の視線はオコーナーではなく、ロジャースの一挙手一投足に注がれる。

美しいブロンド、ギリシャ彫刻のような肉体美、彫りの深い美貌の持ち主は、さらに卓越した表現力まで身につけていたからだ。試合開始直後、オコーナーは「レスラーとしては自分のほうが上」と言わんばかりに先制攻撃を仕掛ける。

対するロジャースは腹を殴ったり、髪を引っ張ったりと小ずるく反撃し、観客の声援が自然とオコーナーに集まるように誘導していく。

オコーナーに左腕をしつこく攻められると、ロジャースは苦悶の表情を浮かべる。

「腕をねじ切ってしまえ！　パット」

「今日こそオコーナーがお前を殺すぞ、ロジャース！」

早くも観客からの声が飛び始める。

もちろんロジャースの勝利は最初から決まっている。ロジャースはオコーナーを使って、観客の興奮を最大限に高めようとしているのだ。

ショルダータックルを放ち、パイルドライバーを試みるオコーナーの攻撃を阻止したロジャースは、力比べの時にノドを攻め、髪の毛をつかみ、さらにパンツまでつかんで寝技に持ち込む。

「自分は勝つためならばどんな卑怯な手段でも使う」

ロジャースはすべての肉体言語を駆使して、スタジアムの最上段の観客にまで語りかける。

なんとか立ち上がったオコーナーは殴打で反撃し、さらにショルダータックルで畳みかけたものの、二度目のショルダータックルにロジャースがジャンピングニーパッドを合わせると、たまらずオコーナーはダウン。そのまま押さえ込んだロジャースが一本目を取った。

リングサイドの観客席からロジャースに声援を送る人は少ない。ヒールであるロジャースの勝利を望む人間は少数派なのだ。

まもなく二本目が始まった。ロジャースはオコーナーをハンマーロックで固めておいて、レフェリーの死角で再びノドを攻撃する。

かなり長い間ハンマーロックの体勢が続いた後、ついにオコーナーがロジャースの足を払い、逆襲に転じる。体勢が入れ替わり、オコーナーはロジャースをレッグ・スプレッド（股裂き。アマレスの股裂きとはまったく異なる技）で反撃、トーホールドに移行して攻め立てた。

ダメージを受けたロジャースをオコーナーが殴り飛ばすと、ロジャースはコーナーで哀れにも許しを乞う。

しかし、オコーナーは卑怯なロジャースの顔面を何度も殴って罰を与えた後、ロジャースをロープに振り、帰ってきたところをオコーナー十八番のローリング・バック・クラッチ（オコーナーズ・ロール・アップとも呼ばれる）。

オコーナーはロジャースを完璧にフォールして、一対一のタイスコアに持ち込んだ。ファンの大多数は立ち上がって大喜びしている。シカゴはロジャースの本拠地であるにもかかわらず、多くの観客はオコーナーの味方だ。

そうさせているのは、もちろんロジャースである。卑怯なロジャースと戦えば、誰もが正義の味方になる。逆にいえば、ロジャースの対戦相手は正義の味方という単純な役割を演じるほかはない。

三万八六二二人を手玉に取った表現力

三本目は、お互いがロープに向かって走るところから始まった。オコーナーが東西へ。ロジャースが南北へ。ロジャースが急に向きを変えたことに気づいたオコーナーが、殴ってやろうとリング中央で待ち構えるが、ロジャースはロープ近くで急停止。オコーナーをからかうように踊るように離れ、「その手は食わないよ。

お前とはここが違うのさ」と言わんばかりに、自分の頭を指さしながらお得意のストラット（膝を曲げ、つま先を下げる嫌みな歩き方）でリングを一周すると、この日一番の歓声が上がった。

華やかで美しいロジャースは、時に弱々しい姿を見せる。粋で卑怯で小癪《こしゃく》なヒールは、時にコミカルでさえある。ロジャースは、ピーターパンが海賊フックをからかうように、牛若丸が弁慶を翻弄するように、オコーナーと観客を弄ぶのだ。

アスリートのオコーナーは、ボディスラムを連発してロジャースを攻め立てる。二発目を投げられる瞬間、ロジャースは腕でオコーナーの胴体を強く押し、自分から吹っ飛んでいく。投げられる時にも工夫をこらし、ドラマチックな場面を演出するロジャースの技巧には脱帽するほかない。

すかさずフォールに行くオコーナー。しかしレフェリーはカウントの最中に、ロジャースの足がロープにかかっていることに気づく。

「俺は深いダメージを受けている。もうイヤだ、勘弁してほしい」

コーナーにもたれて座り込むロジャースの感情は、三万八六二二人の観客全員に伝わったに違いない。自分のダメージを、疲れを、感情を観客に理解させる力。これこそがレスラーに求められる表現力である。

もちろんオコーナーは委細《いさい》構わずロジャースを反対側のコーナーまで投げ飛ばし、再び高々と持ち上げてボディスラム。

「ボディスラムとはこれほどまでに強い説得力を持つ技だったのか！」

現在の観客が観ても必ずや驚嘆《きょうたん》するはずだ。技の種類も数も少ないが、ひとつひとつの攻防に意味と感情が込められているから、まったく退屈することがない。

ロジャースはすでに疲労困憊しており、オコーナーの攻撃を受け続ける。

散々殴られ、コーナーに叩きつけられてロジャースはついにダウン。カバーに行くオコーナー。しかし、またもやロジャースの足はロープへ。

古典的ともいえる攻防だが、ロジャースの倒れ方があまりにドラマチックなので、観客は興奮の坩堝《るつぼ》に叩き込まれる。

試合はフィニッシュへと向かい、ついにオコーナーが得意のドロップキックをロジャースに突き刺した。

フラフラになったロープ際《ぎわ》のロジャースにとどめを刺すべく、再びオコーナーがドロップキック。しかし次の瞬間、ロジャースはサッと避け、オコーナーは股間をトップロープにぶつけてしまう。

倒れ込む両者。しかし、急所を強打したオコーナーのダメージは深い。フラフラのロジャースが四つん這いのままオコーナーに近づき、覆い被さると、レフェリーの3カウントが入った。打ち鳴らされるゴング。新たなる世界チャンピオンが誕生したのだ。

《この試合は真の激闘であり、私の三二年間のプロモーター生活でも、最もスリリングなタイトルマッチだった。プロレス史上画期的なこの試合は、このスポーツに新たなる規範をもたらすものと私は信じている。》（この試合をプロモートしたプロモーターのフレッド・コーラーの発言。『レスリング・ライフ』一九六二年九月号）

しかし、バディ・ロジャースがNWA世界王者となり、フレッド・コーラーがNWA会長になって以後、コーラーがプロモートする興行は、以前ほど客を集められなくなった。

九月一日には同じコミスキー・パークでロジャースとオコーナーの再戦が行われたが、観客は前回の約半分にあたる二万一〇一人。以後、コーラーがコミスキー・パークで興行を行うことはなくなってしまった。

一一月一〇日にはブルーノ・サンマルチノをロジャースに挑戦させたものの、一万二〇〇〇人収容のアンフィシアターにやってきた観客は七五一三人。

翌年二月二三日には、切り札のジョニー・ヴァレンタインをロジャースにぶつけた。しかし、この黄金カードを見るためにアンフィシアターに集まった観客は一万二七〇人。超満員にはならなかった。

不思議なことに、シカゴにおけるロジャースの驚くべき観客動員力は、NWA世界チャンピオンになったことで上がることはなく、かえって落ちていったのだ。おそらく、ロジャースとコーラーの関係が悪化したことが大いに関係しているのだろう。

焦りを感じ始めたコーラーは、一九六二年三月九日にアンフィシアターで行われる興行のメインイベントに、東洋からやってきた大巨人を抜擢することに決めた。

『ボクシング・イラストレイテッド』一九六二年四月号は、NWA世界チャンピオンに挑戦する直前の馬場正平の記事を掲載している。

記事のタイトルは「BABA　THE　GIANT」である。

《巨人レスラーはめったに大成しない。通常、彼らはとても緩慢で、その強さは見かけほどではない。これまでに巨人レスラーがチャンピオンになったことは一度もない。いつの時代でも、素晴らしいレスラーは身長六フィート（一八三センチ）、体重二二〇ポンド（九九・八キロ）クラスの男だった。
つい最近になって、ほんの一部の能力の高い巨人、ドン・レオ・ジョナサンやキラー・コワルスキーといった者たちが出現して、キングサイズのレスラーたちを勇気づけた。しかし、ジョナサンやコワルスキーにしても、六フィート六インチ（一九八センチ）、二七〇ポンド（一二二キロ）程度で、真の巨人とはいえない。ショーヘイ・ババは正真正銘の巨人である。人々がババ・ザ・ジャイアントと呼ぶ理由はそこにある。

彼は身長六フィート一〇インチ（二〇八センチ）、体重三一〇パウンド（一四〇キロ）、堅い筋肉に覆われた肉体を誇る（筆者注・当時の馬場のプロフィールでは六

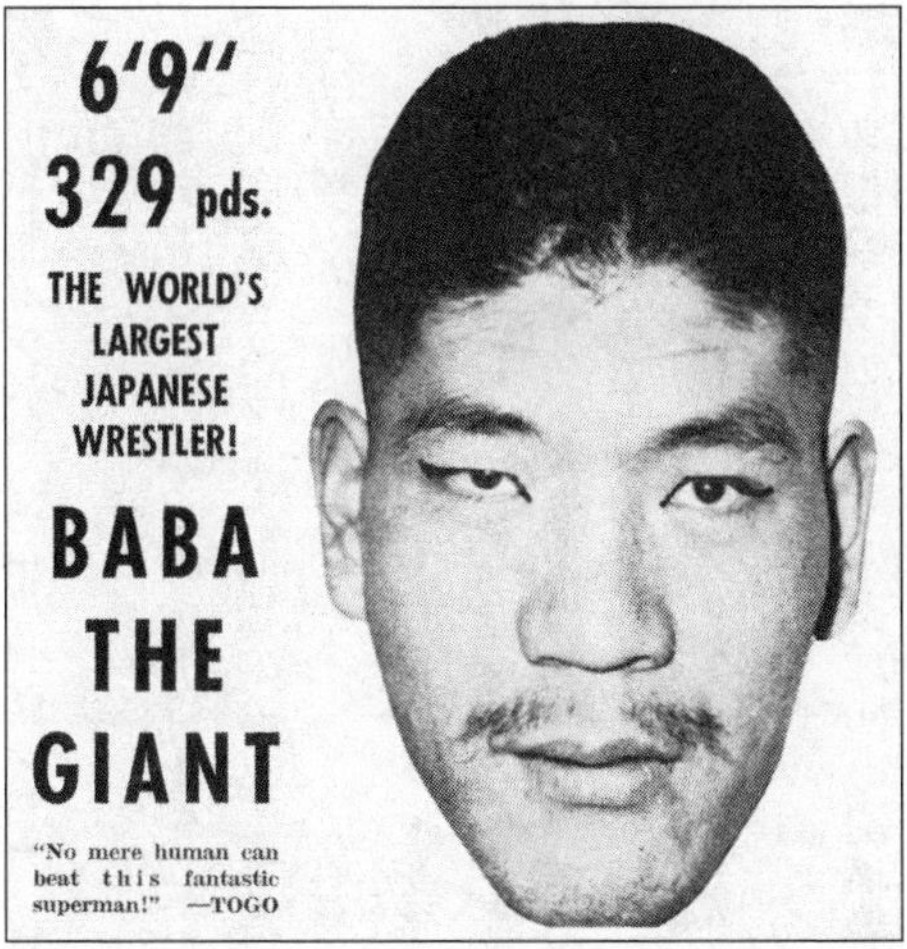

『Wrestling Life』に掲載されたババ・ザ・ジャイアントの紹介写真（1962 年）

フィート九インチ、三二九パウンド）。名前からわかるように、彼は日本からやってきた。

いまのところ、ババの実力は未知数だ。現時点で判明していることを記そう。彼はスモウレスラーと同様のパワーを持っているものの、うまさや、技の種類はさほど多くない。

しかし、真に素晴らしいマットマンであるグレート東郷が彼を鍛えた。すぐに彼は力をつけ、ジュードーやカラテの必殺技で勝利を呼び寄せるようになった。ババの獣のようなパワーは制御不能であり、対戦相手は荒っぽく戦うことだけが、ひどいケガから逃れる唯一の方法だ。

ババは素晴らしいアスリートでもあり、誰かが金儲けのために連れてきた単なるフリーク（化け物）ではない。日本の最も優れた野球選手のひとりであり、実際に多くのメジャーリーグ球団の関係者たちは、ババがアメリカ行きを希望していると知って、彼にサインをさせようと競い合った。しかし、プロモーターのヴィンス・マクマホン・シニアはスカウトたちを寄せつけなかった。

「ババは私のものだ」とヴィンスは言った。

「少なくとも、彼が何ができるかを証明するまではな」》

馬場に複数のメジャーリーグ球団からスカウトがきている、などという大ボラはともかく、最後のヴィンス・マクマホン・シニアのひと言は重い。レスラーとしての可能性を評価している一方で、カネにならないと思えば、すぐに契約を打ち切る、ということだからだ。

NWA王者・ロジャースへの馬場の初挑戦

一九六二年三月九日、馬場正平はNWA世界ヘビー級チャンピオンのバディ・ロジャースに挑戦した。場所はシカゴ・アンフィシアターである。

この時期、ロジャース人気はわずかな翳《かげ》りを見せ始めていたものの、アメリカンプロレス自体は史上空前の人気を獲得していた。『レスリング・レビュー』誌に「パーフェクトだ！　レスリングは究極の高みに辿りついた」というタイトルの記事が掲載されたほどだ。

《レスリングは成熟した。ずいぶんと長い時間がかかってしまったが、レスリングはようやく、これまでの嘲笑や批判を笑い飛ばせるようになったのである。

レスリングが強さと人々からの賞賛の両面で完璧なステージに到達したことは、

キング・オブ・スポーツとしてのこれからの長く、幸福な日々を保証するものだ。

（中略）

現在のレスラーの流れるようなコンビネーションや人目を惹きつけるショーマンシップは、原子力時代のレスリングにふさわしくデザインされたものだ。そしてそれこそが、ファンが望んでいるものなのである。

レスラーたちは日々進化を続け、これ以上ないほどの高みに達した。

だからいい加減に、バカげた言い争いに終止符を打とう。

（二〇世紀初頭の伝説の強豪である）フランク・ゴッチがバディ・ロジャースを打ちのめすことができたかどうか、そんなことはどうでもいいじゃないか。過去を振り返るのはもうやめるべきだ。

その代わりに、レスリングがスペクテイター・スポーツとして頂点に到達したことを受け容れよう。

そして、すべてを楽しもう！》（『レスリング・レビュー』一九六二年四月号）

ショーだの真剣勝負だの、強いだの弱いだの、そんなことはどうでもいい。今のプロレスは昔のプロレスよりも遥かに面白い。これ以上面白くなることは難しいのではないか、と思えるほどに。私たちはそれを楽しめばいい。

『レスリング・レビュー』の記者はそう言っている。

一九六二年三月といえば、日本では力道山がブラッシーと大流血戦を演じていた頃だ。日本プロレスのコミッショナーは自民党副総裁の大野伴睦《ばんぼく》だった。韓国では創始者・張永哲《チャンヨンチョル》が釜山や大邱《テグ》で頑張っていたものの、リングはドラム缶を並べて作られていた。すでに朴正熙《パクチョンヒ》は軍事クーデターを成功させていたが、まだ大統領ではなかった。日本に密航した金一《キムイル》こと大木金太郎が金鐘泌《キムジョンピル》首相の意向で日本から韓国に戻り、韓国の力道山となるのはずっと先の話だ。

パキスタンでは、ボル・ブラザースが大統領の支援を受けてカラチとラホールでプロレス興行を行い、インド人レスラーやアメリカからやってきたレスラーをアスラム・ペールワンがベアハッグや逆エビ固めで次々に倒していた。

アジアの国が勝敗の決められているプロレスを政治的に利用していた頃、アメリカのプロレス専門誌は「すべてを楽しもう！」と書いていたのだ。

先進国と発展途上国とのあまりの落差に、頭がクラクラするような思いがする。

馬場正平は、アジアのレスラーでただひとり、世界基準に達していたレスラーだったのである。

力道山の日本プロレスに入門してから二年弱、アメリカに武者修行にやってきてからわずか八カ月。馬場はシカゴ・アンフィシアターのメインイベントで、すべてのレスラーの頂点に立つＮＷＡ世界チャンピオン、バディ・ロジャースに挑戦することになった。

プロモーターのフレッド・コーラーが発行した当日のプログラム『インターナショナル・アンフィシアター・レスリング』三月九日号には、馬場の紹介記事がグレート東郷のコメントとともに掲載されている。

《「ババを見つけたことは、まったく大当たりだったよ。この男は身長六フィート九インチ（二〇五・七センチ）、体重は三二九パウンド（一四九・二キロ）もあるんだ」と東郷は言う。

ショーヘイ・ババは日本では相撲のチャンピオンだった。彼は柔道と柔術にも熟達している。アメリカにやってきた彼の第一の任務はキャッチ・アズ・キャッチ・キャンレスリングを身につけることであり、次の任務は英語の読み書きができるようになることだ。

ババは主にアメリカ東部でレスリングをしている。しかし、グレート東郷によれば、ババの名声は全米中に広がっており、まもなく彼は全米ツアーに旅立つという。

グレート東郷は、ババがこの国（アメリカ）で長足《ちょうそく》の進歩を遂げていると確信している。

いま、大物レスラーたちが恐れていることがひとつある。

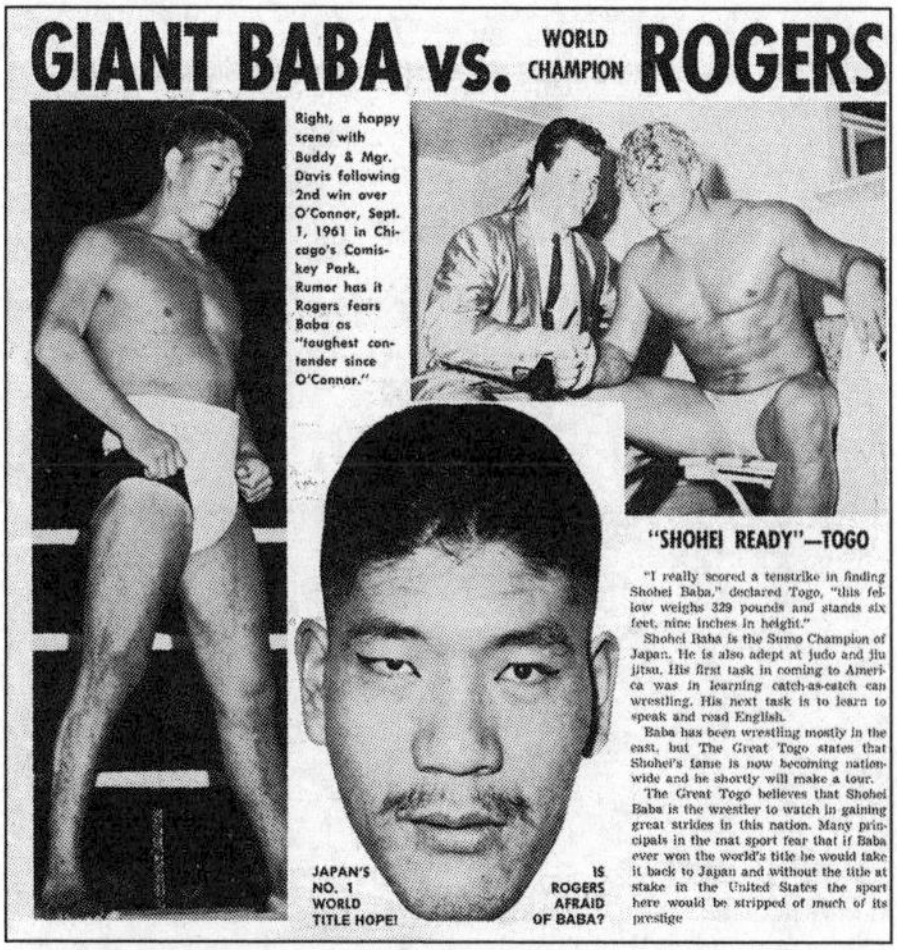
GIANT BABA vs. WORLD CHAMPION ROGERS

Right, a happy scene with Buddy & Mgr. Davis following 2nd win over O'Connor, Sept. 1, 1961 in Chicago's Comiskey Park. Rumor has it Rogers fears Baba as "toughest contender since O'Connor."

"SHOHEI READY"—TOGO

"I really scored a tenstrike in finding Shohei Baba," declared Togo, "this fellow weighs 329 pounds and stands six feet, nine inches in height."

Shohei Baba is the Sumo Champion of Japan. He is also adept at judo and jiu jitsu. His first task in coming to America was in learning catch-as-catch can wrestling. His next task is to learn to speak and read English.

Baba has been wrestling mostly in the east, but The Great Togo states that Shohei's fame is now becoming nationwide and he shortly will make a tour.

The Great Togo believes that Shohei Baba is the wrestler to watch in gaining great strides in this nation. Many principals in the mat sport fear that if Baba ever won the world's title he would take it back to Japan and without the title at stake in the United States the sport here would be stripped of much of its prestige

JAPAN'S NO. 1 WORLD TITLE HOPE!

IS ROGERS AFRAID OF BABA?

ロジャースvsババのNWA戦を前に馬場を紹介する『インターナショナル・アンフィシアター・レスリング』の記事

もしババが王座を獲得したら、チャンピオンベルトを日本に持ち帰ってしまうのではないか。そうなれば王座を失ったアメリカ合衆国のレスリングの権威は失墜してしまうのではないか、ということだ。》

プログラムの裏側には馬場の紹介記事がもうひとつ掲載されている。

《日本の大阪で生まれたショーヘイ・ババは、おそらくプロレス業界で最も背の高い東洋人だろう。

身長は六フィート九インチ、体重は三二九パウンド。アメリカにやってきてからわずか七カ月間しか経っていないが、すでにババは王者ロジャースにとって深刻な脅威となっている。

ババは柔道と空手の日本チャンピオンであり、グレート東郷によってアメリカ合衆国に連れてこられた。東郷は年に一度日本を訪れ、才能あるレスラーをスカウトしている。グレート東郷はババの才能に衝撃を受け「アメリカにこい。大金を稼げるぞ」と勧誘した。

無表情なババは日本では偉大なプロ野球チームのピッチャーであり、同時にトップレスラーだった。しかし、彼はレスリングに専念するために野球をやめた。いったんババが日本のマットに登場すると、二万人の観客が押し寄せるという。

ババは通訳を介して次のような声明を出した。

「キャッチ・アズ・キャッチ・キャンスタイルで行われるアメリカのマットの戦い方にも順応できている。東洋のレスリングとそれほど大きくは変わらない。もしロジャースを破ることができれば、ベルトを母国に持ち帰りたい。だが、六カ月間の日本でのキャンペーンが終わったら、自分は必ず戻ってくる」》

馬場が大阪出身で、相撲と柔道と空手の王者で、さらに柔術の達人とはお笑い種《ぐさ》だが、しかしアメリカのプロレスファンは、この程度の記事を読んで納得していた。当時の一般的なアメリカ人の日本人への理解とは、その程度のものだった。

ロジャースによるショーヘイ・ババの評価

結末はあっけないものだった。現地の新聞はこの試合を次のように伝えている。

《ロジャースがタイトルを防衛。ババを簡単に破る――昨晩、バディ・ロジャースはナショナル・レスリング・アライアンス（NWA）のタイトルを防衛した。ショーヘイ・ババが一〇分もかからずに敗れたことを、アンフィシアターに詰めかけた八八四二人の観客が目撃した。

ロジャースは一本目を四分二五秒、クレイドルホールドで取り、二本目は五分四秒、今度は4の字固めを極め、日本からの挑戦者を退けた。

このあっけない決着に、声援と罵声が相半《あいなか》ばした。》

馬場自身は、アメリカンプロレスの頂点に立つレスラーとの初対戦を次のように記している。

《ロジャースはもう〝雲の上の人〟を通り越して、私には別世界の超人としか思えなかった。そのロジャースのNWA世界王者に、シカゴのインターナショナル・アンファイ・シアターで挑戦することになったのだから、私は控え室に入った時から、足が地についていなかった。ミスターX（ビル・ミラー）との初対戦の時もアガったが、そんなものではなかった。夢の中で断崖絶壁から突き落とされた――そんな気持ちだった。

何をやったのか、まったく覚えていない。いや、何もできなかったと言うのが正しいかもしれない。とにかく一人前の悪投になったつもりの私が、あくどいことは何ひとつできなかった。ロジャースは、私などとはケタの違う大ヒールの王者だった。試合が終わっても、まだしばらくの間私はボーッとしていた。》（ジャイアント馬場『王道十六文』）

わずか一〇分足らずの短い試合だったから、多くの観客は不平を漏らした。それでも、バディ・ロジャースの馬場への評価は意外にも高かった。

《ともかく、あの大きな体でスピードがあるのにびっくりした。控え室で話をしたこともあるが、非常に頭の切れる青年だったと記憶している。（中略）ババと対戦したのは一九六一年（筆者注・正しくは一九六二年三月）のシカゴだったが……本当にいいレスラーだったよ。もしあの当時、あのままババが日本に帰らずにアメリカに永住していたとしたら、おそらく私を倒してNWAの世界チャンピオンになっていただろうと思う。（中略）試合をした数は少ないが……全盛期にあった私を最も苦しめた相手としてババの名前は忘れることができない。あの大きな手でジュードー・チョップ（空手打ち）を打たれると胸の骨が砕けそうな気がしたもんだ。》（バディ・ロジャース『ゴング』一九七九年六月号）

ロジャースの言葉を額面通りに受け取ることはできない。日本の雑誌向けのコメントであることは確かだ。しかし、お世辞《せじ》半分にせよ、ロジャースが馬場を高く買っていることは間違いない。

何よりも重要なのは、馬場とロジャースの試合が八八四二人の観客を集めたことだ。超満員にはならなかったものの、一万二〇〇〇人収容のアンフィシアターに八八四二人の観客を集めたという事実は、ショーヘイ・ババを真のメインイベンターに押し上げることになった。

すでに述べたように、アメリカにおけるプロレスの全国中継は一九五五年に消滅している。すなわちシカゴでの試合結果はほかの都市には伝わらない。だからこそ、プロモーターは平然と同じカードを組む。

三日後の三月一二日、ロジャースと馬場はワシントンDCで再びNWA世界選手権試合を戦った。

六月一六日のフィラデルフィアでも馬場はロジャースに挑戦した。

いずれの試合もロジャースが勝利したが、各地でメインイベンターとなった馬場のポジションは大きく上がった。

この間、馬場はユキオ・スズキ（マンモス鈴木）とタッグを組む一方、シングルマッチではアントニオ・ロッカ、クラッシャー・リソワスキー、エドワード・カーペンティア、ボボ・ブラジルら一流レスラーと次々に対戦している。

ワシントンＤＣとニューヨーク地区一帯を仕切るヴィンス・マクマホン・シニアは、人気上昇中の馬場の勢いに乗せて、マンモス鈴木をも売り出そうとした。

しかし、ヴィンスの目論見は外れた。マンモス鈴木はホームシックと観客とのトラブルが重なって六月に無断欠場をしたあげく、勝手に帰国してしまったからだ。

鈴木の挫折には、馬場に圧倒的な差をつけられたことも大きく働いていたはずだが、馬場からすれば、まったく関係のない話である。

デカい有色人種で、しかもスピードがあり、体力も運動神経もある。

バディ・ロジャースは馬場をすっかり気に入り、自分の軍団に入れた。

「当時のロジャースには凄い発言力があったから、『次の対戦相手はビリー・ダーネルにしてくれ』とプロモーターに要求することができた。ロジャースの人気は絶頂で、プロモーターもロジャースの意向を無視することはできなかったんです。ビリー・ダーネル、ジョニー・バレンド、マグニフィセント・モーリスの三人は、いわばロジャースお抱えのレスラー軍団で、ロジャースはしょっちゅう彼らと試合をしていた。もちろんグルだということは秘密。外から見ているだけでは決してわかりませんが、ペッパー・ゴメッツが教えてくれました」（プロレスライターの流智美）

ロジャースの軍団とは、要するにたけし軍団のようなものだ。

ビートたけしのテレビ番組にそのまんま東が出るように、ダウンタウンの番組に今田耕司が出るように、志村けんの番組に桑野信義《のぶよし》が出るように、馬場正平はロジャース軍団の一員となり、ロジャースと戦ったのである。

《フレッド・アトキンスと一緒に（ロジャースの）自宅に招かれ、夫人の手料理をご馳走になったこともある。私とは年齢が一七歳も離れていたから人間的に親しくなることはなかったが、レスラーとしては好きなタイプだし、対戦してもやりがいのある選手だった。》（ジャイアント馬場『個性豊かなリングガイたち』）

馬場は実に幸運だった。しかし、ロジャース王朝の没落は目前に迫っていた。

蛇蝎のごとく嫌われた天才レスラー

バディ・ロジャースはプロレス史上最高の天才である。

ほかのどのレスラーよりも観客を興奮《ヒート》させ、誰よりも多く観客を呼んだ。

ロジャースのレスリングはスリリングかつドラマチックで、まるで麻薬のようだった。

一度でもロジャースの興奮を体験した観客は、繰り返し会場に足を運ぶほかなかった。

ロジャースの集客力は他の追随を許さず、落ち目のNWAはロジャースをNWA世界王者に指名する。ついに一九六一年六月三〇日、バディ・ロジャースはパット・オコーナーを破ってNWA世界チャンピオンとなった。名実ともにアメリカンプロレスの頂点に立ったのである。

しかし、NWA世界王者になるということは、全米各地を転戦して地元の王者の挑戦を受けるということを意味する。それまで大会場での興行をほとんどフルハウスにして莫大なギャランティを得ていたロジャースは、南部の小さな会場で戦うことを拒み、東部のプロモーターたち、すなわちシカゴのフレッド・コーラー、ニューヨークとワシントンDCのヴィンス・マクマホン・シニア、ピッツバーグのトゥーツ・モントは、ロジャースを自分たちだけで独占しようとした。

当然、南部のプロモーターたちは、ロジャースおよび三人のプロモーターに強い不満を持った。

レスラーたちもまた、ロジャースを憎んでいた。理由をひとことでいえば、ロジャースがイヤなヤツだったからだ。

《全盛期のロジャースは、この業界で最も嫌われたレスラーのひとりだった。ファンだけではない。プロモーターにとっても、ロジャースは一緒に仕事をすることが難しいレスラーだった。さらには彼の仲間のレスラーからの評判も悪かった。弱いレスラーは徹底的にいじめ、強いレスラーには態度をコロッと変えたからだ。》(『レスリング・オブザーバー』一九九二年七月六日号)

《ロジャースはひどいヤツで、多くのレスラーが彼のことを嫌っていた。(中略)ヤツは対戦相手の身体のことなどなんとも思っていなかったどころか、リング上では相手を守ろうという気などさらさらなく、わざと傷つけるようなことをしていた。普通は次にどんな動きをするかなど、お互いが試合中に囁き合うのだが、ヤツの言葉は絶対に信じられない。
たとえば「お前をロープに振って、戻ってきたところを飛び越える」とヤツが言ったとしよう。すると、ヤツは飛び越える代わりにジャガイモのような拳で頭を殴りつけてくるだろう。一度、ルー・テーズから警告されたことがあった。
「あいつにはハンマーロックをかけさせるな。お前を殺そうとするだろうからな」
言い換えれば、ヤツに主導権を握らせるようなことをすれば、潰されるということだ。あるいは、それまでにどんなにいい攻防を繰り広げても、ヤツは相手が降参するまで試合を引き延ばすかもしれない。》(『フレッド・ブラッシー自伝』)
《流血やギミックは、才能のない者がやることだ。ロジャースの好きな言葉に『すべてのレッドはグリーンに変わる』というものがある。赤い血は緑色のドル紙幣に変わる、という意味だ。ロジャースは自分自身ではなく、対戦相手に(小さなカミソリで)サムライのように切りつけたから、傷口からはまるで噴水のように血が噴き出したよ。》(カール・ゴッチ。友人のドン・レイブルに宛てた手紙)
人格者として知られるブルーノ・サンマルチノも、筆者がロジャースについて尋ねると顔を歪めた。

「私はバディ・ロジャースのことが嫌いだった。スーパースターだったことは確かだが、いい人間ではなかったからだ。ロジャースは六人〜八人くらいの軍団でツアーに出るのだが、彼らはローカルなレスラーを平気で傷つけるんだ。それでいてプロモーターにも強い影響力を持っていて、彼らの耳元で『いいアイディアがあるんだ』と囁くんだよ、結局それはロジャースとそのグループのためのものなんだけどね。

ロジャースは会場にたくさんの客を呼んだけれど、彼のやり方はショットガンのようなものだった。派手で奇抜で刺激的な試合をするから、客は夢中になる。でも、それが続くのはせいぜい三、四カ月。客が刺激に飽きた頃、ロジャースたちはさっさと次のテリトリーに移っていく。残されたテリトリーはめちゃくちゃになってしまうんだ」

一九七九年にカムバックしたバディ・ロジャースに数日間同行取材を行った元『週刊ファイト』編集長の井上譲二は、ロジャースの人種差別主義者としての一面を見ている。

「ロジャースは嫌な人間でした。車を停めて撮影をした時、黒人の子供を二、三人見かけた。それを見たロジャースは『あそこにアニマルがいる』と言ったんです。ある意味、差別表現であるニグロよりひどい言い方ですよ。傲慢で、非常に嫌なヤツ。外見は紳士で、表情はにこやかですが中身は品がない。本物の紳士であるルー・テーズやパット・オコーナーとはそこが違う」

アメリカンプロレスの頂点に立つ天才レスラーのバディ・ロジャースは、プロモーターからもレスラーからも、蛇蝎《だかつ》のごとく忌み嫌われていたのである。

ロジャースから学んだプロレスの核心

ロジャースは周囲のすべてを見下していた。

プロレスにとって唯一重要なことは客を呼ぶことだ。それ以外には何もない。俺は客を呼ぶ力を持っている。だからこそプロモーターはメインイベントで俺を使う。俺は実力に見合うだけのカネを要求する。そのカネを払えるプロモーターだけが俺を使う。払えないプロモーターは俺を使えない。当たり前ではないか。「NWAチャンピオンにしてください」と俺から頼んだことは一度もない。頼まれたからなっただけだ。

俺を使いたいなら、俺に見合うカネを持ってこい。それだけだ。

プロモーターは俺のお陰で散々儲けてきた。NWA会長を長く務めたサム・マソニックだって、俺がいなければ今頃は一文無しだった。レスラーとして客を呼べなくなれば、プロモーター連中はあっさりと俺のクビを切るに違いない。俺はもう四一歳だ。レスラー人生の終わりは近づいている。大きなケガをすればその瞬間に終わりだ。だから俺は正当な報酬を要求する。払いたくなければ使わなければいい。

周囲のレスラーが俺を嫌っている？ 冗談ではない。お前たちを食わせているのは俺だ。勘違いするな。二万二〇〇〇人を収容するマディソン・スクウェア・ガーデンが満員になれば、第一試合に出場する前座レスラーにもそれなりのカネが渡されているはずだ。俺がお前たちに感謝される理由はあっても、嫌われる理由などないはずだ。

いいか、俺たちがしているのはゲームであり、パフォーマンスだ。自分のパフォーマンスで、どれだけ多くの客を呼べるか、というゲームだ。俺が相手をしているのはお前たちレスラーではない。観客なのだ。地味な寝技で客が喜ぶはずがない。痛いだの血が出るのはイヤだのと言うのなら、プロレスなどやめてしまえ。

「流血やギミックは、才能のない者がやること」だって？　まったく、バカはどこにでもいる。カール・ゴッチ、お前にそれほどの才能があるのなら、どうして客はお前を観にこないんだ？　どうしてお前はメインイベンターになれないんだ？　どうしてお前は貧乏なままなんだ？　観客の興奮《ヒート》を得るためならば、俺は何でもする。ほかのレスラーにできないことをするからこそ、客は喜んで俺を観にくる。それこそがプロレスラーの才能ではないのか？

カール・ゴッチ、お前がどれほど強いのか俺は知らない。だが、お前にあるのは前座レスラーになるための才能だけだ。そんなものは俺はいらない。

ロジャースはそのように考えている。

ロジャースの考えは一〇〇パーセント正しい。最強の論理である。プロフェッショナル・レスリングの世界に生きるすべてのプロモーター、すべてのレスラーはロジャースの論理を否定できない。しかし、ロジャースへの憎しみと嫉妬はすでに限界を超え、論理を逸脱しようとしていた。

張りつめた空気の中、馬場正平はバディ・ロジャースのお気に入りのレスラーとなっていた。

幾度となく熱戦を繰り広げたばかりか、時には自宅にまで招かれるほどの仲になった。
当時、ロジャースの自宅はオハイオ州コロンバスにあった。どれほどの悪役でも、地元でヒールを演じたりはしない。怒り狂ったファンが、家族に危害を加えないとも限らないからだ。だからこそロジャースは、地元コロンバス周辺地区だけはヒールではなく、ベビーフェイスを演じなくてはならない。しかし、ロジャースの一挙手一投足は、長年にわたって磨き上げてきた観客《み》を怒らせるための肉体言語で充ち満ちている。慣れないベビーフェイスを演じるには、誰の目にもわかりやすい悪役を用意する必要がある。

有色人種の巨人である馬場正平は、ヒール以外の何者でもなく、バディ・ロジャースが地元でベビーフェイスを演じる際には最適の相手だった。

THE WRESTLER 10¢

ROGERS v. GOTCH?? ... But Where??

BUDDY NATURE BOY ROGERS

KARL GOTCH

Three Ready For Buddy Nature Boy Rogers ...

Stars of Heavy Ranks Aim At Buddy Rogers

ロジャースとゴッチの対決に言及するコロンバス地区のプログラム（1961年）

まだ馬場の英語は充分ではなく、馬場がバディ・ロジャースから学んだことはさほど多くはなかった。しかし、バディ・ロジャースの思想の核心は、馬場にもしっかりと受け継がれている。

《いいかい、悪役とかヒーローなんて本当は存在しない。重要なのはレスラーそれぞれの個性なんだ。俺は自分を悪役と思ったことはない。確かに俺は相手の髪を引っ張ったり、腹に膝蹴りを入れる。試合を有利に運ぶためにはありとあらゆることをする。対戦相手が自分自身を守ることができないのなら俺と同じリングに立つべきではない。これ（プロレス）は荒っぽい仕事なんだ。それができないのなら、トラック運転手か旋盤工にでもなればいい。》（バディ・ロジャース『レスリング・レビュー』一九六一年冬号）

《よく日本人はアメリカに行くと悪役をやらされるとかっていわれるんですが、プロレスには悪役もいい役もホントはないんですよ。（中略）リングで「ババ！」とコールされると、ブーイングではなく、手を叩いてくれるほうに変わっていくんですよね。》（ジャイアント馬場　NHKラジオ『人生三つの歌あり』）

プロレスにはヒールもベビーフェイスも存在しない。あるのは個性、すなわちキャラクターだけだ、とロジャースは言う。プロレスの試合に必要なものは個性の激突なのだ。明晰な頭脳を持つ日本の若者は、ロジャースの言葉とリング上の表現力のすべてを深く胸に刻んだ。

バディ・ロジャースの地元であるオハイオ州コロンバスで興行戦争が起こったのは、一九六二年六月のことだった。

シンシナティのジム・バーネット、インディアナポリスのボーク・エステス、デトロイトのジョニー・ドイルらのプロモーターがAWA（American Wrestling Alliance　すでにミネアポリスに存在したバーン・ガニアのAWA＝American Wrestling Association とは無関係）を結成し、老プロモーターのアル・ハフトが支配するコロンバスのテリトリーの乗っ取りを企んだのである。

サンフランシスコのロイ・シャイアも味方につけたAWAは資金も潤

ロジャースには客を呼ぶ圧倒的な力があった

沢で、ドン・レオ・ジョナサンをエースに立て、さらにディック・ザ・ブルーザー、フリッツ・フォン・エリック、リッキー・スター、ザ・シークら一流レスラーを集めて七月七日土曜日に野外興行を企画した。会場はマイナーリーグ球団コロンバス・ジェッツの本拠地であるジェッツスタジアム（客席一万二〇〇〇）。同日にオールド・メモリアル・ホールで行われるハフトの興行にぶつけてきたのだ。

巨大組織の侵攻に、アル・ハフトは大きく動揺した。年老いたハフトは資金力で大きく劣り、優秀なレスラーを数多く集めることが不可能だったからだ。

ハフトの打つ手はひとつしかなかった。

選手の量で対抗することはできない以上、バディ・ロジャースが出場するメインイベントに、すべての資金を投入するのだ。

ロジャースはハフトの依頼を引き受けた。

第六章　憎き東洋の大巨人

才能があるレスラーほどキャラクターと同一化する

オハイオ州コロンバスにおける興行戦争の話に入る前に、もう少しだけバディ・ロジャースのキャラクターについて触れておこう。

一九六〇年代初頭、バディ・ロジャースはアメリカンプロレスのすべてを握っていた。誰よりも観客を呼び、誰よりも高いギャラを受け取った。プロモーターに対して、自分がやりやすい対戦相手を指名することさえ可能だった。

しかし、ロジャースはほかのレスラーからひどく嫌われていた。対戦相手への敬意も、安全への配慮も一切なかったからだ。バディ・ロジャースは確かに天才だが、フレッド・ブラッシーのような人格者ではなかったのである。

プロレスが一種の演劇であり、パフォーマンスであることは、これまでも繰り返し述べてきた。俳優とプロレスラーとの違いは、プロレスラーはたったひとつの役＝キャラクターしか演じられない、ということだ。マスクをかぶったり、衣装やメイクを変えてイメージチェンジを図ったり、ベビーフェイスからヒールに転向することはあっても、それはあくまでも表面的なものに過ぎない。

プロレスラーは、演じるキャラクターと一体不可分とならなければ、観客を説得することはできない。プロレスラーはキャラクターを見せると同時に、自分自身を見せている。

恐ろしいことに、毎日のようにリングの上でキャラクターを演じるうちに、作りものであるはずのキャラクターは、レスラー自身の人格を侵食していく。

特にヒールを演じる場合は、才能があればあるほど、リング上のキャラクターから離れて日常に戻ることができなくなるのだ。

賢明なるフレッド・ブラッシーでさえ、リング上のキャラクター＝ギミックを脱ぎ捨てることはできなかった。

《母は、もっとお客さんに優しくできないのかと私に聞いてきた。すると私は、いつもテレビカメラに向かってやるように、母を痛烈に非難した。私は観客の中に、風船みたいに膨らんだ身体や女性のヘアスタイルなどからかいやすい人を見つけてはそれをあざ笑っていた。

「醜い人たちが嫌いなんだ」

「でも、それでおまえはみんなから嫌われるんだよ。それでもおまえはみんなのことが嫌いなのかい？」

母がどんなに私のギミックに賛成できなくとも、親子の関係は変わらないことはわかっていた。それは私がヒールであろうが、ベビーフェイスであろうが同じだ。だが、私の故郷ではそのような理解は得られていなかった。レスリング、巡業、巡業時の浮気などが原因で（妻の）ネティに対して充分といえるほどの面倒を見てあげられない状態が何年も続いており、私たちの結婚生活はまさに崖っぷちの状態にあった。

子供たちには、おそらく一年間に片手で数えられるほどしか会っていなかったと思う。そこで母と同じように、ロサンジェルスに呼び寄せて南カリフォルニアでの生活を楽しんでもらおうと思った。ところが、こんな時でもフレディー・ブラッシーはひとりの男としてよりも、レスラーとしての生き方を選んでおり、妻や子供に対して本音で接することができず、ギミックで接していた。》（フレッド・ブラッシー『フレッド・ブラッシー自伝』）

人気プロレスラーは週に六日間試合を行い、優秀なヒールレスラーは試合中、常に頭脳をフル回転させている。台本が用意される演劇とは異なり、プロレスでは観客の予期せぬ反応に瞬間的な対応を迫られることも多い。

ヒールは、ベビーフェイスの感情をコントロールすることによって観客の感情をコントロールすることができる。観客はベビーフェイスと一体になって試合を観ているからだ。そのためにヒールはベビーフェイスを観察し、理解し、ベビーフェイスよりもずっと深くプロレスを考えなくてはならない。

《――あなたはほかのレスラーとどこが違うのでしょう？　あなたを頂点にまで上らせたのは何ですか？

ロジャース（額を指で叩きながら）多くのレスラーはたくさんの筋肉を持っている。右耳から左耳の間も全部筋肉なんだ。俺は彼らよりずっと深く考えている。俺は頭脳を使って戦っているんだ。》（バディ・ロジャースの発言。『レスリング・レビュー』一九六一年一二月号）

バディ・ロジャースは一九六二年の時点ですでに二〇年以上ヒールを演じ続け、リング上でベビーフェイスと観客を罵り続けてきた。

悪役としての反応を完全に身につけたロジャースは、やがて、いついかなる時にも悪役として振る舞うようになった。

逆にいえば、自分自身が作り上げたキャラクターと完全に一体となり、寝ても覚めてもキャラクターを演じ続けたからこそ、バディ・ロジャースは他の追従を許さない観客動員力を持つレスラーとなったのである。

ロジャースがリング内外の区別をつけられず、周囲に一切の敬意を払わないことは、ともに一致協力して試合を盛り上げる立場にあるほかのレスラーや、仕事の発注元であるプロモーターを激怒させた。

バディ・ロジャースは、自らの才能によって追いつめられていったのだ。

幻のNWA世界ヘビー級王座戴冠

一九六二年六月から七月にかけて行われたバディ・ロジャース対ショーヘイ・ババの三連戦は、第五章の終わりで述べたコロンバスのテリトリーをめぐる興行戦争の最中に行われた。

シンシナティのジム・バーネット、インディアナポリスのボーク・エステス、デトロイトのジョニー・ドイルらのプロモーターたちが、AWA（American Wrestling Alliance）を結成し、プロモーターのアル・ハフトが取り仕切るコロンバスの乗っ取りを企み、年老いたハフトは、自分のテリトリーを守るためにロジャースに出場を依頼、ロジャースは対戦相手にショーヘイ・ババを指名したのである。

馬場の自伝『王道十六文』のゴーストライターを務めた故・菊池孝の『誰も書

かなかったプロレスの内側』によれば、この時にハフトが馬場に支払った週給は八〇〇〇ドルだったという。現在の貨幣価値に直せばおよそ一五〇〇万円くらいだろうか。アメリカ遠征での馬場がこの金額を超える週給を受け取ることは二度となかった。とはいえ、かなりの部分はグレート東郷とフレッド・アトキンス、そして力道山に持っていかれてしまったのだが。

ロジャースには最低でも馬場の三倍は支払われたはずだ。一週間の稼ぎが四五〇〇万円ということだ。この時ばかりは、プロモーターであるハフトの儲けはほとんどなかったに違いない。これは戦争であり、多少の出血はやむを得ない。

ロジャースにとって「東洋の大巨人」は理想的な相手だった

情報収集の結果、バーネット一派は、七月七日土曜日にジェッツ・スタジアムで大興行を行うことが判明した。出場するレスラーはドン・レオ・ジョナサン、ディック・

ザ・ブルーザー、フリッツ・フォン・エリック、リッキー・スター、ザ・シークと一流どころが勢揃いである。

同日にはハフトの定期興行がオールド・メモリアル・ホールで行われる予定だった。もちろんわざとぶつけてきたのである。

興行戦争は、要するに客を集めたほうが勝ちだ。客を集められないプロモーターはオフィスを閉鎖してほかの土地に去るほかない。

ハフトの味方についたロジャースからすれば、敵は有名レスラーがずらりと居並び、こちらは自分ひとりというまさに四面楚歌の状況である。

しかし、自分の才能を確信するロジャースは、この興行戦争に勝つ絶対の自信があった。

数だけは揃っていても、俺ほどのレスラーはひとりもいない。

日本のでかいヤツを使って、あいつら全員を黙らせてやる。

ロジャースはハフトに、馬場との三連戦を組ませた。

第一戦は六月二三日。七月七日の興行戦争の二週間前にあたる。バーネット派がコロンバスに乗り込んで大宣伝を打つ前に先制攻撃を仕掛けようというのだ。

この日、オールド・メモリアル・ホールに集まった観客は四〇〇〇名。超満員である。

「三連戦の初戦で、自分はロジャースに勝った」と馬場は自伝『王道十六文』に書く。

《渡米してまる一年の昭和三七年六月、私はオハイオ州のコロンバスでロジャースとNWA世界戦五連戦（筆者注・実際には三連戦）をやることになった。

「えゝいもう、なるようになれ！」

そんな気持ちでぶつかっていったのが良かったのか、何と私はその第一戦で勝った。フロックとしか思えないが、とにかくNWA世界選手権ベルトをこの腰に巻いたのだ。残る四戦は私の防衛戦ということになった。》（ジャイアント馬場『王道十六文』）

試合内容はどのようなものだったのだろうか？　こちらは東京スポーツ記者の櫻井康雄が詳細にインタビューしている。

《馬場　ロジャースは荒っぽいし、ニーパットというのかな、膝蹴りを顔にくらってダウンした。こっちもジャイアントチョップでめちゃくちゃやって投げたら……。

――何で投げたか覚えてる？

馬場　すくい投げだったかな。とにかく俺も夢中だったから、はっきりその辺は記憶にないよ。ロジャースが場外へ落ちて上がってこない。カウンテッドアウトでレフェリーが俺の手をあげた。

──堂々たる勝利だ。その時の気持ちはどうでした？

馬場　ボーッとなって……えーっ俺勝ったんかいなという感じでね。ピンとこなかったよ。そしたら俺の右手があげられて、ベルトをくれたんだな。

──その時の感触を覚えてる？

馬場　こっちは汗かいて熱くなってる。冷やっとして冷たかったよ。とにかく夢みたいで、夢を見てるのかなと思ったら、それが本当に幻の……王座になっちゃった。（中略）

──それで、そのベルトはどうしたんですか？

馬場　一応、ベルトを持って控え室へ帰った。ロジャースが物凄い見幕でレフェリーに噛みついていたから何かヤバいことになるんじゃないかと思ってね。ロジャースが何かベラベラっと言って、何と言ったのか、そうなると俺の英語力じゃわからないけどさ。怒っているんだよなあ。

それで控え室へ戻ったらアトキンス（筆者注・マネージャーのフレッド・アト

キンス）がベルトは俺が預かるというから渡したよ。

——それからどうしたんですか？

馬場　翌日になっても、その次の日になってもベルトを俺にくれないんだな。それで一週間経ってまたコロンバスにきたとき、この前の試合は馬場の反則負けだ。トップロープをオーバーしてロジャースを投げたから判定は反則負けで、ロジャースが以前の通りの世界チャンピオンだと発表されたんですよ。ベルトは取り上げられちゃった。

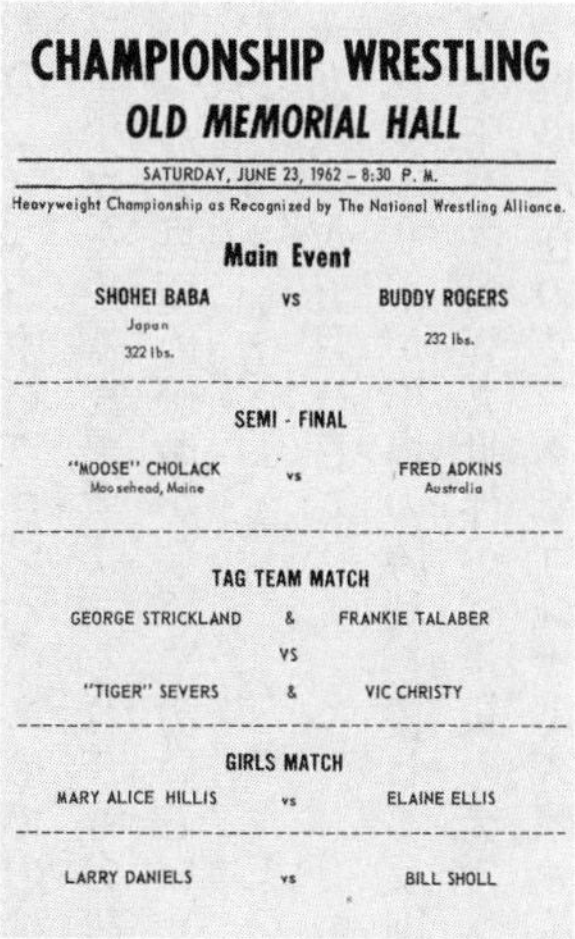
CHAMPIONSHIP WRESTLING
OLD MEMORIAL HALL
SATURDAY, JUNE 23, 1962 – 8:30 P. M.
Heavyweight Championship as Recognized by The National Wrestling Alliance.

Main Event
SHOHEI BABA (Japan, 322 lbs.) vs BUDDY ROGERS (232 lbs.)

SEMI - FINAL
"MOOSE" CHOLACK (Moosehead, Maine) vs FRED ADKINS (Australia)

TAG TEAM MATCH
GEORGE STRICKLAND & FRANKIE TALABER
vs
"TIGER" SEVERS & VIC CHRISTY

GIRLS MATCH
MARY ALICE HILLIS vs ELAINE ELLIS

LARRY DANIELS vs BILL SHOLL

馬場がロジャースに挑んだNWA王座戦の対戦表

——すると記録上はどうなるんですかねえ……。

馬場　よくわからんよ。前に俺とロジャースがやった試合のリングアウトで俺の勝ち、という結果が取り消されて改めて俺の反則負け。だからロジャースは前の試合は反則防衛ということになるんだろうねえ。それじゃなくちゃおかしいもの(笑)。(中略)ロジャースっていうのは投げられるとわざとオーバー・ザ・トップロープをやるんですよ。それがもの凄いスピードだから、レフェリーにだってちょっと見極めがつかない。汚いといえば汚いが、それもワザのうちじゃないかなあ。うまいもんだと思ったよ。》（ジャイアント馬場の発言。『東京スポーツ』一九八三年五月三日）

レフェリーが馬場の勝利を覆して反則負けを宣言する以前、すでに馬場はリングを下り、NWA世界ヘビー級のチャンピオンベルトを持ち去っていた。

馬場不在のリングでロジャースはマイクをつかみ、次のようなことを言ったはずだ。

「俺は負けていない。ババの反則負けだ。だが、ベルトはすでに持ち去られてしまった。この決着は二週間後の七月七日、ここオールド・メモリアル・ホールでつけてやる！」

二一世紀の現在ではごく当たり前のプロモーションである。定番といっていい。

だが、これは五〇年以上も前の話であり、しかもバディ・ロジャースはNWA世界ヘビー級王者なのだ。観客へのインパクトは極めて大きかった。

まもなく地元紙コロンバス・ディスパッチにバーネット派の七月七日の興行を

告知する大きな広告が掲載されたが、時すでに遅し。プロレスファンの注目はロジャースと馬場の再戦に集まった。

そして、興行戦争の当日である七月七日がやってくる。

ジェッツ・スタジアムで興行を行うバーネット派は豪華なカードを用意した。"生傷男"ディック・ザ・ブルーザー対"鉄の爪"フリッツ・フォン・エリック、"カウボーイ〟ボブ・エリス対〝アラビアの怪人〟ザ・シーク。〝人間台風〟ドン・レオ・ジョナサン対〝冷血鬼〟ワルドー・フォン・エリック。力道山と死闘を演じたアイク・アーキンス対おかまバレエダンサーのリッキー・スター。

しかし、プロレスファンはロジャース対馬場の再戦が行われるオールド・メモリアル・ホールへと足を運んだ。NWA世界チャンピオンのバディ・ロジャースが東洋の大巨人に圧倒されたという衝撃は、それほどまでに大きかったのである。

ロジャースは、再び馬場の強さを存分に見せつけ、コロンバスの観客の心理を自由自在に揺り動かした。オールド・メモリアル・ホールの観客は四〇〇〇人。またもやフルハウスだった。

一方、ジェッツ・スタジアムの野外興行は閑散としていた。

興行戦争の第一ラウンドは、ハフトとロジャースの完勝に終わったのである。

時間無制限一〇本勝負

しかし、バーネット派は、たった一度の敗北でコロンバスのテリトリーを諦めるつもりなど毛頭なかった。さらなる大宣伝を行った上で、七月二五日に行われるハフトの興行にもう一度ジェッツ・スタジアムでの野外興行をぶつけてきたのである。

ところが、バーネット派にとってはまったく不運なことに、七月二五日水曜日は雨。野外興行は延期せざるを得なかった。

一方、雨はハフトにとっては天の恵みとなった。ロジャース対馬場のメインイベントに加え、セミファイナルにロジャースの右腕である〝ハンサム〟ジョニー・バレンド対アントニオ・ロッカを用意したオールド・メモリアル・ホールの興行は、再び四〇〇〇人と超満員の観客を集めたからだ。

ロジャース対馬場のメインイベントは変わった形式の試合になった、と馬場は言う。

《この第四戦（筆者注・実際には第三戦）は、時間無制限一〇本勝負で行われた。

先に五本取ったほうが勝ちというマラソン・マッチだ。勢いに乗っていた私は、立て続けに四本取った。だが五本目に入ると、興奮した観客がどっとリングに乱入し、会場は大混乱に陥って無効試合となり、ベルトはコミッショナー預かりとされた。》（ジャイアント馬場『王道十六文』）

もちろんこれはロジャースのアイディアである。

ロジャースは、馬場をコロンバスで長く使おうと思ったからこそ、完全決着を避けたのだ。

「ロジャースはヒールチャンピオン。でも、地元コロンバスではベビーフェイスにならざるを得ない。自宅もあるし、家族も住んでいるから。地元で戦う時には、絶対的な悪役が必要になる。馬場さんは日本人で、しかも大きい。誰が見てもわかりやすいヒール。だからこそロジャースは、地元コロンバスで馬場さんが必要だったんです」（プロレスライターの流智美）

一方、二九日の日曜日に順延されたバーネット派は、ジョナサン、ブルーザー、シークに加え、長くアル・ハフトの下にいた地元出身のビッグ・ビル・ミラーを引き抜いて野外興行に出場させたものの、観客はわずかに三三一一人。再び惨敗に終わった。

興行戦争は八月にも続いた。

一一日土曜日のハフト派の興行には、バディ・ロジャースはコロンバスを離れ、東部地区を転戦中で不在だった。

ハフトはショーヘイ・ババと〝ハンサム〟ジョニー・バレンドにタッグを組ませ、チャック・コンリーとリップ・コリンズの巨漢田舎者コンビ〝スカッフィン・ヒルビリーズ〟とのメインイベントを企画した。観客動員数は不明だが、ロジャースのいない興行の苦戦は免《まぬか》れなかっただろう。

一方、バーネット派は、ビル・ミラーと同様にアル・ハフトの子飼《こが》いであったカール・ゴッチを引き抜いて一二日のジェッツ・スタジアムに登場させた。バーネット派興行のリングに初めて上がったゴッチは、メインイベントでドン・レオ・ジョナサンと引き分けている。

観客は三六〇一人。前回に比べて三〇〇人ほど多かったものの、期待外れの数字であったことに変わりはなく、この時点でジム・バーネットとジョニー・ドイルはコロンバスにおける興行戦争から手を引いた。

しかし、インディアナポリスのプロモーターであるボーク・エステスはただひとりコロンバスのテリトリーに執着し、八月三〇日木曜日にジェッツ・スタジアムで興行を行った。

メインイベントはディック・ザ・ブルーザー対ビル・ミラーだったが、やはり期待したほどには客を呼べなかった。

馬場の目の前で起きたロジャース暴行事件

ロジャースを擁して興行戦争を戦ったアル・ハフト

そして運命の八月三一日がやってくる。

アル・ハフトはついに攻勢に出た。客席数五〇〇〇プラスアリーナという大会場のフェアグラウンズ・コリセウムで、NWA世界王者バディ・ロジャース対〝ハンサム〟ジョニー・バレンドの試合を組み、エステスの野望を最終的に打ち砕こうとしたのである。

一カ月ぶりのロジャースの登場にコロンバスのプロレスファンは大いに喜び、大挙してフェアグラウンズ・コリセウムに押し寄せた。

しかし、メインイベントの直前に事件が起こる。

ハフトを裏切って敵方についたカール・ゴッチとビル・ミラーがロジャースの控え室に現れ、ふたりがかりでロジャースに暴行を働いたのである。

地元紙『コロンバス・ディスパッチ』はこのロジャース暴行事件について次のように書いている。

《ゴッチとミラーが控え室に入ってきた時、自分はアル・ハフトとビジネスの話をしていた、とロジャースは言う。「次の瞬間、ハフトは風のように消え失せ、ふたりが俺に飛びかかって、ドアで俺の腕を挟んだんだ」》(『コロンバス・ディスパッチ』一九六二年九月二日)

のちにロジャースはモントリオールの新聞のインタビューに応じ、暴行事件について次のように語った。

《俺は自分の控え室にいた。するとゴッチとミラーがやってきて、俺に挑戦すると言うんだ。挑戦とはどういう意味だ？　と聞くと、ヤツらは俺をドアのところまで無理矢理に引きずっていき、俺の左腕をドアで挟もうとした。明らかに俺の腕を折ろうとしていたんだ。

　ヤツらがそうする直前に俺はヤツらの手をふりほどいたが、勢い余って床に倒れてしまった。ヤツらは俺を蹴り、俺の腕はひどく痛めつけられた。ヤツらがなぜそんなことをしたのかは俺にもわからない。》（バディ・ロジャース『モントリオール・スター』一九六二年一一月八日。ティム・ホーンベイカー『ナショナル・レスリング・アライアンス』より再引用）

　この時、馬場はロジャースの隣の控え室にいた。馬場の記憶は極めて鮮明だ。

《俺とロジャースの控え室は隣り合わせだったんですよ。俺とアトキンスが入って着替えをしていた……そしたら何か騒がしいんですよ。ドアの外が。それで、ドアを開けてのぞいたらビル・ミラーとカール・ゴッチ。当時はクラウザーといったかな。二人が隣のロジャースとの部屋のドアを蹴飛ばすようにして入っていくのが見えた。

　何かベラベラっと言いあっているのが聞こえたと思ったらガシャンとイスが倒れる音がした。そして凄い顔をしてミラーとゴッチが入り口のほうへ出て行った。アトキンスがすぐに隣のロジャースの控え室に飛び込んでいった。そして帰ってきて、首を振って「今日の試合はお流れだ」と言った。

——ほう……それで？

馬場　ロジャースは殴られて蹴飛ばされたらしい。それで左足（筆者注・実際は左腕）にヒビが入ったとか骨折したとか言っていたな。プロモーターやドクターがきて大騒ぎになり、ロジャースは連れて行かれちゃった。多分、病院へ行ったんだと思うよ。

——相当殴られたんですか？

馬場　いや、あっという間。一〇秒か二〇秒の間じゃないかな。ほかのレスラーとかプロモーターが駆けつけた時は、もうミラーもゴッチもいなくなっちゃったんだから。（中略）事件の真相というのはレスリングウォー（興行戦争）なんですよ。（中略）人気レスラーのロジャースのいる我々のほうが旗色がよくて向こうはあまりよくない。それで……ミラーかゴッチかブルーザーか、誰かがロジャースに挑戦状を出した。それはロジャースだって受けられないわね（笑）。それでロジャースが無視した。よーし、それならやっちゃえと殴り込みをかけたんじゃないかな。

——ずいぶん、無法な話だ。

馬場　ああ、あんまりいい感じじゃない。プロレスラーといえども暴力はいけない（笑）。

――それでロジャースはどうしたんですか？ そのまま殴られっぱなし？ 殴ったミラーとゴッチは何の制裁も受けなかった？

馬場 いや……ロジャースが告訴して巡回裁判所で裁判になったという話を聞いたな。結局はレスラーの喧嘩ということでうやむやになってしまったらしい。ロジャースはその後、フロリダで四週間静養し、足（筆者注・実際は左腕）の治療をするといって休んだ。》（ジャイアント馬場の発言。『東京スポーツ』一九八三年五月七日）

ミラーは「確かに自分たちはロジャースを平手打ちしたが、傷つけるつもりなどなかった」とロジャースへの暴行を否定している。

多くのレスラーがこの事件に関して抱く感想は、概《おおむ》ね次のようなものだろう。

《ロジャースはひどいヤツで、多くのレスラーが彼のことを嫌っていた。一九六二年、オハイオ州コロンバス大会の控え室でカール・ゴッチとビル・ミラーがロジャースをボコボコにする一件があった。聞いたところによると、ロジャースはそれによって手を骨折し、保護のためにサポーターを着ける羽目に陥ったそうだ。どうしようもないヤツと付き合ったことのある人なら、なぜゴッチとミラーが暴行を働いたかわかるだろう。ふたりは悪くない。》（『フレッド・ブラッシー自伝』）

ゴッチとミラーのふたりに暴行を受け、左腕を負傷したロジャースは病院に直行した。代役としてジョニー・バレンドと戦い、勝利したのはショーヘイ・ババだった。

プロモーターのアル・ハフトはロジャースの欠場を詫びるために、この日の興行収益八〇〇〇ドルのうち、二五〇〇ドルを観客に払い戻した。

ロジャースはゴッチとミラーのふたりを暴行罪で告訴し、高額の損害賠償請求を行った。金額は一〇万ドルといわれる。

試合直前に当代随一の看板レスラーを傷つけられ、金銭的にも大損害を被ったプロモーターのアル・ハフトが、ロジャースに同調してゴッチとミラーのふたりを訴えるのは必然と思われた。

ところが、まったく意外なことに、ハフトはロジャースに有利な証言を行わなかった。

そのために、控え室での暴行事件はレスラー同士のもめ事として処理され、ゴッチとミラーはわずか二五ドルの罰金で無罪放免となった。

九月八日土曜日に行われるはずだったハフトの興行のメインイベントは、

ショーヘイ・ババ対ジョニー・バレンドの再戦。しかし、この興行をハフトはキャンセルした。

一方、九月一一日のエステスの興行は、これまでで最大の四〇〇〇人の観客を集めた。

メインイベントでは晴れて無罪放免となったカール・ゴッチがドン・レオ・ジョナサンをジャーマン・スープレックス・ホールドで破り、AWAの新チャンピオンとなった。

負傷したロジャースは、長期欠場を余儀なくされた。

ロジャースを失ったハフトには、もはや打つ手がなかった。しかし、あと一押しで興行戦争に勝利できるはずだったエステスは、なぜかコロンバスから手を引いてしまう。

まもなくアル・ハフトはエステス、バーネット、ドイルらと手を組んだ。

AWAの勢力圏に自ら入って、新王者となったカール・ゴッチ、ビル・ミラー、ドン・レオ・ジョナサンを自分のリングに上げたのだ。

バディ・ロジャースはハフトと絶縁し、長くコロンバスのリングに上がらなかったばかりか、コロンバスの自宅まで引き払い、生まれ故郷のカムデンに戻った。

ロジャースは激怒していた。
ハフトは俺を裏切ったのだ。

一〇万ドルの高額損害賠償請求

ゴッチとミラーはなぜロジャースを襲ったのだろうか。単なる私怨なのか？　それとも誰かの指示があったのだろうか？　あったとすれば黒幕は誰か？　プロモーターのボーク・エステスに決まっている。いや、ハフトの手の込んだ仕掛けだ。そうではない、ロジャースを深く恨むジャック・フェファーがゴッチとミラーに賞金を出したのだ。

様々な説が存在する。事件の真相はいまなお大きな闇に包まれているのだ。

だが、おそらくこの事件に謀略はなかっただろう、と筆者は考えている。ゴッチとミラーにロジャース襲撃を命じた黒幕は存在しなかった、ということだ。

一九六一年五月二一日にゴッチとミラーのふたりが岡山市津島体育館の控え室でグレート・アントニオをリンチしたことは、すでに第二章で触れた。日本のプロレス人気を沸騰させたグレート・アントニオにそんなことをすれば、プロモーター力道山の不興を買うことくらい、ゴッチとミラーにわからないはずがない。プロモーターがどう思うかなど、俺たちには関係ない。礼儀を知らないヤツには礼儀を教えてやるほかはない。誰にも邪魔はさせない。

ゴッチとミラーはそのように考え、自分の意志で高慢なグレート・アントニオを制裁したのである。

グレート・アントニオのリンチ事件からバディ・ロジャース暴行事件まではわずか一年三カ月。この短期間に、人はそう変わらないものだ。

ゴッチとミラーは、グレート・アントニオを痛めつけたのとまったく同じ理由で、すなわち自らの意志でバディ・ロジャースを痛めつけた。そのように考えるのが自然だろう。

だとすれば、ロジャース暴行事件の概要は次のようなものになるはずだ。

カレル・イスタス、のちのカール・ゴッチがヨーロッパを離れ、北米大陸に渡ってきたのは一九五九年七月のことだった。アメリカにはすぐに入国できなかったから、カナダ・モントリオールのエディ・クインの下で働くほかなかった。

数年後にゴッチはアメリカの永住権を獲得することになるが、ゴッチがアメリカのワーキングビザを取得する際の保証人が、ほかならぬアル・ハフトである。

グリーンカードを得た一九六五年三月一六日を、ゴッチは〝人生最良の日〟と振り返っている。アメリカ人になりたくて仕方のなかったゴッチにとって、アメリカで働くきっかけを作ってくれたハフトは生涯の大恩人なのである。

ハフトは元プロレスラーであり、若い頃には伝説の強者フランク・ゴッチにちなんで〝ヤング・ゴッチ〟と名乗っていた。カレル・イスタスに〝カール・ゴッチ〟と改名するよう指示したのもハフトだった。

ハフトはゴッチと地元コロンバス出身のビル・ミラーのふたりを可愛がり、二枚看板にしていた（ミラーは獣医でもあったからコロンバスでは覆面レスラーのミスターMを名乗った）が、やがてコロンバスにバディ・ロジャースが移り住んできた。

ロジャースはハフトに「興行権の一部をくれれば、定期的にコロンバスのリングに上がってもいい」と持ちかけ、ハフトは了承した。ロジャースはハフトのビジネスパートナーとなったのである。

「当時のコロンバス周辺には大きな会場のあるAコースと小さな会場ばかりのBコースがあった。

ロジャースは当然Aコースをまわり、ゴッチとミラーを稼げないBコースに追

いやった。ゴッチとミラーが不満を抱いたのは当然です」（プロレスライターの流智美）

ゴッチにとってアル・ハフトは大恩人だが、プロモーターのハフトにとって最も大切なものはビジネスであり、カネを稼いでくれるレスラーである。

ゴッチとミラーは、ロジャースに頭の上がらないハフトを裏切って、コロンバスに侵攻してきたバーネット派のリングに上がった。ハフトに勝ち目はないと考えたからだ。

ところがロジャースは東洋からきた大巨人を使って、ハフトの興行をフルハウスにしてしまった。

ゴッチとミラーはリング上で「ロジャースに挑戦する！」と宣言、ロジャースの控え室に乗り込み、「俺たちの挑戦を受けろ」と迫った。それ以外に彼らにできることは何ひとつなかったからだ。

ロジャースはふたりを相手にせず、例によって無礼極まりない口調で彼らを罵った。このまま帰れないゴッチとミラーは怒りにまかせてロジャースに暴行を加えた。大きなケガをさせるつもりなど毛頭ない。少々痛い思いをしてもらっただけだ。

だがロジャースは「腕が折れた」と主張、ここぞとばかりに試合を放棄して病院に直行してしまった――。

ゴッチとミラーを選んだハフト

実力派レスラーだったハフトには、ゴッチとミラーの悔しさが理解できる。真の強者であるゴッチとミラーは、うまい役者に過ぎないロジャースの風下に置かれ続けてきた。

その上、ふたりの憧れであるルー・テーズが巻いたNWA世界王者のベルトは、いまやレスリングもロクにできないショーマンのロジャースが巻いているのだ。

老プロモーターは、自分のテリトリーを守り、ゴッチとミラーを高額の賠償金から守るために、侵略者であるAWAのボーク・エステスと手打ちをした。

ゴッチとミラーがロジャースに暴行を働いたことが俺の興行に損害を与えたことは、紛れもない事実だ。もし俺が証言すればゴッチもミラーも、そして、プロモーターである君も有罪は免れないだろう。しかし、俺はそんなことはしたくない。ここは引いてくれ。

コロンバスを諦めてくれれば、俺は誰も訴えないし、君たちに協力もする。ＡＷＡの傘下に入って、ゴッチやミラー、ジョナサンをコロンバスのリングに上げるし、ＡＷＡにマネージメント料も収める。

ボーク・エステスは裁判を嫌い、ハフトとの和解に同意した。

ハフトにとって可愛いのはゴッチとミラーであり、法外なギャランティを要求するロジャースではなかったのだ。

一方、ロジャースからすれば、ハフトの裏切りは決して許すことのできないものだった。

自分はハフトのために大きな仕事をした。ハフトの会社を守るためにショーへイ・ババを使ってオールド・メモリアル・ホールを何度も満員にした。そんなことができるのは俺だけだ。もちろんそれなりのギャラは頂戴するが、会社を守るためならば安いものではないか。

ハフトは自分のために懸命に働いた俺を裏切り、敵に回ったゴッチとミラーを守った。ゴッチとミラーも悪いが、ハフトはもっと悪いヤツだ。

ロジャースの論理は常に一〇〇パーセント正しい。だが、人は時に論理以外のもので動く。

《当時のロジャースは、全米どこへ行っても、凄まじいばかりの観客動員力をもっていたんです。とくにオハイオ州では、ここに住んでいたこともあって、あまり悪どいことをやらず、正統派として爆発的な人気を誇っていたんです。（中略）それに対するねたみが、ゴッチとミラーにはあったと思うんです。その当時、年収一〇万ドルのレスラーは、アメリカにも何人もいなかったんですが、ロジャースだけは別格で、三〇万ドルといわれていましたから、多少のやっかみは誰にでもあったでしょう。そのロジャースに客をさらわれ、興行戦争に惨敗した恨みが、あの事件の裏にはあったと思いますね。この時の負傷で、ロジャースはその後三カ月間も欠場し、これを境に急速に凋落していったのです。》（ジャイアント馬場『たまにはオレもエンターテイナー』）

〝バディ・ロジャースの腕を折った危険な男〟というキャラクターが付与されたカール・ゴッチは、ドン・レオ・ジョナサンを破ってAWA王者となり、短い全盛期を迎えた。二年間にわたってAWA世界チャンピオンとして君臨し、コロンバス、デトロイト、オマハなどで防衛戦を戦ったのだ。ファイトマネーも一〇倍以上になったという。

負傷したバディ・ロジャースは、フロリダで四週間静養した。

興味深いことに、馬場自身も同時期にフロリダに遠征しているのだが、それは単なる偶然に過ぎない。ロサンジェルスのミスター・モトから頼まれただけだ。

「当時のフロリダを仕切っていたプロモーターはカウボーイ・ルッテロール。エディ・グラハムがフロリダの興行権の一部を買うという話になり、グラハムのところにいた二世レスラーのデューク・ケオムカが従兄弟《いとこ》のモトさんに援軍を頼んだ。モトさんはグレート東郷に頭を下げて馬場さんを貸してもらった。

当時のフロリダには、馬場さんよりも大きな二メートル一八センチのグリズリー・スミスがいた。スミスはルーク・ブラウンとザ・ケンタッキアンズというタッグチームを組んでいた。モトさんはザ・ケンタッキアンズと戦う時のタッグパートナーとして馬場さんがほしかったんです。

フロリダでの馬場さんの面倒はモトさんが見るから、フレッド・アトキンスは同行していません。

馬場さんがモトさんと親しくなったのはこの時です」（プロレスライターの流智美）

ミスター・モトが信用できる人格者であったことは、一年後、グレート東郷と日本プロレスの間で馬場争奪戦が起こった時に大きな意味を持った。

田舎のプロレス

約二週間のフロリダ遠征からニューヨークに戻った馬場正平の生活は、一見、これまでと何も変わらないように見えた。

馬場は相変わらず悪役レスラーの仕事を順調にこなしていた。

ボボ・ブラジル、アントニオ・ロッカ、キラー・コワルスキー、そして復帰したバディ・ロジャースら一流レスラーとの対戦のほとんどに敗北し、二流レスラーや若手レスラーには順当に勝利した。

しかし、すでにこの時、馬場には日本の力道山から帰国命令が下されていた。

馬場にとって飛躍の年となった一九六二年暮れ、馬場はニューヨークのホテルを引き払い、再び西海岸ロサンジェルスへ向かった。

馬場がロサンジェルスにやってきた頃、力道山の日本プロレスとロサンジェルスのWWA（World Wrestling Association　NAWAから改称）は緊密な関係を保っていた。

WWAは西海岸南部のローカルな組織に過ぎない。しかし〝世界王座〟を心から欲していた力道山は、ロサンジェルスのWWAをアメリカで最高の権威を持つ組織と喧伝した。もちろん東京スポーツ以下のプロレスメディアは、力道山の言い分をそのまま書いた。プロレスメディアにとって、力道山は飯の種であり、力道山の意に反してWWAの権威を疑う記事を書く記者はひとりもいなかった。

やがて力道山はWWAに大金を支払い、数カ月間ベルトを日本に置くことに成功した。

WWAのブッカーであるジュールス・ストロンボーにとっても悪い取引ではなかった。力道山から受け取る大金は魅力的だったし、太平洋を越えてベルトが移動することは、WWAを世界的なタイトルに見せかけるための仕掛けとしても有効に働くからだ。

WWA王者として馬場を迎え撃ったザ・デストロイヤー

一九六二年三月二八日、力道山はロサンジェルスでフレッド・ブラッシーを破り、WWA世界ヘビー級王座のベルトを日本に持ち帰った。

ブラッシーは力道山に奪われたベルトを取り戻すべく来日、第四回ワールドリーグ戦に参加する、という筋書きである。

ブラッシーはリング上で観客を罵り、恐ろしいほどの興奮《ヒート》を作り出せる天才だが、残念ながら日本人には英語が理解できない。そこでブラッシーは、日本では流血戦に専念することにした。

四月二三日に行われたブラッシー対力道山のWWA世界ヘビー級選手権試合。ブラッシーは力道山の額に噛みつき、急所を蹴り、観客を興奮の渦に巻き込んだ。力道山が時間ギリギリで逆転勝利を収めると、東京体育館に集まった一万二〇〇〇人の観客は鼓膜《こまく》が破れんばかりの大歓声を上げた。

四月二七日に神戸の王子《おうじ》体育館で行われた六人タッグの際には、グレート東郷に散々噛みついた。東郷は血だるまとなり、テレビを見ていた老人が一〇人以上もショック死したというエピソードはあまりにも有名だ。

《東郷は「ワシ達は命を懸けて戦っているのヨ…。血を流すのは仕方ないネ。でもテレビ見なければよかったのヨ」と言い、ブラッシーは「死人が出るほどオレの試合は凄かったのか、さっそくアメリカに知らせてやる」とうそぶいた。》（原康史『激録　力道山』）

勝つためではなく、観客を興奮させるためにあらゆるテクニックを駆使するのが、本物のプロレスラーなのである。

ブラッシー不在のロサンジェルスに彗星のごとく登場したのが、謎の覆面レスラー、ザ・デストロイヤーである。ホノルルでブラッシーに見い出された中堅レスラーのディック・ベイヤーは、覆面をかぶってロサンジェルスに登場すると、たちまち頭角を現した。

馬場が東海岸からロサンジェルスにやってきた一九六二年末の時点で、ブラッシーは南部に遠征中であり、WWA世界王者として君臨していたのはデストロイヤーであった。

一九六三年二月四日、ロサンジェルスのオリンピック・オーディトリアムで、馬場はWWA世界王者ザ・デストロイヤーに挑戦した。

初めてロサンジェルスのリングに上がった一年半前とは異なり、いまやショーヘイ・ババは堂々たるメインイベンターである。

試合の五日前に発行されたパンフレット『オリンピック・オーディトリアム・レスリング・ニュース』には馬場対デストロイヤー戦の宣伝記事が掲載されてい

る。

《ショーヘイ（ビッグ）ババは多くのレスリングの専門家から、最も強いレスラーとして認められている。ババは月曜夜、二月四日のオリンピック・オーディトリアムで大きなチャンスを得た。身長六フィート八インチ（二〇三センチ）、体重三二〇パウンド（一四五キロ）の巨人は、覆面レスラー、ザ・デストロイヤーとヘビー級王座を懸けて戦うのだ。この重要な試合のために、プロモーターのカル・イートンは通常の水曜日夜ではなく、二月四日月曜日に興行を行うことを決定した。

ニッポンの巨人はこれまで、カリフォルニアだけでなく、中西部や東部の一流レスラーたちを蹴散らしてきた。ババはニューヨークでも大評判を呼び、マディソン・スクウェア・ガーデンを満員にした。

巨大なババは、パワフルなザ・プリーチャー（ミスター・アトミックの別名）と比べてもさらに恐ろしく見える。

ザ・デストロイヤーは例によって自信満々だ。決して無駄口を叩かない覆面の乱暴者はこう言った。

「俺はあのジャップを真っ逆さまにひっくり返してやるよ。あいつはタイフーンに巻き込まれたような気になるだろう」
この大試合への関心は日々高まっており、ファンはすぐにチケットを確保する必要がある。》
しかし、バディ・ロジャースの華麗なる殺気を体験した馬場の目に、ロサンジェルスのＷＷＡは、田舎のプロレスにしか見えなかった。
《はっきりいって、俺はニューヨーク、シカゴ、デトロイト、ワシントンＤＣという大きなところでやっていたでしょう。もちろんロサンジェルスにＷＷＡという団体があって力道山がＷＷＡ世界チャンピオンになったという話も……聞いていたし、フレッド・ブラッシー、ザ・デストロイヤーというレスラーの名前も聞いていました。だがヴィンス・マクマホンとかトゥーツ・モントとか東部の大きなプロモーター達は「ＷＷＡ？　あれはローカルタイトルだ。ウエストコーストのタイトルに過ぎない」とはっきりいってましたからね。俺もロスでデストロイヤーのＷＷＡ世界タイトルに挑戦するといっても、シカゴでバディ・ロジャースのＮＷＡ世界タイトルに初めて挑戦した時のような興奮というか感激というか……そういうものはなかったね（笑）。》（ジャイアント馬場の発言。『東京スポーツ』一九八二年五月一四日）

愛情を持ってババと戦った

ザ・デストロイヤーに初挑戦したWWA世界タイトルマッチで、馬場は勝利した。

試合は六〇分三本勝負で行われ、最初の一本目はデストロイヤーの反則によって馬場が取ったものの、その後は両者ともフォールを奪えず、一－〇で馬場の勝ちとなったのだ。ところが、カリフォルニア州のルールが「タイトルの移動はフォール勝ち、もしくは試合続行不可能によってのみ起こり、反則勝ちでは移動しない」というものであったため、ベルトは再びデストロイヤーの腰に巻かれた。

もっとも、馬場にとっては勝敗などどうでもよかった。プロレスである以上、デストロイヤーの勝利は最初から決まっている。レスラーの目的は観客を興奮《ヒート》させることにあり、勝利にはないのだ。

デストロイヤーは馬場との初対戦について、筆者に次のように語ってくれた。

「ババがロサンジェルスにやってきた時、タイトルマッチを戦う前に何試合かタッグマッチを戦った。

ババのパートナーはミスター・モト。私のパートナーはドン・マヌキャン。モトは私の大親友だった。試合前の控え室で、モトは私にこう言った。

『お前は、この男（ババ）を強く見せなくちゃいけない。観客がババは強い、さすがだと思わせるようなスタイルの試合をしてくれ』と。

もちろん私はモトの言葉に頷いた。試合をする時、私はいつも相手の一番いいところを引き出そうとしているんだ。ババと戦った時も、ババの人気を高める責任を感じつつ、愛情を持って戦った。ババもまた、質の高い試合をやろうとはりきっていたし、私のことを強く見せようとしてくれた。だからこそ、非常に中身の濃い試合ができた。

ババは私よりもずっと背が高いけれど、グラウンドになれば身長は関係ないし、試合内容はとてもよかったと思う。彼がアメリカで成功した理由がわかったような気がした。

プロモーターは常にアスリートを求めている。ただ身体が大きいだけではダメ。基礎体力があり、フィジカルコンディションを常に整えておくことが必要なんだ。タフなスケジュールにもへこたれない強い精神力、向上心、試合への集中力、すべてが必要になる。

ババはパワーだけではなくスピードもあった。ピンポン(卓球)がとても強かったことを知っているかい？　そのことが示すように、ババは器用さや俊敏さも持っていた。その上クレバーで、判断力にも優れていた。要するに素晴らしいアスリートだった、ということさ」

初めて対戦した時、馬場はデストロイヤーに4の字固め（フィギュア・フォア・レッグロック）をかけられて驚いた。デストロイヤーはロジャースの4の字をコピーしたのだ。

《4の字固めはデストロイヤーという強い印象は俺にはないんですよ。というのは、俺がニューヨークにいた頃、バディ・ロジャースとよく戦っていたでしょう？　あの4の字固めというのはロジャースの得意技で、俺なんかしょっちゅう食らってましたからね。だからデストロイヤーが4の字で勝負してきた時、あっ、こいつも4の字をやるのかという感じでしたね。もっともそのころ4の字固めという日本語は知らない。フィギュア・フォア・レッグロックといってましたがね。》（ジャイアント馬場『東京スポーツ』一九八三年五月一〇日）

一九六三年二月四日に行われたショーヘイ・ババ対ザ・デストロイヤーの試合当日にオリンピック・オーディトリアムに集まった観客は九九八三人とほぼ満員となり、馬場とデストロイヤーを大いに喜ばせた。

《最後はもうメチャクチャ蹴飛ばしていったような記憶があるなあ。東郷さんがセコンドで「行け行け、このヤロッ」と怒鳴っていて俺もスパートしたんだよな。まあ引き分け（筆者注・実際には馬場の勝利）だったが、いい試合だったと思うよ。いま思い出してもね、ファンは沸いていたもの。》（ジャイアント馬場の発言。『東京スポーツ』一九八三年五月一四日）

この試合が好評だったために、二週間後の二月二二日にはオリンピック・オーディトリアムで再戦が組まれた。観客は前回を上回る一万四〇〇〇人の超満員。馬場はベアハッグやエアプレーンスピンを繰り出し、コーナーにデストロイヤーを追いつめてマスクを剥ぎ取ろうと試みて観客を沸かせた。

《一本目を私が取り、二本目は両者リングアウト。試合終了でルールによりデストロイヤーの防衛だとするレフェリーと東郷がモメて、延長戦再試合となり、何かドサクサのうちに私は負けていた。だが別に口惜しくはなかった。前年七月の力道山の例もあり、〝謀略の伏魔殿《ふくまでん》〟と言われていたWWAが、帰国の途中に立ち寄った私に、どんなことをしてでもベルトを渡すはずがない。ただ大勢のファンがレフェリーを非難し、「ババ、よくやった」と言ってくれただけで満足だった。やるだけやって帰国の準備をしていた三月六日、ひょっこりと力道山がロスにやってきた。第五回ワールドリーグ戦の最終打ち合わせのためだったのだろうが、「ヒーローになったお前を迎えにきたんだ」と言われ、私は身の置き場もないほど照れてしまった。》（ジャイアント馬場『王道十六文』）

三年前、プロ野球で挫折し、日本プロレスに入門した頃の馬場は、力道山に絶対服従する以外にはなかった。

しかし、いまや馬場と力道山の力関係は逆転していた。

アメリカで大成功を収めた馬場は、もはや力道山を必要としていない。このまずっと日本に戻らなくても、俺はアメリカで充分にやっていける。日本では神のような存在である力道山が、アメリカではまったく無名のレスラーであることもよくわかった。

プロレスの本場アメリカにおいて、ショーヘイ・ビッグ・ババは無名レスラーのリッキー・ドーゼンよりも遙かに大きな存在なのだ。いつまでも力道山の支配に甘んじる必要はない。

そう考える馬場の胸の内を、力道山は誰よりも深く理解していた。

幻のロジャース招聘計画

馬場は帰国などしたくなかった。すでにアメリカでメインイベンターとなっていたからだ。

一九六一年七月から一九六三年三月までの一年八カ月に及ぶアメリカ遠征（第一次遠征と呼ばれる）において、馬場はシングル二五七試合、タッグ一一五試合、計三七二試合を戦っている。

この数字は新聞や当日のプログラムに残っている記録を集計したものだから、実際にはもっと多いことは確実だ。馬場自身は五〇二試合と言っている。

ともあれ、記録が残されている三七二試合の内訳は次の通りだ。

シングルマッチ　一五四勝六三敗五分。無効試合九。不明二六。

タッグマッチ　四一勝五一敗三分。無効試合六、不明一四。

タッグマッチの成績などどうでもいいが、シングルの成績は一見立派なものであるように見える。

しかし、一流レスラーとの対戦成績をつぶさに見ていくと、当時の馬場のポジションがはっきりとわかる。

●フレッド・ブラッシー
一勝一敗
●ブルーノ・サンマルチノ
一勝一敗一無効試合
●アントニオ・ロッカ
○勝一〇敗一無効試合
●バディ・ロジャース
○勝八敗
●ベアキャット・ライト
○勝一〇敗一無効試合
●クラッシャー・リソワスキー
○勝二敗
●エドワード・カーペンティア
一勝一分三敗一無効試合
●ジョニー・ヴァレンタイン
○勝四敗

●ボボ・ブラジル
○勝一分一〇敗
●キラー・コワルスキー
○勝二敗

馬場は一流レスラーにはほとんど勝たせてもらっていない。

要するに、東洋の大巨人ショーヘイ・ビッグ・ババは、大興行での負け役にふさわしいレスラーだったのだ。

馬場を貶《おとし》めるつもりは毛頭ない。観客の目に恐ろしく強い男に映ったからこそ、馬場はニューヨークのマディソン・スクウェア・ガーデンやシカゴのアンフィシアターのメインイベントに出場することができたのである。

アメリカで馬場ほどの活躍をしたアジア人レスラーはひとりもいない。

ザ・グレート・カブキ、キラー・カーン、グレート・ムタらがアメリカで人気レスラーとなったことは事実だが、「俺は馬場さんより凄かった」「馬場さんよりも稼いだ」と言える者は皆無だろう。

もちろん、力道山とはまったく比較にならない。

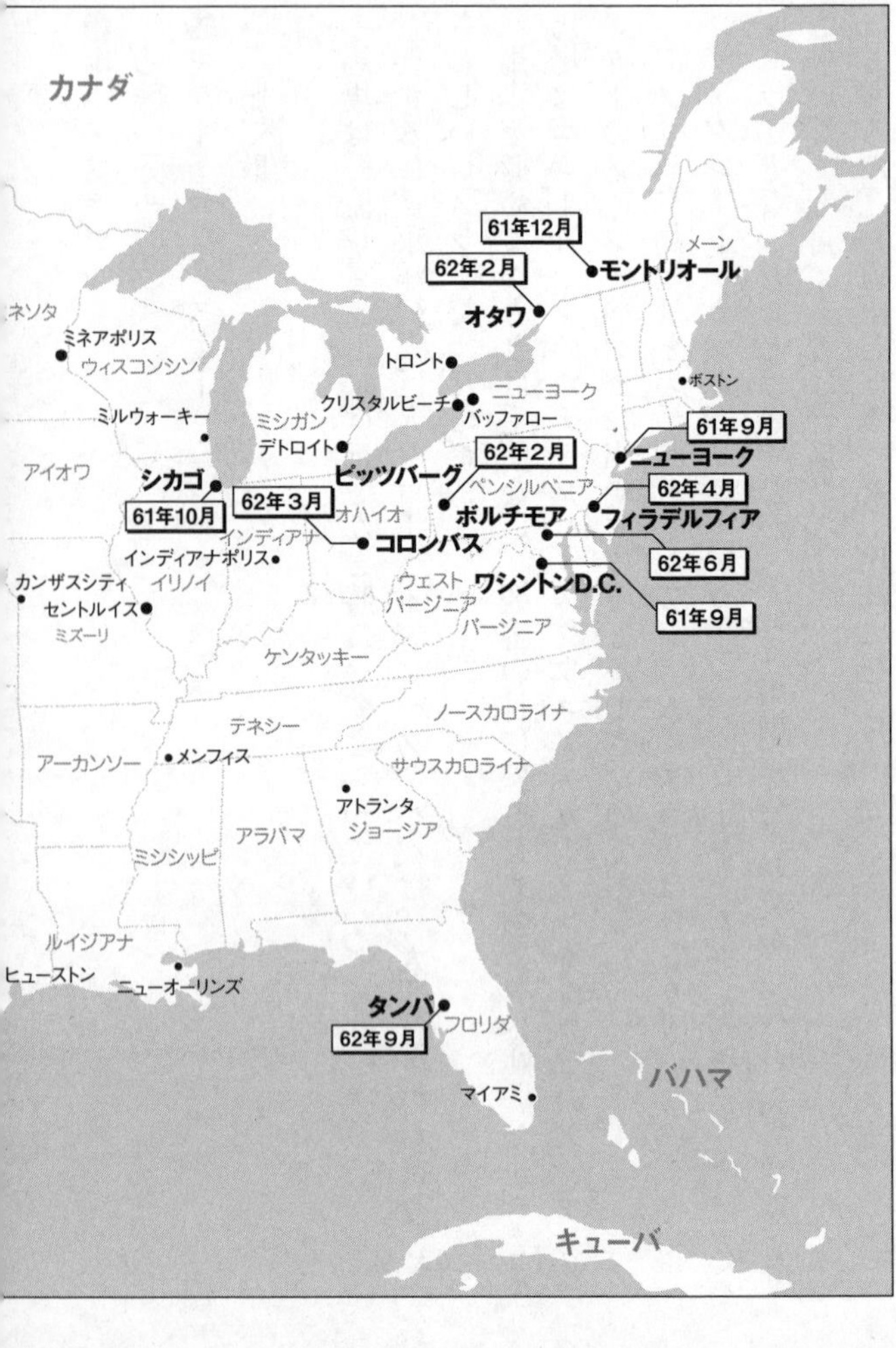
カナダ
61年12月
モントリオール
メーン
62年2月
オタワ
ネソタ
ミネアポリス
ウィスコンシン
トロント
ボストン
ニューヨーク
クリスタルビーチ
バッファロー
ミルウォーキー
ミシガン
61年9月
ニューヨーク
デトロイト
62年2月
アイオワ
ピッツバーグ
ペンシルベニア
62年4月
シカゴ
ボルチモア
フィラデルフィア
61年10月
62年3月
オハイオ
インディアナ
コロンバス
62年6月
インディアナポリス
ワシントンD.C.
カンザスシティ
イリノイ
ウェスト
バージニア
61年9月
セントルイス
バージニア
ミズーリ
ケンタッキー
ノースカロライナ
テネシー
アーカンソー
メンフィス
サウスカロライナ
アトランタ
ジョージア
アラバマ
ミシシッピ
ルイジアナ
ヒューストン
ニューオーリンズ
タンパ
62年9月
フロリダ
バハマ
マイアミ
キューバ

馬場&力道山
アメリカ遠征地図（63年3月時点）
馬場
力道山
年と月は
初登場を示す
52年6月
58年8月
61年7月
シアトル
ワシントン
ポートランド
オレゴン
モンタナ
ノースダコタ
アイダホ
ボイシ
サウスダコタ
ワイオミング
ネブラスカ
ネバダ
サンフランシスコ
ユタ
デンバー
コロラド
カリフォルニア
ラスベガス
カンザス
ロサンジェルス
アリゾナ
サンディエゴ
ニューメキシコ
アマリロ
オクラホマ
オクラホマシティ
ダラス
テキサス
メキシコ

力道山のアメリカ修行時代は、馬場の九年半前に遡る。一九五二年二月にハワイに渡り、六月にサンフランシスコに移った。ともに日系人の多い都市である。力道山が日系人のいない都市で戦うことはほとんどなかった。そのことは、前掲の地図をご覧いただければ一目瞭然であろう。

要するに力道山は小さな日系人コミュニティのヒーローに過ぎず、戦ったレスラーの格もファイトマネーも、馬場よりも遙かに低かったのである。

一方、馬場が戦ったニューヨークから五大湖周辺は、ほかのどこよりもカネを稼げる地域だ。

アメリカで一流レスラーとなった上に、馬場はNWA世界王者バディ・ロジャースと何度も戦い、一度はチャンピオンベルトを腰に巻いた（記録上は馬場の反則負け）。

グレート東郷からの国際電話で、馬場がロジャースに勝ったことを知らされた力道山は、嫉妬の炎に灼かれた。馬場が一時的にせよNWAのベルトを巻いたことを関係者全員に口止めし、その上でロジャースの日本招聘を画策《かくさく》した。

一九六二年一〇月三一日付の東京スポーツ一面トップの見出しは「ロジャースの来日決定。一一月一八日力道×ロジャース戦」である。

《（一〇月）二九日夜、ロサンジェルスのグレート東郷は国際電話で次のように知らせてきた。

「かねて力道山の代理として力道山の次期世界選手権問題でNWA（全米レスリング協会）のフレッド・コーラー氏、NWA認定の世界選手権者ブディ・ロジャース（筆者注・当時はブディと表記）との交渉を進めてきたが、両者が世界選手権試合に同意、力道山の渡米を待たず一一月一八、二二日の両日、日本でNWA認定の世界選手権試合を行うこととなった。（中略）もし、東京と大阪で勝負がつかない場合、リマッチ（再試合）は一二月六日、シカゴのコミスキー球場で行うことにも同意した」》

具体的な日程が出ている以上、ある程度話は進んでいたはずだ。しかし、最終的に交渉は不調に終わった。全米一の売れっ子であるロジャースを日本に呼ぶのは、やはり難しかったのだろう。

さらに一一月二一日には、ロジャースがキラー・コワルスキーとの試合で足を骨折してしまった。

一一月三〇日付の東京スポーツに、力道山は次のようなコメントを出している。

《ロジャースと戦うことはワシの宿命みたいなものだ。（中略）ロジャースは七月にワシと戦うことを約束した。そしてワシの代理人のロスの東郷さんとの交渉で一一月には日本へやってくるという話もあったが、しかしこれは向こうの都合でお流れ。それならこっちから行くといってやったが、今度はロジャースが負傷したとかいう話だ。行ってみなければわからないが、ワシとしてはあくまでも戦いたい気持ちでいっぱいだ。》

しかし、力道山とロジャースが戦うことはついになく、一九六三年一月二四日、ロジャースは四六歳のルー・テーズに敗れてNWA世界王座を失った。

自分がロジャースに相手にされない一方、馬場はロジャースと何度も戦い、アメリカで引っ張りだこの一流レスラーになった。その上、力道山にとって極めて都合の悪いことに、馬場は、日本プロレス界の帝王がアメリカ東部では無名レスラーに過ぎないことを知ってしまった。おとなしい馬場は、いまでこそ自分に従っているが、レスラーとしての自信を深めれば近い将来に独立する危険性が充分にある。その前に手を打たねばならない。

力道山はそう考えたからこそ、馬場を呼び戻したのである。

馬場を呆れさせた力道山の大ボラ

ロサンジェルスにやってきた力道山は馬場に向かって「ヒーローになったお前を迎えにきたんだ」とお世辞を言った。

優秀な頭脳を持つ馬場は、粗暴な力道山の豹変ぶりに驚いたものの、すぐに事態を察した。

この男は俺を必要としている。俺に逃げられることが怖いから、以前のような高圧的な態度をとれないのだ。

それにしても人間とは、これほどまでに手のひら返しをするものだろうか。

《先生は、アメリカ・マット界を視察がてら、オレを迎えにきてくれました。そのとき初めて、先生としんみり語りあったんですが、これも初めて「先生って、根はやさしい人なんだな」と思いましたね、渡米前は、先生を〝恐ろしい人だ〟と遠くから見ている感じでしたが、二人だけで話してみると、細かい気配りをもった、やさしい人だったんですよ。

「オレも、いつまでも現役を張っているわけにはいかねえ。引退したら観光会社をつくって、日本人のツアー団体をひきつれて、アメリカを案内する仕事でもするつもりだ。マット界のことは、おまえにまかせる。オレの地位を譲ってやるから、がんばれよ」

先生は、このとき、こんなふうにいわれました。》（ジャイアント馬場『たまにはオレもエンターテイナー』）

力道山の事業欲は極度に肥大し、もはや誰にも止められなかった。

日本初のプロレス専用会場リキ・スポーツパレスやサウナ風呂のリキ・トルコ、さらにはレストランを経営し、東京にスーパー・マーケットを作る計画も進めていた。日本のマンションの嚆矢《こうし》である赤坂のリキ・アパートはすでに着工し、相模湖畔のゴルフ場レイクサイド・カントリークラブの建設も始まっていた。

資金はいくらあっても足りなかった。

それればかりではない。ワールドリーグ戦開催には莫大な費用がかかった。外国人レスラーへのギャランティは米ドルで支払わなくてはならず、ロサンジェルスのWWAのベルトを一定期間買い取るためにも大量のアメリカドルが必要だった。

力道山にとってノドから手が出るほどほしいアメリカドルを稼ぎ出してくれるのが、ほかならぬ馬場正平だった。力道山が馬場に向かって「将来はお前を跡継ぎにするから」と約束したのは当然だろう。馬場だけがアメリカから金を引っ張ってこれるレスラーであり、すなわち力道山にとって最も役に立つ人間だからだ。

しかし、それほど簡単なことが、ほかのレスラーには理解できない。いや、わかっていても認めたくない。じつに人の心とは厄介なものだ。

《いざ、帰国となってロスの空港で、「おい、何でもいいから日本にいるレスラー全員に、土産を買っていけよ」と力道山に言われてしまった。デビュー一年足らずで初武者修行の大抜擢を受けた私には、周囲から羨望やねたみの目が集まっていたのを、力道山は知っていた。だが、私は渡米する時は不安いっぱい、帰国には嬉しさいっぱいで、そこまで気が回らなかった。私は慌ててボールペンを大量に買い込んだ。

帰国の飛行機の中では、第五回ワールドリーグ戦参加選手八選手が全員初来日だったため、私は彼らの実力分析を細かにやらされた。(フレッド・)アトキンスの名が入っていたのは、彼が東郷を通じて強引に力道山を口説き落としたからだということだった。》(ジャイアント馬場『王道十六文』)

アトキンスが来日を強く希望したのは、馬場の再渡米を力道山に強く要請するためだ。馬場が日本にいる限り、自分には一ドルも入ってこない。

金の卵を産むニワトリをめぐる争いは、すでに始まっていた。

一九六三年三月一七日午後五時四〇分、馬場と力道山を乗せた日航機が羽田国際空港に到着した。

空港では多くの報道陣とファンが出迎えた。

銀座東急ホテルで行われた記者会見では、『MR力道山、MR馬場凱旋帰国歓迎』と大書された大きな紙が掲げられ、馬場と力道山は金屏風の前で記者団の質問に答えた。

馬場は報道陣から力道山と対等の扱いを受け、力道山はニコニコしながら「馬場ちゃん！」と呼んだ。

馬場は仰天した。日本プロレス界に君臨する暴君が、入門から三年にも満たない自分に対して、公の場で敬意を払ったからだ。

記者会見の席上、力道山は「自分はバディ・ロジャースに勝った」と語った。

《ホノルルからロス、ニューヨーク、セントルイス、ロスと回ってきた。試合はセントルイスでブディ・ロジャースと戦って二－〇で勝った。一試合だけだった。あとはトレーニングに明け暮れたから調子はすごくいい。ロジャースはテーズに敗れてからはちょう落の一途でマット恐怖症にかかっているんじゃないか。昔日《せきじつ》の面影はまったくないようだ。》（『東京スポーツ』一九六三年三月一九日）

《力道山　（ロジャースとは）一二日にセントルイスでやった。二－〇で勝った。

まったく問題にならなかった。ワシと試合する段になってロジャースはブルブルふるえていた。彼はさいきん恐怖症にかかっているようだ。ルー・テーズにタイトルをとられたのもそのためだろう。オハイオ州ではビル・ミラーとカール・クラウザー（いずれも一昨年のワールドリーグ戦のとき、来日した）に選手控え室で殴られたそうだが、とにかくだらしのないやつだ。テーズにタイトル挑戦されたときも勝負する根性を失って寝っ放しだったそうだ。

ふたりの笑顔が印象的な馬場の凱旋帰国会見

――セントルイスに行った目的は……？

力道山　ロジャースを日本へよぶつもりで行ったのだが、その前にエキジビションマッチをやって実力をためしたところ、話にならんので、よぶことはあきらめたという次第だ。たとえよんでも前NWA世界チャンピオンということで人気は出るだろうが、センセーションをまきおこす

ほどの試合はできまい。》（『スポーツ毎夕』一九六三年三月一八日）

馬場は隣で滔々《とうとう》とまくしたてる力道山の大ボラに呆れ果てた。

力道山はずっとロサンジェルスにいたじゃないか。アメリカでは誰も知らない力道山が、セントルイスで天下のバディ・ロジャースと戦えるはずがない。オレの目の前でありもしないロジャースとの試合をでっちあげ、ロジャースの悪口を散々並べ立てるということは、つまり、力道山がそれだけ深いコンプレックスを抱えているということだ。ロジャースに対してではない。この俺に。

第七章　ジェラシーの一時帰国

力道山に書かせた借用書

一九六三年三月一七日、一年八カ月ぶりに帰国した馬場は、銀座東急ホテルで行われた記者会見で呆然《ぼうぜん》となった。ロサンジェルスまで自分を迎えにやってきた力道山が「ワシはセントルイスでバディ・ロジャースに勝った」などという大ボラを報道陣に言い放ったからだ。

確かに最近のロジャースは災難続きだった。前年八月の終わりにはカール・ゴッチとビル・ミラーに控え室で襲撃され、一一月にはキラー・コワルスキーとの試合中に脛骨《けいこつ》を骨折した。一月二四日にはトロントでルー・テーズに敗れ、NWA世界王座まで失ってしまった。

しかし、天才バディ・ロジャースにとってはNWAのベルトなどただの飾りに過ぎない。NWA王者になる遙か以前から、ロジャースは誰よりも多くの観客を呼んでいたのだ。

《彼(ロジャース)はね、バスで移動している時、ほかのレスラーがグーグー寝ていても、一人だけじっと考え込んでいた。「今日の試合はどうしようか? あいつと当たったらここを攻めよう。こいつの場合はこうしよう」といつも考えていた。ヒマがあったら次の試合のことを考える。何も考えていない人間と、毎日考えている人間では、当然差が出るよな。ロジャースがリングに上がると、観客がワーッときたもんな。（中略）エラそうなことを言うわけではないが、プロレスラーは一種のアーティストでなければならない。〝考える人〟だよ。》（ジャイアント馬場の発言。『週刊プロレス』一九八八年七月一九日号）

バディ・ロジャースが桁違いの集客力を誇ったのは、誰よりも深くプロレスを考え、観客の心理を読むことができたからだ。ロジャースは真のアーティストであり、世界最高のレスラーなのだ。

馬場はそう考えている。

ところが、極東の島国の支配者は天才バディ・ロジャースに一切のリスペクトを払わない。

サンフランシスコの小さな日系人コミュニティの中だけでしか試合のできない二流レスラーのくせに、日本に戻れば急にデカい態度をとり、「ワシはロジャースに勝った」などと平然と嘘をつく。しかも、ロジャースと一緒に大会場を何度も満員にした俺の目の前で。

力道山は馬場に対して「お前が俺の後継者だ」と言った。日本のプロレスの帝王の座を約束された後継者が、その地位を棒に振ってまで自分と対立するはずがない。そう考える力道山の二流のプライドが、馬場にはたまらなくイヤだった。

力道山は、すべてを知りつつ素知らぬ顔をする馬場の胸の内に、もちろん気づいている。気づいているからこそ、馬場に対してはほかのレスラーとはまったく異なる態度をとらざるを得なかったのだ。

《多くの人が、レスラーたちでさえ、力道山の外に向いた一面しか見ていない。その内側にふれる機会のあった私が、彼らとは違う〝力道山観〟を持つようになったとしても、不思議はないと思う。それがその後に日本マット界に対する私の姿勢に影響していたことも、私は否定しない。》(ジャイアント馬場『王道十六文』)

帰国後まもなく、力道山は馬場にアメリカ遠征のギャランティを清算しようと言った。

《力道山の社長室に呼ばれた私は、そこで渡米武者修行の清算をしてもらった。「お前のアメリカでの稼ぎは、二万ドル残っている」という。

当時は一ドル三六〇円の固定相場だから七二〇万円だが、私の目算はだいぶ外れた。ニューヨークでは週八〇〇〇ドル稼いだ時もあって、私の週給は最高一〇〇ドル。少なくとも一〇万ドル以上は残っていると考えていたのだが、グレート東郷が力道山に渡した明細書では、彼とフレッド・アトキンスのマネージ料、私と彼らの交通・宿泊費から洗濯代に至るまでの諸経費がキチンと計上されていて、帳尻は合っている。「これがアメリカのプロレス・ビジネスなんだな」とひとつ勉強させられた思いだった。で、力道山に五〇〇〇ドル分の日本円一八〇万円を手渡され、「あとは、ちょっと貸しとけ」と言われてしまった。この残り一万五〇〇〇ドル（筆者注・現在の貨幣価値で約三〇〇〇万円）は、力道山の死後に日本プロレス興業から清算してもらった。》（ジャイアント馬場『王道十六文』）

これまでたびたび触れてきたように、グレート東郷の人物像は不当に歪められている。東郷がカネに極めてシビアな人間であったことは確かだが、同時に鋭いビジネスセンスを持っていた。東郷と組むのがイヤなら、契約しなければいい。契約する以上は東郷と組むメリットがあるということだ。力道山は死ぬまで〝カネの亡者〟と呼ばれる男と手を組んだ。東郷と組むメリットがあったからだ。子供は人間を「いい人」と「悪い人」に二分しようとするが、多くの日本人が同様の傾向を持っているように思える。

力道山が見せた明細を見て、馬場は納得している。この時、マネージメント料のパーセンテージが明示されていたことは間違いない。この時、馬場はプロレスというビジネスと、契約の本質を初めて知ったのである。

アメリカのレスラーはプロモーターとひとりで交渉し、ひとりで契約する。マネージャーを入れれば、当然マネージメント料を取られるからだ。欧米は契約社会である。馬場は渡米してまもなく、グレート東郷、フレッド・アトキンスと契約書を取り交わしたに違いない。力道山がどのような形で関わっていたかは不明だが、契約書が存在したことは間違いない。

東郷とアトキンスは事前に交わされた契約に基づいてマネージメント料を受け取っている。かなりの高額であったことは確かだが、力道山が「高すぎる」と思わなかったことは確かだ。

元プロ野球選手の馬場は、球団と契約書を取り交わした個人事業主であった。しかし、高校を中退して一七歳で読売ジャイアンツに入団した馬場に、契約という観念はまったくなかった。

日本プロレスに入門した時には、契約書などなかった。だからこそ五万円だったはずの月給がいきなり三万円に下げられても、馬場が力道山に文句を言うことはできなかったのだ。

しかし、アメリカで一流レスラーとなった馬場は、かつての馬場ではない。

「一万五〇〇〇ドルは貸しとけ」と言った力道山に、馬場は「だったら借用書を書いてください」と言い返した。「この俺に借用書を書かせるのか！」と力道山は不満だったに違いないが、馬場は「借りる以上は借用書を書くのは当然でしょう」と譲らなかった。馬場は口約束を信用せず、契約を信用するようになっていたのだ。

観客を熱狂させたキラー・コワルスキー戦

二五歳の馬場が三九歳の力道山に借用書を書かせたことの意味は極めて大きい。もちろん力道山には返済するつもりなど最初からない。事業を拡大し続ける力道山にとって、カネはいくらあっても足りなかったからだ。

借用書はただの紙切れに過ぎない。しかし、一枚の紙切れは馬場と力道山の関係を強く縛った。

借金とはそういうものだ。

第二章でも書いたが、馬場以外のレスラーは力道山の思いのままだ。豊登も芳の里も吉村道明も、アメリカに行けば二流の悪役レスラーであり、小遣い銭しか稼げない。日本で力道山に従っていれば、ずっとラクに人並み以上の給料がもらえる。彼らが自立できないからこそ、力道山は彼らを支配できるのだ。

大木金太郎やアントニオ猪木はまだアメリカには行っていないが、アメリカで彼らがブレークすることは決してない。

アメリカで最も稼げる東部地区で人気レスラーとなった馬場には、そのことが手にとるようにわかる。

だが、馬場自身は違う。

いざとなれば力道山から独立しても、アメリカで充分以上にやっていける。現にフレッド・アトキンスやグレート東郷からは、「アメリカに戻ってこい」と繰り返し催促している。

その上、力道山には借用書つきでカネを貸した。馬場正平は、日本のレスラーとしてただひとり、出処進退《しゅっしょしんたい》を自分で決めることのできるレスラー、すなわち、力道山から経済的にも精神的にも自立したレスラーとなったのである。

まもなく第五回ワールドリーグ戦が始まった。

ジャイアント馬場というリングネームをつけた最初の試合の対戦相手は、キラー・コワルスキーだった。

ポーランド系カナダ人のキラー・コワルスキー、本名ウラデック・コワルスキーはこの時三六歳。正真正銘の一流レスラーである。

アメリカでは〝キラー〟、日本では〝殺人狂〟〝墓場の使者〟〝さまよえる亡霊〟〝地獄の大統領〟と、恐ろしい称号がつけられたのは、コワルスキーが伝説の持ち主だからだ。

一九五二年一〇月一五日、コワルスキーは得意のニードロップで対戦相手のユーコン・エリックの耳をそぎ落とした。醜い姿になったエリックは世をはかなんで自殺した。死んだエリックは幽霊となってコワルスキーにつきまとった。エリックの取れた耳がマットの上でピクピクと動く映像が脳裏から離れなくなったコワルスキーは、肉を食べられなくなってげっそりと痩せ、菜食主義者となった――。

実際には単なる事故であり、ユーコン・エリックが自殺したのは妻の不貞《ふてい》に悩んだからであり、コワルスキーはもともと菜食主義者だったのだが、プロレスメディアおよびファンが事実よりも伝説を愛するのは洋の東西を問わない。

一九六二年一一月二一日、コワルスキーはモントリオールでバディ・ロジャースの足を骨折させてしまった。これも単なる事故で、プロモーターはひどく失望したのだが、ロジャースの骨を折った男としてコワルスキーが有名になったことはいうまでもなかろう。

帰国した馬場がコワルスキーと戦った試合は、おそらくは六〇〇〇試合以上に及ぶジャイアント馬場の試合の中でも、ベストに挙げられるもののひとつだろう。

《〝吸血鬼〟を思わせるような冷たいマスクのコワルスキーは最初からパンチ、チョークと反則の連続。しかし馬場も負けてはいない。〝この野郎〟とばかり飛行機投げでマットにたたきつける。さらに師匠譲りの〝空手チョップ〟。成長した馬場にはコワルスキーの必殺技ニードロップもものの数ではない。さらばと馬場のシューズをむしり取って足を攻めつづけるが、〝目には目を〟とばかり馬場もチョークで痛めつけておいて場外に投げ飛ばし、あがってくるところをとらえて頭を鉄柱にたたきつける。これにはさすがの吸血鬼も頭をかかえてわめき散らす。

しかしリングを揺さぶる巨人同士の対決も結局時間切れに終わったが、プロレスのダイゴ味を満喫させた一戦だった。》（『スポーツニッポン』一九六三年三月二五日）

《「わたくしはキラーと四度試合（馬場の三引き分け一敗）をした。その試合を

コワルスキーとの一戦で馬場は日本のファンに成長を見せつけた

米国のプロモーターは好試合とほめた。みててください」といって馬場はリングに上がった。〃寝たらダメ〃それがキラーに対する作戦。それを必死に守った。二メートル四センチのキラーより馬場は四センチ高い。その馬場がキラーより荒っぽく凄いことをやった。日本では見られないワザと洗練された米国スタイルのレスリングを披露した。雄大なスケールの試合と馬場の進境に観客は目を丸くした。》（『日刊スポーツ』一九六三年三月二五日）

当時新弟子だったグレート小鹿《こじか》は、馬場のアメリカ遠征中に入門したために、偉大な先輩のファイトを間近に見るのはこの時が初めて。試合が始まると、小鹿はこれまでに見たこともないプロレスに呆然となった。

「足の使い方、ロープの使い方、フットワーク、試合の流れの作り方。馬場さんは本当に素晴らしかった。力道山先生や豊登さんとは何から何まで違っていたし、合宿所の先輩だった猪木さんと大木さんをふたり足したよりも馬場さんは上だった。

よく馬場さんは後期になって、アポーッって漫才師に真似されたりしたけど、ああいうのは僕らの頭の中にはない。いい時の馬場さんは物凄かった。

あの頃はまだ、ボディスラムや逆エビでお客さんが沸く時代。ところが馬場さんは、あの大きな身体で、大きなコウモリみたいにバーッと飛ぶんだから。ロープの内側は四メートル二〇センチ四方しかないんだから、馬場さんが飛べば半分を占めちゃう。それはびっくりするわな。

大自然の鷲と同じですよ。木に止まっている時には羽を折っている。飛ぶ時にはワーッと全部伸ばすでしょう？　あれと一緒です。

試合の流れの中で、どの場面で自分を大きく見せればいいかを、馬場さんは全部わかっている。大きな鏡の前で研究したんじゃないかな。俺も見たことがあるもの。

見たことのない技をいっぱいやった。ココナッツクラッシュ、椰子《やし》の実割《みわ》りなんて全然知らなかった。こんなことをやるんだ、やれるんだ、という衝撃ね。自分はまだぺーぺーだったから、馬場さんをもっと見たい、同じ空気を吸いたいという思いが強かった。でもほんの数カ月でアメリカに持っていかれちゃったんだよ（笑）」

馬場自身は、コワルスキーとの一戦を次のように振り返っている。

《四五分はまたたく間に過ぎてしまった。時間切れのゴングが鳴った瞬間、総立ちとなった超満員の観衆の拍手と歓声で、私はファンが興奮し満足してくれたことを知った。もっともっと試合を続けていたいような気分だった。

控え室の入口で力道山が「おう、お前ようやったな。疲れたろう。動きっぱなしだったもんなぁ。うん、ようやった」と迎えてくれた。この言葉はこの順序通りはっきりと覚えている。めったに弟子を褒めない力道山の、最大級の賛辞だったと思っている。

私にも、武者修行の成果を見せつけたというよりは、「スケールの大きいアメリカン・ファイトの真髄を日本のリングに初めて披露した」という自負があった。長々と試合の話を書いてしまったが、これは、馬場正平がジャイアント馬場に生まれ変わって日本のメイン・エベンターの地位を獲得し、力道山の後継者の座を確保した記念すべき試合として、私には生涯忘れられない一戦だ。》（ジャイアント馬場『王道十六文』）

プロレスラーの仕事は、観客を興奮《ヒート》させることだ。

馬場はアメリカの観客ばかりでなく、日本の観客をも熱狂させた。ヒールでもベビーフェイスでもなく、ひとりのレスラーとして。こんなことのできる日本人は、ほかにひとりもいなかった。

キラー・コワルスキー戦が、観客からもプロモーターの力道山からも高く評価されたことで、馬場はすべてのプレッシャーから解放された。

まだ新幹線も高速道路もない時代、日本の旅といえばもっぱら列車である。

アメリカの移動のほとんどが、車でハイウェイを飛ばすことだった（といっても、馬場はまだ免許証を持っていなかったから運転せずに済んだのだが）のに比べ、日本では汽車も旅館も食事も、すべて日本プロレスが手配してくれる。

二五歳の馬場は力道山、グレート東郷、遠藤幸吉、吉村道明、豊登ら幹部組だけが乗る二等車（現在のグリーン車）に乗って快適な旅を続けた。駒《こま》秀雄《ひでお》（のちのマシオ駒）という付け人もつけてもらった。

アトキンスによる豊登への制裁

一九六〇年代初頭、世界の舞台で成功した日本人は数えるほどしかいなかった。馬場正平はプロレスの本場アメリカで一流レスラーになった初めての日本人であり、だからこそ多くの観客が馬場を見るために会場に足を運んだ。

しかし、ここで私たちは、生前の馬場が繰り返し語った言葉を思い起こす必要がある。

「人はジェラシーに動かされる」

帰国した馬場に豊登ら周囲の嫉妬が向けられた（1963年）

グレート小鹿のような新弟子を除いて、馬場の成功を祝福するレスラーはごくわずかだった。デビューから一年少々でアメリカ武者修行に出させてもらい、帰国するなり、先輩レスラーをごぼう抜きにしてメインイベンターとなった馬場を称賛する人間はいなかった。「エリートコースに乗せてもらいやがって」と白眼視する者がほとんどだったのである。

アメリカで大成功した馬場の凱旋帰国によって、これまで日本プロレスで保たれていた上下関係、パワーバランスはガラガラと崩れた。

不穏な空気に気づいた力道山は、馬場の帰国と入れ替わりに、アントニオ猪木と大木金太郎を一緒に渡米させようというプランを持っていたが、自身の結婚を目前に控えて準備に忙しく、ふたりの渡米はなかなか実現しなかった。

事件が起こったのは、そんな時だった。

《事は〝白い眼〟だけですまなくなってきた。（中略）試合にかこつけて豊登が大木金太郎に「喧嘩を売って腕の一本でも折っちまえ！」とたきつけているという情報が、私の耳にも力道山の耳にも、そして東郷を通じてフレッド・アトキンスの耳にも入って来たのだ。私には「喧嘩になっても負けやしない」と自信があったが、カンカンに怒ったのがアトキンスだ。四月六日山口県防府《ほうふ》大会でオコーナー、ジノ・マレラ（のちのゴリラ・モンスーン）と組み、力道山、豊登、遠藤組と対戦したアトキンスは、三本目の乱闘中に豊登の左腕を抜いてしまった。弟子の私がかわいくてやったのだろうが、何とも凄い頑固じいさんだ。豊登は左肩脱臼で、ご当所九州と沖縄のサーキットを欠場したが、事情を察していた力道山も、アトキンスには文句はつけなかったようだ。》（ジャイアント馬場『王道十六文』）

もちろん当時の新聞には「豊登を負傷させたのはアトキンスだ！」などという記事は一切登場しない。豊登の負傷の経過を知らせる短い記事が出ただけだ。

《六日の防府大会メーンエベントで左肩を脱臼した豊登が、七日の九州シリーズ第一戦北九州大会から欠場している。経過はまずまずだが、九州はご当所（出身地）だけに、その欠場でリングにはポッカリ穴があいたようだ。休場のアイサツをする豊登にファンは「はよよくなってガンバレや！」と声援を飛ばし、本人も一日も早くカムバックを期している。（中略）「まだ痛みがとれないですよ。関取（筆者注・力道山のこと）がさがしてくれたアメリカのバンソウコウをはって動かないように固定し、早く痛みをとろうと思っているんですがね、痛くて全然動かせませんよ」》（『東京スポーツ』一九六三年四月一五日）

フレッド・アトキンスは一九一〇年生まれだから、この時点ですでに五〇歳を過ぎている。そんな中年オヤジが、三〇歳を越えたばかりの元大相撲力士の肩を意図的に脱臼させるのだから、凄いとしかいいようがない。

当時の馬場は、アトキンスの実力を次のように評している。

《アトキンスさんは自分では四五歳といっているが、ほんとうは五〇を越しているのじゃないか。それでいて歩くとめっぽう速いし、どんなに長く試合してもへバらないスタミナがある。胸囲のでかいこと……私もたいていのレスラーには負けないが、アトキンスさんは私と同じくらいある（身長は馬場が二メートル九センチ、アトキンス一メートル八八センチ）。実力では私はカール・クラウザー、ルー・テーズ、ディック・ハットン（いずれも来日）と並ぶ最高の人、いやそれ以上の人だと思う。あまり強すぎて世界選手権者に対戦をきらわれ、タイトルが取れなかった人だ。酒も、タバコも、砂糖も、塩までもからだによくないといってとらないほど、レスリングに徹した人だ。》（ジャイアント馬場の発言。『東京スポーツ』一九六三年三月一九日）

アトキンスが半ば強引に日本にやってきたのは、もちろん馬場をアメリカに連れ戻すためだ。アトキンスはグレート東郷と一緒になって、連日のように力道山を口説き続けた。

ババは素晴らしいレスラーであり、金の卵を産む鶏だ。アメリカに戻ればいくらでも稼げる。リキはババの独立を恐れているようだが、彼は心優しく、従順な男だから心配ない。

前回の遠征では基本的にワシントンのヴィンス・マクマホン・シニアとブッキング契約を結んだが、今度は俺が直接マネージメントをやる。もちろんババを独立させないための見張り役という意味もある。実務に関してはトロントのプロモーター、フランク・タニーの力を借りる。セントルイスのサム・マソニックとも、シカゴのフレッド・コーラーとも、ニューヨークおよびワシントンDCのヴィンス・マクマホン・シニアとも友好的な関係を築いている信用のおける人物だ。

ババはこれまでと同様にシカゴのアンフィシアターでも、ニューヨークのマディソン・スクウェア・ガーデンでも試合ができるし、さらにセントルイスのキール・オーディトリアムのリングにも上がれる。

ババには基本的にアメリカで稼がせて、ワールドリーグ戦など、重要な試合の時だけ日本に戻せばいい。「アメリカで活躍する馬場が帰ってきた!」と大会に希少価値も加わるだろう――。

アトキンスと東郷が馬場の再渡米を力道山に求め続ける最中、「豊登が大木金太郎を焚《た》きつけて、リング上で馬場を負傷させようとしている」という情報が、力道山、東郷、アトキンス、馬場四人の知るところとなった。

フレッド・アトキンスは呆れ果てた。

プロレスラーが生活できるのは、観客が会場に足を運んでくれるからであり、観客を呼ぶ力を持つのは強烈な個性の光を放つ、ごく少数のレスラーだけだ。日本ではリキドーザンとババだけがその力を持っている。豊登以下のレスラーは、早い話がこのふたりに食わせてもらっているのだ。

にもかかわらず、愚かな日本のレスラーたちは嫉妬の炎に灼かれるあまり、金の卵を産む鶏を殺そうとしている。冗談ではない。こんなアホな連中にババを壊されてたまるか。ババは俺が守る。

そう考えたアトキンスは場外乱闘に引き込み、故意に豊登の肩を脱臼させた。翌日から、馬場への不穏な動きはピタリと止んだ。ヘンな考えを持つとどうなるかは、豊登が身をもって教えてくれたからだ。

金の卵を産む鶏は、恐るべき力に守られていたのだ。

力道山の心労

一九六三年五月末、第五回ワールドリーグ戦を終えたフレッド・アトキンスは、馬場を自ら連れ帰るのを諦めて帰国した。

《二カ月余の長い日本の旅を終えると、アトキンスは私に「早く帰って来いよ」と念を押して帰国していった。東郷も力道山に、私をすぐ再渡米させる約束を取りつけていったという。私も、身分はメイン・エベンターで気分は若手という中途半端な境遇があまり居心地のいいものではなく、アメリカにまだやり残したことがあるような気もして再渡米したかったが、力道山に「ま、ちょっと待て」と留められてしまった。》（ジャイアント馬場『王道十六文』）

帰国したジャイアント馬場はたちまち日本中で人気者になった。馬場さえいれば興行の成功は疑いない。だからこそプロモーター力道山は、馬場を当分の間、日本に留めておきたい。

しかし、グレート東郷とフレッド・アトキンスは、アメリカで売れっ子となった馬場を一刻も早く取り戻したい。

《力道山自身は（馬場をアメリカに）行かせたくなかったかもしれないが、当時の東郷には力道山もいろいろ気を遣っていたし遠慮があったですからね。はっきりいって俺はアメリカで相当に売れていたし、結構いいマーケットでファイトできたので稼げた。ということは……だ、東郷さんにもアトキンスにも俺がアメリカにいたほうがいいわけですよ（笑）。》（ジャイアント馬場の発言。『東京スポー

ツ』一九六三年五月二一日)

ジャイアント馬場をめぐる日米間の争奪戦が激しさを増していたこの時期、力道山は疲れ切っていた。

プロレス専門会場のリキ・パレス、高級マンションのリキ・アパートやリキ・マンション、さらにボウリング場やゴルフ場の建設まで、事業欲は無限に広がったものの、資金が続かず、借金と税金に苦しめられた。外国人レスラーに支払うギャラにも事欠いて、ついに闇ドルにまで手を出した。

国税局からは使途不明金を追及され、為替《かわせ》管理法違反の嫌疑もかけられた。眠れない日々が続いた力道山は睡眠薬を常用し、試合前には興奮剤を飲んだ。

精神の安定を保とうと日本航空の国際線スチュワーデスだった田中敬子と婚約したが、心配事が消えてなくなるはずもなかった。

力道山の心配は金銭面に留まらなかった。

ベトナムへの本格的な介入を決意したアメリカは、韓国には軍隊の派遣を求め、平和憲法を持つ日本には後方支援基地としての役割を求めた。

アメリカが戦おうとしている北ベトナムは、中ソが支援する共産国家である。アメリカは、日本と韓国の関係を改善させる必要を感じた。アメリカの子分である日本と韓国は、親分の意向に従うほかなかった。

自民党副総裁の大野伴睦《ばんぼく》は日本プロレスのコミッショナーであり、力道山の後援者でもあったから、朝鮮半島北部出身の力道山を、半島と列島の架け橋に使おうと考えた。

韓国大統領の朴正熙《パクチョンヒ》は日本陸軍士官学校の出身であり、日本名は高木正雄である。姪《めい》の婿《むこ》である金鍾泌《キムジョンピル》首相は日韓基本条約締結のために奔走し、のちに大木金太郎こと金一《キムイル》を韓国の力道山に仕立て上げた人物である。

大野伴睦と金鍾泌は、力道山に韓国訪問を強く求めた。日本テレビの正力松太郎も、右翼の児玉誉士夫《こだまよしお》、山口組三代目組長の田岡一雄も、親友の東声会《とうせいかい》会長の町井久之(韓国名・鄭建永《チョンゴニョン》)も同じ意見だった。

日本プロレスを支えてくれている人々の命令を拒否することなどできるはずもなく、一九六三年一月、力道山は韓国を訪問する。馬場がアメリカ遠征から帰国する二カ月前のことだ。

韓国訪問は極秘にしておいたにもかかわらず、東京中日新聞は「力道山、二〇年ぶりに祖国へ」という見出しとともに、力道山が朝鮮半島の出身であることをすっぱ抜いて、力道山を激怒させた。

韓国訪問の一年ほど前にあたる一九六一年一一月、極秘で新潟を訪れた力道山は、在日朝鮮人を北朝鮮に帰す帰国船に乗り込んでいる。

北朝鮮は日本でヒーローとなった力道山を味方につけようと、船に力道山の兄と娘（力道山は日本にやってくる以前に結婚していた）を乗せ、日本に送り込んでいたのだ。

新潟港に停泊する船内で、久しぶりに兄と娘に会った力道山は大いに喜んだ。歓迎会の席上で酒に酔った力道山は「アリラン」を高唱し、空手チョップで板を割ってみせた。

《一九六二（昭和三七）年。力道山は、四月一五日の金日成の五〇歳の誕生日を記念して、高級乗用車を贈ったという。

北朝鮮に住む作家、李鎬仁が言う。

「力道山は、各地を回る金日成首領の現地指導の役に立って欲しいと、車を贈ってよこしたということだ」

力道山は車とともに自筆の書を添えた。その書にはこうあった。

平和統一　力道山

金日成元帥　万歳　力道山信洛《シンラク》》（李淳馹『もう一人の力道山』）

信洛が朝鮮名の金信洛であることは言うまでもない。

長崎県大村市出身を自称する百田《ももた》光浩《みつひろ》は、日韓友好に尽くさなくてはならない立場にあった。

しかし、北朝鮮に出自を持つ金信洛は、兄や娘のためにも金日成への忠誠心を表明しなくてはならなかった。

力道山のアイデンティティは引き裂かれていたのである。

「初来日して真っ先に馬場を探した」

力道山の悩みは深かった。

借金は増えるばかりで、税金も予想を遥かに上回った。唯一好調なのはプロレスだけだったが、エースである自分はすでに三七歳。身体の調子は最悪で、近いうちに現役を退かなくてはならないことは明らかだった。

自分以外に客を呼べるレスラーはジャイアント馬場ただひとりだ。

しかし、馬場はまもなくアメリカに送り出さなければならない。日本プロレスの生命線である外国人招聘ルートを一手に握るグレート東郷の意向に逆らうことはできないからだ。

馬場がアメリカで稼ぎ出すドルは確かに魅力的だが、すでに力道山を凌ぐ人気を獲得していた馬場を失えば、日本プロレスの客が減ることは確実だった。

差し引きでいえば、間違いなくマイナスだろう。

アメリカで一躍スターとなったジャイアント馬場への嫉妬は、アトキンスが豊登を制裁して一時的には収束したものの、根本的な問題は何も解決されていなかった。豊登が肩を脱臼させられたことで、周囲のレスラーの馬場を見る目はさらに険しくなった。

客席を満員にしたメインイベンターはプロモーターから称賛され、前座レスラーからは感謝と尊敬を集める。これがアメリカのプロレスの常識である。

ところが日本では違う。

第五回ワールドリーグ戦において、ジャイアント馬場は力道山以上に注目を集めた。

大勢の観客がジャイアント馬場を見るために会場に足を運んだ。日本中、どこに行っても超満員だった。

客を呼んだ馬場は、周囲のレスラーから称賛され、感謝されてしかるべきだ。

にもかかわらず、彼らが馬場を見る目は称賛でも感謝でも尊敬でもなく、非難なのだ。こんなバカなことがあっていいものだろうか？　日本のプロレスはおかしい。

針のむしろに座らされているような気分になった馬場は、一刻も早くアメリカに逃げ出したい気分だった。

ザ・デストロイヤーが初めて日本のプロレスのリングに上がったのは、日本プロレス内部がガタガタになっていた一九六三年五月一七日のこと。この日の東京体育館では、第五回ワールドリーグ戦の決勝戦が行われることになっていた。

決勝戦に進出したのは、力道山とキラー・コワルスキーである。

デストロイヤーは次期シリーズの宣伝のために来日し、リング上で紹介を受けた。遠来の訪問者に力道山が握手を求めると、デストロイヤーはこれを拒否。反対側のコーナーにいるコワルスキーに握手を求めた。しかし、今度はコワルスキーがその握手を拒否する。怒ったデストロイヤーは、コワルスキーに平手打ちを見舞った。意外な展開に観客は大いに沸き、デストロイヤーは存在感を強烈にアピールすることに成功した。

セミファイナルでヘイスタック・カルホーンと戦ったばかりの馬場は控え室に

いたから、この有名なシーンは見ていない。
《馬場 デストロイヤーって本当にいい度胸だと思ったよ。はっきりいって、いくらWWAの世界チャンピオンだからといってもコワルスキーのほうが格が上だからね。（中略）東部のレスラーと西部のレスラーは、いっちゃ悪いけど、やっぱり違うんですよ。とくにそのころはね。（中略）WWAというのはジュールス・ストロンボーとかグレート東郷が作ったカリフォルニアの団体なんだけども、ニューヨークとかシカゴとか当時のNWAの本流というか東部のメーンのプロレス関係者からすればローカルなんですよ。（中略）当時ね、キラー・コワルスキーといえばマディソン・スクウェア・ガーデン、モントリオール、トロント、ワシントンDC、シカゴ、それにセントルイスもいっていたかな。あ、それからデトロイト。こういったね、それこそ当時のアメリカのメーンのマットでどこでもメインイベントをつとめた一流中の一流ですよ。デストロイヤーは世界チャンピオンといってもロサンジェルスのチャンピオン。そこらあたりの差なんですよ。》
（ジャイアント馬場の発言。『東京スポーツ』一九八二年五月二〇日）
東部のマットで活躍した馬場にとって、デストロイヤーはただのローカルチャンピオンに過ぎなかった。その上、来日したデストロイヤーはWWA世界王者ですらなかった。日本にやってくる一週間前にあたる五月一〇日、フレッド・ブラッシーに敗れて王座を明け渡していたからだ。

当時のメディアは「デストロイヤーはなぜWWA世界王座のベルトを持ってこなかったのか？」といぶかったが、王者でないのだからベルトを持ってこられるはずもなかった。

無冠の覆面レスラーを、力道山がWWA世界チャンピオンと喧伝したことはいうまでもない。

もちろんデストロイヤーも力道山の宣伝に協力した。

《俺はニューヨークを出てロスにきた。WWAの世界チャンピオンだ。WWAが世界一、デストロイヤーが世界一だ。ルー・テーズにも俺は勝っている。バディ・ロジャース？　あいつはただのショーマンだ。》（ザ・デストロイヤーの発言。『東京スポーツ』一九六三年五月二〇日）

初来日の際、デストロイヤーは、真っ先に馬場を探したという。

「私はババに『ユー・メイド・ミー（You made me）』と感謝したんだよ」

デストロイヤーは筆者に懐かしそうに言った。

「ババが東海岸からロサンジェルスにきた時には、日本から記者やカメラマンが大勢やってきた。ババはアメリカで大成功していたし、もうすぐ帰国することを知っていたからだろう。

ババが私と熱戦を演じたことは日本でも大きく報道されたから、日本のファンは、私が力道山と戦う以前からかなりの知識を持っていた。ババは日本における私のイメージを作り上げてくれたんだ」(ザ・デストロイヤー)

ザ・デストロイヤーの日本における大成功は、ジャイアント馬場のお陰だったのである。

前歯を折られたデストロイヤー

アメリカ修行時代の力道山が敗北を喫したレスラーは、タッグマッチを含めてもわずかに五人しかいない。

レッド・スコーピオン(タム・ライス)、フレッド・アトキンス、レオ・ノメリーニ、ルー・テーズ、アル・コステロの五人である。

帰国して日本プロレスを旗揚げした後は、ロサンジェルスで行われたフレッド・ブラッシー戦を除いて、シングルマッチでは一試合も負けていない(反則負けを除く）。〝鉄人〟ルー・テーズにも第四回ワールドリーグ戦で勝利している。勝敗を決めているのは、もちろんプロモーターである力道山自身である。観客の期待が力道山の勝利にあるからこそ、力道山は勝ち続けた。日本プロレス最大のイベントであるワールドリーグ戦でも五連覇を達成した。

借金返済と税金に苦しめられ、トレーニングもロクにできない力道山は、常勝の王者を演じ続けるリアリティが自分の肉体から失われつつあることを感じた。

もう一度、観客に自分のプロレスをアピールしなければならない。

そう考えた力道山は、これまでにない戦略を打ち出すことにした。

ひとことでいえば〝弱いチャンピオン〟〝観客をハラハラさせるチャンピオン〟である。

一九六二年九月一四日のタッグマッチで右胸鎖《きょうさ》関節亜脱臼という重傷を負った力道山は、五日後の大阪府立体育会館では、上半身にアメリカン・フットボールのショルダーパッドをつけてリングに上がり、観客を驚かせた。

《アメリカン・フットボールのショルダーパッドをつけた力道山の、蹴りを主体とした〝背水の陣〟的な戦い方、あるいはショルダーパッドを外していく過程の〝痛々しい姿〟、そして繃帯《ほうたい》を外して空手チョップを〝解禁〟させ本来の力道山がよみがえるフィナーレ……昭和三十七年十月のシリーズは、ルー・テーズ後の力道山プロレスの特徴を、もっとも際立たせた流れになっていた。トレーニングと体調を最高の状態で維持して試合に臨むというより、ハンディやアクシデントをもみずからの凄みを引き出す要素にしてゆく。力道山プロレスは、そのような旋回をし始めていたのではなかろうか。》（村松友視『力道山がいた』）

一九六三年五月一九日、一万二〇〇〇人と超満員の観客を飲み込んだ大阪府立体育会館で、力道山は〝白覆面の魔王〟ザ・デストロイヤーについに敗れた。

両者一本ずつを取り合った後、三本目はリング中央でデストロイヤーの4の字固めがガッチリと決まり、力道山がギブアップしたのだ。

「無敵の王者敗れる！」というニュースは瞬時に日本中に伝わり、力道山のもくろみ通り、プロレス人気は再沸騰した。

力道山を破った男として注目の的となったザ・デストロイヤーは、二一日の名古屋市金山体育館でグレート東郷を4の字固めで倒した後、翌二二日の静岡の駿《すん》府《ぷ》会館でジャイアント馬場と戦った。

ふたりはロサンジェルスで二度戦っているから、これが三度目の対戦となる。

結局、デストロイヤーがパイルドライバーで勝利した。

「プロレスラーはまず模倣から始まる。ほかのレスラーのいい部分を自分のスタイルに取り入れていくんだ。私はまだ若かったババに、多くの選手の試合を見て学び、良いところをブレンドして自分のスタイルを作っていきなさいと教えた。私のほうがキャリアが長かったから、教える立場だったんだ。

当時のババはさほどいいワーカー（自分の力で観客を興奮させることのできるレスラー）ではなかったけれど、非常に頭の切れる男で、しかも謙虚だった。アメリカンスタイルを徹底的に追求しようと努力していたんだ。

日本のレスリングは旧態依然たるものだった。ババは、日本のマット界に初めて最新のアメリカンスタイルを持ち込んだレスラーだろう。

ショルダーパットをつけて戦う力道山（1962年9月19日）

アメリカでの経験も豊富だったから、ババとの試合に問題はなかった。約束事をしっかりと守り、お互いをケガさせないように細心の注意を払いながら、質の高い試合を一緒に作り上げることができた。もちろん観客は大いに盛り上がったよ。ところが、力道山との試合はまったく違うものになってしまったんだ」（ザ・デストロイヤー）

ザ・デストロイヤー対力道山の再戦は当然のように大きな話題を呼び、五月二四日、東京体育館は一万二〇〇〇人の大観衆で膨れ上がった。この試合は結局、デストロイヤーの4の字固めが決まったまま、レフェリーストップの引き分けに終わっている。

中継する日本テレビは天井にカメラを設置して、4の字固めをかけるデストロイヤーとかけられる力道山の映像を俯瞰《ふかん》でとらえた。珍しい俯瞰の映像は、日本プロレス史上屈指の名シーンとしてファンの脳裏に焼きついて離れない。

《そのとき、天井からのテレビカメラが四の字固めをかけたザ・デストロイヤーとかけられた力道山の姿を、真上から映し出した。のちになって、どうしてあんなところにあらかじめカメラが設定されていたのか……と取り沙汰されたシーンだが、当時の私にはそんな詮索をする知恵はなかった。四の字固めをかけられて

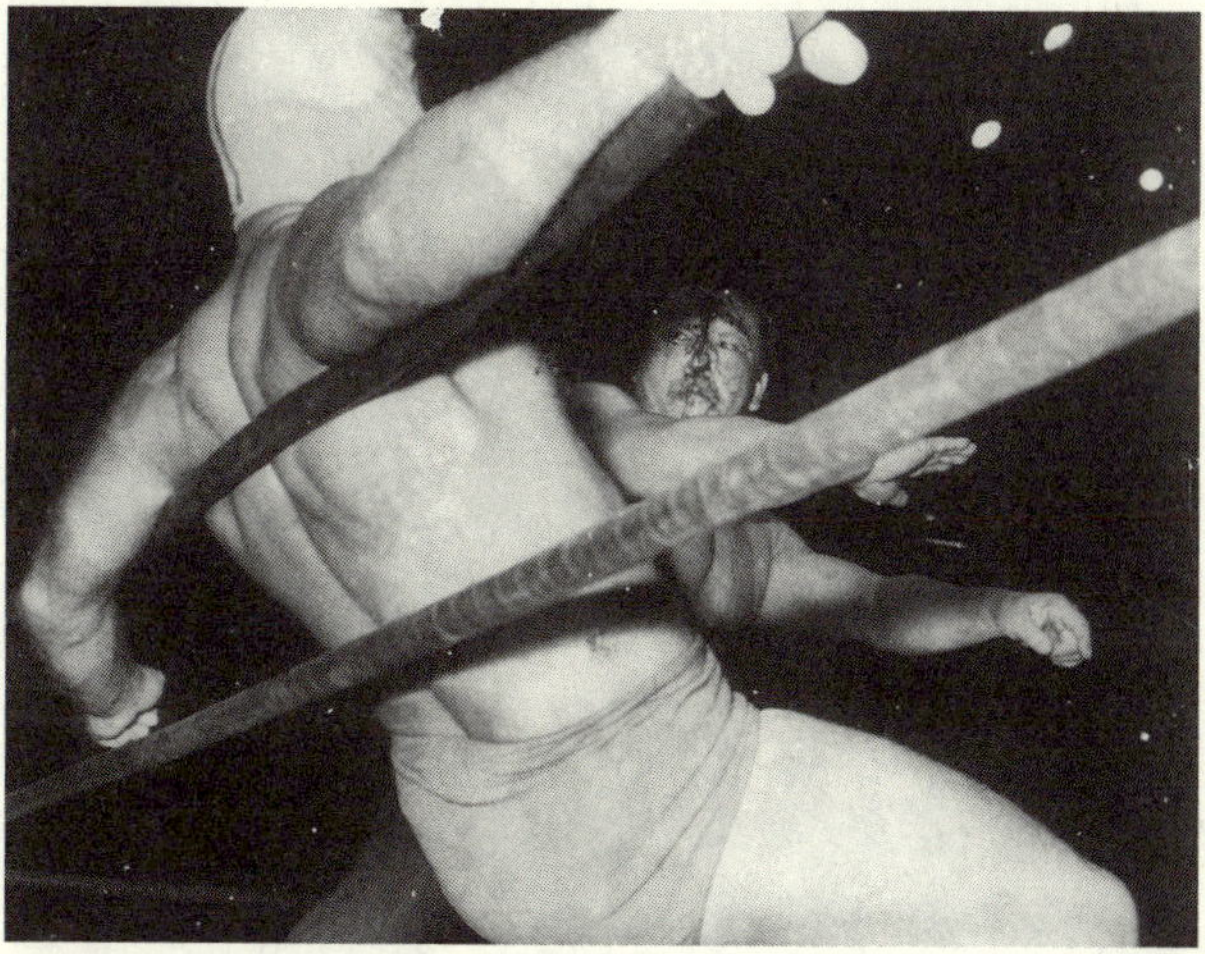

力道山のチョップがデストロイヤーを襲う

苦悶する力道山、その体勢を裏返しにされて咆哮するザ・デストロイヤー……これを見て息を呑むのは、シャープ兄弟来日当初、ロープへ届きそうで届かない場面に溜め息をする、プロレスの原点を思い起こさせるシーンだった。》（村松友視『力道山がいた』）

時間を一五分延長して放送された世紀の一戦のテレビ視聴率はなんと六四パーセント。日本テレビにとっては史上最高、日本の歴代視聴率でも四位にあたる高視聴率を記録している（ちなみに一位はＮＨＫが放送した東京オリンピックの女子バレー決勝戦日本対ソ連）。

しかし、あまりにも有名なこの試合は、デストロイヤーにとっては苦い思い出でしかない。デストロイヤーは4の字固めをかけた状態で、力道山から顔面に強烈な空手チョップを食らわされたからである。

前歯は折れ、鮮血にまみれつつマットに落ちた。

「試合前に力道山と話したことは一切ない。彼は英語をまったくしゃべらないから、話す機会もなかった。だから試合展開がどうなるか、彼にも私にも、誰にもわからなかった。

私はいつも通り、力道山をグッドに見せようとした。ところが東京での試合で、力道山は私の顔面にチョップを入れてきた。ブロックしようと思えばできたけれど、空手チョップが彼のスタイルである以上、私は避けないで受けるべきなんだ。お陰で私の右前歯は折れてしまった。わざとなのか、それとも何らかのアクシデントだったのか、それはわからない。リングサイドにいたオキ・シキナ（沖識名）に『あいつ（力道山）にレスリングのやり方を教えてやれ』と文句を言ったことを覚えている。

相撲の基礎がある力道山は、スタンドでは技の組み合わせも、空手チョップもよかったけど、寝技はまったく持っていなかった。

観客はすっかり興奮していたし、試合そのものは悪くなかったと思う。問題は、力道山との間に信頼関係が存在しなかったことにあるんだ」（ザ・デストロイヤー）

「日本に戻ってくるかどうかはわからないよ」

力道山は、自分の引退は近いと感じていた。

《力道山は「近い将来の日本プロレスは馬場、猪木の時代になる。あと三年。ワシも頑張る。だが三年たったら馬場の時代。そして猪木が後を追う」と予言していた。（中略）

「猪木はこれからだよ。馬場はすでにアメリカで認められて世界タイトルマッチを何度もやっているんだ。まだ猪木が勝つには無理だろう。だが猪木も急成長している。三本勝負なら一本は取れるところまできている。このまま成長すれば二、三年で馬場に追いついてくるだろう。来年は猪木をアメリカへやる。猪木がアメリカでみっちり修行をして実力をつけ、馬場と互角の勝負をするようになった時、ワシはもう引退だろう」

力道山は馬場、猪木について、しみじみそんな話を筆者にしたことがある。》（原康史『激録 力道山』）

原康史とは、東京スポーツのプロレス記者だった櫻井康雄のペンネームである。その櫻井は、当時の馬場を次のように評する。

「アメリカから帰ってきた馬場の太腿《ふともも》の張りには驚きました。首から肩にかけての僧帽筋《そうぼうきん》も張っていましたね。腕の筋肉も、大胸筋も盛り上がっていた。プロレスラーらしい身体になって試合にも迫力が出た。このあたりから昭和四四（一九六九）年までは、馬場の全盛時代。心技体が揃っていたと思います」

力道山が馬場の次に期待をかけ、アメリカに送り出そうと考えていたのは、二〇歳のアントニオ猪木（本名の猪木寛至から改名。ブラジルで〝アントニオ〟と呼ばれていたことに由来する）だった。柔軟で強靭な肉体、決してトレーニングをサボらない真面目さ。若き日の猪木をレフェリーの沖識名は次のように評している。

《ルー・テーズの若い頃にそっくりだ。若さが溢れているし、バネもある……みっちり鍛えたらきっとテーズのようになるよ。》（『東京スポーツ』一九六三年六月五日）

来日した外国人レスラーも猪木の素質を絶賛した。卓越した運動神経を持ち、レスリングばかりでなく、バスケットボールでもゴルフでも野球でも才能を発揮したアスリートであるサニー・マイヤースが「猪木を俺に預けろ」と力道山に迫ったという話は有名だ。自分に似たものを感じたのだろう。

ところが、五月五日の札幌中島スポーツセンターで行われた遠藤幸吉との試合中に、猪木は左膝の腱を痛めてしまい、アメリカ遠征を延期せざるを得なくなった。

猪木はひどく落胆した。粗暴な力道山に何かといちゃもんをつけられ、暴力を受け続ける日々にうんざりしていたからだ。

結局、猪木の代わりに大木金太郎がアメリカに行くことになった。

《大木さんには「私、韓国人。あなた、ブラジル人。仲良くしましょう」と手を握られたことがあった。人形町の道場の下の映画館の暗がりで。

（アメリカには）本当は大木さんより先に僕が行くはずだったけど、膝をケガしてしまったんです。（中略）外人の控え室に行くと、サニー・マイヤースさんが「お前ならアメリカに来ても稼げるぞ」と言ってくれた。その時は（力道山への）遅い反抗期で「日本を飛び出してアメリカに行こうかな？」と思ったこともありました。》（アントニオ猪木の発言。『アントニオ猪木デビュー50周年記念ＤＶＤ－

BOX』でのインタビューより）

六月七日に渋谷のリキ・スポーツパレスで行われた力道山結婚記念プロレス大会のメインイベントは、バトルロイヤルだった。

新婚旅行への出発を目前に控えた力道山がレフェリーを務め、出場選手は吉村道明、遠藤幸吉、ジャイアント馬場、ゴリラ（マンモス）鈴木、長沢秀幸（日一）、ユセフ・トルコ、桂浜、大木金太郎、アントニオ猪木の九名。

優勝したのは、アメリカ遠征が決まったばかりの大木だった。

《（六人のレスラーがリングを去り）残るは巨漢馬場に大木、猪木の三人となった。馬場が大木、猪木の二人に攻められフルネルソンから大木の頭突きを五発もくい、二人に押さえ込まれて退場した。マット上は近く渡米する大木と猪木の対戦となった。

力道山が二人にファイトを命じれば、大木、猪木ともに張り切った。猪木は大木をレッグロックで攻めると、大木もタックルをかけて猪木の負傷している足めがけて反撃。その足をとるや逆エビ固めの体勢に入ってしつように締め上げ、猪木たまらずついに降参してしまった。

アメリカ行きを間近にひかえた大木が闘い抜いて優勝した。》（『プロレス＆ボ

クシング』一九六三年六月号）

第三章で述べたように、フルネルソンはサンマルチノが六一年一一月にマディソン・スクウェア・ガーデンで馬場と初対戦した時に使った技だ。バックに回り、相手の両脇から手を差し入れて首の後ろでクラッチして、相手の首を押し下げてダメージを与える。

サンマルチノは馬場にフルネルソンをかけようとしたものの、身長が二〇センチ以上違うために、首の後ろでクラッチして絞り上げることができなかった。サンマルチノはフルネルソンを使うことで、馬場の尋常でない大きさを観客に示そうとしたのだ。

一方、大木金太郎がやったのはフルネルソンからの頭突き五発である。

つまり至近距離から後頭部に頭突きをしたということだ。

レスラーは派手で見栄えがして、なおかつ相手にダメージの少ない技をかけなくてはならない。しかしフルネルソンからの頭突きは、地味で見栄えがせず、しかも後頭部の急所に深いダメージを与える。プロレス技としては最低である。

サンマルチノが「観客からどう見えるか」を必死に考えてフルネルソンを使ったのに対し、大木金太郎の頭にあるのは馬場への嫉妬だけだ。馬場を痛めつけることだけを考えている大木には、観客は一切見えていない。

サンマルチノと大木のどちらが正しかったかは、歴史が証明している。大木は九月九日にロサンジェルスに旅立ったが、アメリカで一流レスラーになることはついになかった。

父の病気で渡米が遅れていた馬場も、一〇月七日には再び日本を離れ、二度目のアメリカ遠征に出発した。

「アメリカで稼いだカネを『ちょっと貸しとけ』と力道山に取られてしまったこともあって、馬場はモヤモヤとした感情を持っていた。僕は馬場を羽田空港まで送っていったんですが、馬場は僕に『日本に戻ってくるかどうかはわからないよ』と、はっきり言いました。

馬場としては力道山とケンカをするまでの度胸はない。ただ、アメリカでずっとやったほうがいいかな、という気持ちにはなっていたんです」（櫻井康雄）

ジャイアント馬場が日本に滞在したのはわずか七カ月に過ぎない。グレート東郷とフレッド・アトキンスは、ついに馬場の奪還に成功したのだ。

第八章　世界三大タイトル連続挑戦

カナダの田舎町に隔離される

第二次アメリカ遠征に旅立った馬場が向かった先はホノルルだった。

ハワイ各島で約二週間のサーキットを行ったのである。

一流レスラーに成長した馬場をどうしても使いたいと、ハワイのプロモーター、エド・フランシスが力道山に懇願したのだ。

日系人も多く、馬場はオアフ島でもハワイ島でも大人気だった。

これまで、馬場にとってのハワイは飛行機の給油のために数時間立ち寄る場所に過ぎなかった。しかし、今回、各島を回ってみて、美しいハワイの風景に完全に魅了された。海も空も森も明るい光に包まれている。こんなところで暮らせたらどんなにいいだろう。雪国育ちの馬場はそう考えるようになった。

常夏《とこなつ》の島の快適な日々は瞬く間に過ぎ、一〇月中旬、馬場は初冬のカナダに直行した。

前回の第一次遠征ではニューヨークの安ホテルを本拠地にしたが、今回馬場が腰を落ち着けた先は、カナダ・オンタリオ州のクリスタルビーチ。ロードマネージャーのフレッド・アトキンスが暮らすエリー湖畔の田舎町である。

長年オーストラリアで活躍し、一九五〇年代半ばに北米大陸に渡ってきたものの、生涯アメリカの永住権を得ることができなかったアトキンスは、この地に家を購入して生活拠点としていた。ニューヨーク州バッファローの市街地まではわずか一〇キロ、バッファロー・ナイアガラ空港までは三〇キロ。東部地区で活躍するプロレスラーにとっては交通至便の地だ。

《もう向こうは冬でね、寒かったもの。（中略）アトキンスの家がクリスタルビーチにあって、その近くにあるヒューバート・ホテルというところに僕は泊まっていたんですよ。そこから毎日、アトキンスの家に行って、アトキンスと一緒に試合に出かけるという毎日でした。もう一〇月の下旬になると雪が降るんですよ。雪が積もってこれがプロレスの季節となるんですよ。（中略）雪が積もると、農家の人も仕事ができなくなる。農家じゃなくてもそうだけど。カナダは自然を相手の仕事が多い。だから農閑期がプロレスのメーンシーズンなんですよ。アメリカでもローカルはそうじゃないかな。（中略）最初の頃とは違ってねえ。トロントとかデトロイト、ハミルトン、ロチェスターなんかが多かった。時にはシカゴとかバッファローとかも行ったな。いわゆる五大湖周辺ですよ。》（ジャイアント馬場の発言。『東京スポーツ』一九八三年五月二五日）

「ヒューバート・ホテル」とはなかなか立派な名前だが、要するに田舎のモーテルである。ヒッチコックの映画『サイコ』に出てくるような、といえば想像しやすいだろう。

アトキンスによって田舎町に隔離された馬場の、練習漬けの日々が始まった。

《『ザ・アトキンス』といかにも頑固じいさんらしい自己主張をした表札をかかげた彼の家から、肉眼では隣の家が見えない。つまり、周囲になーんにもないのだ。日本流に言えば、煙草屋に何里、豆腐屋に何里という人里離れた一軒家。しかも一〇月も下旬に入って早くも雪が降り出し、何とも寂しい感じだった。

私はヒューバート・ホテルという名前だけは立派なオンボロ・ドライブインに部屋を借り、そこからアトキンスの家に通った。練習も寒さも、きびしいのを通り越していた。雪国出身の私にも、ここのは寒いというより痛いという感じだった。颪の中をジョギングすると、全身を棒で殴られているような痛みが走る。室内の練習も、力道山道場より理詰めではあったが、より過酷だった。

「死んだほうがマシだ」と何度思ったかしれない。

「日本が地続きだったら、歩いてでも帰っちまうのになぁ」とみっともない話だがベソもかいた。

アトキンスは、理屈や抗弁は一切許さなかった。アトキンスの信念は、たとえルー・テーズでも曲げようはなかっただろう。アトキンスに〝やれ〟と言われたことは、黙ってやるか、逃げ出すしかない。週給一〇〇ドルでは逃げ出しようがないから、やるしかなかった。ちょっとサボったら、二日でも三日でも口をきいてくれない。軽蔑したような目で、じっと見ているだけだ。だがやりとげれば、ビールを飲ませてくれるような暖かさもあった。》（ジャイアント馬場『王道十六文』）

アトキンスがこのようなカナダの田舎町に馬場を隔離したのは、馬場の独立を阻止するためである。

力道山およびグレート東郷が了解済みであったことはいうまでもない。

彼ら三人にとって、馬場はすでに必要不可欠な存在になっていた。

力道山にとっては、貴重なドルを稼ぎ出してくれる唯一の有能な部下であった。

グレート東郷にとっては、何もしなくても勝手に巨額のカネを稼ぎ出してくれるありがたいレスラーであった。

フレッド・アトキンスにとっては、ロードマネージャーとしてついている限り、マネージメント料が入るばかりでなく、自動的に自分も一流会場の試合にありつける優秀な教え子だった。

彼ら三人は完全に馬場に依存していた。にもかかわらず、馬場が彼ら三人に君臨することはなく、逆に絶対服従していた。これほどおいしい話はない。

しかし、もし馬場が独立してしまったら？　彼らはたちまち苦境に陥る。

力道山は貴重なドルを失うばかりか、近未来の日本プロレスに観客を連れてきてくれるエースを失うことになる。

グレート東郷に自動的に入ってくる大金も瞬時に失われる。

アトキンスはマネージメント料と自分の試合の両方を失うことになる。

そんなことは絶対にあってはならない。だからこそ三人は、馬場をカナダの田舎町に隔離したのである。

優秀な頭脳を持つ馬場は、アメリカのプロレス界の仕組みを理解し始めていた。ほかのレスラーにはロードマネージャーなどいない。自分自身でプロモーターと契約し、自分自身で車を運転して試合会場に足を運ぶ。すべてを自分で行えば、マネージメント料を支払う必要も、経費を抜かれることも、ピンハネされることもない。

すでに馬場は、自分が第一次遠征で稼ぎ出したファイトマネーの総額を知っていた。力道山、グレート東郷、フレッド・アトキンスの三人が受け取った莫大な金額と、自分に渡されたわずかな金額を知っていた。

そして、その少ない金額のほとんどを「ちょっと貸しとけ」と力道山に奪われてしまったことも。

アメリカでの暮らしに慣れ始めた馬場にとって、独立に必要なものは、自分自身でプロモーターとブッキング契約を結ぶことと、自分で会場まで移動することだけだ。

もし、それができれば、俺はひとりでやっていける。彼ら三人は必要ない。搾取されることもない。馬場がそう考えるのは火を見るよりも明らかだった。

師匠・アトキンスへの感謝

おとなしい性格で、進取の気性に乏しい馬場は、まだひとりでは動けない。

しかし、馬場に独立を唆《そそのか》す人物がいるとすれば？　危険な人物は誰だろうか。

第一の候補は、馬場の第一次遠征の際にブッキングを担当したヴィンス・マクマホン・シニアだろう。たとえばニューヨークとワシントンＤＣのプロモーターであるヴィンス・シニアが、馬場を呼び出してこう言ったとする。

「ババ、いまやお前は一流レスラーだ。日本のリッキーやロサンジェルスのトーゴーにいつまでも従う必要はないだろう。日本に戻ったところで、リキにこき使われるだけだ。独立してこのままアメリカで働いたほうがずっといい。お前は二六歳とまだ若いのだから、これからいくらでも稼げるだろう。俺が力になってやる」

馬場はまだ、ニューヨークのマディソン・スクウェア・ガーデンでメインイベンターになったことがなかった。

一九六一年一一月にNWA世界王者のバディ・ロジャース対アントニオ・ロッカという黄金カードの前座として、ブルーノ・サンマルチノとセミファイナルで戦ったのが最高である。

もしもマディソン・スクウェア・ガーデンのメインイベンターになれたら? 二万二〇〇〇の観客席を満員にして、自分の試合で観客すべてを熱狂の渦に巻き込むことができたら、一体、どんな気持ちがするのだろう?

尊敬するバディ・ロジャースは、そんな気持ちを繰り返し味わってきたのだ。

そして、現在バディ・ロジャースに代わってニューヨークに君臨しているのは、〝親友〟のブルーノ・サンマルチノだった。

《オレが第一回の帰国をすることになったとき、サンマルチノはオレの手をかたく握って、「やがてはオレとおまえで、世界タイトルマッチをやろうぜ」といってくれたもんです。出世を誓いあった仲、というんですかね。

サンマルチノが、WWWF初代世界選手権者のバディ・ロジャースを倒し、第二代王者になったと聞いたのは、オレが初出場した第五回ワールドリーグ戦が終わり、選抜戦で地方巡業している時でした。

ついにやったかと祝福したい気持ち、先んじられたかと、ちょっと口惜しいような気持ち。しかもサンマルチノが倒したのが、オレの大好きなバディ・ロジャースだったということもあって、オレの心境はかなり複雑でしたね。》（ジャイアント馬場『たまにはオレもエンターテイナー』）

サンマルチノにこの件について筆者が確認したところ、「ごめん。全然覚えていない」と言った。やりとりそのものがなかったのかもしれないし、サンマルチノが忘れているだけで、どこかの会場で実際にお互いの手を握り合ったのかもしれない。

いずれにせよ、間違いないのは、馬場の中にバディ・ロジャースへの恋い焦がれるような気持ちと、マディソン・スクウェア・ガーデンのメインイベンターになりたいという強い思いがあったということだ。馬場は日本にいる時からマディソン・スクウェア・ガーデンのメインイベントへの憧れを繰り返し語っている。

《（アメリカ遠征の）目標はただ一つです。それはニューヨーク・マディソン・スクウェア・ガーデンでメインイベントをやることです。あとの地区では、ほとんどメインイベントをやりました。ただマディソン・スクウェア・ガーデンだけは一回もやったことがありません。あそこでメインイベンターとして認められるということは、世界的なレスラーだという証明になるんです。こんどこそはメインイベントをつとめられるようになにがなんでもがんばるつもりです。》（ジャイアント馬場の発言。『プロレス&ボクシング』一九六三年一〇月号）

「ニューヨークへこい。俺と契約しよう。お前とサンマルチノなら、何度でもマディソン・スクウェア・ガーデンを満員にできるぞ」

もし、ヴィンス・シニアにそう言われれば、馬場が誘いに乗る可能性は高かった。

そう考えたからこそ、アトキンスはニューヨークのヴィンスから馬場を隔離したのである。

聡明な馬場は「自分が隔離されている」という自覚を持っていた。

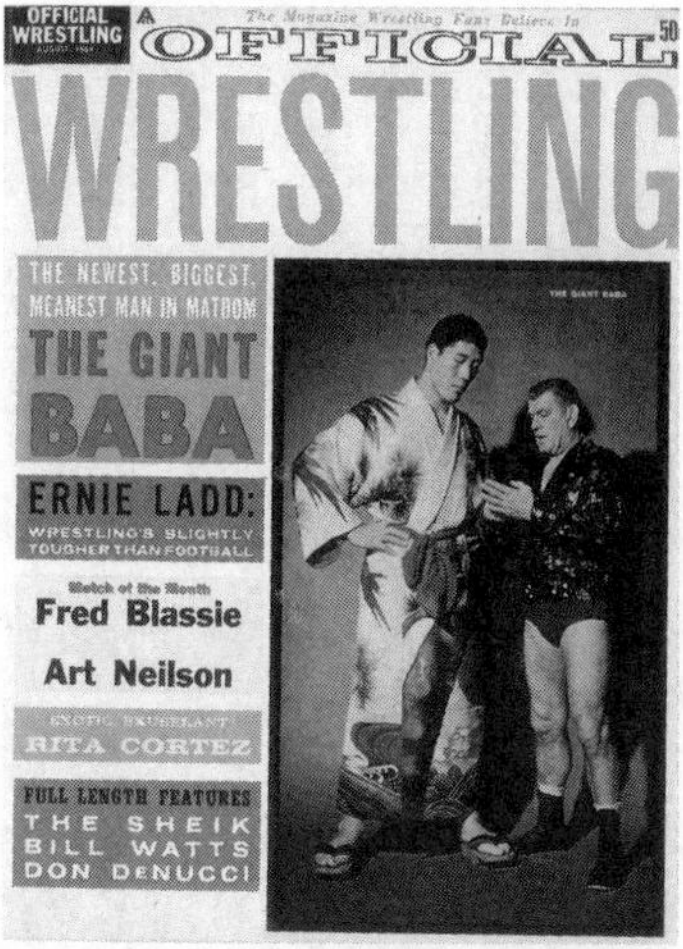

馬場を特集した『OFFICIAL WRESTLING』1964年8月号ではアトキンスとともに表紙を飾った

《オレは、初渡米の時はバディ・ロジャースとNWA世界戦四連戦（筆者注・実際には三連戦）をやり、週に八〇〇〇ドル——オレの手にははいりませんでしたけど——稼いだこともあります。まあ一応、スターの座にいたわけで、そのオレが、〝よく田舎町の頑固じいさんの内弟子で我慢したな〟といわれますが、当時のオレは、そんなことを考える年でもないし、頭もなかったんですね。

アメリカのレスラーたちのファイトや、生活ぶりを見ても、それを批判したり、マネしようとする余裕もなかった。ただ、アトキンスに言われたことを、必死になってやっていただけなんですよ。それでよかったんです。生意気に理屈をこねるようになっていたら、とてもアトキンスには、ついていけなかったでしょうからね。

〝鉄は熱いうちに打て〟というのは、こういうことをいうんでしょうかね。》（ジャイアント馬場『たまにはオレもエンターテイナー』）

馬場はアトキンスが好きだった。こいつを強くしてやろうという愛情が感じられたからだ。

アトキンスは強すぎるほど強いが、バディ・ロジャースのような華やかさはまったくない不器用なレスラーである。国民性なのだろう、日本人はこういう職人気質のレスラーに弱く、無条件に尊敬してしまう傾向がある。

馬場はバディ・ロジャースの華やかさに憧れたが、同時にフレッド・アトキンスの不器用さとストイシズムにも惚れた。

そのような真面目さを持っていたからこそ、馬場は長い間、一流のレスラーたりえたのだ。

《私の今日あるのは、アトキンスのお陰だと感謝している。練習の主眼は、下半身と腹筋を鍛え、ロープを使って引く力を強くすることに置かれ、技などは二の次三の次だったが、それが体に真の力をつけ、選手寿命を長く保たせたのだと思っている。アトキンスはやはり名トレーナーだった。》（ジャイアント馬場『たまにはオレもエンターテイナー』）

プロレスは確かにショーであり、エンターテインメントだが、肉体にリアリティがなければ、観客を説得することはできない。

ロジャースのわがままが招いたNWAの混乱

馬場不在の七カ月間に、アメリカのマット界は大きく変貌していた。

すべての原因はNWA王者バディ・ロジャースにあった。

ここまでの流れを簡単に振り返っておこう。

一九五七年一一月に〝鉄人〟ルー・テーズが王座から去り、代わって王者となったディック・ハットンは恐ろしく強かったものの、観客にはまったくウケなかった。慌ててハットンに代えてパット・オコーナーを王者に据えたものの、事態は一向に好転しなかった。

客を呼べないチャンピオンなど、何の意味もない。困り果てたNWAのプロモーターたちに、シカゴのフレッド・コーラーはこう言った。

「私をNWA会長にすれば、全米随一の集客力を誇るバディ・ロジャースを皆さんのところに送ります。皆さんはロジャースで存分に稼いでください」

NWAのプロモーターたちはコーラーを会長に選出し、ロジャースを王者にすることに同意した。

ところが、新王者となったバディ・ロジャースがNWAの意向に従わない。NWA王者になる以前から、ロジャースはニューヨークのマディソン・スクウェア・ガーデンやシカゴのアンフィシアターといった大会場を常に満員の観客で埋め尽くしていた。当然のようにギャランティも特別で、興行収入の二〇パーセント、三〇パーセントという、ほかのレスラーとは比較にならない額を受け取っていた。

「どうして俺様が、南部の田舎の小さな会場までノコノコ出かけていって、安い興行収入の一〇パーセントで満足しなくちゃいけないんだ？　冗談じゃないぜ」

ロジャースの言い分はもっともだったから、新会長のコーラーは、前王者のパット・オコーナーをUSヘビー級王者に認定し、ロジャースの代わりに南部を回らせて、「チャンピオンがこない！」といらだつプロモーターたちの怒りをなんとか鎮めていた。

だが、南部のプロモーターからすれば、パット・オコーナーはしょせん〝ロジャースに負けたレスラー〟に過ぎない。彼らはわがままなロジャースを嫌い、ロジャースを独占するシカゴのフレッド・コーラー、ニューヨークのヴィンス・マクマホン・シニア、ピッツバーグのトゥーツ・モントの三人への憎悪を募らせていく。

一九六二年八月、NWAの総会が開かれ、会長はシカゴのフレッド・コーラーからテキサス州アマリロのドクター・カール・サーポリスに交替した。それでもコーラーら三人のロジャース独占は続いた。

NWA会長となったサーポリスは、地元のアマリロにロジャースがまったくやってこないために、仕方なくジン・キニスキーを新たなるNWA世界チャンピオンと詐称せざるを得なかった。めちゃくちゃな話としかいいようがないが、言い換えればNWAの権威など最初からその程度のものなのだ。

ロジャースへの憎悪が頂点に達した一九六二年後半には、いくつかの事件が立て続けに起こった。

一九六二年八月三一日、オハイオ州コロンバスでロジャースはカール・ゴッチとビル・ミラーに暴行を受けて負傷した。

ロジャースが暴行を受けたことを知って南部のプロモーターたちは快哉《かいさい》を叫んだが、ケガをしたロジャースはますますやってこなくなった。

復帰してまもない一一月二一日には、モントリオールでキラー・コワルスキーと三本勝負で対戦したロジャースが入場時にコワルスキーに急襲され、脛骨《けいこつ》（むこうずねの骨）を骨折してしまう。八九年に行われたインタビューで、ロジャー

ス は次のように回想している。

「俺が一番ひどく痛めつけられたのはキラー・コワルスキーだった。ヤツは俺がリングに入る前に後ろから襲いかかってきて、俺を倒して蹴りまくったんだ。お陰で俺の右の脛骨が折れてしまった」

当然のようにコワルスキーはロジャースをフォール。二本目も試合続行不可能でコワルスキーの勝利となった。

しかし、王座は移動しなかった。NWAが下した裁定は「コワルスキーは二本取っていないから王座移動は無効」という、無茶としかいいようのないものだった。

ロジャースがさらに一カ月間の欠場を余儀なくされたことで、全米各地のNWAプロモーターたちのロジャースおよび三人のプロモーター、コーラー、マクマホン、モントへの怒りはさらに高まった。

これ以上ロジャースをNWA王者にしておくことは難しいと考えたシカゴのフレッド・コーラーは、NWAの会員たちに次のような回状をまわした。

「NWAを続けていくことは不可能だ。解散を提案したい。三分の二の投票をもって可決とする」

コーラーたち三人にとって、NWAのことなどどうでもよかった。ロジャースがNWA王者でなくなれば、南部のプロモーターから文句を言われることもなく、堂々とロジャースを独占できる。だが、ロジャースをほかのレスラーに負けさせるのもイヤだ。イメージダウンはわずかでも避けたい。ならば結論はひとつしかない。NWAという組織そのものを解体してしまえばいい。

要するにコーラーら三人は、バディ・ロジャースの独占を維持するためにNWAの解体を提案したのだ。東部のプロモーターたちにとって、NWAとはロジャースに〝世界チャンピオン〟という飾りをつけるための組織に過ぎなかった。

コーラーの回状を読んでNWAのプロモーターたちは激怒した。ヒューストンのモーリス・シーゲルやオクラホマのリロイ・マクガーク、バンクーバーのロッド・フェイトンらである。

冗談ではない。お前たちのエゴで、二〇年以上続けてきた俺たちのNWAをつぶしてたまるか。

しかし、NWAのプロモーターたちはレスラー上がりがほとんど。「しょせんは商店街のおっちゃんたちの集まり」（ウォーリー山口）であり、アタマの切れるコーラーやヴィンス・シニアに立ち向かえる者はひとりもいなかった。

サンマルチノが語ったロジャースの嘘

そこで彼らは元新聞記者であり、かつてNWAに君臨したセントルイスのサム・マソニックを頼った。マソニックをNWA会長に戻し、コーラー、ヴィンス・シニア、モントらをNWAから追放し、ロジャースを王座から引きずり下ろそうとしたのだ。

復権したマソニックは、ロジャースに代わるチャンピオンとして、ルー・テーズを呼び戻すことにした。テーズはこの時すでに四六歳を過ぎ、髪の毛も薄くなっていた。ロサンジェルスに家を購入し、半隠居の状態にあった。それでも白羽の矢が立ったのは、NWAのプロモーターたちを納得させられるレスラーがテーズ以外にはいなかったということを意味する。テーズはやはり偉大なレスラーなのだ。

マソニックがロサンジェルスにいるテーズに会いにいき、ロジャースへの挑戦を持ちかけると、テーズは一も二もなく同意した。

NWAはロジャースとテーズの試合を組んだが、ロジャースは負傷を理由に二度キャンセルした。

《そこでマソニックは堪忍袋《かんにんぶくろ》の緒を切り、「来年一月二四日、トロントの試合に来なければ、ＮＷＡに預けてある二万五〇〇〇ドルのボンド金（供託金）を没収する」と最後通告をしたのだ。ボンド金というものは、こういうケースで有効に働く。私の王者時代にできた〝ボンド金システム〟が発動されたのは、多分この時が最初で最後であったろう。》（ルー・テーズ『鉄人ルー・テーズ自伝』）

当時の二万五〇〇〇ドルは、現在の貨幣価値では七二〇〇万円ほどにあたるだろうか。大金をむざむざ没収されたくなかったロジャースは、渋々トロントにやってきてテーズと試合を行った。

プロモーション用にフレッド・コーラーを襲う馬場（1964年）

リアルファイトの実力においては、テーズはロジャースを遙かに上回る。ロジャースはテーズにあっさりと負けて、ＮＷＡ王座を明け渡した。

ロジャースの価値を落としたく

ないヴィンス・マクマホン・シニアは、同じニューヨークにある『レスリング・レビュー』誌のスタンレー・ウェストン編集長に圧力をかけた。

「ロジャースとテーズの試合を報道するな。もし報道すれば、以後我々は取材を拒否する」と脅したのだ。トロントの地方紙など知ったことではない。全国発売のプロレス専門誌さえ黙らせればなんとかなる。

ところが、気骨あるウェストン編集長はヴィンス・シニアの要請を拒否。ロジャースがテーズに敗れてNWA王者から転落したことを大々的に報じたのである。

激怒したヴィンス・シニアは、予告通り『レスリング・レビュー』誌の取材を拒否した。

テーズに敗れてNWA王座を失ったものの、天才バディ・ロジャースはまだまだ客を呼べるはずだ。

そう考えたシカゴのフレッド・コーラー、ニューヨークとワシントンDCのヴィンス・マクマホン・シニア、ピッツバーグのトゥーツ・モントの三人は、NWAをさっさと脱退してしまった。

コーラーはIWA（International Wrestling Association）を設立し、ヴィンス

とモントのふたりは共同でWWWF（World Wide Wrestling Federation）を設立した。いずれもロジャースを王者に仕立て上げ、まだまだ稼いでもらおうと目論んでいたのである。

しかし、一九二一年二月二〇日生まれ（アントニオ猪木と同じ誕生日だ）のロジャースは、まもなく四二歳になろうとしていた。日々の節制によって素晴らしいシェイプを保っていたものの、一八歳から二四年間もの長きにわたってトップランナーであり続けたツケが身体に現れてきた。腰がひどく痛み、かつてのように相手の技を派手に受けることが難しくなった。

一九六三年四月某日。新設されたWWWF世界王座争奪のトーナメントがブラジルのリオ・デ・ジャネイロで行われ、決勝戦ではバディ・ロジャースがアントニオ・ロッカを破って優勝した。これがWWWF、現在のWWEの始まりである。

だが、実際にはリオのトーナメントなど存在しなかった。WWWF王座を権威づけるためのフィクションだったのである。

架空のトーナメントの優勝者としてWWWF初代王者に認定されたバディ・ロジャースは五月一七日のマディソン・スクウェア・ガーデンで挑戦者ブルーノ・サンマルチノと戦い、わずか四八秒で敗れた。

ルー・テーズの自伝『HOOKER』には、バディ・ロジャースの心臓はかなり弱っており、試合を早く終わらせる必要があったと記されている。定説といえよう。だが、ロジャースを破って新王者となったサンマルチノはロジャースの心臓病を完全否定する。

「私は『HOOKER』を読んでいないからわからないが、テーズがロジャースの嘘を信じていたとしたら驚きだよ。当時からみんな『ロジャースがまた嘘をついている』と笑っていたんだからね。ニューヨークには州のアスレチック・コミッションがあって、年に一度の身体検査を義務づけられている。試合当日の夜はいつもコミッション・ドクターがつきっきりで、細かい体調チェックをするんだ。もしレスラーが心臓に病気を抱えていたら、すぐにストップがかかって、試合に出場することはできない。レスラーが試合中に心臓発作で倒れたりしたら、アスレチック・コミッションにとっても大問題になるからね。

ロジャースは私に負けた後、何かのパーティーで『どうして四八秒で負けたんだ？』と聞かれて、『実は二週間前に心臓発作で入院し、彼らは直接病院から私をマディソン・スクウェア・ガーデンまで運んだんだ』と言い訳をしたんだ。

これはロジャースの典型的な嘘だ。ヤツはその間、毎日のように試合をしていたんだからね。実際に、私は試合前に〝ロジャースが心臓発作を起こした〟なんて話は聞いたことがなかった。そんなに大変なことが起きていたとしたら、私が知らないなんておかしな話だろう？」

サンマルチノの証言には充分な信憑性があるが、真実はわからない。ひとつだけ明白なのは、ロジャースの現役生活が事実上ここで終わったということだ。以後、思い出したようにリングに復帰したものの、全盛期のようなファイトを見せることはついになかった。

老年に差し掛かった頃のロジャース

バディ・ロジャースの最後の戦いは一九八九年、六八歳の時だった。

フロリダ州のローダーデール・バイ・ザ・シーという海沿いの美しい街で穏やかな余生を送っていたロジャースは、心臓の手術と股関節の置換手術を受けたばかりだった。

サンドイッチ店に入り、テイクアウトを頼もうとしていると、突然、怒り狂った大男が乱入し、女子従業員に対して猥褻《わいせつ》な言葉を叫んだ。

散々わめき散らした後、店を出ようとした時、ひとりの老人が目に入った。

「お前、何を見ているんだ？」

「あんた、ここのお嬢さんたちに丁寧な口を利いていなかったようだな」

「じじい、文句があるなら外へ出な」

ここから先は、シカゴ・トリビューン紙の名コラムニスト、ボブ・グリーンの文章を引用しよう。

《「やつがわたしのことを〝じじい〟と呼んだのが始まりさ。やつはものすごくでっかい野郎で、身長六フィート四インチ（一九三センチ）、体重も二三五ポンド（一〇七キロ）ぐらいはありそうだったが、バディ・ロジャースを〝じじい〟なんて呼ぶ者はいまだかつておらんのだよ」

（中略）「わたしはやつを壁に叩きつけてやった」とロジャースは説明した。

「そうしたら、やつは鉄の椅子をひっつかんだんだ。でっかい折りたたみ式の椅子をさ。やつがそれを振り回したんで、私の口のところに当たってね。血がドクドク噴き出したよ。それでやつの手から椅子をもぎとり、みぞおちに一発食らわしてやった。やつは冷蔵庫のほうへ後ずさりしていったっけ。私が〝じじい〟だとさ。そうかね？

それから、また一発お見舞いしたら、やつはキッチンのほうへ吹っ飛んで、流しの上に落ちた。そいつをもう一度ひっつかんだら、やつはわたしの髪をつかんで悲鳴をあげてな。『お願いだ！　やめてくれ！　頼む！　やめてくれ！』――哀願《あいがん》ってやつさ。やつのおかげでわたしはエンジンがかかっちゃってたから、やるならまだ徹底的にやれたけどね」

報道によると、ターヒューン（注・大男の名前）はあたふたとレストランから出ていったそうだが、外に出たところで警察に逮捕された。

「口だけは達者なやつだったよ、ボブ」と、ロジャースは僕に言った。

「とても相手にはならん。やつの腕をへし折っちまうのも簡単だったんだがね」》

（ボブ・グリーン『アメリカン・ヒーロー』）

バディ・ロジャースはこの三年後に死んだ。

単なる化け物ではない

一九六三年一二月、およそ一年ぶりにプロレスの本場アメリカ東部に戻ってきた馬場は、マット界のあまりの変貌ぶりに呆然となった。

頂点に君臨していたバディ・ロジャースに代わってNWA王者となっていたのは、四六歳の老雄ルー・テーズだった。

バディ・ロジャースを独占するためにNWAを離脱した東部のプロモーターたちの明暗は分かれた。

前回の遠征で馬場がブッキング契約を結んだニューヨークおよびワシントンDCのヴィンス・マクマホン・シニアは、ピッツバーグのトゥーツ・モントとともにNWAを離脱、新たにWWWFを設立した。初代王者にバディ・ロジャースを据えて稼ぎまくるつもりだったのである。

ところが、ニューヨークのマディソン・スクウェア・ガーデンで挑戦者ブルーノ・サンマルチノとの初防衛戦を迎える二週間前に、ロジャースは心臓発作を起こしてしまう。

先ほど述べたようにこれはロジャースによるギミック説もあるが、とにかくサンマルチノはロジャースをわずか四八秒で破り、新チャンピオンとなった。

サンマルチノの人気はヴィンス・シニアの予想を遥かに超えて大爆発した。イタリア系移民は大挙してマディソン・スクウェア・ガーデンに押し寄せ、サンマルチノは新たなるニューヨークの帝王となった。

一方、シカゴのフレッド・コーラーもヴィンス・シニア同様にＮＷＡを離脱して、新たにＩＷＡを立ち上げていた。

しかし、エースとなるはずのジャッキー・ファーゴはまるで客を呼べず、慌てて王者をムース・ショーラックに代えたものの、事態は一向に好転しなかった。

ロジャースの華麗なる殺気に比べれば、観客の目に彼らふたりはいかにも凡庸《ぼんよう》に映った。

ロジャースを失ったコーラーは凋落の一途を辿り、一九六五年にはシカゴのテリトリーを失意のうちにバーン・ガニアに売り渡すことになる。

馬場のマネージャーであるフレッド・アトキンスとロサンジェルスから遠隔操作するグレート東郷は、馬場のブッキングエージェントとして、前回のヴィンス・マクマホン・シニアではなく、トロントのフランク・タニーを選んだ。

理由はふたつあった。

ひとつめの理由は、ヴィンスから馬場を守るためだ。ＷＷＷＦを立ち上げたばかりのヴィンス・シニアは、ひとりでも多くの有力レスラーを確保しておきたいところだ。ニューヨークで巨人レスラーが好まれることは歴史が証明している。

馬場をマディソン・スクウェア・ガーデンに上げて稼ぎたいのは山々だが、だからといって、ヴィンスと再びブッキング契約を結べば、ヴィンス・シニアに馬場を奪われる恐れがあったのだ。

もうひとつの理由は、NWAともWWWFともIWAとも等距離を保ったためだ。バディ・ロジャースという金の卵を産む鶏が失われたことで、プロモーターたちの争いは激化していた。先行きがどうなるかはわからない。中立的な立場にある人格者フランク・タニーのところにいれば、興行戦争に巻き込まれることもなく、どこのリングにも自由に上がることができて好都合だったのだ。

再び馬場のロードマネージャーとなったフレッド・アトキンスは、馬場を根本から鍛え直し、ワンランク上のレスラーに押し上げるつもりだった。

ワンランク上とは、たとえばディック・ザ・ブルーザーやキラー・コワルスキー、ジョニー・ヴァレンタインのような超一流悪役レスラーのことだ。

真のアスリートである馬場は、単なる化け物＝フリークスではない。レスラーとして大きな可能性を持っている。もしかしたら正式にNWA王者になることも可能かもしれない。そう考えたからこそ、アトキンスは馬場を徹底的に鍛え上げた。

アトキンスとの厳しい練習に比べれば試合は天国だった。トロント、ハミルトン、ロンドン、デトロイト、バッファロー、クリーブランド。一日五時間か六時間ドライブすれば、夜が明けないうちにクリスタルビーチまで戻ってこられる。運転はアトキンスがするから、馬場は車中で寝ていられた。

一年間の不在を経て、アメリカ東部における馬場のステイタスはさらに上がっていた。前回の遠征では一度も勝たせてもらえなかった正真正銘の一流レスラーであるジョニー・ヴァレンタインにも勝てるようになり、翌一九六四年のスケジュールも次々と埋まり始めた。

《バレンタインと私の試合では彼がパンチとエルボー、私はチョップとキックで渡り合い、とにかく相手をブッ倒そうという展開で寝技などほとんどやったことがない。当時の米マット界で主流だったそういう戦法をファンも歓迎し、チョコチョコ動き回って飛んだり跳ねたりするのは邪道視されていた。私の師匠だったフレッド・アトキンスなどはその最たるもので、そういう意味でバレンタインは良き時代の良きレスラーだったといえる。》（ジャイアント馬場『個性豊かなリングガイたち』）

馬場がアトキンスから「力道山がギャングスターに刺された」と聞いたのは、

強豪の一角に入ろうとした頃だった。

《驚くには驚いたが、大したことはないだろうと思っていた。プロレスラーというのは何ちゅうか、ケガとかというものには割合、鈍感なんですよ。酒飲んで酔っ払ってナイトクラブで刺されたと聞いても、ああ喧嘩やったなと思ったけど、それほど重大事には考えていなかった。刺されたといっても腕かなんかで、かすり傷ぐらいかなという感じだったねえ。》(ジャイアント馬場の発言。『東京スポーツ』一九八三年五月二五日)

力道山最後の試合は、一九六三年一二月七日に静岡で行われた六人タッグマッチだった。

力道山&グレート東郷&吉村道明対ザ・デストロイヤー&イリオ・デ・パオロ&キラー・バディ・オースティンである。

「私たちは試合の翌日(一二月八日)に東京に戻った。リキは上機嫌で、私を沖識名と一緒に日本料理店に連れていってくれた。相撲関係者も同席していたと思う。

その後、リキは私をナイトクラブに連れていきたいと言ったが、私はロサンジェルスへの帰国便に間に合わなくなるからと断った。あの時、リキと一緒にナイトクラブに行っていれば、ヤクザに刺されることもなかっただろう。とても残念だ」

（ザ・デストロイヤー）

力道山の死と豊登の野心

手術は成功し、術後の経過も良好だった。

しかし容態は急変する。一説には術後に禁じられていたサイダーやアルコール類を口にしたことで腹膜炎《ふくまくえん》が悪化したと伝えられるが、ともかく力道山は刺されてから一週間後の一二月一五日に死亡した。臨終に立ち会ったのは身重《みおも》の敬子夫人、アントニオ猪木、ミツ平井の三人だけだったという。

日本プロレス界は、たちまち蜂の巣をつついたような大混乱に陥った。日本プロレスの独裁者が突然いなくなったのだから当然だろう。

翌一六日、豊登は全レスラーを招集して「これからは民主主義で行く」と宣言した。

新たに選手会を作る。すべての選手は選手会に入る。全員が発言権と投票権を持つ。選手の身分や福利厚生は保証する。ただし、日本プロレスの方針は豊登、芳の里、吉村道明、遠藤幸吉の四幹部の合議制で決める。エースは俺がやる。

力道山が最も可愛がっていた男の発言に異を唱える者はひとりもいなかった。

レスラーの意思統一に成功した豊登は、次に外国人招聘担当のグレート東郷を排除したいと言った。

東郷は力道山先生から不当に高額のギャランティをむしり取り、日本プロレスを食い物にしてきたことが判明した。このまま東郷との関係を続けていれば、日本プロレスは東郷に完全に支配されてしまう。ハワイ出身の沖識名さんにブッカー（外国人レスラー招聘担当）になってもらおう。そうすれば、東郷への莫大な支払いを節約できる。

これまでに東郷が得てきた莫大な金額を具体的な数字で示されれば、東郷排除の決定に反対するレスラーはひとりもいなかった。

東京スポーツ記者だった櫻井康雄によれば、力道山の通夜《つや》の席上、豊登はアントニオ猪木の耳元で「将来のエースはお前だ」と囁いたという。

豊登には、ジャイアント馬場をアメリカから呼び戻すつもりなど毛頭なかった。馬場が戻ってくれば、力道山の後継者であり、新たなるエースである自分の地位が脅かされることは確実だったからだ。

力道山の葬儀では表裏含め大物たちの名が並んだ

豊登は、才能溢れる若者を自分の味方につけようとした。将来の日本プロレスを背負って立つのは弱冠二〇歳の猪木寛至しかいない。

しかし、猪木の時代がやってくるのは、何年も先の話だ。それまでは豊登の時代が続くことになる。

豊登ら四幹部は、力道山亡き後の体制づくりを着々と進めていく。

一七日午前中には、日本プロレス興行全役員、日本テレビ、三菱電機、博報堂などの主催後援各団体の関係者を招いて今後の方針を説明した。

《力道山なきあと、力道山の死を機会に、三菱電機の内部でも、プロレスのスポンサー打ち切り論が持ち上がったようだ。何しろ、日本のプロレスは力道山によって支えられていたので、その大黒柱を失ったのだから当時、玄人筋の見解すらもプロレスの灯は、もうこれで消えるのではないか、と取り沙汰されたものである。

だが、この時も（三菱電機副社長の）大久保（謙）さんは、再建を誓う日本プロレス首脳たちに、親身になって相談に乗り、結局、三菱電機は、力道山時代に変わらぬテレビの定期番組にスポンサー続行――と決断が下されるのだ。そのおかげで、日本プロレス再建が成るのであった。》（田鶴浜弘『日本プロレス30年史』）

スポンサーがカネを出すと言っている以上、日本テレビがプロレス中継の継続に反対する理由はひとつもない。この瞬間に日本プロレスの存続が決まった。

同日午後には記者会見が開かれ、豊登を力道山の後継者とすること、外国人レスラー招聘担当を沖識名とすることなどが発表された。

記者会見終了後まもなく、日本レスリングコミッション事務局長だった工藤雷介は、日本プロレス御用達の新橋第一ホテルに滞在中のグレート東郷を訪ねた。もちろん、クビ切りのためである。

有能な東郷は、豊登以下の四幹部にはビジネスセンスが皆無であることを見抜いていた。だからこそ自分がリーダーシップをとり、外国人招聘《ブッキング》とマッチメイクを一手に握ろうとした。

東郷からすれば、それこそが力道山亡き後の日本プロレスを守っていくための最善策《さいぜんさく》であった。

しかし、豊登ら四幹部からすれば、東郷は外国人招聘担当だけでなく、力道山になり代わって日本プロレスそのものを支配しようとしているように見えた。

どちらが正しく、どちらが間違っている、ということではない。考え方の違いに過ぎないのだ。

力道山の葬儀の夜に行われた追悼興行

一二月二〇日には、力道山の葬儀が東京の池上本門寺で行われた。葬儀委員長は訪韓中の大野伴睦の代理として右翼の大立者《おおだてもの》・児玉誉士夫が務めた。引き続いて、正力松太郎読売新聞社社長、八田《はった》一朗日本アマチュア・レスリング協会会長、元双葉山の時津風親方、伴淳三郎《ばんじゅんざぶろう》、美空ひばりらの弔辞《ちょうじ》が次々に読み上げられた。

葬儀の出席者は約一万二〇〇〇名。力道山の存在はそれほど大きかったのだ。

同日夜には渋谷のリキ・スポーツパレスで追悼興行が行われた。

メインイベントは豊登対キラー・バディ・オースティン。試合が豊登の反則負けに終わると、豊登のセコンドについていたグレート東郷がリングに上がり、豊登と握手して「サヨナラ」と言った。

日本を去る前夜、東郷は東京スポーツの櫻井康雄記者をホテルに呼び出した。《東郷からの電話で筆者はすっ飛んで行った。日本プロレスの新路線の確執が伝えられ、東郷の動向はプロレスを扱うマスコミの注目の的になっていたからだ。

「ボクは一生懸命リキさんとやってきたのに、トヨ（豊登）達は冷たい。ボクはもうサヨナラよ。協力はできない。あの人達はボクにお金を払いたくないのよ。ボクは正当にビジネスとして、アメリカ人レスラーのファイトマネーからパーセンテージでマージンを得ているのだが、それが高いと言う。彼らはビジネスを自分達でやりたいのよ。ボクのファイトマネーも高いという。これでは一緒にやれないよ。だからサヨナラだ」》（原康史『激録　馬場と猪木』）

ワールドリーグ戦を軌道に乗せたのも、グレート・アントニオでセンセーションを巻き起こしたのも、ブラッシーに噛みつかれて大流血して新聞の話題を独占したのも、馬場をアトキンスに預けてアメリカの人気者にしたのも、すべては俺がやったことだ。要するに、豊登たちを食わせてきたのはこの俺だ。にもかかわらず、豊登たちは俺にカネを払うのはイヤだ。クビにするという。

激怒したグレート東郷は、カナダのアトキンスに国際電話をかけた。

「ババを日本に帰すんじゃないぞ」

始まった馬場争奪戦

グレート東郷には、ワールドリーグ戦を大成功に導き、経営破綻寸前だった力道山を救ったのは自分だ、という思いがあった。

《リキさんからこういうリーグ戦をやるがどうか、と相談を受けてね、OK、選手は集めてやる。〝マカセテオケ〟とワシは言ったですよ。第一回（ワールドリーグ戦）の時は全部揃えるのに五日かかった。（中略）リキさんは度胸のいい商売人だった。一昨年なんかもね、ことしは珍しい選手を呼びたい、というリキさんの注文ですよ。ワシはそれじゃニューヨークでバスを引っ張ったやつ（筆者注・

グレート・アントニオのこと）がいる。マジソン（マディソン・スクウェア・ガーデン）を五、六回満員にしたこともある男だといったらOK、カネはいくらかかってもいい…という返事がすぐにきたですよ。ワシは（モントリオールの）エディ・クインに電話しましてね、すぐOKですよ。ルー・テーズにフレッド・ブラッシーもリキさんの名前でOKですよ。そしたらたちまち日本でレコード破りのファンを集めた。リキさんは思い切った大きなことができる人だったですよ……。》（グレート東郷の発言。『東京スポーツ』一九六三年一二月二五日）

しかし、力道山が急死すると、豊登、芳の里、吉村道明、遠藤幸吉の四幹部は「ギャランティが高すぎる」とグレート東郷との関係を絶った。

自分が高額のギャランティを得ていたことは確かだが、それ以上の価値を認めていたからこそ、力道山は自分をビジネスパートナーにしていたのだ。豊登以下の四人は忘恩《ぼうおん》の徒《と》であるばかりでなく、レスリングビジネスを欠片も知らない無能な連中だ。力道山の庇護の下でぬるい試合を続けてきただけのバカどもに、どうして日本プロレスの大功労者である自分が追放されなくてはならないのか。

グレート東郷は激怒していた。

日本という巨大なマーケットを後ろ盾にしていたからこそ、グレート東郷はア

グレート東郷に手を挙げられるインターナショナル王者・力道山

メリカンマットで広く知られる存在にのし上がった。

アメリカのレスラーにとって、日本はこれ以上ないほどの素晴らしいマーケットである。

日本に行けば、アメリカの約三倍という高額のギャランティを得られるばかりでなく、移動も宿泊もすべて用意してもらえる。日本の観客は極めて礼儀正しく、リング上でどれほど日本人レスラーを痛めつけようが、いったんリングを離れれば、誰もが笑顔で応対してくれる。

力道山が神のように敬《うやま》われていることに驚き、コミッショナーは政権を持つ自由民主党の副総裁と聞かされて仰天する。

その上、日本にはアメリカと大きく異なる点がある。メディアである。

日本のプロレスメディアはほかのどの国よりも巨大だ。スポーツ新聞各紙はプロレスの試合結果を一面で写真とともに大きく、詳細に伝え、レスラーたちのインタビューも頻繁に行われる。日本の記者たちはアメリカの記者とは異なり、「しょせんインチキだろう?」というプロフェッショナル・レスリングをバカにするような態度は一切なく、大いなる敬意を持って接してくれる。

アメリカでは二流のレスラーも、日本にやってくればたちまち世界的強豪として扱われる。

外国人レスラーたちは新聞記事、雑誌記事のスクラップに余念がない。アメリカに戻って、プロモーターに見せるためだ。

「どうですか。俺は日本ではこんなに人気があるんですよ」

だからこそアメリカのレスラーたちは是が非でも日本に行こうとする。

アメリカのプロモーターたちもまた、レスラーの日本行きを喜んだ。巨額のマージンを稼げるばかりでなく、配下のレスラーの格を上げることにも貢献してくれるからだ。

日本の窓口がロサンジェルスのグレート東郷と聞いて、多くのレスラーが売り込みにやってきた。

レスラーを探すまでもない。向こうから売り込んでくるのだ。東郷にとってこんなにラクな仕事はない上に、アメリカ中のレスラーおよびプロモーターからは最重要人物として扱われる。

ラクで、恐ろしく儲かり、自分の地位を高めてくれる仕事は、しかし、力道山の死によって突然失われた。どうすれば自分のクビを切った豊登ら四人に復讐し、日本プロレスを支配できるのか？　東郷の優秀な頭脳はたちまち答えを出す――ジャイアント馬場を手中に収めるのだ。

グレート東郷は、馬場のロードマネージャーであるフレッド・アトキンスに電話をかけ、「馬場を日本に帰すな」と命じた。

アトキンスはもちろん了承したが、力道山の死を知った馬場が、日本行きの希望を口にすることもなかった。

《いろいろなことを考える余裕はなかったな。これからの日本のプロレスはどうなるんだろうと思っても、そこから先は……何も出てこない。何しろこっちは雪と氷のカナダの山ん中だ。結局、どうにかなっていくだろうし、様子を見るしかないと思っていましたよ。（中略）実は俺にフレッド・アトキンスがいうんだな。一二月の末ごろだったと思うよ。これから、おまえにビッグチャンスをやるから、日本には帰るな……というんだな。恐らく東郷とアトキンスは連絡しあっていたと思うよ。（中略）俺はアトキンスにマネージャーをやってもらっているが、日本プロレスの人間ですからね。その時点ではまだ東郷さんと日本プロレスが切れたというのを知らないから、東郷と相談しなければわからないと言ったんです。（中略）アトキンスは「東郷も承知の上だ」というんですよ。これはおかしいなとその時、初めて思ったですね。》（ジャイアント馬場の発言。『東京スポーツ』一九八三年五月二六日）

アトキンスは「お前はこのままアメリカに定着しろ」と言う。馬場はそれも悪くないと思う。

しかし、日本の状況が皆目《かいもく》わからない。

力道山の亡き後、おそらく日本プロレスは豊登を第二の力道山として押し立てていくのだろう。

では、そこに自分の居場所はあるのだろうか？　新たにエースとなった豊登が、アメリカで大成功した自分に嫉妬していることは間違いない。豊登ばかりではない。若手を除くすべてのレスラーが自分に大きなジェラシーを抱いている。馬場はそのことを肌で知っている。

果たして現在の日本プロレスは、自分を必要としているのだろうか？

もしそうなら、すでに日本から緊急帰国指示がきているはずだ。だが、いまだに何の連絡もない。

ということは、新たなるエース豊登の意志は「日本プロレスにジャイアント馬場は不要だ。アメリカで自由にやってくれ」というものなのだろうか？

それならそれで構わない。自分はアメリカで充分にやっていけるからだ。実際にアトキンスも東郷も「アメリカに定着しろ」と勧めてくれている。

ともかくロサンジェルスに行けばグレート東郷もいるし、ミスター・モトもいる。彼らと話をすれば日本の状況も少しは見えてくるだろう。馬場はそう考えた。

手取り年収二七万ドルを提示された

アメリカのプロレスに正月休みなどない。一九六四年元日、馬場はカナダ・オンタリオ湖畔の街ハミルトンでジョニー・ヴァレンタインと戦って快勝した。以後も連日のように試合をこなしていた馬場がアトキンスと一緒に西海岸のロサンジェルスに飛んだのは、おそらくは一九六四年一月一二日だったはずだ。

馬場がロサンジェルスで定宿にしていたのは、リトル・トーキョーからほど近いヒルストリートのホテル・クラークである。チェックイン後、まもなくホテルにやってきたグレート東郷は、開口一番馬場にこう言った。

「力道山が死んで、日本のプロレスはもう終わりだ。だから、お前は日本に帰らずにアメリカに残れ」

馬場が返事をしないと、東郷は馬場の前に一枚の紙を置いた。

契約書だった。

内容は次の通りだ。

契約金一六万ドル、年収は手取り二七万ドルを保証する。契約期間は一〇年。

恐ろしい金額である。当時の二七万ドルは、現在の貨幣価値に直せば五～六億円にあたるだろうか。いや、それ以上かもしれない。

ちなみに、この数カ月後に来日したジン・キニスキーは「昨年の俺の年収は九万七〇〇〇ドルだった。念願の一〇万ドルレスラーまであと一歩だ。今年中には、超一流の仲間入りをしたい」と語っている。

一〇万ドルが超一流の証明だった時代に、三倍近い二七万ドルを保証されたのだから凄い。

一九六四年のジャイアント馬場は、イチローや松井秀喜以上の価値を持つ日本人アスリートだったのである。

がめついだの銭ゲバだのと散々罵られたグレート東郷が大金を出すからには、もちろんそれなりの根拠がある。

東郷は日本プロレスの近未来を見通していた。豊登がエースでは客を呼べるはずがない。近い将来、必ず馬場を必要とする日がくると踏んでいた。

馬場はまだ、自分が日本プロレスと絶縁したことを知らない。知ってしまえば、馬場が東郷と日本プロレスを両天秤にかけ、さらなる好条件を引き出そうとすることは自明だ。日本プロレスも何らかの策を講じてくるだろう。

そうなる前に手を打つ。馬場が決してノーとは言えないほどの金額を提示して、その場でサインさせてしまうのだ。

馬場を長期契約で縛ってしまえば、豊登以下の日本プロレスは、自分にアタマを下げて馬場を貸してもらうほかない。もちろんギャランティはアメリカの相場の三倍か、それ以上をいただく。

興行に不可欠な日本人エースを手中に収めれば、豊登以下の四幹部が俺に逆らうことはできない。ブッカーの座も容易に取り返せる。エースと外国人の両方を支配できれば、日本のマーケットのすべては自分のものだ――。

グレート東郷は、恐るべきビジネスセンスの持ち主なのである。

フレッド・アトキンスも、馬場にサインすることを勧めた。

《これはアトキンスが言ったんですが、俺は必ず、お前をNWA世界チャンピオンにしてみせる。アメリカにいてNWA世界チャンピオンになれ。チャンスは俺が必ず作る。だから東郷とサインしろというわけですよ。》（ジャイアント馬場の発言。『東京スポーツ』一九八三年五月二七日）

信じられないような大金を提示された馬場の心が動かなかったはずがない。しかし馬場は「しばらく考えさせてください」と、その場ではサインをしなかった。

理由はふたつあった。

ひとつめは、東郷のことが嫌いだったからだ。

アメリカに渡ってまもない頃、サンディエゴで初めてフレッド・ブラッシーと戦った馬場は、「落ちろ！　落ちろ！」という東郷の声を勘違いしてリングを下りたために、カリフォルニアルールで即座に負けにされてしまった。激怒した東郷は、試合後の控え室で馬場のアタマを下駄で思い切り叩いた。

馬場は、その時の恨みを忘れてはいなかった。この男は信用できない。

ふたつめは、東郷と現在の日本プロレスとの関係が不明だったことだ。

かつて日本プロレスロサンジェルス支店長のような立場だった東郷は、力道山没後の日本プロレスの現状を明快に説明できなかった。

隠しごとを持つ人間と契約するのは危険だ。馬場は賢明にもそう判断したのである。

翌日、馬場のいるホテルに電話が入った。日本プロレス四幹部のひとり、遠藤幸吉からだった。

遠藤がわざわざロサンジェルスにやってきた理由は、一月七日付（六日発行）の東京スポーツを読んで仰天したからだ。

《ロサンゼルスのグレート東郷が本紙のインタビューに答えて「馬場をロサンジェルスで二月中旬、WWA世界タイトルに挑戦させる。馬場はその後もロサンジェルスを中心にアメリカ各地でビッグマッチをやることになるだろう。NWA世界タイトルもWWWF世界タイトルも、すべてチャレンジさせる。大木金太郎も今後は馬場とコンビを組んで太平洋沿岸マットを制覇することになるだろう。

馬場はロサンジェルスに滞在して、今後の世界戦略を練っている。ワシは全力をあげて馬場と大木をバックアップすると語ったもので、本紙はこれを一月七日付の新春ビッグニュースとして報道した。》(原康史『激録　馬場と猪木』)

要するにグレート東郷は「馬場と大木はすでに俺の手の内にある。四月のワールドリーグ戦には帰さないよ」と、間接的に日本プロレスを恫喝《どうかつ》したのである。日本プロレスは大騒ぎになった。大変だ。東郷は本気で日本プロレスと戦うつもりなのだ。

豊登ら四幹部は、大慌てで遠藤幸吉をロサンジェルスに派遣した。

危機感が薄い日本プロレス幹部たち

力道山急死から遠藤幸吉がロサンジェルスにやってくるまでの日本プロレスの動きをもう一度整理しておこう。

一九六三年一二月に力道山が亡くなると、日本プロレスを率いていくのは豊登、芳の里、吉村道明、遠藤幸吉の四幹部になった。

偉大なる力道山がヤクザに刺されて死んだ、というイメージダウンは大きく、

「プロレスの灯は消えた」と見るメディアも多かったが、豊登ら四幹部はスポンサーの三菱電機、中継する日本テレビ、自民党副総裁にして日本プロレス初代コミッショナーの大野伴睦、児玉誉士夫、三代目山口組組長の田岡一雄、東声会会長の町井久之らに必死に頼み込み、力道山没後の日本プロレスを引き続き支援してもらうことに成功した。

同時進行で日本プロレスの経理面を確認すると、驚いたことに莫大な興行収入を得ていたはずの日本プロレスの金庫はほとんどカラだった。

力道山の事業欲は極度に肥大し、マンション、ボウリング場、スーパーマーケット、ゴルフ場と、留まるところを知らなかった。日本プロレスが稼いだカネのすべては力道山の個人的事業に注ぎ込まれており、回収の見込みはまったくなかった。力道山最後のシリーズとなった『プロレス国際戦冬の陣　ザ・デストロイヤー・シリーズ』では、主役であるデストロイヤーへの支払いが遅れたほどだ。

戦後最大の英雄であった力道山を失った以上、観客動員の低下は免れない。となれば、打つべき手はただひとつ、経費削減しかない。

豊登ら四幹部の目に、ブッカー（外国人招聘担当）であるグレート東郷への支払いは突出しているように映った。

彼らはグレート東郷と手を切ることを決め、新たなるブッカーとして、とりあえずレフェリーでもある沖識名を立てた。

「高いギャラを払うのだから、レスラーは喜んで日本にくるはずだ。だからブッカーなど誰でもできる。英語の話せる沖識名にやってもらえばいい」くらいに思っていたのである。

豊登は、力道山に代わるエースは自分以外にはないと考えていた。

日本プロレスは相撲出身者が作った団体だ。四幹部のうち遠藤幸吉を除く三人、すなわち豊登、芳の里、吉村道明はいずれも相撲出身である。

日本プロレスは相撲出身者が牽引するべきだ、という考えが彼らにはあった。レスラーは大なり小なりうぬぼれているものだ。

ジャイアント馬場がいなくとも日本プロレスは充分にやっていける。数年後には、弟分の猪木が立派になっているだろう。それまでは俺がエースをやる。何の問題もない。

豊登はそう考え、力道山が死んだ後も、馬場に連絡をとることは一切なかった。お前はしばらく遠いアメリカで悪役をやっていればいい。日本は俺たちが仕切る。お前をどう使うかは体制が固まった後でゆっくり考えてやる、ということだ。

しかし、一月七日以降、東京スポーツの一面を独占し続けたグレート東郷の連続インタビューは、豊登たちの甘い考えを粉々に打ち砕いた。櫻井康雄記者のインタビューに答えた東郷は「馬場と大木はすでに俺の手の内にある」と言ったからだ。

そういえば、新春シリーズに初来日するはずだったオスカー・ブル・ベドウという新進気鋭のレスラーの来日が遅れている。調べたところ、ベドウは航空券をキャンセルしたという。ベドウは東郷が契約したレスラーだったから、もしかしたら東郷が日本行きを止めたのかもしれない(のちに櫻井康雄記者が東郷から「ワシが怒って止めた」という証言を得ている)。

日本プロレス興業営業部長の岩田浩は、櫻井康雄記者に電話を入れた。

《「東郷と馬場はどうなっているの？　東郷は本当に馬場を押さえているのかね」と岩田氏は慌てた口調だった。》(原康史『激録　馬場と猪木』)

ロサンジェルス在住のグレート東郷はWWAのジュールス・ストロンボーと親しい。東郷は「馬場と大木はロスに置いて、そこから全米に派遣する。世界タイトルマッチも大いにやらせる」と言っている。

つまり、東郷は「俺は馬場、大木ばかりでなく、ロサンジェルスのWWAをも手中に収めた」と宣言したことになる。

ロサンジェルスは日本プロレスとアメリカをつなぐ唯一のルートだった。

戦争が始まったのだ。

東郷のインタビュー記事が出た翌日にあたる一月七日には、これまでの楢橋《ならはし》渡《わたる》に代わって右翼の大物である児玉誉士夫が日本プロレス会長となり、副会長には三代目山口組組長の田岡一雄が就任した。児玉誉士夫は東京スポーツの社主でもある。

一年ほど前の二月一〇日には、児玉誉士夫の取り持ちで、田岡一雄を兄に、東声会会長町井久之を弟に、という兄弟盃《さかずき》が交わされている。

豊登率いる日本プロレスは、地方興行を田岡一雄が社長を務める神戸芸能社に丸投げしていた。関西の興行は山口組の田岡が、関東は東声会の町井が仕切る。

力道山の下で、長く気楽な高給取りのサラリーマンをやっていた豊登たちにとって、ジャイアント馬場は、目障りな後輩に過ぎない。

しかし、田岡一雄や町井久之にとって、ジャイアント馬場は、力道山亡き後、客を呼べる唯一のスターであった。

力道山が死んで、ただでさえ客足の衰えが心配なのに、人気者の馬場を東郷に取られただと？　四月には大切なワールドリーグ戦があるんだろう？　豊登がエース？　外人は沖識名がハワイから呼んでくる二流レスラー？　バカ野郎どもが、興行はそんなに甘いもんじゃねえ。客の興味を惹くような取組を作れないなら、地方興行を丸ごと買う話はご破算にするぞ。

東郷が馬場、大木と一流の外国人レスラーを引き連れて日本で興行を打てば、お前たちなんか一発で吹き飛ぶ。俺たちはそっちの興行を買ったっていいんだ。

田岡および町井の怒りを知って、それまで馬場に冷淡だった豊登ら四幹部も事態の深刻さにようやく気づき、慌てて遠藤幸吉をロサンジェルスに派遣したのである。

馬場が遠藤に求めた契約条件の提示

遠藤は途中ハワイに立ち寄り、プロモーターのエド・フランシスに泣きついて、急遽外国人レスラーを送ってもらうように頼んだ。グレート東郷に来日を妨害されたオスカー・ブル・ベドウに代わるレスラーが必要だったからだ。

エド・フランシスはラッキー・シモノビッチを送ることを約束してくれた。高額の謝礼を支払ったことはいうまでもない。

さらに遠藤はホノルルからロスに飛び、リトルトーキョーの日本料理店でミスター・モトと大木金太郎に会った。この時点で、馬場はまだ東部を転戦中だった。

遠藤はミスター・モトとジュールス・ストロンボーに、日本プロレスのブッカーとなってもらうよう頼んだ。もはや沖識名の出る幕ではない。

モトは遠藤の依頼を快諾した。ロサンジェルス近辺のレスラーに声を掛け、日本に送ることなど簡単なことだ。フロリダには従兄弟のデューク・ケオムカもいるから、フロリダのレスラーも送ってもらおう。日本プロレスがアメリカの二倍から三倍のギャランティを支払うことは広く知られているから、みんな喜んで日本に行くはずだ。

モトから話を聞いたジュールス・ストロンボーも、日本プロレスへの協力を約束してくれた。ストロンボーはそれまでグレート東郷と親密だったが、東郷が日本プロレスからクビを切られたことが判明した以上、あえて東郷と組む理由は何ひとつなかったからだ。

同席した大木金太郎も、帰国に同意した。大木は東郷の家に居候《いそうろう》し、そこから試合会場に送ってもらっていたが、アメリカで長く暮らすつもりなど最初からなかった。華のない自分がアメリカで一流レスラーになることは不可能だとわかったからだ。

グレート東郷が東京スポーツに語っていたのは単なる願望であり、具体的な計画ではなかったことが判明して遠藤は少しホッとしたが、最も重要な仕事がまだ残っていた。

日本人レスラーでただひとり客を呼べるジャイアント馬場を、何としても日本に連れ戻さなくてはならない。グレート東郷の手に渡してはならないのだ。

まもなく馬場がロサンジェルスにやってきた。

馬場の自伝『王道十六文』によれば、馬場が滞在するホテル・クラークに遠藤から電話がかかってきたのは、東郷の契約書へのサインを断わった翌日だったという。

ホテル・クラークのコーヒーショップにやってきた遠藤は、馬場に日本プロレスの現状を説明した。

力道山の死後、豊登、芳の里、吉村道明、遠藤幸吉の四幹部の合議制で再スタートを切ったこと。

新たに日本プロレスの会長に就任したのは児玉誉士夫であり、副会長は田岡一雄であること。

自分たち四幹部はグレート東郷と手を切り、新たにミスター・モトをブッカーに据えたこと。WWAのジュールス・ストロンボーも、東郷ではなく我々に協力すると約束してくれたこと。

四月初めからスタートする第六回ワールドリーグ戦へのジャイアント馬場の参加を、日本プロレスの全員が待ち望んでいること――。

馬場は一瞬のうちに自分を取り巻く状況を把握する。

なるほど、それでわかった。日本プロレスにクビを切られたからこそ、東郷は自分と一〇年に及ぶ長期契約を結ぼうとしたのだ。俺を人間扱いしなかったグレート東郷と、力道山が死んだ時に連絡をくれなかった日本プロレスは、いまやなんとかしてこの俺を手に入れようと必死になっている。

悪くない状況じゃないか？

トロントのフランク・タニーと結んだ契約は一月いっぱいで切れる。日本プロレスとは何の契約も交わしていない。つまり、二月以降のジャイアント馬場は、まったくのフリーランスなのだ。アメリカで暮らそうが、日本に戻ろうが、すべては自分が決めることだ。

日本プロレスは、四月三日に開幕する第六回ワールドリーグ戦には是が非でも俺を出場させなければならない。彼らにとって、タイムリミットは着々と近づいている。俺が急ぐ必要はまったくない。ワールドリーグ戦に出場してもいいし、しなくてもいい。

アメリカに残ることもできる。東郷は嫌いだが、東郷がくれるカネは好きだ。東郷は契約だけは守る男だ。二七万ドルは手取りというから、契約書さえ専門家を入れてきちんとしておけば問題はない。

東郷がイヤなら、前回のようにヴィンス・マクマホン・シニアと契約してもいい。英語がうまく話せるようになるまでは、マネージャーをつければいい。二、三年もすれば、そこそこ話せるようになるだろう。アメリカの道は広く、運転は簡単だ。クルマの免許を取って自分で動けるようになれば、もはやマネージャーは必要ない。

日本に帰るもアメリカに残るも、すべては俺の一存で決まる。急いで結論を出すのは愚かだ。そう考えた馬場は「とにかく一刻も早く帰国してほしい」という遠藤の要請を「まだ契約が残っているから」とやんわりと断わった。

その上で、東郷が示した金額を遠藤に告げた。

「東郷さんはこう言ってくれている。日本プロレスの条件を聞かせてほしい」

遠藤は返答に窮《きゅう》した。馬場から契約条件の提示を求められるとは、考えてもいなかったからだ。

しかも、馬場が口にしたのは天文学的な数字だった。

「自分の一存では何も決められない。悪いようにはしないから、しばらく時間をくれ」と、遠藤は狼狽しつつ自分のホテルに帰っていった。

しばらく会わないうちに、おとなしかった後輩はタフネゴシエーターへと変貌していたのだ。

《馬場正平という男の一生の問題を、感情に走って決めたくはなかった。東郷にも遠藤にも返事を保留したまま、私はアトキンスとともにクリスタルビーチに帰った。飛行機の中でアトキンスは、「いずれにしても、お前自身が考えるべき問題だ」と言ってくれた。アトキンスは私を強くし、チャンピオンにすることには心血《しんけつ》を注いでくれたが、東郷のようにカネで縛ろうというのは、あまりすきではなかったようだ。私に手取り一七万ドルの年収を保証したからには、そのマネージ料として東郷とアトキンスの懐にも、年に一〇万ドルほどはころげ込むはずだ。

だがアトキンスはロスから帰ってからは、「結論はお前が出せ」といった態度で、アメリカ定着を無理強いするようなところはなかった。そういう点でも立派な、男っぽい人だった。》(ジャイアント馬場『王道十六文』)

馬場と別れた後、遠藤幸吉がすぐに日本に国際電話をかけた。

「東郷はとんでもない金額を馬場に提示した。契約期間は一〇年。馬場がサインした瞬間に馬場は東郷のものになる。どうするかはそっちで決めてくれ」

遠藤の話を聞いて豊登は途方に暮れた。決めてくれと言われても、日本プロレスの金庫には東郷に対抗できるカネがまったくない。

ジャイアント馬場の人生が、大きく変わろうとしていた。

焦る東郷とアトキンス

破格の契約条件を示して、馬場に即座にサインさせようというグレート東郷の作戦は失敗に終わった。

いまやジャイアント馬場は、日本プロレスが俺と絶縁したことを知り、日本プロレスと俺を両天秤に掛けている。早く決着をつけたかったが、こうなった以上は仕方がない。俺と馬場の契約は一月いっぱいで切れる。もはや一刻の猶予も許されない。東郷とアトキンスのふたりは、馬場を契約書にサインさせるべく、可能な限り多くのタイトルマッチに出場させることにした。

力道山が死んだいま、日本のプロレスはもう終わりだ。日本に戻ろうなんてバカな考えは捨てて、アメリカに定着しろ。俺たちと組めばこれだけの大金が稼げる。近いうちにNWA世界王者にもしてやる。だから俺たちと契約しろ、ということだ。

一九六四年一月一四日付の東京スポーツには、国際電話によるグレート東郷のインタビューが掲載されている。

《東郷　馬場はまだカナダ（トロント）にいます。プロモーターのフランク・タニーとの契約は一応一月いっぱいで切れるので二月からロスに呼ぶ予定だったんですが、馬場は人気があるでしょう。どうしてもタニーが離さないで、契約を延長してくれと頼まれたんですよ。それであと一か月、ステーツの東部とカナダで試合をさせることにしました。

タニーも私にはっきりと約束してくれましてね。二月中には必ず東部のデトロイトかカナダのトロント、モントリオールで（NWAの）チャンピオンシップ（選手権試合）をさせるというんですよ。そこでワシもOKしたんです。馬場は二月中には必ずルー・テーズと戦うことになるでしょう。

――WWA認定世界選手権へ挑戦する話は？

東郷 馬場は間違いなく三月にロスにきますからね。そしてWWAに挑戦することになります。一一日夜WWAの幹部会ではっきり決定したんですが、三月二七日にロスのオリンピック・オーディトリアムで馬場はWWAのワールドチャンピオンシップ（世界戦）をやります。この試合にワシはどうしても馬場を勝たせたいと思っています》（『東京スポーツ』一九六四年一月一四日）

しかし、NWA王者のルー・テーズやWWAのフレッド・ブラッシーに挑戦させると言っても、馬場は契約書にサインしようとはしなかった。

焦った東郷とアトキンスはついに切り札を出した。ニューヨークのプロモーターであるヴィンス・マクマホン・シニアに頼み込んで、マディソン・スクウェア・ガーデンでWWWF王者のブルーノ・サンマルチノに挑戦させることにしたのだ。

馬場の念願は二万人以上を収容する全米一のアリーナであるマディソン・スクウェア・ガーデンでメインイベンターになることだったからだ。

二月一七日のWWWF世界戦については、プロレス史研究家の小泉悦次が実に鋭い分析をしているので紹介しよう。

《当時のMSG（マディソン・スクウェア・ガーデン）での興行は、原則として月一回。八〇年代前半のボブ・バックランドが王者だった時代まで、メインイベントはWWWF戦である。

その昔、『別冊ゴング』などを読まれていた方々は、MSGのマッチメークにあるパターンがあったことを覚えておられると思う。ある挑戦者が現れ、初戦で王者を一方的に攻め立てるものの、最後はうやむや決着。第二戦も同じような展開になるが、第三戦で王者が挑戦者を文句なしに破り、観客の溜飲を下げるというものだ。

ところが、この時のサンマルチノvs馬場は三連戦ではなかった。一試合だけなのである。前後のMSGのメインは以下の通り。もちろん王者はサンマルチノ、いずれもタイトルマッチである。

●六三年一二月一六日＝ジェリー・グラハム
●六四年一月二〇日＝ジェリー・グラハム

●六四年二月一七日＝ババ・ザ・ジャイアント
●六四年三月一六日＝ジェリー・グラハム

つまりマクマホン・シニアは、ＭＳＧのマッチメークの原則を破ってでも馬場を使いたかった、ということだ。おそらく三月の馬場のスケジュールはＷＷＡに押さえられていて、二月しかサンマルチノとの対戦を組めないことから、異例の「割り込み」が行われたであろう。》（『Ｇスピリッツ』ｖｏｌ．13）

プロモーターにとって、プロレスは商売以外の何物でもない。東郷とアトキンスから頼まれたとはいえ、ヴィンス・シニアが馬場の割り込みを許したのは、ジャイアント馬場が大観衆を呼び寄せる力を持っていたからだ。

《記者はトロント市でプロモーターのフランク・タニー氏と会見したが、同氏は「馬場はリングに上がっただけでファンにカネを払う義務を感じさせるほどのグッドレスラーだ。三月まで彼のスケジュールはいっぱいで、米国中のプロモーターから引っぱりだこになっている。力が強いし、ワザもうまくなった。それにショーマンシップが旺盛だ」と馬場を激賞していた。ハミルトン市の対パウロ（イリオ・デ・パオロ）戦では定員四〇〇〇人の市公会堂に約五五〇〇人もの大観衆

がつめかけ、大混乱を起こしたほどだから、人気のすさまじさは想像以上。》（『東京スポーツ』一九六四年一月二九日）

三大世界タイトルへの連続挑戦

こうしてジャイアント馬場は、アメリカ定着と帰国の間で揺れる中、NWA、WWWF、WWAの三大世界タイトルに連続挑戦することになった。

一九六四年二月から三月にかけてのことだ。

当時のNWA世界王者は、バディ・ロジャースを破って戴冠《たいかん》した四六歳のルー・テーズである。

テーズとの試合前、マネージャーのフレッド・アトキンスはテレビに何度も登場し、日頃の寡黙さを返上して馬場の強さを繰り返し観客に語った。

《ババはワシが日本で捜してきた逸材で、野球、柔道、カラテ、スモウなんでもこなすスポーツマンだ。米のメシをビフテキにかえるようにすすめてからメキメキ強くなった。マジメで練習熱心で毎朝六〜八マイル（約一〇〜一三キロ）のロードワークを続けている。彼はもう二八歳だ（実際には二六歳）。チャンスをのんびり待ってはいられない。だから次々に選手権に挑戦しているんだ。ババは必ず世界チャンピオンになる。（中略）ババは三〇〇キロの牛をカラテで倒せる。諸君がその光景をCKLW－TV（注・デトロイトのテレビ局）で見るのもそう遠くはないだろう。》（『東京スポーツ』一九六四年二月一四日）

アトキンスの懸命なプロモーションの甲斐あって、二月八日のデトロイト・オリンピア・スタジアムは、九九〇〇人の観客で埋め尽くされた。

ザ・ジャイアント・ババがルー・テーズのNWA世界王座に挑戦した試合について、馬場は次のように語っている。

《とにかくあのころのルー・テーズというのは凄いレスラーだった。といっても、俺と戦ったころはテーズも四〇歳を超えて、五〇に近かったんじゃないかな。だ

テーズvs馬場
NWA戦の広告

から若いころ……三〇代はどれほど強かったのか想像がつかないねえ。（中略）なんと言ってもあのね。それも筋肉ですね。最初さわった時は柔らかいんですよ……柔軟なんですね。だが試合がエキサイトしてくると筋肉がピンピンと硬くなってくる。これは不思議ですねえ。凄い奴というか、神秘的なレスラーでしたね。》（『東京スポーツ』一九八三年五月二九日）

ルー・テーズは馬場やロジャースのようなパフォーマーではなく、恐ろしく強い真の実力者である。

「テーズは対戦相手が真剣にレスリングに取り組んでさえいれば問題ない。観客を盛り上げるためのパフォーミングマッチをする。ところが、相手が試合中にふざけたり、観客に投げキッスをしたりすれば、怒って相手を痛めつけ、ひどい時には傷つけることさえあった。

野球選手だったババは、もちろんテーズやカール・ゴッチのような強いレスラーではない。でも、ババのことを悪く言うレスラーはひとりもいなかった。充分にいいレスラーだったし、レスリングにも真剣に打ち込んでいたんだ」（柔道の全米王者にしてプロレスラーのジーン・ラベール）

馬場は必死だった。テーズに勝つためではない。テーズとともに素晴らしいパフォーミングマッチを披露し、観客を興奮させようと必死だったのである。

試合は三本勝負で行われ、一本目はテーズ、二本目は馬場が取った。

三本目、馬場はテーズのバックドロップに沈んだが、馬場は充分に満足だった。観客を大いに沸かせたからだ。

馬場にとって実に意外なことに、テーズのNWA王座挑戦は一度では終わらなかった。

一週間後の二月一五日、馬場はシンシナティに向かった。対戦相手はフリッツ・フォン・エリックと聞いていた。ところが試合会場のシンシナティ・ガーデンに到着すると、対戦カードが変更されていた。新たなる対戦相手は一週間前と同じルー・テーズ。もちろんNWA世界タイトルマッチだった。

シンシナティのプロモーターはジム・バーネットである。デトロイトのジョニー・ドイルとは盟友であり、六二年夏にはインディアナポリスのボーク・エステスと組んで、コロンバスのアル・ハフトに興行戦争を仕掛けたこともあった。その際にバディ・ロジャースがカール・ゴッチとビル・ミラーのふたりに襲撃されて負傷したことは、第六章で触れた通りだ。

バーネットはデトロイトで行われたテーズと馬場の試合をリングサイドで見て、

観客の興奮を肌で感じた。そして一週間後に行われるテーズのNWA王座防衛戦の挑戦者を、急遽ザ・ジャイアント・ババに変更したのだ。

この日、シンシナティ・ガーデンに集まった観客はほぼ満員の七四二六人。馬場はバーネットの期待に見事に応えたことになる。

《この時もバックドロップで叩きつけられて負けですよ。しかし、後味は悪くなかったな。ああ……俺もついにルー・テーズと二度、NWA世界タイトルマッチをやったという満足感はあったよ。》(ジャイアント馬場の発言。『東京スポーツ』一九八三年五月二九日)

もちろん馬場は満足していたはずだ。デトロイトでは二二〇〇ドル、シンシナティでは一〇〇〇ドルのギャランティを受け取っていたからだ。わずか二試合で三二〇〇ドル(当時のレートで約一一五万円)。現在の貨幣価値に直せばおよそ六五〇〇万円ほどだろうか。

この時、馬場はギャラの小切手を直接受け取っている。一九六四年二月の時点で、すでにフリーランスになっていたからだ。

一月末でフランク・タニーとのブッキング契約は切れている。東郷とアトキンスふたりと交わしたマネージメント契約も同時に切れた。

「二月以降は、すでに決まっている試合以外は入れないでほしい」

馬場はアトキンスを通じてフランク・タニーに求め、タニーは了承した。

アトキンスとは一カ月間の短期マネージメント契約を個人的に結んだ。もちろん雇うのは馬場であり、雇われるのはアトキンスである。

グレート東郷とは契約しなかった。

馬場は自分の運命を自分自身で決めようとしていたのだ。

ついにマディソン・スクウェア・ガーデンのメインを飾る

グレート東郷と日本プロレスの四幹部は、ジャイアント馬場を手に入れようと争っていた。日米間の綱引きを楽しみつつ、馬場はルー・テーズとのＮＷＡ世界選手権試合二連戦を戦った。

ところが、まったく意外なことに、馬場の帰国は一本の国際電話によってあっさりと決まってしまう。

馬場に電話をかけてきたのは、山口組三代目組長にして日本プロレス副会長の田岡一雄であった。

一九五七年秋、力道山は日本プロレス興業の社長だった永田貞雄とケンカ別れをした。巨額の興行収入と放映権料をすべて自分のものにしようとしたのだ。

しかし、力道山は興行に関してはまったくの素人であったために、神戸芸能社の社長を務めていた田岡一雄を頼った。神戸芸能社の前身は山口組興行部。美空ひばりが所属していたことで知られる。

力道山は神戸芸能社と五年契約を結んだ。一時期、力道山と美空ひばりの対談やグラビアが数多く新聞や雑誌に掲載されたのは、神戸芸能社がセッティングしたからだ。

力道山が急死して右往左往する豊登以下の四幹部を、田岡は大いに助けた。日本プロレスとグレート東郷の間でジャイアント馬場の争奪戦が勃発したと聞いた田岡は、自ら国際電話をかけて馬場に帰国を求めた。馬場こそが興行に不可欠なスターだったからだ。

馬場自身は「アメリカに残ろう」と考えていた節がある。力道山死後の日本プロレスの将来を予測できなかったし、豊登社長が自分をどのようなポジションに置くかもわからなかったからだ。

しかし、馬場は田岡の依頼を断ることができず、帰国を決意する。

日本アマチュア・レスリングの創設に尽力し、プロレス専門誌『月刊ファイト』を創刊し、初期の全日本プロレスのテレビ解説を担当したジャーナリストの田鶴浜弘が編集した『日本プロレス30年史』には、馬場の帰国に関して次のような記述がある。

《大うけにうけて調子にのり切ったのは二度目の渡米のときだが、力道山が没し、彼は志半ばにして日本のマットに帰るのだが、おそらく彼の本心は日本に帰りたくなかっただろう。だが、本家の事情はそれを許さず、彼は何よりも、本家を大事にした。出処進退の折り目正しさ——というか、おかれた運命に従順だったことが、華やかな日本マットに〝ジャイアント馬場時代〟を開花させることになる。》

「(馬場は)おかれた運命に従順だった」という一文が印象的だ。田鶴浜はおそらく、馬場本人から帰国の真の理由を聞いていたのだ。

田岡一雄から「話はついた。馬場は帰国すると言っている」と聞かされた四幹部は、再び遠藤幸吉を全権大使としてアメリカに送った。絶対的な人物との約束とはいえ、馬場がいるのはアメリカである。いつ馬場の気が変わるかわからない。遠藤幸吉はロサンジェルスでWWAのマッチメーカーを務めるジュールス・ストロンボーと合流し、すぐにニューヨークに飛んだ。

一九六四年二月一七日、ニューヨークのマディソン・スクウェア・ガーデン（MSG）ではWWWF世界選手権が行われようとしていた。チャンピオンはブルーノ・サンマルチノ。挑戦者はババ・ザ・ジャイアント。もちろんメインイベントである。

馬場にとって、マディソン・スクウェア・ガーデンでメインイベンターとなることは大きな夢だった。

皮肉にも、馬場の夢は帰国が決まった直後に実現したのだ。

《二月一七日、MSGは超満員だった。現在のMSGは昭和四三（一九六八）年に新築されたもので、当時は戦前からの古めかしい建物だったが、それなりに、メッカと呼ぶにふさわしい風格があった。私は試合前、三階客席のてっぺんまで上がってみた。すでに前座試合が始まっていて、リングがそれこそマッチ箱のように見えた。そこで戦っているのは、二年半前に私が初めてこの地区に入った時には、足もとにも寄れなかった先輩スターたちだ。

「ああ、俺もついにMSGでメイン・エベントを取るまでになったか。日本人として初めて、ここで世界タイトルマッチをやるんだ」と思うと身が震えた。》（ジャイアント馬場『王道十六文』）

午後一〇時三〇分にリングに登場したジャイアント馬場は、二年前のドテラに兵《へ》児《こ》帯《おび》という姿とは異なり、白地に松と鶴を描いた素晴らしい日本風のガウンを身に纏って入場した。ただしリングシューズはない。足には下駄を履いている。

東京スポーツはニューヨークに特派員を送り込み、ジャイアント馬場が生涯誇りとしたマディソン・スクウェア・ガーデンでの試合を詳細に報じている。

《――ここに一瞬のスキがあった。サンマルチノはあっという間に馬場の長い腕をリストロック（逆腕固め）にとらえ、ジリジリとスタミナを奪うと馬場の巨体をぐいっと肩に担ぎ上げた。〝人間発電所〟サンマルチノ必殺のバックブリーカー（背骨折り）がついに爆発したのだ。サンマルチノの肩の上でゆれる馬場は一三分三八秒ついにギブアップ。サンマルチノは馬場の巨体を丸太のようにマットにほうりだした。

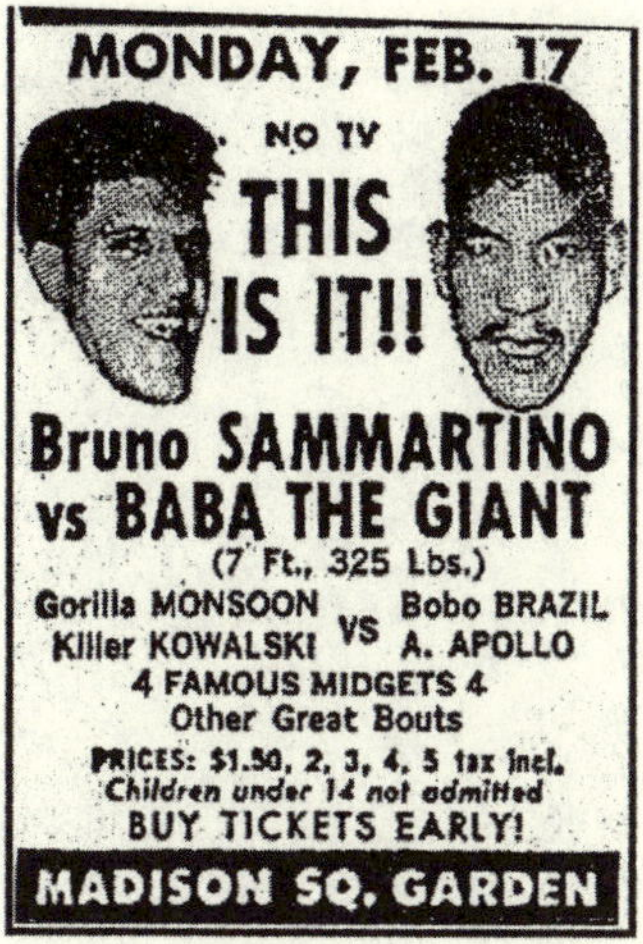

サンマルチノ vs 馬場のＷＷＷＦ戦の広告

馬場はたおれたまま。しかし二本目の試合開始のゴングが鳴るとすさまじい闘志で立ち上がった。だがレフェリーは〝レフェリーストップ〟で馬場の敗戦を宣告、頭にきた馬場のセコンド、アトキンスが〝試合続行〟をアピール。抗議したが入れられず、そのうちにニューヨークコミッションによる〝時間切れ規定〟の一一時になり〝試合〟は終わってしまった。これでサンマルチノは連続九回目の王座防衛をなしとげた。》（『東京スポーツ』一九六四年二月二〇日）

試合は馬場の負けだったが、そんなことはどうでもいい。最初からサンマルチノの勝ちに決まっている。ついに俺は二万二〇〇〇人を収容する世界一のアリーナであるマディソン・スクウェア・ガーデンのメインイベンターとなり、それにふさわしいギャランティを受け取るのだ。馬場はご機嫌だった。

《私が東郷との契約を拒否してからもアトキンスは、私をしごき、強くしていい試合をやらせようという姿勢をまったく変えなかったが、週給一二〇ドルはやめて、ギャラが私の手に入るようにしてくれた。》（ジャイアント馬場『王道十六文』）

《馬場　やっぱりレスラーは、メーンエベント、それも大会場でメーンエベントの世界タイトルマッチを取れるようにならなければ嘘だと小切手を手にしてみて、しみじみ思ったもの。デトロイトでテーズと戦った時が二二〇〇ドル、その後ク

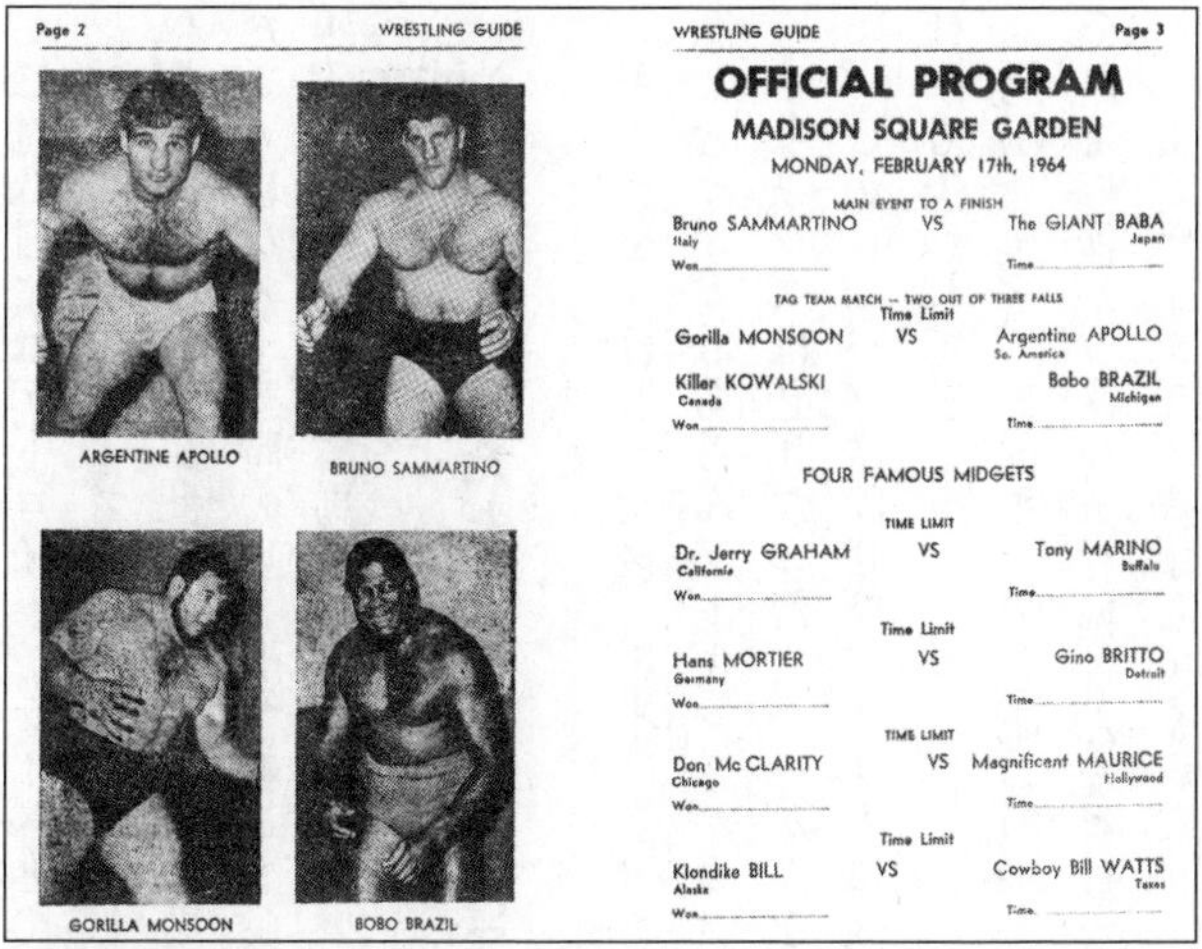
Page 2　WRESTLING GUIDE

ARGENTINE APOLLO　BRUNO SAMMARTINO

GORILLA MONSOON　BOBO BRAZIL

WRESTLING GUIDE　Page 3

OFFICIAL PROGRAM
MADISON SQUARE GARDEN
MONDAY, FEBRUARY 17th, 1964

MAIN EVENT TO A FINISH
Bruno SAMMARTINO (Italy) VS The GIANT BABA (Japan)
Won............ Time............

TAG TEAM MATCH -- TWO OUT OF THREE FALLS
Time Limit
Gorilla MONSOON VS Argentine APOLLO (So. America)
Killer KOWALSKI (Canada) Bobo BRAZIL (Michigan)
Won............ Time............

FOUR FAMOUS MIDGETS

TIME LIMIT
Dr. Jerry GRAHAM (California) VS Tony MARINO (Buffalo)
Won............ Time............

Time Limit
Hans MORTIER (Germany) VS Gino BRITTO (Detroit)
Won............ Time............

TIME LIMIT
Don Mc CLARITY (Chicago) VS Magnificent MAURICE (Hollywood)
Won............ Time............

Time Limit
Klondike BILL (Alaska) VS Cowboy Bill WATTS (Texas)
Won............ Time............

馬場が初めてMSGのメインに立った当日のプログラム。「The GIANT BABA」の名前が見える

リーブランド（実際にはシンシナティ）でやった時が一〇〇〇ドル、これワンマッチのファイトマネーよ。それでニューヨークのマディソン・スクウェア・ガーデンでブルーノ・サンマルチノとＷＷＷＦ世界タイトルマッチをやっていくらもらったと思う？

――もったいぶらないで、教えてくださいよ。

馬場　三八〇〇ドルですよ。当時としては、俺の知っている限りではチャレンジャーとしては最高のギャラですよ。》（ジャイアント馬場の発言。『東京スポーツ』一九八三年五月三一日）

二月八日にはデトロイトでテーズとのNWA世界選手権試合。二月一五日にはシンシナティでテーズとの第二戦。そして二月一七日にはニューヨークでサンマルチノとのWWWF世界選手権試合。馬場はわずか三試合で七〇〇〇ドルを稼いだことになる。当時のレートで約二五〇万円、現在の貨幣価値に直せばおよそ一四〇〇万円である。馬場がご機嫌でないはずがなかった。

ブラッシーがただのおじさんに見えた

ギャラを受け取った後、馬場はヴィンス・マクマホン・シニアと契約について話し合った。もちろんアトキンスがヴィンス・シニアに頼んだのである。アトキンスは必死だった。ババがトーゴーと契約したくないのならそれでもいい。しかし、ババにはぜひアメリカに残ってほしい。ババが帰国すれば、自分の仕事も失われてしまう。

《馬場　まず、アトキンスと話しあって、これにはヴィンス・シニアも入ったよ。それで、俺がアメリカに残るんならヴィンスが契約してもよい、ということで、パーセンテージまで提示してくれた。

——何パーセントくらい？

馬場　サンマルチノと同じ待遇をするということだったよ。だから実にいい条件ではあった。しかしまあ、俺もいろいろ考えた。最後はやっぱり日本人なんだし、日本でプロレスリングが、今後もしっかりとした形で行われ続けるならば日本でやるべきじゃないかと思った。それでヴィンスにはサインはできないと断った。ヴィンスもビジネスマンだから、じゃあアメリカへきたら俺のリングに上がれといってくれた。》（ジャイアント馬場の発言。『東京スポーツ』一九八三年五月三一日）

ヴィンスのオファーを断った直後、馬場は遠藤幸吉とジュールス・ストロンボーと会った。しかし、この話し合いは形式的なものに過ぎない。馬場の帰国はすでに決まっていたからだ。

遠藤幸吉が馬場に渡したのは契約書ではなく、念書だった。

「エースの豊登と同等の給料、同等の扱いをする」

「数年後には必ずエースにする」

「日本プロレスの重役として迎える」

「力道山が貴君に残した借金は、日本プロレスが責任を持って返済する」

グレート東郷の契約に比べれば、馬場にとってあまりにも気の毒な内容というほかないが、馬場は甘んじて受け容れた。

次にジュールス・ストロンボーがロサンジェルスでの契約書を差し出した。期間は六週間。その間に三回のWWA世界選手権を行い、ギャランティのほかに興行収入の数パーセントを受け取る。

馬場がサインすると、ニューヨークでやることはひとつもなくなった。

《アトキンスとはここで別れた。私の帰国に一言の不満も言わず、前日まで、日課となっていたホテルの自室でのロープ引きトレーニングをやらされたのは恐れ入ったが、そういう頑固じいさんぶりが、今は無性《むしょう》に懐かしい。》（ジャイアント馬場『王道十六文』）

翌朝、馬場はジュールス・ストロンボーとともに西海岸ロサンジェルスへと向かった。

「ババは多くの観客をロサンジェルスに呼んだ。彼はビッグ・スターだった。ブラッシーとの試合は大評判を呼び、チケットはすべて売り切れになったよ」（ロサンジェルスのプロモーター、カル・イートンの義理の息子でレスラーでもあるジーン・ラベール）

ロサンジェルスのファンはババ・ザ・ジャイアントの登場を大いに喜んだが、馬場自身はむしろ退屈していた。

《初対決の時は、私にはブラッシーがとてつもない怪物と言うか、妖怪のように思えたものだが、テーズ、サンマルチノと戦って来た後では〝銀髪鬼〟もただのおじさんに見えた。それだけ私が自信をつけていたということだろう。だが、王座は奪えなかった。空手とキックをぶっ放して追い込むと、ブラッシーはコーナーに座り込んで両手を合わせて拝む。フッと気を抜くと、信じられないほどのスピードでパンチが急所に飛んできた。あれだけは名人芸だ。カーッとして蹴飛ばすと、ブラッシーはころげてリング・エプロンに逃げる。追うと、巧みに反則負けにされてしまった。》（ジャイアント馬場『王道十六文』）

二月二八日、三月二〇日、そして三月二七日、ジャイアント馬場はWWA世界王者のフレッド・ブラッシーに三度挑戦したが、勝利することはできなかった。

しかし、そんなことはどうでもよかった。自分は日本に帰るのだ。

三月一三日には豊登と、日本プロレス営業部長の岩田浩がロサンジェルスにやってきた。第六回ワールドリーグ戦の最終的な打ち合わせのためである。

馬場はもちろん豊登と会った。豊登自身の口から「念書の内容は必ず実行する」

と聞きたかったからだ。

豊登が約束すると、馬場は初めて「第六回ワールドリーグ戦には必ず参加します」と言った。

第九章　猪木の逆襲

到着した羽田から国技館に直行

一九六四年三月二七日、サンディエゴ・コロセウムでフレッド・ブラッシーとの最後の試合を戦った後、ジャイアント馬場は定宿にしていたホテル・クラークでアントニオ猪木に会った。猪木はハワイからアメリカに到着したばかり。これから武者修行に出るところだった。

「寛《かん》ちゃん、これを持っていけ。俺はもう使わないから」

馬場が猪木のポケットにねじ込んだのは七〇〇ドル（現在の貨幣価値で約一四〇万円）あまりの札束だった。後年、猪木は「あれは涙が出るほどうれしかった」と語っている。

馬場にとって、五歳年下の猪木は可愛い弟分だったのだ。

第六回ワールドリーグ戦の開幕戦は四月三日に行われる。参加するアメリカ人レスラーたちはいったんロサンジェルスに集合し、開幕前日の四月二日に日本に乗り込む手筈になっていた。

ジン・キニスキー、覆面レスラーのカリプソ・ハリケーン、ザ・マミー、ジ・アラスカン、ブル・カリー、ジーン・ラベール、チーフ・ホワイト・ウルフ、ロイ・マクラリティ、そしてブッカーのミスター・モトという面々である。

全員が初来日。ジン・キニスキーを除けば、ロサンジェルス近辺のレスラーの寄せ集めである。

カネに糸目をつけなかった力道山時代とは異なり、豊登ら四幹部の新体制となった日本プロレスは圧倒的に予算に乏しい。全米の隅々から、あるいはカナダから日本の観客の興味を引きそうなレスラーをかき集めてくることは、すでに不可能になっていた。

さらにブッカーの能力も、グレート東郷と比べれば見劣りがした。

「ミスター・モトは素晴らしい人格者で、悪く言う人はひとりもいない。でも呼んでくる外国人はロクなのがいなかった。早くから西海岸に定着したからでしょうね。自分の目の届くロサンジェルス近郊のレスラーしか呼べなかった。全米を渡り歩いて各地のプロモーターに人脈のあるグレート東郷とは雲泥《うんでい》の差です」（プロレスライターの流智美）

ロサンジェルスにいたジャイアント馬場が右の一行に加わることはなかった。

四月一日、ホノルルでハードボイルド・ハガーティとのメインイベントを戦っていたからである。

馬場が羽田空港に到着したのは、第六回ワールドリーグ戦開幕戦当日の夕刻だった。

《飛行機が定刻よりだいぶ遅れて着陸体勢に入った時は、もう第一試合が始まっていた。空港には日本プロレスの渉外係が待ち構えていて、特別の配慮で入管《にゅうかん》も税関も試合道具だけ持ってパスさせてもらい、車に飛び乗った。当時はまだ東京オリンピックがこの半年後で、羽田空港から浅草蔵前まで高速道路をノンストップというわけにはいかない。私は車の中でタイツに着替え、レスリング・シューズをはいた。国技館の入口からリングに直行してもいいつもりだった。レスラー稼業に時差ボケなど許されない。狭い車の中で、膝やひじを何とか屈伸させてウォームアップもやった。

ちゃんと間に合った。国技館に着いて、セミファイナル四五分三本勝負の対カリプソ・ハリケーン戦には、まだ一五分ほどの余裕があった。私は控室に飛びこんで新幹部諸氏に帰国の挨拶をすませ、フーッと一息入れてリングに向かった。》

（ジャイアント馬場『王道十六文』）

力道山の死後、初めてのビッグイベントとなった第六回ワールドリーグ戦は、予想を遙かに上回る人気を得た。

もちろんジャイアント馬場の凱旋帰国が最大の理由である。

ＮＷＡ、ＷＷＷＦ、ＷＷＡの三大世界タイトルに次々と挑戦した馬場の活躍は、すでにスポーツ新聞や専門誌で詳細に報じられていた。

しかし、日本プロレス界の救世主となったジャイアント馬場が、そのままエースの座につくことはなかった。日本プロレスを運営する豊登以下の四幹部が、後輩の馬場がエースになることを望まなかったからだ。

三二文ロケット砲誕生秘話

帰国直後、ジャイアント馬場は大きな不安を抱いていた。「力道山を失ったいま、日本プロレスはおしまいだ」と書かれた新聞記事も読んだし、自分にジェラシーを抱く豊登の下でやっていかなくてはならなかったからだ。

しかし、馬場の不安は徐々に解消されていく。

力道山の死後、一時的に落ち込んだプロレス人気は完全に回復し、テレビ視聴率も好調だった。

《「ビデオリサーチ」の集計によると、四月二〇日－二六日の関東地区の視聴率では、プロ・レスリングは三六・五パーセントで首位。プロ野球の巨人－中日、巨人－国鉄のドル箱カードでも三〇パーセント前後、プロ・ボクシングにいたってはひとケタの視聴率しか出ていない。》（『プロレス&ボクシング』一九六四年七月号）

一九六四年五月二九日の札幌大会では、初めてベルトを巻いた。

豊登とタッグを組んだ馬場は、ジン・キニスキー、カリプソ・ハリケーン組を破り、アジア・タッグ王者となったのである。

初防衛戦は七月二三日、馬場の母校である新潟県三条市の三条実業高校グラウンドで行われた。

母と姉はもちろん、親戚も知人も見知らぬ人も、チャンピオンベルトを腰に巻いた馬場に熱狂的な声援を送った。

《挑戦者はジョニー・バレンド、覆面ザ・スポイラー組。相手にとっては不足だったが、とにかくここは、私が毎日野球をやっていたグランドだ。びっしりと校庭を埋めてくれたお客さんは、みんな故郷の人たち。真夏だから白シャツ姿だが、母校の制帽をかぶった後輩も大勢いた。もちろん我が家の家族や親類縁者も総出。私は二年中退だから卒業生名簿には載っていないだろうが、「俺は、帰ってきた

豪快さが際立つ馬場の32文ロケット砲

ぞ！」と思い切りわめきたいくらいだった。チャンピオンベルトを締めてリングに上がり、拍手の嵐を浴びた時は、胸がキューンとして、危うく涙をこぼすところだった。もう興奮して暴れまくって、二－〇のストレート勝ち。初防衛に成功したというよりは、「これで少しは親孝行になったかな」といった気持ちだった。》（ジャイアント馬場『王道十六文』）

翌一九六五年二月、馬場は再びロサンジェルスに飛び、約六週間転戦している。馬場は日本人でただひとり、シリーズの合間にアメリカに出かけていって稼ぐことのできるレスラーだった。

のちに〝三二文ロケット砲〟と称されることになるドロップキックを身につけたのは、このロス遠征中のことだ。

ドロップキックを教えてくれたのは仲の良いペドロ・モラレスだった、と馬場は言う。

《早速ジムで練習をした。モラレスが砂をつめたバスケットボールの球を片手で差し出し、私がそれをジャンプして蹴る。モラレスは体を反転してマットに着地するコツをアドバイスしてくれた。ボールを徐々に上げていって、一日のうちにモラレスの顔の高さまでキックできるようになった。これが『三二文ロケット砲』と呼ばれた私のドロップキックとなったわけだが、私にはいささかあっけなく「なんだ、こんなことなら早くからやる気になればよかった」と思ったものだった。私の巨体ではもっともっと難しいものだと思っていたのだ。》（ジャイアント馬場『王道十六文』）

ドロップキックを完全にマスターした馬場は、体重を意識的に少し落とした。

全日本プロレスの渕正信は、馬場からそう聞いている。

「馬場さんがドロップキックをできるようになったのを見て、ペドロ・モラレスだかジーン・ラベールだかが、馬場さんに『体重を落とせ』って言ったらしい。当時の馬場さんは一四五キロあったけど、『その体重じゃあ膝に負担がかかりすぎるから一五ポンドか二〇ポンド（約七キロから九キロ）落とせ』と言われたと聞きました。

馬場さんも納得して、体重を落とそうとメチャメチャ練習したそうです。試合で忙しい中、走るのはもちろん、ハーフスクワットも腿上《ももあ》げもガンガンやったって。あの馬場さんがそこまでやったなんて、信じられないけどね（笑）。でも実際に体重を落としてみたら、すごく体調が良くなった。馬場さんは元々凄いスタミナがあったけど、体重が軽くなってますます動けるようになったって。

帰国後第一戦のバトルロイヤルでドン・ダフィーに初めてドロップキックを使って優勝した（一九六五年三月二六日）。バトルロイヤルでの優勝は最初で最後だ、と笑っていました」（渕正信）

観客の人気はジャイアント馬場に集まっていた。にもかかわらずエースは豊登のままだった。

それでも馬場が大きな不満を抱くことはなかった。

試合のギャランティは豊登と並んでトップだったし、移動の列車はいまでいうグリーン車であり、暴君だった力道山の顔色を窺う必要もなく、馬場を脅かす存在はひとりもいなかったからだ。

団体最高の高給取りであるにもかかわらず、エースの責任を背負う必要もなかった。豊登とのタッグチームTB砲のリーダーも豊登であり、試合の組み立てもすべて豊登に任せた。馬場は気楽な二番手の立場を楽しんでいた。

そもそも馬場は「豊登を押しのけてエースになってやろう」と考えるような人間ではない。

《私は気楽な立場で、ただリングで全力投球していれば良く、「一介のレスラーのほうが、のん気でいいや」と政治的なことや経営面には一切首を突っ込まず、静観を決め込んでいた。今ではこの頃が懐かしい。私のプロレス生活中、最も〝いい時代〟だったかもしれない。全日本プロレスを設立してからは、「ああ、あの頃に帰りたいなあ」と何度も思ったものだ。レスラーは、プロレスだけに頭を使い、体を使っている時が、一番幸せだ。》(ジャイアント馬場『王道十六文』)

テーズのバックドロップを受け切った誇り

力道山の死後、再建を誓う日本プロレスの幹部（左から馬場、芳の里、遠藤、豊登、吉村）

経費を節約して二流外国人レスラーを集めて興行を打ったが、それでも観客は集まった。新たにエースとなった豊登も、最初のうちは懸命なファイトを見せていた。

しかし、新体制が軌道に乗ると、緊張感は次第に緩んでいく。

アメリカ遠征から戻った馬場と、日本プロレスの社長兼エースとなった豊登との関係は次第に悪化していった。

力道山の後継者となり、第六回、第七回のワールドリーグ戦に優勝者したのは豊登。しかし、ファンは人気実力ともにジャイアント馬場が上と見た。

馬場の周囲に、再び嫉妬が渦を巻き始める。

《社長の豊登と一介のレスラーである馬場が、並び称されることを快く思わない豊登寄りの選手も少なくなく、馬場の立場は微妙だったが、馬場は親しい記者に「トヨさんはパンを食えないが、オレは食える」と漏らしている。

豊登は海外では無名だが、馬場は全米の超ビッグネームだ。日本プロレスが自分を蔑ろにするようなら、いつでも飛び出してやる、と馬場は腹をくっていたのだ。

そんな馬場の心境を察したのか、日プロは四〇年（一九六五年）秋に力道山の永世タイトルとして封印していたインターナショナル王座の復活を決め、日本代表に馬場を指名した。馬場はインター争覇戦を四勝二引き分けで突破、四〇年一一月二四日に大阪府立体育館大会で行われた決定戦でディック・ザ・ブルーザーを破り、力道山の跡目を継ぐ王者となったのだった。》（菊池孝『ジャイアント馬場 甦る16文キック』）

しかし、豊登との緊張関係は馬場の与《あずか》り知らぬところで決着がついた。豊登は有り金すべてをギャンブルに注ぎ込んだあげく、会社のカネにまで手をつけたのである。

「豊登にはいろいろと問題があったんです。特にギャンブルですね。当時は競馬新聞の社長の家に居候していたほど入れ込んでいました。

川崎競馬場で実際に見ましたが、当時一〇〇〇円の馬券を束で持っていた。一〇〇万、二〇〇〇万という額を賭けていたんです。当然借金も多く、会社のカネを使い込んだ。芳の里は豊登と仲が良かったのですが、ついにかばいきれなくなって、泣いて馬謖《ばしょく》を斬って豊登を追放したんです」（『東京スポーツ』記者だった櫻井康雄）

豊登を失っても、ジャイアント馬場さえいれば興行に影響はない。

そのような判断が芳の里ら幹部にはあったはずだ。

こうして名実ともに日本プロレスのエースとなった馬場は、一九六六年二月二八日、〝鉄人〟ルー・テーズと戦った。

プロレスファンの目に、テーズは力道山の好敵手として映っている。日本プロレスは、馬場をテーズに勝たせることによって、馬場の強さをファンに強く印象づけようとしたのだ。

一九六六年二月二八日東京体育館。ジャイアント馬場はテーズからふたつのフォールを奪って勝利した試合を〝私のレスラー生活の中でも、最も印象に残る試合〟と形容する。

《俺がいうのもなんだが、昭和四一年頃の俺は、俺自身の歴史で俺が一番強かったころだと自分で思っている。その時の俺が五〇歳のテーズと死にものぐるいで戦って、やっと勝ったんだからねえ……。テーズの三〇代の強さはちょっと想像がつかない。あんた達はよくカール・ゴッチをプロレスの神様とか何とか言うが、本当のプロレスの神様はルー・テーズだと思うよ。》(ジャイアント馬場の発言。『東京プロレス』一九八三年六月二三日)

「昭和三八(一九六三)年頃の馬場の試合は凄かったですよ。ただ、ちょっとガッカリしたのは昭和四〇(一九六五)年のインターナショナル王座決定戦。アメリカ代表がディック〝ザ・ブルーザー〟アフィルス。日本代表が馬場。大阪と蔵前で二試合やったんですが、馬場はコテンパンにやられた。本気で殴ってくるブルーザーに押しまくられたんです。大阪では反則勝ちで馬場がチャンピオンになり、蔵前では引き分けだった。馬場のドロップキックをブルーザーは受けましたね。でも、汚名返上ということでルー・テーズを呼んで東京体育館でやった試合は実に素晴らしかった。テーズが馬場のいいところを引き出したんです。テーズが大きな馬場をバックドロップで投げたのは凄かったですね」(櫻井康雄)

テーズのバックドロップを完璧に受け切ったことを、馬場は生涯の誇りとしている。

《私はこの時の写真を、今でも大事に持っている。テーズのバックドロップも完璧だったが、アゴを引き、両手を大きく広げ、足がパッと上がった私の受け身の姿勢も見事だったと思う。》（ジャイアント馬場『王道十六文』）

プロレスラーにとって最も重要な技術は受け身＝バンプ（bump）である。プロレスラーは自分の身体を守りつつも、相手の技を最大限に大きく見せなくてはならない。「死んでしまうのではないか？」と観客が心配するほどの威力を感じさせつつ、実際にはダメージをほとんど受けないことが理想だ。馬場は、テーズのバックドロップを例にとって、自分の受け身の技術を自慢しているのである。

「顔も手も足も、指先からつま先まで全部大切です。技をかけられて痛いのなら、相手の手を叩きながら、足もバタつかせて自分が痛いということをお客さんに伝えなければ意味がない。しかもリングサイドのお客さんだけにわかっても仕方がない。二階の隅に座っているお客さんにもわかってもらわないといけないんです。

馬場さんはものすごく試合がうまかった。攻めてよし、攻められてよし。デカい外人に攻められると、馬場さんはグーッと下がりますよね。その時の表情なんか最高ですよ。顔をしかめて、でも目は閉じない。やられて、じっと我慢している。お客さんの反応を確かめているんです。お客さんが『行けっ！』と思った瞬間にパーンと行く。間合いの取り方が実に素晴らしい。あれはアメリカで身につけたものでしょうね。

二メートルの馬場さんが吹っ飛べば、そりゃあ大きな会場のお客さん全員にウケますよ」（ザ・グレート・カブキ）

全日本プロレスの渕正信がジャイアント馬場ファンになったきっかけは、このルー・テーズとの一戦だという。当時の渕はまだ小学校六年生だった。

「当時の北九州ではなぜかテレビ放映がなかったから、俺は九州スポーツを毎日読みあさっていた。

馬場さんは前年暮れにインターナショナル王者にはなったけど、若くて不安定だった。だから、あのルー・テーズには勝てるわけがないと思っていたんだよ。ルー・テーズはNWAのベルトをジン・キニスキーに取られたけど、フォールを取られたわけじゃなくて、カウントアウト負けだったしね。

ところが翌日の新聞を見たら、馬場さんは2フォール（二本）を奪って勝ったんだよ！　これでいっぺんにジャイアント馬場ファンになった」

渕は全日本プロレス入門後、馬場自身の口から昔話を何度も聞いている。究極のプロレスファンだろう。馬場は渕にこう言った。

《その前（テーズ戦の前）に豊登がいなくなって、真のチャンピオンの価値を決める試合だと周りから言われるから余計に硬くなった。試合内容としては今考えると案外単純なものだった。ヘッドロックとバックドロップの攻防だけ。キックも椰子の実割りも出していない。アメリカでテーズとやった時のほうが、当たり前だがのびのびとやれた。最後はバックドロップを自爆させてのフォール勝ち。ルー・テーズ相手に勝ったことで観客は総立ちになったよ。あの頃は今と違って、内容より勝敗がまだ重視されていた。翌日の各スポーツ紙はすべて一面にこの試合。ルー・テーズに勝ったジャイアント馬場、てことで俺の評価が決まった試合だから印象に残るわな。》（渕正信『我が愛しの20世紀全日本プロレス史』）

ちなみにこの時のテーズは五〇歳の誕生日直前。それでいて二〇歳以上も年下の馬場と互角以上に渡り合ったのだ。化け物としかいいようがない。

馬場がテーズを破ったことで日本プロレスは大いに盛り上がり、豊登の離脱は何の痛手にもならなかった。

しかし、追放された豊登も黙ってはいなかった。一九六六年三月、豊登はハワイに飛び、アメリカ遠征から帰国の途にあったアントニオ猪木を捕まえると、猪木に新団体への参加を迫った。

「日本プロレスに戻れば、お前は永遠に馬場の下だ。俺が新団体を作るから、お前はエース兼社長になれ」

確かにその通りだろう。猪木は豊登の言葉に頷いた。

「豊登には、私の兄に少し似たところがあった」と猪木は言う。兄弟のような親しみを感じていたということだ。豊登も常日頃から「日本プロレスの将来のエースは猪木だ」と広言していた。

猪木は日本プロレスには戻らず、豊登とともに新団体「東京プロレス」を設立することにした。

猪木のアメリカ武者修行ルート

力道山存命中から、猪木が優れた資質を持つアスリートであることは誰の目にも明らかだった。

《日本プロレス界の若手の最大のホープといえばまず第一にアントニオ猪木があ

げられる。「ルー・テーズのようなレスラーに育てたい」というのが力道山の念願だったし、文字通りこの期待に添うような成長ぶりをみせている。来日したレスラーに〝若手レスラーのホープは〟と聞くと、特徴のあるアゴを指摘し、必ず猪木をあげる。昨年春左足を負傷し、大木（金太郎）に先を越されてしまった感はあるが、天性の素質は大木をしのぐものを持っている。

昨年の第五回ワールドリーグ戦に参加した老雄サンダー・ザボーが「猪木を私に預けてみろ、必ず世界チャンピオンにしてみせる」と力道山にくいさがったエピソードがあるくらいで、柔軟なからだ、恵まれたバネ、スピード溢れるダイナミックな動き……は近代プロレスリングの必要条件をことごとく備えている。》（『東京スポーツ』一九六四年一月八日）

ザボーばかりではない。ルー・テーズも「将来は恐ろしいレスラーになる」と言い、フレッド・アトキンスもサニー・マイヤースも「未来のテーズだ」と口を揃えた。

しばしば理不尽な暴力を振るってはいたものの、力道山も猪木の将来性を高く評価していた。

一九六〇年四月、ジャイアント馬場とほぼ同時に日本プロレスに入門した一七歳の猪木寛至は、デビュー戦から一年も経たないうちに外国人レスラーと戦い、勝利している。

一九六二年春、一九歳になったばかりの猪木は第四回ワールドリーグ戦に参加して、キラー・バディ・オースティン、フレッド・ブラッシー、ディック・ハットン、ルー・テーズといった強豪と次々に対戦した。

翌六三年の第五回ワールドリーグ戦に弱冠二〇歳で参加した際には、巨漢ヘイスタック・カルホーンに押しつぶされて失神するという不本意な役回りを演じさせられたものの、サンダー・ザボーやジノ・マレラ（ゴリラ・モンスーン）、パット・オコーナー、フレッド・アトキンスと肌を合わせるという貴重な体験をした。

これはもう、エリート教育といってよいのではなかろうか。

力道山の死後、念願だったアメリカ遠征に出発する時、アントニオ猪木の中には強い決意があった。

「自分はルー・テーズのようなレスラーになる」という決意である。

《いま僕の頭の中にあるのは、ブラジルに行くことと、ルー・テーズから世界タイトルを奪取することの二つです。どんなことがあってもこの二つは実現してみせます。（中略）

アメリカ本土に渡ったら、できるだけ早くミズーリ州に行きたい。数回来日して日本のファンになじみのサニー・マイヤースがいろいろ面倒をみてくれるんです。ロサンジェルスもいいが、いわゆる正統派のレスラーが多くいるのはミズーリ州セントルイスから東部にかけてですからね。》（アントニオ猪木の発言。『プロレス&ボクシング』一九六四年六月号）

猪木の言う「セントルイスから東部にかけて」とは、セントルイス、シカゴ、ニューヨーク、デトロイト、フィラデルフィア、シンシナティ、コロンバス、さらにカナダのトロント、モントリオールのアメリカ北東部を指す。要するに最もカネになる地域であり、ジャイアント馬場が転戦した地域でもある。

馬場のようにアメリカ北東部の大都市で活躍したい、ルー・テーズを破って世界チャンピオンになりたい。アントニオ猪木はそんな願望を抱いていたのだ。

しかし、将来を嘱望された若者の願望は瞬く間に打ち砕かれる。

アントニオ猪木がホノルルから渡った先は、セントルイスではなく、カンザスシティだった。

続いてアイオワ州デモイン、西海岸に移ってワシントン州シアトル、オレゴン州ポートランド、カリフォルニア州ロサンジェルス、さらに南部に移ってテキサ

カナダ
61年12月
メーン
モントリオール
62年2月
オタワ
ミネソタ
63年11月
トロント
61年9月
ミネアポリス
64年1月
ボストン
ウィスコンシン
ニューヨーク
クリスタルビーチ
バッファロー
64年5月
ミシガン
ミルウォーキー
デトロイト
64年2月
62年2月
ニューヨーク
アイオワ
シカゴ
ピッツバーグ
ペンシルベニア
62年4月
62年3月
61年10月
オハイオ
ボルチモア
フィラデルフィア
デモイン
インディアナ
コロンバス
インディアナポリス
カンザスシティ
イリノイ
シンシナティ
62年6月
ワシントンD.C.
ウェスト
バージニア
64年1月
61年9月
セントルイス
64年1月
バージニア
ミズーリ
65年11月
ケンタッキー
ナッシュビル
ノースカロライナ
65年11月
テネシー
メンフィス
アーカンソー
サウスカロライナ
アトランタ
64年4月
ジョージア
アラバマ
ミシシッピ
ルイジアナ
ヒューストン
ニューオーリンズ
62年9月
タンパ
65年6月
フロリダ
バハマ
マイアミ
キューバ

64年11月
シアトル
ワシントン
64年11月
ポートランド
モンタナ
ノースダコタ
オレゴン
アイダホ
ボイシ
サウスダコタ
ワイオミング
ネブラスカ
ネバダ
サンフランシスコ
ユタ
デンバー
コロラド
カリフォルニア
ラスベガス
カンザス
61年7月
ロサンジェルス
アリゾナ
オクラホマ
ニューメキシコ
アマリロ
64年12月
サンディエゴ
オクラホマシティ
65年6月
ダラス
馬場&猪木
アメリカ遠征地図
テキサス
65年7月
サンアントニオ
馬場
猪木
年と月は
初登場を示す
メキシコ

ス州ダラス、同州ヒューストン、サンアントニオ、テネシー州ナッシュビル、メンフィスと転戦した。

前掲の地図をご覧いただければ明白だが、猪木はアメリカ最高のマーケットである北東部には一歩も足を踏み入れることができなかった（セントルイスのテレビマッチに一試合だけ出ている）。

「猪木さんのコースは決して悪くない。ほかの日本人レスラーの平均よりはずっといい。でも、馬場さんと比較したらかわいそう。それほど馬場さんの成功は圧倒的でした。ほかのどんな日本人レスラーと比較しても、です。

アメリカ時代の馬場さんと猪木さんでは、一試合あたりのギャラが五倍か六倍は違っていたでしょう。北東部と南部ではそもそも入場料の値段が全然違う。テネシーなんか、下手したらリングサイド二〇〇円とか、そういう世界です。

猪木さんは『チャンピオンになっても一日二〇ドルとかのファイトマネーなんで、バカバカしくなって日本に帰りました』と言ってましたね」（プロレスライターの流智美）

来日した一流外国人レスラーたちから「若き日のルー・テーズにそっくりだ」という高い評価を受けたところで、猪木はどこからどう見ても日本人であり、アメリカ人ではない。

アメリカ人の観客が日本人の猪木を見て「ルー・テーズのようだ！」と感激し、試合会場に足を運んでくれることなど決してあり得ないのだ。

夢と希望を胸にアメリカに乗り込んだものの、アントニオ猪木はルー・テーズになることはもちろん、NWA王者のルー・テーズやジン・キニスキー、WWWF王者のブルーノ・サンマルチノに挑戦することさえできなかった。

二年間のアメリカ遠征を終えて帰国した猪木は、馬場につけられた圧倒的な差を思い知った。

馬場には大きさという絶対的な記号性があり、元プロ野球選手の運動神経があり、アメリカのプロモーターからの信頼があり、世界最強の〝鉄人〟ルー・テーズを破った実績があり、さらに力道山の象徴であったインターナショナル選手権のベルトまで腰に巻いていた。

ジャイアント馬場は、日本人プロレスラーが望みうるすべてを手にしたのだ。

一方、アントニオ猪木はアメリカで何ひとつ手に入れることができなかった。

カネも、名誉も、ベルトも。

しかし、アントニオ猪木が絶望することはなかった。

二三歳の若者は、自分の未来を心の底から信じていたのだ。

日本マット界初の興行戦争

豊登追放後、新たに日本プロレスの社長となった芳の里は、馬場を取締役選手会長に選任した。

試合のギャラと役員報酬を合わせた馬場の給料袋は、縦にトンと立ったという。すでに馬場の収入は、プロ野球読売ジャイアンツの長嶋茂雄や王貞治を抜き去るほどになっていた。

インターナショナル王者となり、ルー・テーズを破って名実ともに日本プロレスのエースとなったジャイアント馬場は、精神的にも肉体的にも充実し、凄まじい集客力を維持していた。

豊登が若い猪木を抱き込んで東京プロレスを設立しても、経営方針の対立から日本プロレスを去った吉原功が国際プロレスを立ち上げても、ジャイアント馬場を擁する日本プロレスは小揺るぎもしなかった。

それでも競合団体が誕生したことは日本プロレスに少しばかりの危機感を与え、

ようやく一流の外国人レスラーをシリーズごとに呼ぶようになった。

一九六六年一〇月一二日、東京プロレスの旗揚げ戦が蔵前国技館に一万一〇〇〇人の観客を集めて華々しく行われた。メインイベントはアントニオ猪木対ジョニー・ヴァレンタイン。ふたりのレスラーは素晴らしい試合を披露し、観客を熱狂の渦に巻き込んだ。

猪木の東京プロレスに対抗して、日本プロレスは一二月三日に日本武道館で興行を打った。メインイベントはジャイアント馬場対フリッツ・フォン・エリックである。

プロレスで日本武道館が使用されるのはこの時が初めて。しかし、もっと重要なことは、この試合がプロレスとテレビを知り尽くした達人同士の試合だったことだ。

試合開始のゴングが鳴る前から、エリックは馬場を殴る蹴る、あるいはコーナーポストに叩きつけるなどして一方的に攻撃し続けた。場外戦に引き込んだエリックは、馬場を鉄柱やエプロンに叩きつけておいてすばやくリングに戻り、トップロープとセカンドロープの間に上半身を潜り込ませ、その体勢のまま、リング外にいる馬場の額に〝鉄の爪〟アイアンクローを食い込ませた。

二メートルを超える馬場の額を、上から鷲づかみにしたのだ。

馬場が両手でエリックの右手首を握ると、エリックはそのまま、片手一本で馬場の巨体をリングに引きずり上げてしまった。

実際には馬場が自力でリングに上がっているのだが、観客と視聴者の目には、エリックの恐るべき握力と腕力によって、馬場が片手一本で吊り上げられているように映るのだ。

この戦慄のシーンを作り出すために、エリックはトップロープとセカンドロープの間に上半身を入れたのである。感服のほかはない。

やがて馬場が反撃に出る。

ロープに振っておいてからの十六文キックや水平打ち、脳《のう》天《てん》唐《から》竹《たけ》割《わ》りを連発し、エリックがフラフラになったところをすかさず押さえ込むと、沖識名レフェリーのカウントスリーが入った。

乱打されるゴング。馬場が最初の一本を取ったことにホッとする観客。

しかし、レフェリーの沖識名が馬場の手を上げ、フォールを奪った馬場が起き上がろうとした次の瞬間！

下からエリックの太い腕がサッと伸び、鉄の爪を再び馬場の額に食い込ませた。

「汚いぞエリック！　馬場が一本を取ったところじゃないか！」

凄まじい怒号が広い日本武道館に響きわたり、リングサイドには抗議するために大勢の観客が押し寄せた。

まだ二本目のゴングは鳴っていない。エリックの攻撃は反則なのだ。

沖識名レフェリーがエリックの手を引き離そうとする。その背中に隠れてアイアンクローを受ける馬場の顔が見えない。

初めての日本武道館大会を熱狂の渦に巻き込んだ馬場vsエリック戦

「止めに入っております沖識名さんの手が、血に染まって参りました」とは清水一郎アナウンサーの名実況だが、もちろん小さなカミソリの刃で馬場の額を切り裂いたのは沖識名自身である。
ふたりが離れた時、馬場の額から流れ出る赤い血は、日本武道館を埋め尽くした大観衆すべての目にはっきりと見えた。誰もが恐ろしいほど興奮している。

沖識名がふたりを必死に分けて二本目のゴングが鳴った。

一本を取ったものの、馬場のダメージは深い。

コーナーポストを背にした馬場に、再びエリックの鉄の爪が襲いかかる。馬場は両手でエリックの右手首をつかんで必死に防ごうとする。

手に汗握る攻防を、テレビカメラがここぞとばかりにクローズアップで狙う。

ようやく場外に逃れた馬場が、再びリングに戻って反撃すると、観客は大声援を馬場に送った。

しかし、エリックは馬場をロープに振っておいてカウンターのアイアンクロー。ついに馬場からギブアップを奪った。

「ギブアップであります。人間性を尊重いたします、人間性尊重を強く打ち出しておりますアメリカにあって、このようなまことに残虐無比な技を使いますフリッツ・フォン・エリック。観客を恐怖のどん底に突き落としてしまわなければおかないというフリッツ・フォン・エリックであります。まことに残忍無比な荒技を繰り出しております」と清水アナ。

これで試合は一－一となり、三本目はエリックが沖識名レフェリーを突き飛ばして反則負け。結局、馬場がインターナショナル王座を防衛した。

エリックのような超一流レスラーにやりたいようにさせる。相手の技を受けて受けて受けまくり、相手の良いところをすべて引き出す。

それでも位負けすることなく、説得力のある形で反撃し、最後はお互いの価値を落とさない形で試合を終える。

馬場の考える「一流の試合」とはこのようなものだ。

フリッツ・フォン・エリック相手にこんなことができる日本人レスラーが自分以外にいるか？　いるわけがない。馬場は圧倒的な自信を持っていた。

まもなく東京プロレスが破綻《はたん》して、アントニオ猪木が日本プロレスに出戻ってきた。

東京プロレスの経営は旗揚げ前から困難に陥っていた。豊登は仕事ひとつせず、相変わらず会社の運営資金を横領し続けた。豊登の借金は五〇〇〇万円を超え、それがそのまま東京プロレスの借金となった。猪木は数人のレスラーとともに古巣に戻るほかなかった。

日本プロレスの幹部たちは、アントニオ猪木を高く評価していた。

いくら未知の強豪ジョニー・ヴァレンタインを呼んできたとはいえ、蔵前国技館に一万一〇〇〇人を集められる日本人レスラーが何人いるのか？　ジャイアント馬場とアントニオ猪木以外には誰もいないことは明白だった。

それほどのレスラーを敵に回すことはまったく賢明ではない。ならば、再び日本プロレスに迎え入れ、目の届くところで管理したほうがずっといい。

猪木に不満を持たせない程度の待遇も与えた。お前はまだ若い。馬場はお前より五歳年上だ。近いうちに必ずお前の時代がくる。それまでは辛抱せい、ということだ。

取締役会で猪木の復帰が議題に上がった時、馬場は意見を聞かれたが、あえて反対はしなかった。レスラーとしての全盛期にあった馬場は、猪木をライバルとはまったく考えていなかったのだ。

一九六六年の第八回ワールドリーグ戦、翌六七年の第九回ワールドリーグ戦を連覇したジャイアント馬場は、いまや日本中のヒーローとなっていた。

一九六七年八月一四日には、日本マット界初の興行戦争が起こった。

大阪府立体育会館で行われる国際プロレスの興行を妨害するために、日本プロレスは直線距離にしてわずか一〇〇メートルと目と鼻の先にある大阪球場での野外大興行をぶつけたのだ。新聞各紙は「大阪夏の陣」と書き立てた。

日本プロレス史に残る最高のタッグチーム「BI砲」

国際プロレスのメインイベントはヒロ・マツダ、サム・スティムボート組対ロジャー・カービー、ビル・ドロモ組。

対する日本プロレスは、ジャイアント馬場が保持するインターナショナル王座に、現役NWA世界チャンピオンのジン・キニスキーが挑戦するという超強力なカードを用意した。

大阪府立体育会館の国際プロレスに集まった観客は四二〇〇人。一方、大阪球場の日本プロレスには二万人を超える観客が押し寄せた。

日本プロレスの完勝だった。

二九歳の馬場と三九歳のキニスキーは六〇分フルタイムドローを

戦ったばかりでなく、さらに五分間の延長戦をも戦い抜いた。延長戦に入った直後、馬場は三二文ロケット砲を放っている。真夏の大阪で、煌々《こうこう》と輝くライトを浴びつつ一時間以上を戦って、なお馬場にはそれだけのスタミナが残っていたのだ。

急成長をしたアントニオ猪木

日本プロレスに出戻ったアントニオ猪木は、ジャイアント馬場とタッグを組んだ。いわゆるBI砲である。

エースはもちろん馬場であり、猪木は引き立て役に回されたが、日本プロレス界究極のタッグチームの結成は全国のプロレスファンを熱狂させた。

馬場が初めて猪木というレスラーの実力を認めたのは、一九六七年五月二二日に愛知県体育館で行われたフリッツ・フォン・エリック&アイク・アーキンス組との対戦だったという。

《馬場　とにかく、あの名古屋の試合で、これは……と思いましたね。思い切ったファイトをしましたよ、猪木は……。（中略）パンチの打ち方ひとつにしても、エリックという大レスラーに対してガンガンいくわけですよ。結局猪木はアイアンクローで一本取られたんですが、その負けっぷりというか、やられっぷりも小気味よかったですね。猪木がいいレスラーになったと思ったのはその時が初めてですよ。》（ジャイアント馬場の発言。『東京スポーツ』一九八三年七月一三日）

やられっぷり、負けっぷりを評価するとは、さすがは馬場だ。

プロレスの目的は観客を興奮させることにある。その目的のためには〝鉄の爪〟フリッツ・フォン・エリックの強さを充分に観客に見せておかなくてはならない。

エリックに果敢に挑み、派手に散る。猪木は自分に課せられた役回りを充分に理解し、実行した。馬場は猪木の賢明さを褒め称えているのだ。

プロレスラーは対戦相手ではなく、観客と戦っている。勝っても

1969年当時の猪木の肉体。脚の太さに注目してほしい

負けてもいい。「こいつの試合をまた見たい」と観客に思わせること。それこそがプロレスラーの仕事なのだ。

アメリカ遠征と東京プロレスにおける挫折を経て、アントニオ猪木はプロレスラーとして大きく成長していた。

一九六七年一〇月三一日、馬場と猪木のＢＩ砲はカウボーイ・ビル・ワット＆ターザン・タイラー組を破り、インターナショナル・タッグ王座を獲得した。

しかし、ＮＥＴ（のちのテレビ朝日）が芳の里ら幹部を口説き落とし、金曜八時の日本テレビ『三菱ダイヤモンドアワー・日本プロレス中継』のほかに、水曜九時にＮＥＴ『ワールドプロレスリング』を開始したことから、日本プロレス内部に大きな亀裂が入っていく。

中継料が二倍になるというおいしい話に芳の里たちは大いに喜んだが、日本テレビが面白く思うはずがなかった。

日本プロレスは力道山以来の馴染みの顔を立て、ＮＥＴにはエース馬場を登場させないことにした。

ＮＥＴは当然のようにアントニオ猪木をバックアップする。

ジャイアント馬場が日本テレビのエースならば、アントニオ猪木はＮＥＴのエースなのだ。

一九六九年五月三日にアントニオ猪木、大木金太郎、そして吉村道明の三選手が出席してNETプロレスリング中継の記者発表が行われると、二週間後に行われたワールドリーグ戦の決勝戦ではアントニオ猪木が新必殺技の卍固めでクリス・マルコフを破り、初優勝を飾った。

アントニオ猪木のワールドリーグ戦初優勝は、もちろんNETへのサービスであろうが、猪木躍進の理由をテレビ局の大プッシュだけに求めることはできない。猪木にはそうなるだけの魅力があった、ということだ。

東京スポーツの記者だった櫻井康雄は、この頃、アントニオ猪木はレスラーとしてジャイアント馬場を追い抜いた、と見ている。

「BI砲は結成からずっと見ていますが、もちろん馬場が大将で、その前に戦うのが猪木なんですが、猪木がどんどん強くなっていった。

レスラーとしての力は、猪木がどんどん馬場を追い上げ、追い抜いたという感じがしましたね。盲目《もうもく》的なファンは別ですよ。これは絶対馬場と言うから（笑）。でもプロレスが好きでずっと見ている人間はそう感じていたはずです。

僕は勝ち負けをプロレスの評価のポイントにしません。プロレスは心技体のぶつかりあいで、心、技、体のどれかひとつでも観客に印象を与えられれば、観客はレスラーの強さを感じる。どういう内容で、どんな技で勝ったかが重要なんです。

第一一回ワールドリーグ戦では猪木が初優勝しましたが、最後に残ったのは、猪木とクリス・マルコフ、ジャイアント馬場、ボボ・ブラジルの四人でした。

猪木対マルコフ戦は内容的にも素晴らしかった。一方、馬場対ブラジル戦は馬場の攻撃にどこか力が入らず、ブラジルに一方的に攻められた印象だった。試合内容を比較して『ああ、これからは猪木の時代だな』と思ったんです」

日本プロレスの興行を日本テレビとNETというふたつのテレビ局が中継するようになると、日本プロレスの中にも、日本テレビ派、NET派というふたつの派閥が作られていった。ふたつの派閥は、結局馬場派、猪木派に収斂《しゅうれん》され、幹部も芳の里社長と吉村道明は馬場派、遠藤幸吉と九州山、ユセフ・トルコは猪木派と色分けされた。主流派は現在のエース馬場を支持し、反主流派は将来のエース猪木の味方についたということだ。

日本テレビのエースである馬場はインターナショナルのベルトを巻いている。NETでもタイトルマッチを放送したい。ならばエース猪木を箔付けするために新たなベルトを創設しよう。NETがそう考えるのは当然である。

かくしてアントニオ猪木はロサンジェルスでジョン・トロスを破り、〝NWA認定〟ユナイテッド・ナショナル・ヘビー級王座、通称UNヘビー級王座のベルトを腰に巻いた。一九七一年三月二六日のことだ。

実現しなかった猪木の挑戦表明

当時二八歳の猪木は、自分の強さと才能に大きな自信を持っていた。

UN王座のベルトを腰に巻き、テレビ局もバックについている自分は、ジャイアント馬場に完全に並んだ。

そう考える猪木は、第一三回ワールドリーグ戦に優勝した直後の馬場に挑戦した。

「自分はUNチャンピオンであり、馬場さんはインターナショナルチャンピオン。チャンピオンがふたりいては、ファンもどちらが強いか混乱する。チャンピオンの権威を守るためにも、馬場さんと統一戦をやりたい」と言ったのだ。五月一九日、大阪府立体育会館でのことだった。

《以前からNET派幹部の間にそういう動きがあって、私は「そんなに大げさにせずに、やるなら道場でやればいいじゃないか」と言ったことがある。だが彼らが欲しかったのは、力道山以来日本マット界のエースの象徴とされたインター王座だったのだろう。私は「町の喧嘩じゃあるまいし、〝やりたい〟〝よしやろう〟でタイトルマッチが出来るものではない。タイトルを管理するのは団体だ。団体が認可するなら、私はやる」と上層部に一任した。この私の考え方は、今も変わっていない。》（ジャイアント馬場『王道十六文』）

猪木は馬場の言葉に従い、早速対戦要望書を作ってコミッショナー事務局に届けた。

しかし、猪木の対戦要望は通らなかった。当時の平井義一《ぎいち》日本プロレス協会会長と門茂男《かどしげお》日本プロレスコミッショナー事務局長が記者会見を開き「時期尚早。馬場と猪木が世界中の強豪をすべて倒した時に戦えばいい」と言ったのだ。

この流れを見れば、親愛なる読者諸兄諸姉の目には、おそらく「馬場が猪木から逃げている」と映っているはずだ。

しかし、実際にはそうではない。馬場は「マッチメイクを決めるのは自分ではなく、プロモーターだ」と言っているだけだ。

めした。

プロモーターの求めに応じられないレスラーはレスラーではない。リアルファイトをやれと言われればリアルファイトを戦う以外ない。ルー・テーズは力道山、大木金太郎とリアルファイトを戦い、いずれも叩きのめした。

ジーン・ラベールはアマリロのプロモーターだったカール・サーポリスに命じられて腕自慢の観客を次々に倒した。

グレート小鹿は一九六九年一二月にロサンジェルスでNWAアメリカスヘビー級王者になった際、黒人レスラーからリアルファイトを挑まれて勝利した経験を持つ。

リング上でレスラーが何をするか。それを決める権利を持っているのはプロモーターであってレスラーではない。それが馬場の考えだ。プロモーターは、日本プロレスでは芳の里社長にあたる。

「社長に命じられれば、所属レスラーである自分は猪木との戦いを拒否できない」

馬場はそう言っているのだ。

さて、賢明なる読者諸兄諸姉よ。あなたが日本プロレスのプロモーターだとして、馬場と猪木を戦わせるだろうか？　ふたりが戦えば、もちろん客は入るに決まっている。後楽園球場でやっても満員になるかもしれない。それほどのビッグマッチである。

猪木はもちろん馬場に勝つつもりだ。馬場が負けを受け容れる理由はまったくない。だとすれば試合はリアルファイトになってしまう。派手な動きのない、寝技のディフェンスに終始するような試合である。

一九七六年のパク・ソンナン戦やアクラム・ペールワン戦で証明されたように、猪木は勝つためには相手の目に指を入れる男だ。たとえば馬場と猪木が戦い、猪木が馬場の目に指を入れ、戦闘不能状態に追い込まれた馬場の試合放棄によって猪木が勝ったとする。動きがなく、相手の目に指を入れるような凄惨な試合を見て、果たして観客は喜ぶだろうか？

力道山と木村政彦の試合の評価が低いのは、八百長破りだったからではない。見世物としての領域を超えたリンチのような凄惨な試合となったからだ。さらに、どんな試合内容であれ、猪木に負ければ、馬場の価値は地に落ちる。

では馬場に代わって猪木がスターになるだろうか？　いや、相手の目に指を入れるような卑怯なレスラーが、ジャイアント馬場のような人気を得られるはずがない。

では、馬場が猪木を上回ったとしたら？　筆者はその可能性は決して低くはなかっただろうと考えている。身長も体重も猪木を大きく上回る馬場が、グラウンド状態で猪木の上になる可能性は充分にある。

上になった馬場にできることは少ないだろう。だが、そのまま何もしなければ時間は過ぎていく。

馬場にとっては時間切れ引き分けでまったく構わない。「若い猪木を傷つける必要はないだろう」と後で笑えばそれで済む。

一方、下になって何もできなかった猪木は大きなダメージを受けるに違いない。

馬場と猪木が戦えば、現在のエースと未来のエースのどちらかが必ず傷つく。レスラーはプロモーターにとって商品であり、自分の商品の価値をわざわざ落とすようなことをするプロモーターなど、世界中のどこにもいない。

猪木はアタマがおかしい。

馬場はそう考えていた。

第一〇章　人を使う苦しみ

日本プロレス乗っ取り計画と団体分裂

かつて一体だった日本プロレスは、NET（のちのテレビ朝日）が参入し、日本テレビとの二局中継となったことで二派に分かれた。

日本テレビが馬場を支援する。

NETが猪木を支援する。

日本プロレスの幹部たちもレスラーたちも、馬場派と猪木派のまっぷたつに分かれた。

どちらが正しく、どちらが間違っているということではない。観客を呼べるレスラーが馬場と猪木しかいなければ必然的にそうなる。

事件はこのような状況下で起こった。

アントニオ猪木がジャイアント馬場、上田馬之助らとともに、日本プロレスの経理に関する不正を糾弾《きゅうだん》し、幹部の追放を訴えたのである。

馬場と猪木のBI砲誕生以来、日本プロレスは恐ろしいほど儲かっていた。しかし、幹部連中はロクな仕事もしないくせに高給を受け取り、連日のように盛り場で豪遊していた。

当然、馬場、猪木以下のレスラーたちは幹部に大きな不満を抱えた。働きもせずに高給を受け取っている連中には辞めてもらおう。だが、そのためには経理を明らかにする必要がある。

猪木が計理士の木村昭政を使って日本プロレスの経理を調べさせた結果、未処理の仮払金が約五〇〇〇万円にのぼることが判明した。一九七一年の五〇〇〇万円は、現在の貨幣価値で約一億五〇〇〇万円くらいだろうか。猪木が芳の里社長以下の責任を追及したのは当然である。

当時日本プロレスの経理を担当していた三澤正和の発言によれば、そのカネはプロレス興行会社の生命線であり、もしも世間にそのカネの行き先が知れたら、プロレス業界が消滅してしまう。行き先を知っていたのは、社長の芳の里と経理の責任者である遠藤幸吉、そして経理担当の三澤の三人だけだったから、猪木や馬場が知らなかったのも無理はない、という。

しかし、話はいつのまにか、猪木の会社乗っ取り計画にすり替えられてしまう。

「猪木さんには悪い評判があった。『相撲取り上がりは全部クビにする。いまの先輩も全部クビにして新しくするつもりだ』という噂が流れたんです。上田馬之助あたりが言ったのかな。嘘か本当かはわからない。でも、もし本当なら（相撲

出身の）俺らはクビになる。だったら猪木さんをクビにしたほうがいい」（グレート小鹿）

《それで最後の（七一年）一二月シリーズ中の通いの日に山本（小鉄）さんに道場に呼ばれてさ、〝これは会社を良くするためのものだから〟と言われて嘆願書というものにサインしたんだよ。その嘆願書には馬場さん、猪木さんだけじゃなく、みんながサインしていてね。俺らは金魚のフンみたいなものだから全員サインしたんだけど、土壇場で……上田（馬之助）さんに言わせれば〝猪木の会社改革には裏があった〟、猪木さんに言わせれば〝上田が裏切った〟となるんだけど、話が壊れて。そこからはヒドかったよ。選手会で猪木さんを吊し上げるっていうんで野球のバットが用意されていたり、手にグルッと巻いて食らわすつもりなのかタオルが水浸しにしてあったりとかさ。猪木さんは猪木さんで、立ち上がって〝上田、男と男の約束を破りやがって覚えとけよ！〟なんて。それを見ていて〝これ、大人の世界かよ⁉〟と思ったよ。》（日本プロレス末期に馬場の付け人を務めていた佐藤昭雄の発言。『Gスピリッツ』vol．25）

馬場自身は「猪木の日本プロレス改革案には賛成したが、実際にはクーデター計画だった。芳の里、遠藤幸吉、吉村道明の三幹部を追放し、猪木自身が日本プロレスの実権を握ろうとした。そのことに気づいて自分は猪木と袂を分かったのだ」と主張している。

ジャイアント馬場にはクーデターを起こすつもりなど最初からなかった。当然だろう。自分をエースとして押し立てているのは、芳の里以下の現体制だからだ。現体制が追放されて利益を得るのはアントニオ猪木であって自分ではない。そのことに気づいた馬場は猪木と袂を分かち、改革運動から身を引いた。

もしも馬場と猪木が一体であれば、日本プロレスがふたりを追放することは決してできなかっただろう。翌日から興行が成り立たなくなるからだ。

しかし、馬場さえいれば興行に支障はない。芳の里以下の幹部連中は、猪木に会社乗っ取りの汚名を着せて追放した。

それ以外は何も変わらなかった。幹部たちの腐敗も、使途不明金の問題もうやむやにされた。

人は、食えてさえいれば革命など起こさないものだ。多くのレスラーたちは、心の中では猪木の正しさを知りつつも、日本プロレスという大樹《たいじゅ》の陰《かげ》で守られることを望んだ。

ひとり悪者にされた猪木は、配下のレスラー数名とともに日本プロレスを去った。

自局のエースを失ったNETが、ジャイアント馬場の登場を日本プロレスに求めたのは当然である。

芳の里社長はNETの要求を受け容れ、馬場をNETが中継する試合にも出場させることにした。

日本テレビは、約束が違うと激怒した。

街頭テレビを成功させて力道山を戦後最大のヒーローに仕立て上げたのは日本テレビだ。力道山が急死してピンチに陥った日本プロレスを救ったのも日本テレビだった。

このように、日本プロレスを長く支えてきたのは日本テレビであるにもかかわらず、日本プロレスは日本テレビのエースである馬場をNETに渡すというのか。

冗談ではない。そんな恩知らずにつきあってはいられない。日本テレビの原《はら》章《あきら》プロデューサーは小林與三次《よそじ》社長、三菱電機の大久保謙会長と話し合い、日本プロレス中継の打ち切りを決定した。

同時に、ジャイアント馬場の独立計画が動き出す。

当時のプロレス中継の視聴率は三〇パーセント。日本テレビとしては、恐るべき高視聴率を叩き出すプロレスから簡単に手を引くことはできなかった。

かといって、かつてNETのスターだったアントニオ猪木に声をかけるわけにはいかない。伝統ある日本テレビのプロレス中継の主役となるべきレスラーは、力道山の正統な後継者であるジャイアント馬場でなければならない。

小林與三次日本テレビ社長は、直々に馬場を口説いた。

旗揚げには相当の資金が必要だろう。そのすべては日本テレビが提供する。放送権料にも最高の金額を用意する。万が一、日本におけるプロレス人気が落ちたとしても、ジャイアント馬場がいる限り、日本テレビが中継をやめることは決してない。

だから日本プロレスをやめて、君が理想とする新しい団体を作ってほしい。

馬場は悩んだ。三八歳までレスラーで稼いだら、あとは引退してハワイでのんびりと暮らそうと本気で考えていたからだ。

全日本プロレスの立ち上げ

本来個人主義者である馬場は、所属選手を抱えて団体を経営するつもりなどまったくなかった。プロレスのことはほかの誰よりも知っているつもりだ。世界最高レベルのプロレスを肌で知っている日本人レスラーは自分ひとりなのだから。だが、プロレス団体を経営する能力は、レスラーとしての能力とは別のところにある。所属選手への給料、外国人レスラーに支払う莫大なギャラと諸経費など、解決すべき問題はいくらでもあった。

結局、馬場は日本テレビからの独立の提案を了承した。テレビ局にとって視聴率はすべてだ。プロレスが恐るべき視聴率を稼ぎ出している限り、日本テレビがプロレスを諦めるはずがない。もし自分が日本テレビからの誘いを断って日本プロレスに残れば、日本テレビが次善の策としてアントニオ猪木に声をかけることは自明だった。

日本テレビとNETではキー局としての実力に大きな差がある。日本テレビにサポートされれば、アントニオ猪木が自分にとって大きな脅威になることは間違いない。

馬場は日本テレビの誘いを受け容れ、新団体・全日本プロレスを立ち上げることにした。

馬場が日本プロレスを退社すると、観客を呼べるレスラーをひとりも持たない日本プロレスはごくあっさりと消滅した。

日本テレビは約束通り、ジャイアント馬場の全日本プロレスを全面的にバックアップしてくれた。アメリカで外国人ルートを開拓する時にも、日本テレビの原章プロデューサーが同行して、資金面を保証した。

日本最大の民放テレビ局がバックについている以上、ギャラが未払いになる可能性は皆無だ。全日本プロレスは一流外国人レスラーをいくらでも呼べるようになった。

しかし、一流外国人を迎え撃つエースの全盛期は去っていた。すでに三四歳。肉体は急速に衰えていった。

「猪木さんが日本プロレスを出ていった頃、馬場さんの腕はかなり細くなっていた。俺と一緒に腕立て伏せ五〇〇回とか毎日やってましたよ。太さも毎日測っていて、『俺のほうが一センチ太いですよ』『何、この野郎』とか比べていたんです」（グレート小鹿）

もともと馬場が人並み外れた体格になったのは、成長ホルモンの過剰分泌によるものだった。成長ホルモンが異常に分泌されるということは、老化も早く進むことを意味する。巨人症のレスラーは長く生きられないことが多い。アンドレ・ザ・

ジャイアントもパク・ソンナンも五〇歳を迎える前に死んだ。脳下垂体にできた腫瘍の除去手術を行った馬場が六一歳まで生きたのは、極めて幸運だったのだ。

一九七二年九月に設立された全日本プロレスはジャイアント馬場ではなく、日本テレビがつくった会社である。馬場はいわば系列会社の雇われ社長のような存在だから、日本テレビの意向を無視することは決してできない。

日本テレビが『全日本プロレス中継』を放送したのは土曜夜八時だった。

馬場は大いに不満を持った。土曜日にはナイター中継があるからだ。

当時のプロ野球は週五日六試合が基本である。火水木と土日に試合が行われ、日曜日にはダブルヘッダーが組まれる。そして、日本テレビは後楽園球場で行われる読売ジャイアンツの試合を独占中継していた。だからこそ力道山以来、日本テレビのプロレス中継はプロ野球のない金曜夜八時に放送されていたのである。

ところが『全日本プロレス中継』がスタートする一九七二年一〇月の段階で、日本テレビの金曜夜八時では刑事ドラマ『太陽にほえろ!』が高視聴率を獲得していたから、とても動かすことはできなかった。『全日本プロレス中継』の土曜夜八時は、いわば苦肉の策だったのである。

読売ジャイアンツの試合とプロレスがぶつかれば、読売新聞の傘下にある日本

全日本プロレス旗揚げパーティー（1972年）

テレビが前者を優先するのは当然であり、必然的に『全日本プロレス中継』は、ジャイアンツの試合が雨天中止にならない限り、一一時四五分という深夜枠に近い時間帯に追いやられることになった。プロ野球のシーズン中、『全日本プロレス中継』が夜八時に放送されたのはせいぜい三割程度だろう。

要するに『全日本プロレス中継』は、巨人戦が雨になった時の雨傘《あまがさ》番組にさせられた上に、ドリフターズの『8時だョ！　全員集合』（TBS）というお化け番組と戦わなくてはならなかったのである。気の毒としかいいようがない。

それでも日本テレビは、ジャイアント馬場ならばドリフターズにも勝てると踏んだ。

そのためにこそ潤沢な予算を組んだのだ。

一九七二年一〇月二二日、日大講堂で行われる全日本プロレス旗揚げ戦のために来日した外国人レスラーは、とんでもなく豪華なメンバーだった。

ブルーノ・サンマルチノ、フレッド・ブラッシー、ダッチ・サベージ、テリー・ファンク、ドン・デヌーチ、ジェリー・コザック。

すべて一流レスラーばかりで二流がひとりもいない世界。それこそが全日本プロレスである。

しかし、大金を投じて一流外国人レスラーを招聘したにもかかわらず、客席は閑散としていた。日大講堂の最大収容人数は約九〇〇〇。公式に発表された観客数は六一〇〇人だが、実際には四五〇〇人程度に過ぎなかった。

次のシリーズにはアブドーラ・ザ・ブッチャーとデストロイヤーが、三シリーズ目にはドン・レオ・ジョナサンとウィルバー・スナイダーが、四シリーズ目には再びブルーノ・サンマルチノとパット・オコーナー、ハーリー・レイス、ボボ・ブラジルがやってきた。

これほどのメンバーにギャラを支払えるのだから、馬場が日本テレビから受け取った費用は莫大なものだったに違いない。しかし、それに見合う視聴率はまったく獲得できなかった。

慌てた日本テレビは、テコ入れのために東京オリンピック金メダリストのアントン・ヘーシンクに大金を支払ってプロレスラーに転向させ、アメリカで修行中だったジャンボ鶴田をわずか半年で呼び戻した。

思惑の外れた日本テレビから、馬場が強烈な突き上げを食らっていたことは想像に難くない。

《(全日本プロレスの社長に就任して）楽しいことなんてまったくなかったですね。選手の時は楽しかったんですけど。プロレスは確かに人気はあったんです。でも、昭和四七（一九七二）年頃からプロレスの会社が三つに分裂しましたから、観客動員も減ってきましたし、テレビの視聴率も落ちてきましたし。

社長としては視聴率も上げなきゃいけない、お客さんにいっぱい観にきてもらわなきゃいけない、余計なことを考えなきゃいけなくなりましたからね。》（ジャイアント馬場　ＮＨＫラジオ『人生三つの歌あり』）

結局のところ、全日本プロレスの不振は、レスラー馬場の肉体の衰えと、プロモーターである馬場の考えが時代遅れになっていたことの二点に尽きる。

全日本にやってくるメンバーは確かに一流だったが、ほとんどは来日経験のあるレスラーばかり。サンマルチノの初来日は一九六七年だが、それから五年が過ぎて馬場は三四歳、サンマルチノは三七歳になっていた。

五年前と同じことをしていれば大丈夫、日本プロレスの焼き直しをやっておけば客はくる、という馬場の考えは、あまりにも甘すぎた。

アメリカ人レスラーたちは「馬場は素晴らしい。世界一のプロモーターだ」と口を揃える。

当然だろう。彼らにとって馬場ほど素晴らしいボスはいないからだ。

視聴率が悪かろうが、観客が少なかろうが、日本テレビは馬場の全日本プロレスに莫大な放映権料を支払う。最初からそういう約束なのだ。

馬場は日本テレビから受け取ったカネを、主に一流外国人レスラーへの支払いに充てた。

現在もロサンジェルスで旅行代理店を経営し、長く全日本プロレスの外国人たちの面倒を見た衣奈《えな》義孝は、全日本プロレスに来日する外国人レスラーには、すべてビジネスクラスの航空券が用意されていたと語る。

「外国人レスラーは日本に着いた翌日からすぐ試合ですから、馬場さんの方針として、すべての選手をいったんロスに集めたんです。昔は（シリーズ開幕の）前夜祭もありましたしね。

僕の仕事は、彼らを予定通りの飛行機に乗せることですが、さほど名前もないレスラーも含めて、全員がビジネスクラスでした。後楽園ホールの試合に呼んでいただいたことがありますが、馬場さんはすべての試合が終わると、控え室で通常のギャランティのほかに、自分のポケットマネーから数十万円を外国人レスラーに渡していました。もちろん彼らは〝サンキュー・ソー・マッチ〟って喜んでいましたよ。馬場さんはとことん面倒を見てあげたんです」

一九六四年二月から三月にかけて行われたＮＷＡ、ＷＷＷＦ、ＷＷＡの三大世界王座への連続挑戦を頂点とするアメリカでの成功体験は、ジャイアント馬場というレスラーの根本を作り上げた。

ＮＷＡの価値を信じ、ＮＷＡ世界王者を頂点とするアメリカの一流レスラーたちの集客力を信じる馬場は、日本のファンは〝一九六四年のジャイアント馬場〟を永遠に渇望すると信じた。

しかし、低迷する視聴率と閑散とした客席が馬場に真実を突きつける。馬場は自分の集客力が衰え、自分の考えが時代遅れになったことを認めざるを得ない。

ではどうしたらいいのか？　馬場にはまったくわからなかった。

馬場はわからないまま、ひたすら外国人レスラーを厚遇し続けるほかなかったのだ。

猪木はプロレスに思想を与えた

一方、先に新日本プロレスを旗揚げしていたアントニオ猪木も苦闘していた。テレビ中継がなく、当然放映権料も入ってこない。借金が重なり、一時は倒産寸前にまで追い込まれたものの、坂口征二がNETを連れて日本プロレスから移籍してきたことで、なんとか危機を脱した。

NETの『ワールドプロレスリング』は金曜夜八時。裏番組には強力な『太陽にほえろ！』（日本テレビ）があり、視聴率で上回ることは到底不可能だった。

しかし、当時の民放テレビは三強一弱一番外地の時代。日本テレビ、TBS、フジテレビに比べて弱小であったNETは、『ワールドプロレスリング』にさほど大きな期待をかけていなかった。

しかも金曜日にNETがプロ野球を放送することは年に一度あるかないか。全日本プロレスのように、巨人戦の雨傘番組に甘んじることもなかったのだ。

すでにアメリカの一流レスラーは馬場と日本テレビによって完全に押さえられている。新日本プロレスに呼ぶことができるのは二流の外国人ばかりだった。

それでも、当時三〇歳とレスラーとして最高の時期を迎えていた猪木はくじけない。あらゆる工夫をこらし、二流外国人レスラーを恐るべき悪魔に仕立て上げていく。

猪木とシンの抗争は世間を巻き込んだ

猪木の作り出した最高傑作が、インドの狂える虎、タイガー・ジェット・シンである。

猪木はシンにサーベルで顔面を殴らせ、電話線で首を絞めさせた。

新宿の伊勢丹デパート前で自分を襲わせ、警察までも巻き込んだ。翌日の新聞は、一般紙も含めてこの暴行事件を大きく取り上げた。

シンとの試合中、猪木は自分のノドにカミソリを入れた。すかさずシンが首を絞める。すると観客の目には、シンの指が猪木の首の中に潜り込み、流血しているように見えた。

小さな努力を積み重ねてシンをとてつもなく強いレスラーに見せておく。数多くの危機を演出した上で、ギリギリのところでしのぎ切り、最後の最後に敵を倒す。

繁華街の群衆を、メディアを、警察を、そして対戦相手を自在に動かすことで、最終的に観客の心理を動かしてしまう。

馬場が外国人レスラーの魅力に全面的に依存したのに対して、猪木は戦いというドラマそのものを作り出した。

シンの登場以後、新日本プロレスの興行成績とテレビ視聴率はうなぎ上りとなった。

アメリカを馬場に押さえられている猪木が、インド人の次に持ち出したのは〝日本〟であった。

すなわち、元国際プロレスのストロング小林との日本人エース対決であり、大木金太郎との日本プロレス同門対決である。

一九七〇年代半ば、すでにプロレスは純然たるスポーツではなく、少々うさんくさい娯楽と見られていた。スポーツニッポンや日刊スポーツはプロレスから手を引き、プロレスを扱うのは夕刊紙だけになってしまった。

アントニオ猪木対ストロング小林の試合を仕掛けたのは、〝夕刊紙の王様〟東京スポーツである。

「プロレス人気が相当落ちて、東京スポーツの部数にも影響が出た。そこで力道山対木村政彦以来二〇年ぶりとなる日本人トップ対決を企画したわけです。アントニオ猪木とストロング小林の試合でプロレス人気が回復すると、結局全日本プロレスの人気も回復した。あれがなかったら共倒れですよ」（元『東京スポーツ』記者の櫻井康雄）

小さな島国に暮らす日本人は、外敵と戦った経験がほとんどなく、必然的に、源平《げんぺい》の昔から戦記の中心に存在する物語は兄弟対決や親子対決であった。

若者たちの革命が挫折した一九七〇年代前半は、閉塞感漂う内省《ないせい》的で鬱屈《うっくつ》とした時代である。

かつて政治運動に向けられたエネルギーは、あさま山荘事件と山岳ベース事件に代表されるリンチ殺人や東アジア反日武装戦線『狼《おおかみ》』による三菱重工ビル爆破事件に代表されるテロへと内攻していく。

かつて憧れの国だったアメリカへの幻想もベトナム戦争によって失われた。寄る辺なき若者たちは無力感を抱えつつ、映画や演劇、音楽などのサブカルチャーにのめり込んだ。

様々な感情と意味と思想が交錯する日本人エース対決や同門対決は、曇り空の時代を生きる若者たちの心に強く響いた。

猪木対ストロング小林、猪木対大木金太郎の対決は、七三年に公開された『仁義なき戦い』のような日本人好みの〝遺恨対決〟であったからこそ、ファンを試合前から熱狂させたのである。

東京スポーツはアントニオ猪木をサブカルチャーのヒーローとして売り出すことに成功し、日本プロレスの分裂によって大きく落ち込んだプロレス人気を再び甦らせた。

新たなるプロレス人気とは、すなわち、反逆のヒーローたるアントニオ猪木の人気である。

アントニオ猪木は、自分のプロレスに思想を付与した。

「プロレスとは闘魂である」

「プロレスは最強の格闘技であり、キング・オブ・スポーツである」

「誰の挑戦でも受ける」

という、武士道に似た思想である。

本来、武士に思想など不要だ。戦いに勝って生き残るか、負けて死ぬか。それしかない。

しかし、江戸時代という平和な時代が訪れると、やがて武士道が誕生する。刀を腰に差していても人を斬ることを禁じられた時代の武士は、本来あるべき武士の理想像を考察し、「武士道とは死ぬことと見つけたり」などという思想を持つようになった。

同様に、憲法九条があり、自衛隊はあっても軍隊はない平和な戦後の日本に育った若者は、本来、純粋なエンターテインメントであるプロレスに思想を求めた。

一九六〇年代までお茶の間の王者であった日本のプロレスを、七〇年代に若者のサブカルチャーに変貌させたのは、もちろんアントニオ猪木その人である。

プロレスラーはエンターテイナー以外の何物でもない。にもかかわらず、アントニオ猪木は、自らの思想、自らの武士道、自らのプロレス道を語った。猪木の思想にたいした中身があるはずもない。純粋なエンターテインメントであるプロレスが、武道たり得るはずもない。

しかし、美しい肉体を持つプロレスラーが自らの思想を持つこと自体が、革命に挫折し、鬱屈していた若者たちの心に強く響いた。

猪木がゴッチに学んだ無尽蔵のスタミナ作り

アントニオ猪木が目指したのは、強くて美しくて客が呼べる〝鉄人〟ルー・テーズであった。

しかし、猪木に誰よりも強い影響を与えたのはカール・ゴッチだ。

カール・ゴッチとは何か？

ルー・テーズになろうとして、なれなかったレスラーである。

一九六二年八月三一日、カール・ゴッチがビル・ミラーとともに当時NWA世界チャンピオンであったバディ・ロジャースを控え室で襲撃し負傷させた顛末については、第六章で触れた。

その後、ゴッチはプロモーターのアル・ハフトに大プッシュされ、新設されたAWA（バーン・ガニアとは無関係）王座のベルトを巻いた。

しかし、結局、アル・ハフト以外のプロモーターがゴッチを重用することはなかった。ゴッチは恐ろしく強かったものの、試合に華がなく、観客を楽しませることができなかったし、その上、プロモーターの命令にもしばしば逆らったからだ。ゴッチは、試合を動かすのはリング上の強者であり、それ以外ではないと考えていた。

二年後、短いゴッチの全盛時代が終わり、ゴッチは次第に前座レスラーへと戻っていく。

一九六七年九月、ロサンジェルスにいたグレート小鹿は、その日のカードを聞かされて仰天した。

「俺らは控え室に行って、取組を見るじゃない。今日のメインイベントは誰だって。そしたら、第一試合一〇分一本勝負がカール・ゴッチ。アメリカではメインイベントとアンダーカード（前座試合）ではギャラが全然違う。メインが一〇〇ドルならアンダーカードは一五ドルか二〇ドルしかもらえない。いくら強くたって、カネをもらえなきゃ何にもならない」（グレート小鹿）

翌六八年一月、ゴッチは日本に移り住み、日本プロレスのコーチに就任した。アントニオ猪木にジャーマン・スープレックスと卍固めといったフィニッシュホールドばかりでなく、アキレス腱固め、膝十字固め、腹固め、クルックト・ヘッドシザース、チキンウィング・フェイスロックのような実戦で使う技、さらに「肛門に指を入れる」「口の中に指を突っ込んで引き裂くように引っ張る」「カメの体勢の相手の延髄にヒジを入れる」などの目立たない反則技を教えたのはこの時期である。

しかし、猪木がゴッチから学んだ最大のものはコンディショニング、無尽蔵のスタミナ作りだろう。ゴッチ自身は「コンディショニングこそが最高の技だ」と語っている。

七年間ゴッチにレスリングを学んだジョー・マレンコが、ゴッチのトレーニングについて語ってくれた。

「カールは世界各地のコンディショニングを学んでいた。インドからはヒンズー・スクワットや独特のプッシュアップ（腕立て伏せ）を取り入れ、重い棍棒（いわゆるコシティ）やボールも使った。特徴は、バーベルやダンベルではなく、主に自分の体重を使ってトレーニングを行うことだ。彼には多くの伝説がある。九〇〇〇回のヒンズー・スクワットをやったことがあると聞いた。四時間三〇分かかったそうだ。私がヒンズー・スクワットをすると、彼も一緒にやる。私は『くそっ、このジジイが』と思って必死になる。だが、カールは必ず私以上の回数をこなすんだ」

ゴッチが日本プロレスのコーチとなった頃、二四歳の猪木はすでにトップスターのひとりだったが、厳しいゴッチの指導に音を上げることなくついていった。

猪木はゴッチの指導を受けたことで、自分はジャイアント馬場よりも遙かに強いという自信を得た。

馬場には人並み外れた大きさも、アメリカで大成功した唯一の日本人レスラーという実績も、観客からの支持もあり、長嶋茂雄や王貞治を凌ぐ高給を得ていた。すべてを持つ馬場に勝つためには、何よりもまず強くなくてはならない。猪木はそう考えてゴッチの練習に耐えた。

練習の前後に、ゴッチは猪木に繰り返し言った。

「いまのプロレスは、流血やギミックで客を喜ばせているだけだ。火を吹いたり、トンボ返りをしたり、噛みついたり。あれはもうレスリングではない。レスリングを本来の姿に戻すことができるのは、サムライの子孫である君たちしかいないんだ」

ゴッチは新渡戸稲造の『武士道』や宮本武蔵の『五輪書《ごりんのしょ》』を愛読していた。

「私にとってのアイドルが誰だか知っているかい？　ミヤモトムサシだよ！　宮本武蔵は六〇歳で死んだが、死ぬまで鍛錬と勉強を怠らなかった。若い頃から闘いの場に直面している人たちは完全主義者が多いが、誰もが結局は完全にはならないんだよ。いつでも必ず向上させるスペースがあって、それを埋めよう埋めようとしても、まだスペースがある。そんなものなんだ。そのスペースに気がつかない人間はそこで終わりなんだよ。つまり、結局は自分が棺桶に入るまでは、ずっと鍛錬と勉強を怠ってはいけないということだよ」（カール・ゴッチの発言。『kamipro』Ｎｏ．１１４）

これまで見てきたように、アントニオ猪木はカール・ゴッチに強い影響を受けている。

しかし、猪木がカール・ゴッチに心酔していたわけではまったくなかった。ゴッチは客を呼べないレスラーだったからだ。

《ゴッチさんはある意味で興行と無縁の職人だったと言えますよね。ただし、その職人がどれだけ多くの人に夢をくれたのかといえば……。カール・ゴッチという人間がいて初めて、アントニオ猪木が存在したんだと思いますよ。（中略）プロレスは三つの要素から成り立っているんです。力道山が持っていた絶対的かつ国民的なヒーロー性、ルー・テーズというプロレス的センスの宝庫、最後のひとつがカール・ゴッチ流の格闘プロレス。俺の場合はこの三つをいい意味で結ぶことができたという。（中略）でも、残念なことに、力道山やテーズと比べて、ゴッチさんは本当に認められてなかったんですよね。とくにアメリカでの評価は低かった。それはゴッチさんのスタイルが〝プロレス内プロレス〟だったからなんですけど。つまりそれは〝興行師〟としてのセンスがなかったわけだよね。（中略）そこはゴッチさんの〝格闘技のプロ〟として譲れない部分だったんでしょう。で、俺は俺で〝興行のプロ〟として譲れないところはあったんです。（中略）結局、これは冷たい言い方かもしれないけど、ゴッチさんのプロレスじゃある意味でロマンはあったけど、実際にはロマンがなかったとも言えるんですよ。大衆からすれば、ゴッチさんの試合はつまらなかったのは、れっきとした事実なんだから。》

（アントニオ猪木の発言。『kamipro』同）

猪木が目指したのは強くて客を呼べるルー・テーズであり、客の呼べないカール・ゴッチではなかった、ということだ。

猪木がバディ・ロジャースを深く研究したことは、残されているロジャースの映像を見れば一目瞭然である。低い位置で拳を握り、闘志をむき出しにして相手にパンチを放つ様子はバディ・ロジャースそのものだ。プロレス評論家の田鶴浜弘がロジャースを評した〝華麗なる殺気〟は、全盛期のアントニオ猪木にそのまままぴったりと当てはまる。

猪木にとって、すべては自分の飾りに過ぎない。

不断のトレーニングで作り上げた美しい肉体も、ジャーマン・スープレックスも、卍固めも、カール・ゴッチも、インド人も、サーベルも、カミソリも、やらせの襲撃事件も、警察も、新聞も、国際プロレスのエースであるストロング小林も、東京スポーツも、「プロレスはキング・オブ・スポーツであり、最強の格闘技である」という思想も、そしてバディ・ロジャースの〝華麗なる殺気〟も。

それらすべてを使って、猪木は馬場を追いつめていく。

一九七四年は、アントニオ猪木のピークの年だ。

三一歳のアントニオ猪木は、三月一九日の蔵前国技館で国際プロレスのエースだったストロング小林をジャーマン・スープレックスで撃破し、一〇月一〇日の蔵前では大木金太郎をバックドロップで粉砕した。

アントニオ猪木の人気は文字通り沸騰し、実力日本一の呼び声も高かった。

興行収入でもテレビ中継の視聴率でも、新日本プロレスは全日本プロレスを大き上回った。

アントニオ猪木はこの時、ジャイアント馬場を超えたのだ。

猪木はメディアを通じて馬場に繰り返し対戦要求を出したが、馬場はこう言って拒否した。

「我々はNWAという世界的な組織の一員である。NWAに加盟していない団体の選手とは戦えない」

馬場の論理はデタラメである。

NWAに加盟している全米各地のプロモーターたちは、それぞれ勝手に興行を行っている。NWAが管理するのはNWA世界ヘビー級チャンピオンただひとりであり、チャンピオンでもない馬場と猪木の試合など、NWAの関知するところではない。

「NWAに加盟していない団体の選手とは戦えない」のであれば、一九六七年八月にNWAに正式加盟した日本プロレスに、翌六八年八月にWWWF世界王者ブルーノ・サンマルチノがやってきて、馬場以下のレスラーと戦ったことをどう説明するのだろうか。

さらに、猪木のNWA加盟を妨害したのは馬場自身だった。

「確か（アリゾナ州）フェニックスだったと思いますが、NWAの総会に向かう馬場さんに僕もついていったことがあります。ミーティングが始まる前に、いろいろ向こうのプロモーターと話をして、新日本の猪木を入れないようにする工作をやっていました」（ロサンジェルスで全日本プロレスに来日するレスラーたちの面倒を見た衣奈義孝）

猪木のNWA加盟を妨害することは、馬場にとっては当然の企業防衛策だが、猪木がそう考えないのもまた当然だった。

興行収入でも視聴率でも、馬場は俺に太刀打ちできない。俺と戦う勇気もない。俺のNWA加盟をあらゆる手を使って妨害しているくせに、NWAを利用して「自分は一流、猪木は二流」と格づけしようとしている。馬場は汚いヤツだ。

全盛期にあった三一歳の天才レスラーに追いつめられた三六歳の馬場が頼みとするのはただひとつ、NWAだけだった。

馬場はNWAに頼るしかなかった

一九七〇年代に入ると、アメリカのプロレスは衰えを見せ始め、以前のように、全米五〇州のほとんどで毎週のように五〇〇〇人規模の会場が埋まるという盛況は過去のものとなっていた。

NWA世界ヘビー級王座はジン・キニスキー、ドリー・ファンク・ジュニア、ハーリー・レイス、ジャック・ブリスコへと受け継がれたものの、ロジャースやテーズの時代のような圧倒的な権威はすでに失われていた。

ニューヨークとワシントンDC一帯を取り仕切るヴィンス・マクマホン・シニアのWWWF王座は、偉大なるブルーノ・サンマルチノからペドロ・モラレスへと移った。

フレッド・コーラーが支配していたシカゴのテリトリーは、バディ・ロジャースを失ってからガタガタになってしまった。失意のコーラーはAWAのバーン・ガニアとウォーリー・カルボにシカゴのオフィスを売却し、AWAの勢

日大講堂における初防衛戦で馬場は再び勝利を収めた（1974年12月5日）

力は拡大した。

一九七四年の段階で、アメリカンプロレスはNWA、WWWF、AWAのメジャー三団体（正確には団体ではなく、プロモート連盟）に分割されていた。NWA世界チャンピオンであるジャック・ブリスコがシカゴやニューヨークという大都会で試合を行うことはなかったのだ。

ジャック・ブリスコがジャイアント馬場の挑戦を受けたのは、一二月二日、鹿児島県立体育館でのことだった。

《このNWA世界王者ブリスコへの挑戦は、猪木に強烈なシッペ返しをするチャンスでもあった。「猪木の目は日本国内に向いているが、オレの目は世界に向いている」ことを実証し、ブリスコを破って〝世界の最高峰〟に立つことは、対決せずに猪木の上に立つことを意味したのだ。》（菊池孝『ジャイアント馬場　甦る16文キック』）

試合開始のゴングが鳴ったのは午後八時三七分。立会人はPWFのロード・ブレアース会長。ブリスコのセコンドには元NWA世界ヘビー級チャンピオンのパット・オコーナーと現NWA世界ジュニア・ヘビー級王者のケン・マンテルがついた。

一本目は馬場がブリスコを河津落としでフォールした。

二本目はブリスコが4の字固めでギブアップを奪った。

そして三本目、馬場は最大の大技ランニング・ネックブリーカー・ドロップを決めて、ついにブリスコから決勝のフォールを奪った。

《ブリスコの体におおいかぶさり、ジョー樋口レフェリーの3カウントを聞いた時は、〝やったあ！〟と思った瞬間ジーンと両目がかすみ、頭の中が真っ白になって、気がついた時は若手たちにかつぎ上げられていた。腰に巻いたベルトの感触は、ちょっと言葉では言い表せない。力道山も生涯の夢とし、その頃の私には高嶺の花どころか、天の花のように思えたNWA世界王座に、いま私はついたのだ。

「プロレスラーになって、本当によかった。俺は幸せ者だ！」

満足感、幸福感、感激、狂喜、みんな一緒くただった。》（ジャイアント馬場『王道十六文』）

三日後の一二月五日に両国・日大講堂で行われた初防衛戦でも、馬場はブリスコを二－一で退けた。

《一本目はバックドロップで先制されたが、「東京のファンの前でベルトを取られるわけにはいかん」とハッスル、二、三本目を連取した。何か、意地が果たせてホッと安堵したのが、九日豊橋大会での王座転落につながってしまったようだ。さすがにブリスコはNWA世界を制した男。私の心のスキを見逃さなかった。この試合はブリスコの意地が、私に優《まさ》っていたということだろう。》（ジャイアント馬場『王道十六文』）

以上が、ジャイアント馬場から見た、日本人初のNWA世界タイトル奪取のあらましである。

しかし、ジャック・ブリスコ自伝『BRISCO』（日本未発売）には、まったく異なるストーリーが記されている。

一晩の仕事で二万五〇〇〇ドル

《一九七四年一二月に日本に行くことになっていた私のところに、（全日本プロレスのブッキングをしていた）テリー・ファンクから電話があった。テリーは私と大きなビジネスがしたいという。

「ジャック、ババが、タイトルがほしいと言っているんだ」

「それはそうだろう。みんなそのために頑張っているんじゃないか」

「ババは金を払うと言っている」

「いくら出すつもりなんだ？」

「一万ドルだ。一週間でいい」

「それはどうかな」

「NWAに気づかれないように、うまくやれるはずだ。万が一気づかれたとしても、君が偶然の事故で頭を打って失神してしまい、ババはフォールするほかなかった。翌週には間違いなくベルトを返すと約束してくれた、と言い張ればいい」

馬場とNWAの王座を懸けて戦ったブリスコ

私はNWAへの供託金についてテリーに話した。ドリーが王者になった時と同様に、私はNWAの金庫に二万五〇〇〇ドルを預けてある。一万ドルを手に入れるために、二万五〇〇〇ドルを失うのは、あまりにもバカげているとは思わないか？

数日後、再びテリーから電話がかかってきた。ババはさらに大きな金額を用意したという。

「いくらなんだ？」

「金額は言わなかったが、彼らは二万五〇〇〇ドルのことは心配するな、と言っている」

「テリー、私は具体的な金額を聞きたいんだ」

「ババにもう一度確認してみるよ」

「テリー、聞いてくれ。（タイトル移動のための）費用は二万五〇〇〇ドル。NWAの許可も必要だ。さらに私の日本滞在期間中は、試合があってもなくても日給二〇〇〇ドル。ババとの試合給は一試合あたり八〇〇〇ドルだ。もうひとつ、滞在中のすべての費用を米ドルでほしい」

テリーはババに話をしてみると言ったが、サム・マソニックとNWAの理事たちを説得することは難しいと感じていた。私は「理事たちとの交渉は私が引き受けるから、君はババと金銭面の交渉をしてくれ」とテリーに言った。

ババが私が提示した金額を受け容れたと聞いて、私はNWAの理事たちに電話をかけた。

真っ先に電話をしたのは、ふたりの最重要人物だった。（NWA会長の）サム・マソニックと、（ブリスコの地元である）フロリダのプロモーター、エディ・グラハムである。ジム・バーネットにも電話を入れた。次期NWA会長と目《もく》されている男だ。

私は、これから日本でやろうとしていることを彼らに説明し、彼らが何かを言う前にこう言った。

「いいですか、私はあなたたちのために一晩二五ドルで試合をしてきました。いま、私の前には二万五〇〇〇ドルを受け取るチャンスがあり、私はそうするつもりなんです」

誰も反対はしなかった。もし文句があっても、結局彼らには何もできなかっただろう。私はチャンピオンであり、自分自身の判断があり、見逃すにはあまりに惜しい話だったからだ。

ババはのちに二度、同じことをハーリー・レイスとやったが、ハーリーが私のようにうまくやり、（全日本にとっての）特効薬となったことを祈っている。

すべての同意が成立すると、私は日本へと向かった。》（『BRISCO』）

タイトルの移動は次のような手順で行われたという。

《ババと私は三試合を戦う。すべて三本勝負だ。ババは最初の二試合に二－一で勝利する。そして私の帰国前日に行われる試合で、私は二－一で勝ち、ベルトを取り戻すのだ。

私はババの裏切りを心配した。しかし、心配はすぐに消えた。ババは約束を守る男であり、もうひとつ、私は自分が望む時に（実力で）タイトルを取り戻すことができるのだから。

私は元NWA世界王者のパット・オコーナーにセコンドになってくれるように頼んだが、セコンドの仕事よりもずっと重要なことは、カネを見張っていてもらうことだった。

一二月二日に私たちが東京に着くと、私は馬場のスタッフに出迎えられ、小型カバンに入った二万五〇〇〇ドルを渡された。

それまでに私が王者として受け取った最大の金額は二六〇〇ドルだ。これは一九七三年、七四年当時としてはかなりの金額だった。一晩の仕事で二万五〇〇〇ドルなど聞いたこともない。しかもこれは、一日あたりのギャラと、タイトルマッチ三試合分のギャラを含まない額なのだ。

パットと私は、テーピング用のテープでバッグ全体をグルグル巻きにし、いたるところに私のサインを書いた。誰かが開けたらすぐにわかるようにしたのだ。私はそれをホテルのセーフティボックスに預けた。それ以外に私が受け取るはずのカネは、通常通り、私が日本を離れる日に受け取ることになっていた。

試合は東京郊外の（！）鹿児島で行われた。

試合開始のゴングが鳴ると、ババがすぐに攻撃してきた。試合は、あらかじめ決めておいた一二分までは互角に進んだ。ババは私をロープに飛ばし、跳ね返ってきた私を背骨まで響くようなチョップで攻撃した。ドロップキックの後、ロシアン・レッグ・スウィープ（河津落とし）をかけ、ババは最初の一本を取った。

二本目のゴングが鳴ると、ババはすばやくネックブリーカーをかけてきたので、危うく試合が終わってしまうところだった。

しかし、私にはアマチュア・レスリングのテクニックがある。ババの足をコントロールしてバランスを崩し、（寝技に持ち込んで）体格差を最小限にすると、バック・スープレックス（バックドロップ）でババを投げた。七フィート四インチ、三〇〇パウンド（筆者注・正確には六フィート九インチ、三二九パウンド）の人間を持ち上げるのは簡単なことではなく、私はほとんどのエネルギーを使い切ったが、すぐにフィギュア・フォア・レッグロック（4の字固め）に移行した。ババは三〇秒間耐えたものの、結局私が二本目を取った。

三本目は、当然のように私がババの弱った足を攻撃する展開になった。ババは長いリーチとカラテチョップで私を寄せつけない。

私はババをテイクダウンし、再びフィギュア・フォアに持っていこうとしたが、ババは私の胸を蹴り、私はすっ飛んでターンバックル（コーナーマット）で頭を打った。

これまでの攻防は、専門誌が「世界のプロレス界に衝撃を与えた」とレポートしたことの下準備だった。

ババは私の頭を持ち、椰子の実割りに続いて、再び河津落としをかけ、フォールしてきた。私はボトムロープに足をかけて逃れた。最後にババは私をロープに飛ばし、フライング・クローズライン（ランニング・ネックブリーカー・ドロップ）で私をフォールした。

ババは世界チャンピオンになったのだ。》（『BRISCO』）

ブリスコは、三日後の一二月五日に日大講堂で行われた試合で馬場に再び敗れ、九日の豊橋では予定通りベルトを取り戻した。一二日のシリーズ最終戦でジャンボ鶴田の挑戦を退けると、ブリスコの日本での仕事はすべて終わった。

当時の日本では、国外に持ち出せる金額が五〇〇〇ドルに制限されていたから、ブリスコは馬場から受け取った大金を体中にテープで巻きつけ、大きな不安を抱えつつ空港に向かった。幸いなことに税関の係員がブリスコを呼び止めることは一度もなく、ブリスコは無事に帰宅することができた。

さて、ジャック・ブリスコが大汗をかきながら体中に巻きつけて運んだ札束の金額、すなわちジャイアント馬場がＮＷＡ世界ヘビー級チャンピオンになるために費やした金額は、いったいどれくらいになるのだろうか？

計算してみよう。

タイトル移動のための費用が二万五〇〇〇ドル。

日給が二〇〇〇ドル×一二日間で二万四〇〇〇ドル。

馬場とのシングルマッチの試合給が八〇〇〇ドル×三試合で二万四〇〇〇ドル。

合計七万三〇〇〇ドルである。

航空券やホテル代、食事代を含めれば、七万五〇〇〇ドルは確実にかかっているはずだ。

ブリスコが体中に貼りつけたのは、七五〇枚の百ドル札だったのである。

一九七四年当時の七万五〇〇〇ドルを現在の貨幣価値に直せば、六〇〇〇万円弱というところだろうか。

一週間NWAのベルトを巻くための費用が六〇〇〇万円ということだ。高いか安いかは、貧乏人である筆者にはわからない。しかし、少なくともジャイアント馬場と日本テレビが、六〇〇〇万円を高すぎるとは感じなかったことだけは間違いない。

「猪木は日本一を決めようと言っているが、俺は世界を見ている。猪木とは格が違う」と馬場が主張するためには、それだけのカネが必要だった、ということだ。

プロレスメディアが馬場の一週間天下を「どうせカネで買ったのだろう」と疑うことはなかった。

その代わりに「力道山もなし得なかった日本人初のNWA世界王座へ、ついに馬場が到達！」と書いたのである。

猪木のはらわたは煮え繰りかえった。

「対戦要望書」を突きつけた猪木の思惑

馬場の戴冠から一〇日後にあたる一九七四年一二月一二日、ストロング小林との再戦に勝利したアントニオ猪木は、控え室で次のように語った。

《「今日は試合が終わった後、テレビの前で馬場さんへの挑戦、日本選手権の開催宣言をやろうと思っていたんだが、そのチャンスがなかった。だから、この場でハッキリと言わせてもらいます。明日（一三日）、馬場さんへの公開質問状、公開挑戦状を内容証明付きで発送します。ここまできたら、ファンを誤魔化すことはできない。ここでハッキリさせなくてはいけないと思う」

記者団の中からは、「あなたがいくらやると言っても馬場は受けないのでは？」という質問が出た。

「やらないなら、やらないでいい。俺は馬場さんはやらないと思いますよ。でも、それならハッキリとやらない理由をファンに示すべきだと思う。時期尚早とか、今はその時期じゃないとか、プロレス界のマイナスになるとか、格が違うとか、偉そうなことを言っても結局、俺の挑戦を避けているだけじゃないですか。あれは逃げ口上ですよ。やってもかなわない。勝ち目がないから日本選手権を棄権するとか、本音で言えばいいんですよ」》（竹内宏介『防御は最大の攻撃なり‼（上巻）』）

猪木が馬場に送りつけた対戦要望書とは、次のようなものだ。

《私はこれまで長期間に亘《わた》り貴殿に対し再三の対戦要請をして参りました。然《しか》るに貴殿はこれまで何ら誠意ある意思表示をなされず、一部の新聞紙上に於《お》いて同一団体の支配下にあらざる者との対戦はかなわずとか、時期尚早、契約するテレビ・ステーションとの相違、興行面の問題、認定する外国興行団体との関係などを理由に私との対戦を回避しています。

思うに現在の日本のプロレスリング界は各団体が乱立し、それぞれの団体がチャンピオンをいたずらに濫造《らんぞう》し、ファンに混乱を与えているという世間のプロレス界に対する批判を耳にする現状は、私にとって忍び難いものがあります。

私は「プロレスリングの原点は真剣に闘うことにある」の古今、東西のプロレスリング界に共通の理念から日本一の強者は一人であらねばならず、それを象徴する日本へビー級チャンピオン制定を訴え、努力を続けて参りました。（中略）

私の貴殿との対戦の意図は、あくまでも混迷するプロレスリング界をすっきりとしたものとし、新しい発展を願うものであり、単なる私個人の貴殿に対する遺恨ではありません。それは貴殿の理念とする「理想のプロレスリング」に通じるものでないかと思います。

〝立ち給《たま》え！　馬場君〟そして男らしく勝負を決しようではないか。私共はかつて故力道山先生にプロレスリングの原点は何であるかを身を以《もっ》て教えられた間柄ではなかったか。それを守ることは師の遺志を継ぎ、日本のプロレスリングを継承する者の課せられた使命ではありませんか。私は私の出来る限りの最大限の譲歩による対戦申し入れにたいし、貴殿の誠意ある回答を望んで止みません。

貴殿がもし対戦をあくまで回避されるなら私も、さらに世間のファンを納得さすに足る充分な明確な理由の表明のあることを加えて申し入れます。》（「対戦要望書」より）

アントニオ猪木の魅力は強さと美しさだった

猪木は、本当に馬場と戦えるとはまったく思っていなかった。「馬場が猪木から逃げている」というイメージをファンに与えられればそれでよかったのだ。
カネと権力を握る馬場に、徒手空拳の猪木が立ち向かう、というイメージである。
一九七五年夏、『週刊文春』の名

物企画「イーデス・ハンソン対談」のゲストとして登場したアントニオ猪木は、馬場を散々にこき下ろした。
《猪木　それからジャイアント馬場なんていうのは今日にでもつぶさないと、いけないと思っているんですよ。
ハンソン　ホント⁉　じゃあ試合でつぶせばいいじゃない。
猪木　いや、やろうといっても受けないんですよ。やればどっちが強いかはプロレス関係の人ならみんな知ってますよ。それが、テレビの視聴率や観客動員数の差となって出ているわけですね。ところが、向こうの発表というのは、二五〇〇人ぐらいしか入らない体育館なのに四五〇〇人入ったというんですよ。そういうところから攻めないとプロレスというのは低いレベルに落ちていっちゃう。
ハンソン　結局、ジャイアント馬場のそういうやり方が、プロレスを悪くしているという……。
猪木　そのとおりです（中略）。練習している体としていない体っていうのは、見てすぐにわかりますからね。ジャイアント馬場はスポーツをやってる体じゃない。そんなヤツがチャンピオンベルトはめているっていうことがプロレスを害しているんです。だから一日も早く殺さなきゃいけない（笑）。》（『週刊文春』一九

七五年七月三日号）

ジャイアント馬場は、プロレスとは徹頭徹尾エンターテインメントであり、それ以外のものではないと考えていた。もちろんバディ・ロジャースの影響である。

《馬場さんの本当の師匠はバディ・ロジャースだね。時間切れになってヘトヘトな状態でもさ、上体を起こして悔しそうな顔をすると、お客さんはそっちのほうを見るんだよ。悔しがってる選手と倒れている選手を見たら、お客さんは悔しがっている選手が優勢だったという印象を持つんだよね。よく馬場さんは、〝ロジャースはいつも危うい試合なんだけど、最後にはいつも顔を上げているんだよなあ〟って言ってたもん。だから、馬場さんも時間切れになった瞬間には〝畜生！〟って必ず悔しがる場面を作ってたよ。昔のロジャースとキラー・コワルスキーの試合映像を観たことがあるんだけど、時間切れのゴングが鳴った時にロジャースが凄い表情でロープを掴んで立ってるの。そうすると客の視線はコワルスキーじゃなくてロジャースに集中するわけよ。（中略）〝俺はロジャースと何十回も試合したけれども、そのたびにすごく考えて戦っていたから、多くのことを学んだよ〟って馬場さんは言ってたな。

あの当時のロジャースはアメリカ・マットの頂点に立っていた絶頂期だったか

らね。昔の映像を観ると、ロジャースも実にバランスがいいのよ。ルー・テーズ相手の試合なんか観ても、受け身を大きく取っていて。

だからアメリカ修業時代の馬場さんの映像を見ると、大きい割にバンバン受け身を取っているんだよね。でも、ロジャースには〝お前は身体が大きいんだから、あんまり受け身を取らないほうがいい。若くて元気なのはわかるけど、その元気さを違う方向に持っていけ〟とアドバイスされたらしいよ。》（渕正信の発言。『Gスピリッツ』vol.17）

アントニオ猪木は、プロレスラーは客を喜ばせなくてはならないが、根底にあるものはレスリングの技術であり、強さでなくてはならない、と考えていた。もちろんカール・ゴッチの影響である。

『レスリング・オブザーバー』編集長のデイブ・メルツァーは、ゴッチが猪木に与えた強い影響を指摘する。

「すべてのレスラーはトレーナーに影響を受けるものだ。トレーナーは生徒に、プロレスとはこういうものだ。だからこうしろと教える。いろいろなことがあっても、結局、一番最初に習得したメンタリティは変わらない。

ゴッチのレスリングとは、観客が〝リアルだ〟と感じるものだった。だからゴッチの生徒である猪木も、そのようなプロレスを志向した。

猪木以後の日本のプロレスは、真剣勝負志向、リアリズムを売るという意味でアメリカの二〇年代、三〇年代のプロレスに似ている。リング上のスタイルだけではなく、メンタリティが戦前のアメリカンプロレスに似ているんだ。プロレスリングがスポーツと思われていた時代、テレビが普及する以前のプロレスにね。

猪木はギミック・スターでありつつ、同時にゴッチの影響を強く受けている。日本の多くのレスラーがジャーマン・スープレックスに代表される技を使うのはゴッチの影響だろう。アメリカのレスリングはもっとギミックやストーリーを重視するからね」

ゴッチがロジャースを憎んだように、猪木は馬場を憎んだ。馬場と猪木がリングの上で戦うことはなかったが、リングの外では全存在を懸けて戦った。日本のプロレスが巨大なものになった理由は、馬場と猪木というふたりの天才が対立関係にあったからだ。

《私と馬場さんの関係は、わかりやすい対決の構図であって、マスコミの餌食《えじき》となった。私は、ふたりの緊張関係はプロレスを認知させるための起爆剤になるだろうと考えた。戦略家の馬場さんも、おそらく同じように考えていたのだろう。

私は最後まで馬場さんを挑発したが、馬場さんは挑発にのらなかった。どんな屈辱的なことがあっても防衛にまわって、自分というものを崩さなかった。》（アントニオ猪木の発言。『文藝春秋』一九九九年四月号）

馬場と猪木は敵同士でありつつ、プロレスに人々の関心を集めるためにお互いを必要とした。

まさにプロレス的としかいいようがない。

すでに馬場を超えていた猪木

アントニオ猪木のターゲットは、常にジャイアント馬場だった。

猪木は馬場がやらないことをすべてやった。

馬場がアメリカの一流レスラーを独占するのであれば、自分は全世界と戦ってみせる。

馬場がNWAを信奉するのであれば、自分はそれを超える権威と戦ってみせる。

かくして一九七〇年代後半、猪木はプロレスから逸脱していく。

ミュンヘンオリンピックの柔道無差別級金メダリストであるウィリエム・ルス

カと手に汗握る試合を作り上げ、ボクシングの現役世界ヘビー級チャンピオンであるモハメッド・アリと格闘技世界一決定戦を行ったのだ。

韓国のレスラーやパキスタンのレスラーとリアルファイトを行い、極真空手の最強戦士ウィリー・ウィリアムスとも戦った。

大成功した試合もあれば、失敗に終わった試合もあった。

しかし、プロモーター猪木のアイディアは常に素晴らしく、一連の異種格闘技戦はファンを熱狂させた。

一方、一九七〇年代後半に馬場がやったことは以下の通りだ。
①猪木の対戦相手の引き抜き（大木金太郎、ビル・ロビンソン）
②一流外国人レスラーを集めたオープン選手権および最強タッグリーグの開催
③ジャンボ鶴田十番勝負
④ハーリー・レイスを破って二度目のNWA王座獲得
馬場の発想は猪木のライバルレスラーを引き抜くことと、一流外国人を集めることだけだ。

レスラーとしての魅力ばかりでなく、アイディアと実行力の点でも、馬場は猪木にまったく対抗できなかった。

一九七七年新春のシリーズに新日本プロレスに初参戦して、アントニオ猪木と数々の名勝負を繰り広げた後、一九八二年に全日本に移ったスタン・ハンセンは、全日本プロレスの主役はアメリカ人だったと語る。

《七〇年代のアメリカン・レスラー間でよく交わされていた言葉に、「オールジャパンはプロ・アメリカン（アメリカ人が主役）、ニュー・ジャパンはプロ・ジャパニーズ（日本人が主役）」というのがあった。タイガー・ジェット・シンと私以外に大物外人がまったくいなかった新日本に対し、全米のほとんどのビッグネームは全日本に集まっていた。ギャラが良かったばかりでなく、シリーズを通して常にスポットライトを浴びるのがアメリカ人レスラーだったというのが大きな理由であろう。

外人レスラーは日本のリングにおいて確固たる地位を築くことができ、次のシリーズ参戦へとつなぐことができる。対して新日本はそれがない。一つのシリーズを通して外人レスラーは存在をアピールすることができるが、最後は猪木、坂口征二、ストロング小林らの〝引き立て役〟に終わり、外人がトップに立つという構図は許されていなかった。》（スタン・ハンセンの自伝『魂のラリアット』）

主役たる日本人レスラーに魅力がなく、アメリカ人ばかりが活躍するプロレスを観たがるファンは少ない。一九七九年四月、ついに『全日本プロレス中継』は土曜夜八時のゴールデンタイムから夕方五時三〇分へと格下げされてしまった。

一〇月、ジャイアント馬場はハーリー・レイスを破って二度目のＮＷＡ王者となったものの、ジャック・ブリスコの時と同様に、一週間後にはベルトを手放した。四一歳九カ月の馬場がＮＷＡ王者となったことを賞賛する人間はごくわずかだった。

馬場はタイガーマスクブームを悔しがった

興行成績でもテレビ中継の視聴率でも、ジャイアント馬場の全日本プロレスはアントニオ猪木の新日本プロレスにまるで歯が立たなかった。

理由は明らかだ。プロモーターとしての能力とエースとしての魅力の両方で、アントニオ猪木がジャイアント馬場を遙かに上回っていたからである。

馬場を支えていたのは日本テレビから支払われる莫大な放映権料であり、そのお陰で馬場は一流外国人レスラーを招聘して、辛うじて猪木に抵抗していた。ザ・

ファンクス、アブドーラ・ザ・ブッチャー、ミル・マスカラス、ハーリー・レイス。全日本プロレスの主役は、いつだって外国人レスラーだった。

一九八一年四月二三日、日本プロレス史に永遠に残る衝撃的な事件が起こった。新日本プロレスでタイガーマスクがデビューしたのである。

入場時、不出来《ふでき》なマスクと貧弱なマントは観客たちの失笑を買ったものの、試合開始のゴングが鳴った瞬間に会場の空気は一変した。ストロングスタイルにしてはあまりにすばやく、ルチャ・リブレにしてはあまりに強烈だったからだ。ローリング・ソバットとサマーソルトキックを含む無数の蹴り、恐るべき高さのドロップキック、フィニッシュはハイブリッジで固めるジャーマン・スープレックス。

力感《りきかん》溢れるヘビー級とはまったく異なる、スピードと敏捷性《びんしょうせい》に富んだプロレスに、観客たちは完全に魅了された。

実況の古舘伊知郎アナウンサーが〝四次元殺法〟と名づけたタイガーマスクの試合は、文字通りプロレスを変えてしまった。『ワールドプロレスリング』の視聴率は毎週のように二〇パーセントを超え、新日本プロレスの地方興行も大入り満員が続いた。

「馬場さんが一番悔しがったのは、タイガーマスクが出てきた時ですよ。誰が見たって四分六分で負けている。四分六分と言っても、そのうち三ずつは経費で消えるから、要するに新日本は全日本の三倍儲かっていたということ」（グレート小鹿）

衝撃的なタイガーマスクのデビューから一週間後にあたる一九八一年四月三〇日、全日本プロレスのNWA認定インターナショナル王座決定トーナメントに優勝したのは、ドリー・ファンク・ジュニアだった。

力道山がルー・テーズを破って獲得した伝統あるインターナショナルヘビー級王座のベルトを巻いたのは、集客力を失ったジャイアント馬場でも後継者たるジャンボ鶴田でもなく、すでに四〇歳になっていた外国人レスラーだったのである。

この頃、新日本プロレスでアントニオ猪木と名勝負を繰り広げていたスタン・ハンセンは、新日本と全日本の違いを的確に評している。

《新日本と全日本では、明らかに観客動員に差があったが、それは猪木を絶対的なトップとして据えている方針と、ファンクスをトップに据えている方針の差であった……と。もっと端的に言えば、新日本と全日本の差は猪木とファンクスの差だったということだ。

日本において外人がトップを取るというのは、短期的に言えば間違いではなかろう。実際、テリーが一時的な引退を宣言してから、引退試合に至るまでの半年間くらいの間、ほとんどの会場は新日本並みに超満員の観客を動員しており、表面的には全日本が新日本に追いついたかにも見えた。

しかし、観客を構成する年齢層を見ると、その半年間を盛況に導いていたのがほとんど女性と子供だった、という事実を見逃せない。新日本で五年間メインを張ってきた私だから、そのへんの差は誰よりも敏感にキャッチできたのかもしれないが、女性、子供というのは一時的にテリー引退で足を運んだとしても、そのあとに全日本の固定客となる確率が極めて小さい。

これに対して、新日本の観客は九〇％以上が成人男性であり、顔ぶれが固定していたように思う。従って興行の水揚げに対しての波が小さく、会社経営が安定していた。

ファンクスをベビーフェイスのトップに据えた時期は、全日本プロレス全体にとっても求心力を最も欠いた時代だったろう。ジャンボ鶴田という素材を持ちながら、彼を決してファンクスの上に置かなかった馬場の本心が果たして何処《どこ》にあったのかは解らないが、ともあれ間違いない事実としては、「ドリー、テリー、君ら二人はジャンボを支える立場に廻ってくれ」とは言い出せない〝弱み〟が馬場にもあったということだろう。それは、プロモーションをスタートさせた時分からファンク・シニアに世話になってきた馬場が、その恩を息子二人に返していったことに他ならないのだが、それとビジネスとは全く切り離して考えるべきであったと思う。》（スタン・ハンセン『魂のラリアット』）

この時点で馬場は四三歳、ジャンボ鶴田はすでに三〇歳になっていた。

馬場は自分の衰えを自覚しつつ、それでもなおジャンボ鶴田を全日本プロレスのエースに据えようとはしなかった。

一方、スーパースターのタイガーマスクを得て勢いに乗る新日本は、全日本からアブドーラ・ザ・ブッチャーを引き抜き、WWFと提携してアンドレ・ザ・ジャイアントやダスティ・ローデス、ハルク・ホーガンをアメリカから呼んだ。

一九八一年九月二三日に行われたアンドレ・ザ・ジャイアントとスタン・ハンセンの試合は、田園コロシアムを埋め尽くした超満員の観客の度肝を抜いた。

「もはや新日本は全日本を相手にしないとか、一年以内に全日本をつぶしてみせるとか、新日本の新間寿さんは相当過激なことを言っていた。馬場さんが猪木さ

んの悪口を言ったことは一度もないけど、新聞さんには怒ってたね」（渕正信）
WWFと提携したことで弱点だった外国人不足も解消された。快進撃を続ける新日本プロレスに、不安はひとつもないように思われた。
しかし、ブッチャーを引き抜かれた馬場が黙っているはずもなかった。
報復措置としてタイガー・ジェット・シンを引き抜き、さらに猪木の最大のライバルであるスタン・ハンセンをも引き抜いた。

日本テレビによる社長交代劇への反発

全日本プロレスに移ってきたスタン・ハンセンの役割は、もちろん新たなる戦場である全日本を繁栄に導くことだ。

《人気の面で新日本に大差をつけられていた全日本のビジネスを上昇機運に乗せる使命は、プロとして身震いを覚えるほどのビッグ・タスクだが、私にしかそれを可能にできる外人レスラーはいなかったと思う。（中略）二月四日、東京都体育館における馬場とのファーストマッチは忘れられない思い出だ。（中略）猪木とは名勝負を残せても、馬場とは残せない……という評価をされたら、それは一流のプロとは言えまい。また、もしそういう評価が定着してしまったら、プロレスラーとしての馬場がプライドを傷つけられることになる（プロモーターとしての馬場は許せたかもしれないが）。新日本と全日本の戦争は、すなわち猪木と馬場の戦争である。猪木のシングルマッチで観客を沸かせた、あのボルテージをそのまま、私は馬場とのシングルマッチで再現しなければ、全日本へ移籍してきた意味がない。二月四日の馬場戦が、その年（八二年）の「ベスト・マッチ・オブ・ザ・イヤー（年間最高試合）」に選考されたことは、ブルーノ・サンマルチノとの一戦でシェア・スタジアムを満員にした時の一〇倍以上、うれしかったと言ったら、私の喜びが理解してもらえるだろうか。私はそれほど、馬場との一戦に懸けていたのである。》（スタン・ハンセン『魂のラリアット』）

馬場もまた、ハンセンとの初対戦に懸けていた。

馬場は長い間、力道山が暮らしていた港区赤坂のリキ・アパート最上階で暮らしていたが、八一年一〇月に恵比寿のマンションに転居した。その際に、地下室も同時に購入し、機材を備えつけてトレーニングルームを作ったのだ。

《晩年になって馬場は親しい記者に「これがハンセン戦に役だった」と打ち明けたが、「四〇歳を過ぎた男が、深夜にひっそりと地下室で特訓しているなんて、鬼気迫るものがあったよ」とも語っていた。昼間出入りすれば人目につく。馬場は深夜に特訓を続け、自信をつけていたのだった。》(菊池孝『ジャイアント馬場甦る16文キック』)

おそらくこれは美談なのだろう。しかし、プロレスラーがトレーニングをすることが美談となるのは問題ではないだろうか。

四四歳になっていた馬場の腕は細く、胸も薄く、もはやプロレスラーの身体つきではなかった。

痩せ衰えた馬場が、トップ中のトップであるスタン・ハンセンと名勝負を繰り広げたことは、プロレスへの信頼を損なうものだった。

本来ならばこの時、馬場はスタン・ハンセンに完膚なきまでに叩きのめされなければならなかった。もしそうなっていれば、ジャンボ鶴田が師匠の復讐に燃えてハンセンに挑む、というストーリーを作ることができるからだ。鶴田とハンセンは年齢も近く、アマリロ修行時代にはとても仲が良かったから、ふたりが好勝負を繰り広げることは間違いなかった。

《フロリダから戻った七三年の初夏だったと思う。日本から来たジャンボ鶴田と初めて会ったのはアマリロのテレビ・スタジオだった。彼は前年秋のミュンヘン・

オリンピック日本代表だったので私よりもレスリングの基礎がしっかり出来ており、ファンク兄弟のコーチも応用編ばかりで、およそ私に対して教える技の何倍も高度なものを次々にマスターしていた。しかも驚く程飲み込みが早く、同年代（私が年齢的には二つ上だが）とはいえ、アマリロに来て二カ月後にはメインイベントに出てドリーのNWA世界タイトルに挑戦していたのだから、お世辞ではなく彼は天才としか表現のしようのない素材だった。身体は細かったが驚くほど力が強く、ベンチプレスでも私より重いバーベルを差していた。とにかく、あらゆる点でジャンボはナチュラルな才能に満ちていたと思う。》（スタン・ハンセン『魂のラリアット』）

八二年二月の段階ですでにジャンボ鶴田は三〇歳。日本人エースになるには遅すぎるくらいだった。

もし七〇年代半ばに、馬場が勇気を持って二五歳前後の若く才能溢れるレスラーをエースにしていれば、全日本プロレスが新日本プロレスにここまで決定的な差をつけられることはなかっただろう。

しかし、実際にはそうはならなかった。

八二年二月のスタン・ハンセン来襲という、これ以上ないタイミングでジャンボ鶴田をハンセンにぶつけ、鶴田を大ブレークさせることもできなかった。

頭脳明晰な馬場がこれほど愚かなことをしたのは、自分がトップであることへの執着とともに、日本テレビへの反発があったからだ。

スタン・ハンセンを引き抜こうとしていた一九八一年一二月、全日本プロレスの社長が交代した。

馬場は会長に棚上げされ、代わりに社長になったのは日本テレビから出向してきた松根光雄だった。

一流外国人レスラーを大量に連れてきたことで全日本プロレスの経営は逼迫し、税金を滞納して国税庁から勧告を受けていた。日本テレビは、子会社の経営危機を打開するために社長交代を決断した、ということだ。

松根は馬場に引退を勧告し、ジャンボ鶴田をエースに据えようとした。

しかし、経営権とマッチメークの権利を奪われ、ただのレスラーに戻っていた馬場は松根に反発した。

一線を退くつもりなど毛頭ない馬場は、最強レスラーのスタン・ハンセンと互角に戦うことで自分の強さを証明しようとしたのだ。もちろん、ハンセンは新たなるボスを必死で持ち上げた。

馬場には鶴田にエースの座を譲ることに抵抗があった

ハンセンとの試合前、馬場は仲のいい記者に「俺はこの試合で、今年のベストバウトを取ってみせるよ」と言っている。記者たちは馬場の心中を察して、年間最高試合に馬場対ハンセンの試合を選んだのである。なんと麗《うるわ》しい友情だろう！

日本テレビから出向してきた松根社長が、新たにブッカーおよびマッチメーカーとして指名したのは、全日本プロレスの旗揚げメンバーであり、アメリカで長く戦ってきた佐藤昭雄だった。

松根は佐藤に「もう外国人同士の試合はいらない。強い日本人の看板レスラーを作って、地方興行にも観客が入るようにしてほしい」と希望を述べた。馬場のやり方にうんざりしていた、ということだ。

佐藤はこれまでよりも少ない予算の範囲内で外国人レスラーをやりくりしつつ、アメリカ武者修行から戻ってきた天龍源一郎をプッシュし、ジャンボ鶴田とブルーザー・ブロディの抗争をスタートさせ、前座では越中詩郎や三沢光晴ら若手レスラー同士をぶつけて活性化させた。

八二年から八三年にかけて全日本プロレスを支えたのは、スタン・ハンセンとブルーザー・ブロディの超獣コンビだったが、一九八三年八月三一日にはジャンボ鶴田がブロディを破ってインターナショナル王者となり、翌八四年一二月の世界最強タッグでは、ジャンボ鶴田、天龍源一郎組がザ・ファンクスとハンセン、ブロディ組を制して優勝した。

全日本プロレスが新たなる日本人エースを作り上げて世代交代を果たすためには、マッチメーカーである佐藤昭雄のアイディアと、もうひとつ、馬場の沈黙が必要だったのである。

第一一章　時代遅れの考え

なぜジャンボ人気は爆発しなかったのか

ジャイアント馬場に代わって全日本プロレスのエースとなったジャンボ鶴田は、身長一九六センチ、体重一二七キロ（公称）という恵まれた体格と、素晴らしい運動神経の持ち主だった。

一九七二年のミュンヘンオリンピックに出場するために中央大学一年の時にバスケットボールからアマチュア・レスリングに転向した鶴田友美《ともみ》は、自衛隊体育学校に通って実力をつけ、一九七一年、七二年の全日本選手権では、フリースタイルとグレコローマンの両種目で優勝を飾り、希望通りミュンヘンオリンピック・グレコローマン一〇〇キロ超級に出場した。

日本の重量級の選手層は極めて薄く、当然レベルも低い。鶴田友美はハンガリーとユーゴスラビアの選手に完敗したが、それでも抜群の素質は誰の目にも明らかだった。

「日本の重量級はいわゆるアンコ型の選手ばかり。バスケ出身の鶴田は背が高く、均整もとれていてそれまでにいないタイプだった。合宿中にＪＯＣが行った体力測定でも、背筋力などの数値は非常に高かった。あと四年しっかりとレスリングに取り組めば、一九七六年のモントリオールオリンピックではメダルに届いたと思います」（ミュンヘンで銀、モントリオールでは銅メダルを獲得した自衛隊体育学校の平山紘一郎）

全日本プロレス入門後、ザ・ファンクスのいるアマリロでアメリカ武者修行を行ったが、わずか半年で呼び戻された。

一九七三年一〇月九日、蔵前国技館。帰国直後のジャンボ鶴田はジャイアント馬場とタッグを組み、ザ・ファンクスの持つインターナショナル・タッグ選手権に挑戦した。この試合で鶴田は恐るべき才能を披露する。パワー、スピード、俊敏性、跳躍力、柔軟性。プロレスラーが望むすべての資質を持つ二二歳は、リングの上で躍動した。この試合を観た観客は「馬場、猪木の跡を継ぐのはジャンボ鶴田しかいな

レスラーとしての身体的な資質をすべて持ち合わせていた鶴田

い」と確信したに違いない。

しかし、ジャンボ鶴田の人気が爆発することはついになかった。一九八三年八月にブロディを破ってインターナショナル王者のベルトを腰に巻いた後も、鶴田は客を呼べないレスラーのままだった。

理由はいくつもあった。

最初から馬場の後継者として入門したために、自分の地位を脅かす日本人レスラーのライバルが存在しなかったこと。

全日本プロレスが日本テレビの保護下にあり、観客席がガラガラであっても多額の放映権料が保証されているために、危機感がなかったこと。

あまりにも長く馬場がトップに君臨したために、来日する外国人レスラーに惜しいところで敗れる〝善戦マン〟という役割が日常となり、自分自身で積極的に団体を牽引していこうとする気力が失われてしまったこと。

アメリカ南部で高い人気を獲得したザ・グレート・カブキは、「ジャンボ鶴田はプロレスを消化していなかった」と分析している。

《ジャンボは試合中、グァーッと行くところがなかったでしょう。メリハリなく淡々と試合をこなすっていう感じだった。（中略）結局、ファンクスのところに半年しかいないでジャンボは上に行っちゃったでしょ。それじゃあ、そんなにプロレスを覚えられないよね。せいぜい技の掛け方ぐらいで。その当時、ジャンボは英語が喋れるわけじゃないんだから、アメリカ行ってすぐに理解できるはずもないでしょ？「あの技はこうやって……」と教わっても、そこに応用を入れる余裕もなかったと思うよ。だから、ジャンボはプロレスを消化してなかったね。

決まりきったことをやるのはいいわけよ。でも、自分のアイディアはないわけ。試合で機転が利く方じゃなかったし、臨機応変さがないから面白くないのよ。要は自分で物事を考えるんじゃないの。人が考えてくれて、それについていく感じ。だから、彼にはオリジナルの技がないもん。ジャンピング・ニーだって、あれは外人のデカイ奴がやる技だから。それを真似てただけだからね。〝ジャンボ鶴田の技〟ってひとつもないのよ。

また、そういう教え方をされちゃったんだろうね、馬場さんに。すぐにナンバー2に据えられちゃったことが逆にマイナスだったかも。下にいればいろいろ考えることもできるし、失敗もできるけど、あの位置じゃ失敗できないから。だから、手堅く教わったことをやるだけなの。》(ザ・グレート・カブキの発言。『Gスピリッツ』vol.9)

ジャンボ鶴田がブルーザー・ブロディを破って全日本の看板であるインターナショナルヘビー級王者となったのは、一九八三年八月三一日のことだった。

翌八四年二月二三日には、天龍源一郎がリッキー・スティムボートとの王座決定戦を制してUNヘビー級王座のベルトを巻いた。

九月には鶴田と天龍の鶴龍《かくりゅう》コンビが、ブルーザー・ブロディ&クラッシャー・ブラックウェルとの王座戦を制してインターナショナル・タッグ王者となった。

一九六〇年代後半の日本プロレスには、インター王者のジャイアント馬場とUN王者のアントニオ猪木というふたりのチャンピオンがいて、ふたりは同時にインターナショナル・タッグ王者でもあった。

一九八四年当時の全日本プロレスでは、鶴龍コンビがちょうどBI砲と同じ立場になった、ということだ。

元大相撲力士の天龍源一郎は身長一八九センチ、体重一二〇キロ（公称）。大相撲における最高位は西前頭筆頭。堂々たる元幕内だが、体格、身体能力、センス、パワー、テクニック、すべてにおいて天龍は鶴田に遠く及ばない。

もちろん天龍はそのことをよく知っている。

しかし、レスラーが戦っているのは対戦相手ではない。

観客なのだ。

五年近いアメリカでの下積み時代を過ごす中で、天龍源一郎は、プロフェッショナルとは何かを深く考え続けた。

《天龍　結局、今になって思うと、要するにプロレスはお客さんがいて初めて成り立つ職業だということが、体の奥にインプットできたっていうのはありますね。（中略）いい加減でおざなりでも「ショービジネス」って成り立っちゃうじゃないですか。そうじゃなくて、やっぱり高いお金を払って見に来るお客さんに満足して帰ってもらう。それが成り立って初めて本当の意味での「ショービジネス」だと思うんですよね。今考えればね。俺自身に、そう理解させてくれたのがアメリカだったと思いますよ。今考えればね。最初にアメリカのプロレス会場入って、そこにいた観客を見た時に「あ、プロレスってなめたもんじゃないな、そこそこでやっちゃいけない職業だな」と思わされたんですね。やっぱり「ショービジネス」を見続けてきた観客がそこにいたと思うんですよ。》（天龍源一郎の発言。『ＷＥＥＫＬＹ　Ｂｉｚ』二〇一一年九月二四日掲載）

団体内の序列と格

プロレスは観客のために存在する。観客に〝凄い！〟〝面白い！〟と思わせなくてはプロレスラーではない。そう考える天龍は、スタン・ハンセンやブルーザー・ブロディの重くハードな攻撃を真正面から受け止め、プロレスラーのタフネスを観客に示す一方で、ジャンボ鶴田に大いなる不満を抱いた。

結局のところ、鶴田は高給取りのサラリーマンに過ぎない。団体のエースとなったにもかかわらず、自分の魅力で多くの客を会場に呼び、団体を牽引していこうという気概をまったく持っていないのだ。

鶴田はそれなりの試合しかしない。プロレスに冷めている。自分が熱くならないレスラーが、どうして観客を興奮させられるだろう。

《ジャンボは、大学、後には大学院まで卒業しているんだから、基本的には頭の良い人なんだけど、どっかズレているんです。試合中、頭を抱えて異常に痛がったり、足をピクピクけいれんさせたりしていましたよね。たぶんあれはアメリカ的なムードを出したくて、自分で考えたんです。実はジャンボってアメリカにいたのが短くて、実際には半年くらいしかいなかった。だから、アメリカのプロレスにあまり接していなくて、でもアメリカ的なムードを出したくて、あのけいれんとか、頭を抱えるポーズを自分で考えたんだと思うんです。
でも途中から、それがファンの失笑を買ってるっていうことに気づいて。途中で気がついたけど、今さら変えられない。ジャンボにはそういう頑固なところがあったから。でも僕からすれば「またやってるよ」ですよ。僕もプロレスという職業が長くなるにつれて、だんだんジャンボ鶴田がやっていることに「そんなにプロレスをショー的に見せるなよ」っていうのが芽生えてきた。「痛くないのに痛そうな顔をして、なんだよ」と。（中略）
彼がベンチプレスをやっているのを見たことがない。道場に顔を出して自分の練習をちょちょっとやって、それでリングに上がっても、みんなジャンボより小さいからケガなんかしない。投げ飛ばされる回数は少ないし、僕とのタッグなんかだと、僕が引っ張って引っ張ってジャンボにタッチする展開ですから。僕にダメージがきて、ジャンボが勝つという。だからあるときブロディに言われたんです。「お前は、本当に一生懸命プロレスをやってるね。いつも俺の技を受けてくれてありがとう。それに引き換え鶴田は……」って。
そのときハンセンも一緒だった。それで、「天龍、お前は本当にご苦労だな」って言われてね。「何を言ってるのかな？」って思ったら、「天龍がプロレスをやって、俺たちの技を受けて、鶴田は何もしない」っていうような言い方をしていたんです。僕はどう受け止めていいのか分からなかった。それでも、ブロディにそういう風に言われた時、「彼らは、俺がジャンボ鶴田の盾《たて》になっているのをちゃんと見てるんだな」って。》（天龍源一郎『七勝八敗で生きよ』）

一方で天龍は、新日本プロレスの長州力に大いに注目していた。

八二年一〇月の後楽園ホールで藤波辰巳に向けて放った発言以来、観客の支持を急速に集めていったからだ。

「なんで（入場の際に）俺がお前の前を歩かなきゃいけないんだ、なんで俺がお前の前にコールされなきゃいけないんだ！　俺はお前の噛ませ犬じゃない！」

日本のプロレスにはアメリカにはないものが存在する。

団体であり、団体内の序列や格である。

アメリカには団体も道場もない。プロモーターの仕事は、一秒でも早く集客力のあるレスラーを発掘し、全力を尽くして売り出して興行を成功に導くことだ。

前週までの前座レスラーを抜擢してメインイベンターにするのはごく普通だ。

レスラーはプロモーターと週単位で契約し、自分自身でトレーニングを行い、自分のクルマで次の会場に移動する。もちろんガソリン代は自分で払う。プロモーターとの関係は一対一だ。プロモーターの求めるキャラクターを演じることができればチャンスを与えられ、そのキャラクターが客にウケればメインイベンターとなる。ほかのレスラーとはリング上だけのつきあいでしかない。レスラーは独立した個人事業主であり、当然、先輩も後輩もない。

一方、日本には団体があり、所属するレスラーたちは同じバスで移動し、同じ釜のメシを食って同じ宿に泊まる。終身雇用とまではいかないが、よほどのことがない限り、クビを切られる心配はない。所属レスラーの間には、入門順に先輩後輩の関係が存在する。ごく自然に序列や格が生まれる。

この序列は簡単なことでは崩れない。崩してしまえば不満や嫉妬が渦巻き、団体内の秩序と人間関係が壊れてしまうからだ。アメリカで一躍スターになったジャイアント馬場が周囲のレスラーから白眼視されたことは、その典型例だ。

長州が藤波に放った発言は、実力では自分のほうが上でありながら、新日本プロレス設立以前から猪木に従った叩き上げの藤波辰巳の下に置かれ続けた鬱憤《うっぷん》が爆発したものだった。

団体内の序列は強固であり、その後も長州は藤波になかなか勝たせてもらえなかった。

しかし、長髪の革命戦士というキャラクター、維新軍という軍団抗争、そして真情溢れる「噛ませ犬」発言は観客の心を打った。

長州が序列や格を崩して藤波に勝利することができたのは、観客の支持が長州に集まったからだ。「長州に勝たせたい！」と観客が強く思えば、長州は必ず勝つ。それがプロレスなのだ。

《それからの長州は、あれよあれよという間に、まるで竜巻のように昇っていってしまった。俺は目を覚まされる思いだった。人間どんなに不器用で地味だって、信念を持って一生懸命にやっていれば、光る時があるのだということを長州が教えてくれた。》（天龍源一郎『瞬間《いま》を生きろ！』）

天龍にとってまったく思いがけないことに、その長州が全日本プロレスにやってきた。

一九八四年暮れのことだ。

ゴールデンタイムへの復帰

長州を中心とした維新軍はのちに一大勢力となる

八〇年代初頭、新日本プロレスはタイガーマスクおよびＷＷＦとの提携によって人気の頂点を迎えた。しかし、プロレスとはまったく関係のないところから没落が始まる。

アントニオ猪木が第二の故郷ブラジルで始めたアントン・ハイセルは、砂糖キビの絞りカスを微生物の力を借りて牛の飼料《しりょう》にしようという、バイオテクノロジーの先駆《さきが》けともいえる画期的な事業だった。しかし、巨額の資金を投入しながらも、ついに一銭の利益も生み出すことができなかった。

猪木と側近の新間寿は、新日本プロレスが上げていた莫大な利益をすべてアントン・ハイセルに注ぎ込んだばかりでなく、社員にもレスラーにもプロモーターにもカネを出させた。

財布の中まで狙われた新日本プロレスのレスラーと社員たちの我慢はついに限界を超え、内部分裂を起こした。

人気絶頂だったタイガーマスクは猪木に愛想をつかして去り、経営権はテレビ朝日に委譲され、猪木は社長を、坂口征二は副社長を辞任、猪木の側近である新間寿には謹慎処分が下され、やがて追放された。

営業部長だった大塚直樹は退社して新日本プロレス興行を設立、のちにジャパンプロレスと改称した。

新日本プロレスを離脱してジャパンプロレスに参加したレスラーは、長州力、アニマル浜口、小林邦昭、寺西勇、キラー・カーン、谷津嘉《よし》章《あき》、栗《くり》栖《す》正《まさ》伸《のぶ》、永源遙、保《ほ》永《なが》昇《のり》男《お》、新倉史《ふみ》祐《ひろ》、仲野信《しん》市《いち》、笹崎伸司、マサ斎藤の計一三名。

ジャパンプロレスは全日本プロレスと業務提携を行い、選手たちはそれぞれ全日本プロレスと専属契約を結んだから、実質的には全日本プロレスへの移籍と同じことだった。

一九八四年暮れ、新日本を離脱した〝革命戦士〟長州力は、自らの軍団を率いて全日本プロレスに乗り込み、翌年一月の〝新春ジャイアントシリーズ〟から本格参戦した。

この大事件にプロレスファンは騒然となった。

日本テレビの『全日本プロレス中継』のスタッフは、長州の全日本入りを千載《せんざい》一遇《いちぐう》のチャンスと感じた。佐藤昭雄がアメリカに去った後、再び現場を掌握していたジャイアント馬場に、大きな不満を抱えていたからだ。

外国人レスラーばかりを重用する馬場のプロレスは時代遅れだ。革命戦士・長州力率いるジャパン軍団を、ジャンボ鶴田や天龍源一郎、さらに二代目タイガーマスクとなった三沢光晴らが迎え撃つ。日本人同士の軍団抗争を盛り上げて、『全日本プロレス中継』の視聴率を上げていこう。そう、新日本プロレスのように。

日本テレビの幹部は四七歳になっていたジャイアント馬場にタイトル戦線から退くよう厳命するとともに、一九八五年一〇月からのゴールデンタイム復帰に向けて動き出した。

《昭和六〇（一九八五）年から二年間、俺と長州はシノギを削って戦いに明け暮れた。（中略）毎日が対抗戦……リングの中に緊張感が充満していた。本当に毎日毎日、飽きもしないでやっていた。

違う団体同士だから当然、選手たちの間に不平不満や愚痴が出てくる。全日本の選手たちは、「あいつらプロレスがわかってない。基本を知らないから、やってて危なくてしょうがない」と言っていたし、ジャパンはジャパンで「全日本の連中は、会場に来ても、全然練習しないし、うちのファイトスタイルが8ビートのロックなら、全日本はワルツだ」と、お互いに好き勝手なことを言っていた。そういったことがお互いの耳に入って、それがまたリング上でスパークするわけだ。》（天龍源一郎『瞬間を生きろ！』）

長州と天龍の試合が白熱する中、四七歳のジャイアント馬場はタイトル戦線から離脱していく。

一九八五年七月三〇日、福岡スポーツセンター。スタン・ハンセンに敗れた馬場はPWFヘビー級王座を失い、以後二度とベルトを腰に巻くことはなかった。

スタン・ハンセンによれば、馬場が鶴田、天龍のふたりをトップに据える方向に転換したのは、この時期だったという。鶴田はすでに三四歳、天龍は三五歳になっていた。

《馬場は一度、私を食事に誘ってその方針転換をていねいに説明してくれたことがある。馬場がそれに気づいてくれたことは私にとって嬉しかった。》（スタン・

ハンセン『魂のラリアット』)

外国人エースであるハンセンは、日本人同士の軍団抗争にはもちろん否定的だった。しかし、ベビーフェイスのエースが馬場や外国人のザ・ファンクスでは、団体が盛り上がるはずがない。鶴田や天龍にトップの地位を譲るべきだとも考えていた。

八月五日には長州力が「馬場、猪木の時代は終わった。これからは鶴田、藤波と俺たちの時代だ!」と高らかに宣言した。

まもなく全日本プロレスはゴールデンタイムに復帰する。そして、その主役は長州力なのだ。すでに熱戦を繰り広げている天龍はもちろんだが、鶴田も新日本の藤波辰巳も巻き込んで、団体を超えた一大ムーブメントを作り上げよう。長州は自分への期待の高まりを感じて張り切っていた。

八月二八日は日本テレビの開局記念日である。日本テレビはわざわざこの日を選んでゴールデンタイムへの復帰記者会見を開いた。黎明期《れいめいき》のテレビはプロレスとともにあった。そしていま、長州力を得て日本テレビの『全日本プロレス中継』は再びブームを巻き起こすのだ。記者会見には馬場、鶴田、天龍、二代目タイガーマスク(三沢光晴)のほかにジャパンプロレスの長州、谷津嘉章、小林邦昭が出席した。

馬場は報道陣の前でこう言った。

「全日本プロレス中継は一〇月から土曜日午後七時からの一時間枠でゴールデンタイムに復帰します。私は現役を続けますが、一線は退き、テレビの解説席にも座ります」

日本テレビは九〇分の特別番組を何度も作り、六年半ぶりのゴールデンタイム復帰を最大限に盛り上げようとした。土曜夜七時という時間帯である以上、できれば視聴率は二〇パーセント、最低でも一八パーセントはほしいところだ。

一〇月一九日土曜日後楽園ホール。注目の長州力はAWA王者リック・マーテルと一五分一本勝負を戦った。試合は時間切れ引き分けに終わったものの、長州はAWA王者を終始圧倒して、観客にその強さを印象づけた。

後楽園ホールの観客は大いに盛り上がった。だが、ゴールデンタイム復帰第一回の視聴率は一一・六パーセント。惨敗である。

馬場が抱いた輪島へのジェラシー

一九八五年一一月四日大阪城ホールでは、ジャンボ鶴田と長州力という軍団トップ同士の対戦が行われた。六〇分フルタイムドローとなったこの試合は、一般的には次のように評されている。

試合後、長州力は疲労困憊していたが、ジャンボ鶴田は平然としていた。鶴田の底知れないスタミナと強さは長州を圧倒した――。

それはジャイアント馬場の評価でもあった。

《結果は時間切れ引き分けだったが、どちらが内容的に勝っていたかは、見る人が見れば一目瞭然だった。》(ジャイアント馬場『王道十六文』)

しかし、天龍源一郎は馬場の言う〝見る人〟には入らないのだろう。天龍の評価は、馬場とは正反対なのだから。

《あの時ジャンボは自分を大きく見せようとして、長州は観客に自分たちの闘いを訴えようとした。その差だったんですよ。全日本の後継者は俺だということを見せたかった鶴田と、自分を応援してくれたファンを満足させようと、ジャパンの興行として責任を一身に背負って上がった長州との差が出た。だから長州はジャーマンまで出してシャカリキに闘ったけど、それを全部ジャンボは受けて、ただジャンボ鶴田を見せたという感じでしたよね。(中略)だからあの試合を挙げて『鶴田選手はスゴい』って言われることが多いですけど、俺は違うと思いますよ。試合後に渕（正信）が盛んに『ジャンボさんはやっぱりスゴい！』なんて持ち上げてたけど、『何言ってるんだよ。長州は試合を面白くしようとしてシャカリキにやったじゃない！』って、俺は心の中で叫んでましたよ。》（天龍源一郎の発言。『週刊プロレス』二〇一一年五月二日、一八日合併号）

プロレスは観客のために存在する。それが天龍の考え方であり、長州の考え方でもある。

しかし、全日本プロレスに〝就職〟した鶴田にとって重要なのは、団体における自分のポジションだけだ。新日本から乗り込んできた外敵である長州と白熱した好勝負を繰り広げて、全日本を盛り上げていこうとするプロ意識など、欠片《かけら》も持っていなかったのだ。

エースがこんな状態では、そしてジャイアント馬場までもが「鶴田が上」と新戦力を否定するようでは、団体が栄えるはずもない。

ゴールデンタイムに復帰したものの、なかなか視聴率の上がらない『全日本プロレス中継』をテコ入れするために、日本テレビは元横綱の輪島大士《わじまひろし》をプロレスに転向させた。旗揚げまもない頃に、柔道世界一のアントン・ヘーシンクをプロ

キャピトルホテル東急で開かれた輪島の入団会見（1986 年 4 月 13 日）

レスに転向させたことがあるが、その時と同じ状況である。

　ヘーシンクとは異なり、輪島は非常に人気の高い力士だったから、プロレス転向は大きな話題を呼んだ。鶴田同様にわずか三カ月のアメリカ武者修行から戻ると、一九八六年一一月一日に故郷の石川県七尾《なな お》総合体育館でプロレス日本デビューを果たした。対戦相手はタイガー・ジェット・シン。六〇分一本勝負で行われた試合は、場外乱闘の末に輪島の反則負けに終わった。

　輪島のデビュー戦は生中継され、視聴率はなんと二三・五パーセント（ニールセン調べ）。全日本プロレス設立以来の高視聴率を獲得した。

欣喜雀躍《きんきじゃくやく》した日本テレビが、輪島中心のマッチメークを馬場に要求したのは当然だろう。

三八歳のルーキーは熱心にプロレスに打ち込んだ。相撲は足裏以外の部分を地面につけてはならない競技であり、相手の技を受けて倒れるところから始まるプロレスはまったく未知の世界だったが、謙虚な輪島は基本から学んだ。

「横綱が入ってきて、たちまち馬場さんの人気を抜いてしまった。嫉妬した馬場さんは横綱をつぶしにかかった。解説席で『バカ野郎、アイツは練習しないからな』って。全然違う。横綱は毎日練習していました。飲み込みは早いし、自分から練習しようとする努力型でした。天下の横綱が一生懸命にやっている姿勢が、お客さんにはとってもウケたんです」(ザ・グレート・カブキ)

テレビ中継の解説者である以上、馬場は輪島の人気を上げなくてはならない立場にある。にもかかわらず、馬場は「あいつは練習しないからな」と言う。胸の奥底の嫉妬心を口に出す馬場は、解説者の仕事をしていない。

エースの鶴田は敵を強く見せる努力をせず、社長の馬場は所属選手を持ち上げる努力をしない。天龍源一郎は自分の会社の現状にいらだっていた。

長州や天龍の激しいプロレスを愛する若いプロレスファンは、四〇歳間近の輪島のプロレスを冷笑した。後楽園ホールで輪島を熱心に応援する観客はほとんどいなかった。

しかし、日本テレビにとって重要なのは、もちろん視聴率である。

八〇年代半ば、ゴールデンタイムの視聴者の八割は老人と子供が占めていた。北《きた》の湖《うみ》とともに輪湖《りんこ》時代を築き上げた名横綱を一目見ようと、全国各地の老人がチャンネルを合わせた結果、『全日本プロレス中継』の視聴率はテレビ朝日の『ワールドプロレスリング』を上回った。

長州は面白くなかった。二年間、毎日のように鶴田や天龍と戦ってきたものの、この先の展望がまったく見えてこなかったからだ。

天龍とは熱い試合ができたし、谷津と組んで鶴田&天龍とやったタッグマッチも観客を熱狂させた。

だが、鶴田とはもう二度とシングルマッチをやりたくはなかった。大阪城ホールの時と同じような試合になることは目に見えていたからだ。

日本テレビも、自分を見限って輪島をプッシュするようになった。

そんな時、古巣の新日本プロレスから「戻ってこないか」という声がかかった。

現場監督をお前に任せたい、若い連中を引っ張っていってほしい、というのだ。長州は新日本へのUターンを決め、マサ斎藤、小林邦昭、保永昇男、途中からジャパンプロレスに入ってきたスーパー・ストロング・マシン、ヒロ斉藤も連れていった。

「全日本には夢がない」

一九八七年三月、長州力はそう言い残して全日本プロレスを去り、古巣の新日本へと戻っていった。

馬場は激怒した。長州との契約はまだ残っていたからだ。

《私は猪木と三、四回会談を持ち、四月六日の第一回会談では「長州は何らかの制裁を受けるべきだ」という共同声明を出したが、猪木は、とにかく長州を新日本プロレスのリングに上げたいという。

「それなら、協定書には違反した場合の処置もうたってあるのだから、その通りにしてくれ」》（ジャイアント馬場『王道十六文』）

〝違反した場合の処置〟とは違約金のことだ。結局、新日本が長州に代わって全日本に高額の違約金を支払い、事態は一件落着したのだが、全日本プロレスの痛手は大きかった。

長州離脱後、何ひとつ話題がなくなってしまったからだ。

日本のプロレス界を変えたWWFの全米侵攻

かつての全日本は外人天国だったが、三月二八日に開幕するチャンピオンカーニバルにやってきたのは、常連のスタン・ハンセンやタイガー・ジェット・シン、ドリー・ファンク・ジュニア以外はトミー・リッチ、ジェリー・オーツ、カルロス・コロンといった、熱心なファン以外は誰も知らないレスラーばかりだった。

ギャラの問題ではない。

一九八七年当時の全日本プロレス中継は、土曜夜七時というゴールデンタイムで放送されていた。馬場の付け人を長く務めたリングアナウンサーの故・仲田龍《りゅう》によれば、全日本プロレスはこの時期、日本テレビから年間六億四〇〇〇万円もの放映権料を受け取っていたという。資金は潤沢にあったのである。

ではなぜ、全日本プロレスは一流外国人レスラーを呼べなくなったのだろうか？　そこにはアメリカンプロレスの地殻変動が深く関わっている。

一九八〇年代初めまで、アメリカンプロレスは大きく三つに分けられていたといっていい。セントルイスから南はサム・マソニック率いるNWA。北東のニューヨーク一帯はヴィンス・マクマホン・シニア率いるWWF（WWWFから改称）。シカゴから中西部にかけてはバーン・ガニア率いるAWA。

この三つである。

全日本プロレスはNWAと、新日本プロレスはWWFと、国際プロレス（八一年に消滅）はAWAとそれぞれ結びついて、レスラーを供給してもらっていた。

しかし、一九八二年にヴィンス・マクマホン・ジュニアがWWFの親会社キャピタル・レスリング・コーポレーションを父親から買い取ったことから、アメリカンプロレスは激動の時代を迎える。

ヴィンス・ジュニアは全米マット界の支配を企て、ケーブルテレビや地方のテレビ局を巧みに使って各地のプロモーションに攻撃を仕掛けていく。一九八三年一二月にAWAのハルク・ホーガンを引き抜いたのを皮切りに、WWFは全米各地のトップレスラーを次々に獲得した。

サム・マソニックからセントルイスのオフィスを買い取っていたハーリー・レイスは、ヴィンス・ジュニアの全米侵攻に敗北したひとりだ。

《一九八三年頃、ヴィンス・ジュニアがシニアからWWFを譲り受けてわずか一年も経たないうちに、ヴィンス・ジュニアの全米侵攻はすぐには止められそうもないことが明らかになった。ヴィンスはできる限り、ほとんどのテリトリーからトップ選手をさらっていった。

ジミー〝スーパーフライ〟スヌーカ、アンドレ・ザ・ジャイアント、〝ラウディ〟ロディ・パイパー、ジャンクヤード・ドッグ、ジャックとジェリーのブリスコ兄弟といったスター選手をすでに抱えていた。ドン・オーエンのポートランド・テリトリーからはビリー・ジャック・ヘインズを引き抜いた。

この年の暮れ、ジュニアの侵攻は映画『ロッキー3』に出演して〝サンダーリップス〟として人気が出ていたレスラー、ハルク・ホーガンの獲得にも動いた。》

（『ハーリー・レイス自伝』）

二〇一三年一二月に来日した際、ハーリー・レイスは筆者に直接語ってくれた。

「NWAに加盟するプロモーターたちが結託して戦えば、ヴィンスに勝つことができたと思う。タレント（レスラー）をもっと大切に扱ってさえいれば、彼らが北東（ニューヨーク）に流れることはなかったはずだ。NWAのプロモーターたちはヴィンスと戦争するために充分な資金を持っていた。しかし、彼らはすでに年老いていた。負けるかもしれない戦争のために、老後の蓄えを使い果たしたくはなかったんだ」

WWFの全米侵攻の前に、NWAの年老いたプロモーターたちはなす術《すべ》もなかった。

一九八五年夏にセントルイスのオフィスが閉鎖された時点で、NWAは事実上崩壊した。ただひとりジム・クロケット・ジュニアだけは、全米ネット局TBSのオーナーであるテッド・ターナーを巻き込んでWCWを設立、WWFに真正面から対抗したものの、二〇〇一年に力尽きた。アメリカンプロレスは、ヴィンス・マクマホン・ジュニアひとりに独占されてしまったのである。

WWFの全米侵攻は、日本のプロレス界にも大きな影響を及ぼした。

一九八四年九月にジャイアント馬場がNWAの第一副会長に就任したのも、八五年九月に新日本プロレスがWWFから高額の契約金を要求されて提携契約を打ち切らざるを得なくなったのも、八五年一〇月一日の全日本プロレス両国国技館大会でNWA王者リック・フレアー対AWA王者リック・マーテルのダブルタイトルマッチが行われたのも、すべてはWWFの全米侵攻の余波だった。

長州離脱後のジャイアント馬場がアメリカから一流レスラーを呼べなくなった

のは、NWAが実質的に崩壊し、WWFとWCWの間でレスラーの奪い合いが起こった結果、ギャラが高騰し、一流レスラーが独占契約で縛られるようになったからだ。

天龍革命という思想運動

ジャイアント馬場は四九歳。

アントニオ猪木は四四歳。

一九八七年春、なおも現役を続行するふたりは、プロレスファンから遠いところにいた。

感覚のズレは、リング上にも現れた。

その頃、アントニオ猪木は、旧UWF（ユニバーサル）が崩壊して新日本に出戻った前田日明の挑戦から逃げ続けていた。

一九八七年三月二六日の大阪城ホールでは、猪木とマサ斎藤の試合中に突然乱入した海賊男が、持っていた手錠を斎藤の手にかけ、コーナーポストに拘束するという不可解な事件が起こった（海賊男に扮したブラック・キャットが、猪木にかけるはずの手錠を間違えてマサ斎藤にかけてしまったといわれる)。

意味不明の展開に観客は激怒した。「カネ返せ!」コールが鳴り止まず、無数の折りたたみ椅子が飛び交い、ついには放火騒ぎにまで発展、消防車数台と大阪府警機動隊まで出動するという新日本プロレス史上最悪の不祥事となった。

同じ頃、全日本プロレスのマットでは、エースのジャンボ鶴田が二流外国人レスラーを相手に退屈な試合を戦っていた。沈滞する全日本で強い危機感を持っていたのは、天龍源一郎だけだった。

《長州が去って、全日本プロレスは〝昔〟に戻った。カード的にも日本人対外人のカードに戻り、何かダラーっとした緊張感のないリングになってしまった。

そんな中でジャンボは相変わらずだ。

俺が一生懸命リングの中でヒィヒィ言ってやっている時にジャンボのほうをパッと見たら、お客さんに向かって「オーッ!」なんてやってる。

「なんなんだよ、これ⁉」って感じだった。

本当に、あの頃のジャンボは、俺から見れば、プロレスをナメているようにしか感じられなかった。

「こういう風にやれば、お客は喜ぶんだよ」

そんな感じでタイガー・ジェット・シンなんかが来ると、同じように場外をガチャガチャ走り回っていた。シンの頭を掴んで壁にぶつけて「オーッ！」……こいつは、プロレスを本当にいい加減にやっているな、とつくづく思った。（中略）大相撲の横綱からプロレスに入ってきた輪島大士にも、俺はあることを感じていた。

「凄いよ。輪島が来たら。絶対、みんなワーワーなって、人気が沸騰して、客が入るぞ」

輪島が、全日本に入ってくる時には、石川（敬士。元大相撲幕内力士）とふたりでそんな風に話していたぐらいだった。

俺も石川も相撲の時の輪島人気を知っていたし、別に俺たちは輪島と戦うわけじゃなくて、長州たちと戦うのだから、何も変な感情を抱いていなかった。

（輪島がお客を集めてくれて、来た客に俺たちと長州の凄い試合を見せればいい）

むしろ、そんな感じだった。

だが、長州が去り、改めて輪島を見ると、

（ちょっと違うんじゃないのか）

という気持ちが胸の中に広がってきた。

〝プロレスなんて、こんなもんだろ〟
俺がかつてそうだったような感じで、輪島は試合をしている。
そして、あのハンセンやシンが輪島に付き合うように適当に流す試合をして、それを見ても馬場さんやジャンボは何も言わないのだ。》（天龍源一郎『瞬間を生きろ！』）

馬場が考えているのはテレビのことだけだ。なんとか視聴率を上げて土曜夜七時のゴールデンタイムに残らなくてはならない。

鶴田が見ているのは自分のポジションだけだ。日本人エースの座は誰にも渡さない。

天龍はひとり観客を見ていた。全日本プロレスは観客を興奮《ヒート》させる試合をやっていない。観客を満足させるのは並大抵のことではない。鶴田のようにぬるい試合ばかりを続けていては、観客から見捨てられてしまう。俺たちレスラーは、テレビの前の老人ではなく、わざわざ会場に足を運んでくれる若い観客にインパクトを与えなくてはならない。

一九八七年六月、全日本プロレスを永遠に変えてしまう思想運動が起きた。
天龍革命である。

阿修羅《あしゅら》・原とコンビを組んだ天龍の目標はただひとつ。観客を熱く興奮させる試合をして、大会場を満員にすることだった。そのためには、ジャンボ鶴田や輪島大士と歯が折れるような、皮膚が裂けるような激しい試合を連日のように繰り広げなければならない。

移動も宿舎も別にした。一緒に行動していれば、どうしても情が移るからだ。新聞や雑誌の記者は毎日のように取材にくる。彼らの向こうには数十万人のプロレスファンがいる。記者に「これは凄い！」と思わせれば、その感情は記事を通じて読者まで届く。昨日と同じ試合は決してできない。

地方でも決して手を抜かず、三〇分以上の試合をしっかりと見せる。テレビマッチと同等のハードな試合を目の当たりにすれば、観客は次回も会場に足を運んでくれるだろう。「面白いから一緒に行こうよ！」と、友だちも連れてきてくれるに違いない。

もちろん馬場には事前の了承を得ている。全日本プロレスにおいては、馬場の許しがなければ、何ひとつ物事を動かすことはできなかった。

天龍が目指したリングの活性化に、馬場がどれほど期待していたかはわからない。

日本のプロレス団体はテレビ局がなくては存続できない。だからこそ、全日本プロレスは日本テレビの意向に従わざるを得ない。ジャイアント馬場はそう考えている。

だが、天龍の考えは馬場とは異なる。

「テレビは予告編に過ぎない。プロレスは会場で見るものだ」

天龍はそう信じていた。

プロレスという仕事に誇りを持つ天龍は、馬場の無策ぶりに不満を抱いていた。莫大な放映権料を受け取っているにもかかわらず、外国人に規格外のギャラを支払い続けた結果、赤字に転落し、親会社の日本テレビに借金を繰り返していたからだ。

テレビ局が支払う放映権料に依存してきたからこそ、全日本プロレスは今日の退廃を招いた。

自分たちレスラーは、テレビ局ではなく、高いチケット代を支払って会場に足を運んでくれる観客こそを満足させなくてはならない。

観客の満足を最優先するのは、エンターテインメントの世界ではごく当たり前のことだ。

天龍革命により天龍は鶴田をターゲットにする

しかし、天龍革命以前の全日本プロレスには、その当たり前がなかった。一九六〇年九月にデビューしたジャイアント馬場は、わずか一〇カ月後の一九六一年七月にアメリカに渡り、一カ月もしないうちに人気が出て、大金を稼ぎ出すようになった。

第一次遠征から帰国すると、力道山は馬場に後継者のポジションを約束した。力道山が急死すると、金の卵を産むジャイアント馬場を巡って争奪戦が起こり、日本プロレスは馬場に団体ナンバーワンの高給と重役手当と数年後の後継者の座を約束して迎え入れた。

一九七二年九月に全日本プロレスが設立された時、日本テレビは「君がいる限り、日本テレビが中継を打ち切ることはない」と約束した。日本テレビのバックアップを受けたことで、NWAにもすぐに加盟して、一流のレスラーを独占できるようになった。

馬場は常に約束されたレスラー人生を歩いてきたのだ。

NWAが崩壊したいま、馬場は行動の指針を失っていた。

一方、アメリカで五年も苦労した天龍には、約束など最初からなかった。

今晩、目の前にいる観客にインパクトを与えられなければ、俺に明日はないのだ。そのために俺は身体を張る。

「全日本には夢がない」だと？

ふざけるな長州力。全日本には夢がある。これから俺自身が作ってみせる。

天龍源一郎はそう決意していた。

第一二章　優しい神様

「仕事以上の何か」が少しだけ加わる

日本のプロレスには、アメリカにはない〝団体〟が存在し、そのために厳然とした格あるいは序列が存在する。格下が格上に勝つ番狂わせはまず起こらない。ジャイアント馬場が上、アントニオ猪木が下。一九六〇年代の日本プロレスで、この序列が崩れたことは一度もなかった。

猪木はあらゆる手段を使い、不断の努力を積み重ねたものの、馬場に勝つことはついにできなかった。

それでも猪木は諦めない。

一九七〇年代初頭の新日本プロレスと全日本プロレスの設立以降、猪木の人気は完全に馬場を上回った。実際にリングの上で戦うことはなくとも、猪木はレスラーとしての魅力とプロモーターとしての企画力の両面で馬場を圧倒したのである。

弱者が強者から長期間抑圧されれば、嫉妬はやがて怨念に変わり、ついには爆発する。忠臣蔵《ちゅうしんぐら》であり、真珠湾攻撃である。

日本人のドラマは、窮鼠《きゅうそ》が猫を噛む瞬間にこそ存在するのだ。

アントニオ猪木はあまりにも魅力的なレスラーであり、以後のすべてのレスラーに強い影響を与えた。「猪木が馬場を上回る」という下克上の構図は、日本のプロレスの基本構造となった。

長州力が「俺はお前の噛ませ犬じゃない！」と、猪木の一番弟子である藤波辰巳に戦いを挑んだ時にも、天龍源一郎がジャンボ鶴田に牙を剥いた時にも、観客は長州や天龍を熱狂的に支持した。

猪木のように〝下克上〟を起こそうとしたからだ。

格と序列は、団体の平和と安定を保つために存在する。

全日本プロレスに〝就職〟したサラリーマンであるジャンボ鶴田にとって、天龍源一郎は悪者以外の何物でもない。序列を崩し、団体の平和と安定を乱そうとするからだ。

一方、天龍源一郎から見たジャンボ鶴田は、団体のエースのくせに〝それなりの試合〟しかやらない怠け者である。この怠け者をなんとかしない限り、全日本プロレスに未来はない。

以前にも書いたように、ジャンボ鶴田はすべてにおいて天龍を上回る。体格も運動神経もパワーもセンスもスタミナも。

天龍が鶴田を上回るのはただひとつ、打たれ強さだけだ。大相撲の可愛がり（リンチ）を経験している天龍は、バスケットボール出身の鶴田にタフネスだけで対抗する。

《（天龍の）レボリューションが始まってから全日本のプロレスが変わってきて、例えばチョップでも「えっ？　いまの当たったの？」じゃなくて、バチッとやって「ああ、痛い！」というふうになりましたよね。お客さんに伝わるプロレスというか。》（和田京平の発言。『Gスピリッツ』Vol.25）

天龍源一郎が観客に伝えようとしたのは〝痛み〟だった。

天龍が鶴田の顔面に靴紐の跡がつくほどの蹴りを放つ。痛い思いをさせられた鶴田は当然腹を立て、天龍に報復する。報復にはもちろん怒りの感情が混ざる。こうして鶴田のプロレスに「仕事以上の何か」が少しだけ加わる。

それこそが天龍の望んだものだ。日常に倦んだ観客の心を動かすのは「仕事以上の何か」だけだ。

鶴田の反応の鈍さに苛立ちつつも、それでも天龍は諦めることなく鶴田を挑発し、鶴田の感情を揺り動かそうとした。

いきなり人気が爆発したわけではなかった。しかし、天龍の熱く激しいプロレ

天龍が鶴田に仕掛けた激しい戦いは徐々にファンの支持を集めた

スは観客を魅了した。

天龍源一郎によって、全日本プロレスは鶴田対天龍を頂点とする新たなる日本人抗争へと再編成されていくことになる。

ふたりの戦いは鶴龍対決と呼ばれたが、観客の支持の多くは天龍に集まった。天龍の応援が八割、鶴田が二割というところだろう。

『週刊プロレス』の全日本プロレス担当になった市瀬《いちのせ》英俊《ひでとし》によれば、当時の鶴田はふてくされていたという。

「天龍さんはプロレスのことを二四時間考えていたけれど、ジャンボさんは試合の時だけプロレスをしているように見えてしまうところがありました。団体をどうやって動かしていこうか、と考えることがあまりないように見えた。

ただ、ジャンボさんは、一生懸命にやっても一生懸命に見えずに損をしていた部分はあります。よく言っていましたが、『俺は天龍だけにかまってはいられないよ』。ハンセンたち外国人レスラーともやらなきゃいけないから、天龍さんだけを相手にしているわけにはいかないんだ、と。実際にそういう部分はあったのですが、そう言われてしまうと、僕を含めてマスコミは、見出しになりそうな刺激的なことを話してくれる天龍さんのところに行ってしまう。

ジャンボさんの中では、プロレスは受ける相手がいて成り立つもの、という考えがあったのだと思います。自分が天龍さんの攻撃を〝受けてやっている〟のに、マスコミもファンも天龍さんばかりを持ち上げる。だから、試合が終わって控室に行っても『俺はいいから天龍のほうに行ってよ』なんて口にしていましたね。八八年くらいまではそういう感じだったと記憶しています」

天龍革命以後、観客は少しずつ増えていった。まず後楽園ホールが満員になり、武道館の客席も徐々に上のほうまで埋まり始めた。

しかし、全日本プロレスの総帥たるジャイアント馬場は、天龍の頑張りを認めつつも、どこか突き放すようなまなざしで見ていた。鶴田と天龍の日本人頂上対決を喜ぶのはマニアだけだ。現に地方会場は空席が目立つし、テレビ視聴率も一向に上がらないではないか。やはりプロレスは日本人対外国人の構図で盛り上げていかないとダメだ。馬場はそう考えていた。

一九八四年のＷＷＦの全米侵攻以降、アメリカから一流外国人を呼ぶことは難しくなっていた。馬場が頼みとするＮＷＡは崩壊し、長く全日本のブッカーを務めたテリー・ファンクとドリー・ファンク・ジュニアのふたりもアマリロのテリトリーを失い、ＷＷＦのリングに上がっていた。

そこで馬場は、プエルトリコを主戦場としていたブルーザー・ブロディとアブドーラ・ザ・ブッチャーを呼び寄せることにした。

スタン・ハンセン＆ブルーザー・ブロディの超獣コンビ復活を、ゴールデンタイムに生き残るための切り札にしようとしたのだ。

全日本プロレス再生計画

アメリカに活躍の場がなく、新日本プロレスでも冷遇されていたブロディとブッチャーは、馬場の誘いを一も二もなく了承した。

《馬場　日本人抗争は結局、マニアのファンのためにあったようなものだ。プロレスは一般大衆の娯楽なんだよ。庶民の娯楽なんだ。極端な話、鶴龍決戦といっても、おじいちゃん、おばあちゃんにとっては「何（ジャンボ）鶴田」「何天龍（源一郎）」といって、どっちが勝っても興味ないんだよ。わかるだろ？（中略）だからさ、プロレスの醍醐味はなんなんだと言いたい。長州の体ぐらいの大きさなら、世間でいくらでもいる。プロレスの魅力はでかい体の持ち主がバシャーンとぶつかって飛沫《ひまつ》が飛ぶ――その迫力がお客を魅きつける。要は、普通の人がマネできないことをやるのがプロレスなんだ。

――馬場さんは、プロレスを元に戻したいと思っているわけですね。

馬場　そうだよ。日本人と外国人が対決して、手に汗握り、「あの外国人は憎たらしい」と、そういう世界に戻したいな。》（ジャイアント馬場の発言。『週刊プロレス』一九八八年一月一九日号）

一九六〇年代の価値観にしがみつく馬場は、一九八〇年代半ばの観客が求めるものを、何ひとつ理解できなかった。自分の努力をストレートに認めてもらえない天龍の胸中は察するに余りある。

一九八八年三月二七日、日本武道館。ブルーザー・ブロディはジャンボ鶴田を破ってインターナショナルヘビー級王者になった。ブロディを王者にすることを決めたのはもちろん馬場である。馬場はブロディを外国人王者にすることによって、日本人対決から、日本人と外国人の対決に戻そうとしたのだ。

しかし、馬場がブロディとブッチャーを呼び戻して日本人と外国人の対決の構図を作ってみても、視聴率はまったく上がらなかった。

一九八八年四月三日、ついに『全日本プロレス中継』は土曜夜七時のゴールデンタイムを去り、日曜夜一〇時三〇分からの一時間番組に格下げされた。地方では深夜枠である。視聴率が一五パーセントにも届かないのだから、日本テレビとしてもやむを得ない判断だった。

全日本プロレス設立から一五年。これまであらゆる努力をしてきたにもかかわらず、結局馬場の全日本プロレスは、ゴールデンタイムで放送するコンテンツにはなり得なかった。年間六億七〇〇〇万円という破格の放映権料は五億円に減額された。テレビプロレスの時代は終わったのだ。

さらに逆風が吹きつける。

四月八日に新生ＵＷＦが設立記者会見を開き、前田日明が「馬場や猪木にはできないプロレスを追求する」と宣言したのだ。

新日本プロレスと全日本プロレスの両方を否定したUWFは爆発的な人気を呼び、五月一二日の後楽園ホール大会の一八〇〇枚のチケットは、わずか一五分で完売したと報じられた。

若いファンはUWFが掲げた〝真剣勝負〟という名のプロレスに熱狂し、新日本プロレス、全日本プロレスは完全に時代遅れの団体と見なされるようになってしまった。

七月一七日にブルーザー・ブロディがプエルトリコで刺されて急死すると、馬場にはもう、どうすればいいのかわからなくなった。

まだ松根光雄が社長を務めていたとはいえ、現場のトップは馬場だった（八九年三月に松根が退任し、同年四月に馬場が社長に復帰）。しかし、馬場には経営戦略などまったくなかった。あるのは「所属選手のギャラと社員への給料を遅らせてはならない」という使命感だけだ。

昔からそうだったが、馬場は記者会見などが終わると、居合わせた記者にこんな問いかけをした。

「何かいいアイディアはないかね？」

記者たちは単なる社交辞令だと思い、誰も本気でその問いには応えようとはしなかった。プロレスの裏も表も知り尽くすスーパースターに、プロレス記者風情が何を言えるだろう。

だが、『週刊プロレス』のターザン山本こと山本隆司《たかし》編集長だけは、馬場の言葉を真剣に受け止めた。

「僕は馬場さんの言葉を本気にして企画書を持っていった。タイトルは『全日本プロレス再生計画』です。

キャピトル東急ホテルの一室を借りて午後一時から七時三〇分まで六時間半、僕は自分のプランを延々と説明した。ひとりだと話がややこしくなるから、イラストレーターの更級《さらしな》四郎さんと松本晴夫さんを連れていって三人で話した。話を聞いた馬場さんは『やりましょう！』と言ってくれた。そこから全日本は一気に成功した。

基本的にはイメージ戦略です。

馬場さん、ＵＷＦができて一番ダメージを受けているのは、実は新日本プロレスなんです。ＵＷＦが栄えれば栄えるほど、新日本の上位概念は転落します。馬場さんの全日本プロレスは、もともと格闘技とは関係ないから、ダメージをまったく受けていません。これはチャンスです。

まずポスターを作りましょう。

〈みんなが格闘技に走るので、私、プロレスを独占させてもらいます。〉

これは馬場さんの決定打になりますよ。逆転現象が起こります。格闘技に嫌気がさした人間が、ドッと全日本プロレスに流れ込んできます。

次にトークショーをやりましょう。ファンを集めて、直《じか》に馬場さんの声を聞かせましょう。

僕はそう言った。

馬場さんは同意してくれて、キャピトル東急の近くにある星陵《せいりょう》会館でトークショーをやった。

司会をやったのは僕。集まったファンからの質問を、目の前で馬場さんにぶつけた。ファンは大喜びですよ。『馬場さんはファンの声を聞いてくれる！』って。

その時、馬場さんはファンの気持ちを初めて知った。ファンとの対話を、気持ちいいと感じるようになったんです。

さらに僕は馬場さんに『馬場さんのプロレスは歴史であり、伝統です』と言った。プロレスは過去が美しいもので、馬場さんはプロレスの黄金時代を生きた人。

ＵＷＦには現在しかない。だから全日本プロレスは歴史と過去で対抗しましょうと説得して、レトロレスラーを呼んだ。

馬場さんは『試合もできないような人間を呼んで何の意味があるんだ！』って抵抗したけど、試しにドン・レオ・ジョナサンを呼んでトークショーをやったら大好評だった。

続けてキング・イアウケア、キラー・コワルスキー、ジン・キニスキーを後楽園ホールに呼んだ。どれもこれも大好評。ＵＷＦに行った波が、ドーッと全日本プロレスに戻ってきた」（ターザン山本）

恐るべき勢いで部数を伸ばしつつあった『週刊プロレス』が馬場の味方についたことは、全日本プロレスの未来と馬場の人生を大きく変えた。

ＵＷＦのアンチテーゼとしての全日本プロレス

「馬場と猪木にできないプロレスを追求する」

一九八八年四月八日に行われたＵＷＦ設立記者会見の席上で、前田日明はこう言った。

新生UWFは、馬場と猪木の否定から始まっているのだ。

創刊当初の『格闘技通信』は、「プロレスという言葉の嫌いな人この指とまれ」というキャッチフレーズとともに前田日明を表紙に起用した。UWFに「プロレスを超えた真剣勝負の格闘技」というイメージを与えようとしたのだ。

もちろんそれは単なるイメージに過ぎず、実際のUWFは〝リアルに見えるプロレス〟でしかない。

UWFの思想とは、結局はカール・ゴッチの思想である。

「一九二〇年代、プロフェッショナル・レスリングは真剣なファイトだったが、カネのために堕落した。本来の姿に戻さなくてはいけない」

ゴッチはそう考えていた。

カール・ゴッチの思想は、日本でのみ強い説得力を持った。UWFはゴッチの理想を実現しようとする団体であり、一九二〇年代のプロレスのリバイバルである。

しかし、ここまで本書をお読みいただいた読者諸氏は、一九二〇年代のプロレスが実際にはどれほど退屈だったかをすでにご存じのはずだ。

試合は寝技のディフェンスに終始し、華麗な投げ技が見られることは滅多になかった。真剣勝負を標榜しつつも、試合のほとんどは八百長試合だった。

一九三〇年代、滅亡の危機にあったプロレスは、スポーツとはまったく関係のない純粋なエンターテインメントに変貌することによって生き延びた。アメリカン・フットボールのタックルを取り入れ、ロープの反動を利用し、殴る蹴る、目つぶしや急所攻撃などの反則攻撃、ドロップキックやボディスラムなど、レスリングとはまったく関係のないものをどんどん取り入れた。

真剣勝負を戦えばどちらが強いか、だって？　そんなことはどうでもいい。観客が喜ぶのであれば何をやってもいい。プロレスはその方向に進んだ。

馬場＝純プロレスの意識が世間に植えつけられた

かつて旧UWFが「シューティング」をキャッチフレーズにして話題を呼んだ際、馬場は次のように発言している。

《UWFのレスラーは、シューティングがプロレスを超えたものだと思っているだろう。でも、俺はシューティングを超えたものがプロレスだと思うんだよ。シューティングとは関節の取り合いから相手を極《き》めることだが、プロレスというのはシューティングを含めたあらゆる格闘技の集大成としてでき上がっていったもの。繰り返しになるが、プロレスはシューティングを超えているんだ。》（ジャイアント馬場の発言。『週刊プロレス』一九八五年三月五日号）

「シューティングを超えたものがプロレス」という馬場の言葉には、真実の重みがある。プロレスの歴史は、馬場の言葉通りに動いたからだ。馬場の目に、ＵＷＦは六〇年遅れた古くさいプロレスとして映っている。

しかし一九八八年、ＵＷＦの人気は大爆発し「馬場と猪木のプロレスを超えた新時代の格闘技」として若い観客たちから賞賛を浴び、翌年には東京ドームに到達した。

もはや時代は変わった。自分の価値観はまったく通用しない。馬場はそう感じていた。

一九八四年頃、旧ＵＷＦを誰よりも応援したのは『週刊プロレス』編集長のターザン山本だった。八五年に出版された佐山聡『ケーフェイ』ではゴーストライターも務めた。

一九八八年五月に新生UWFが旗揚げする直前、ターザン山本は神新二《じんしんじ》社長から要請されて、同団体のプロモーションへの協力を約束する。ターザン山本は旗揚げ戦を報じた『週刊プロレス』の表紙で〈わずか15分で〝完売〟〉というキャッチコピーとともに同大会のチケットを載せて、人気を煽った。三号連続で新生UWFを表紙に持ってくると、すでに緊張関係にあった新日本プロレスから取材拒否を受けた。UWF人気が上昇して最もダメージを受けるのは新日本プロレスだからだ。『週刊プロレス』と業界最大手の新日本プロレスとの関係は悪化していたのだ。

ターザン山本率いる『週刊プロレス』は、格闘技色の強い新生UWFを推しつつも、純然たるプロレスを続ける全日本プロレスとも関係を深めていく。

日本のプロレスは馬場と猪木の対立構造の上に成り立つ。馬場の全日本プロレスが滅びれば、日本のプロレスそのものが滅びる。天才編集者はそのことを鋭く見抜いたからこそ馬場を応援したのだ。

ターザン山本がジャイアント馬場に行ったインタビュー記事から、質問部分だけを抜き出してみよう。そうすれば、ターザン山本が恐るべき力で読者を誘導していたことが理解できるはずだ。

ターザン山本は『週刊プロレス』の読者をどこに誘導したのだろうか？

「真のプロレスファンは、ジャイアント馬場と全日本プロレスを応援しなければならない」

という地点である。

《関係者の話を総合すると、全日本プロレスはUWFの影響外の世界にある。むしろUWFのプロレスに対して、伝統あるプロレスの良さを守ってもらいたい。それができるのはG・馬場と、全日本プロレスだという、ひそかにそういう期待感が盛り上がっているんです。（中略）UWFのファンはUWFに救いを求めることができるが、以前から新日本のファンだった人は、どこに救いを求めていいのか、あるいはどこに希望を託していいのか、わからなくなってしまった。さまよえるファンになってしまったんです。彼らに言わせると、UWFを含んだものが新日本プロレスのリングだと思ってきたわけで、その点が一つの挫折感になっている。（中略）現在のUWF人気は、新日本プロレスが前田（日明）を切ったところから起こったような気がします。変な言い方をすると、新生UWFの人気は新日本プロレスが作ったようなものです。》（『週刊プロレス』一九八八年七月一九日号）

ターザン山本はとりあえず、全日本プロレスをUWFのアンチテーゼとして規定した。

ターザン山本の〝美しい屁理屈《へりくつ》〟に説得されたプロレスファンは、UWFにはないものを求めて、全日本プロレスの興行にやってくる。

彼らはそこで、天龍源一郎のプロレスを体験することになる。

天龍は自分よりも大きく強いジャンボ鶴田に、信じられないほどの強さでチョップやキックを入れている。元横綱の輪島相手でも決して容赦はしない。

試合の結末が決まっているとか、ロープに飛ぶとなぜ戻るのかとか、そんなことはどうでもいい。とにかく天龍のプロレスは痛い。UWFよりもずっと痛い。

さらに天龍の試合時間は長い。激しく、痛みが伝わり、刺激が長く続く天龍のプロレスが、物見高い観客の心を動かしていく。

その一方で、ターザン山本は馬場にトークショーをやらせた。ファンに馬場を間近で見せ、馬場の言葉を聞かせるためである。

すでにプロレスはお茶の間の娯楽ではなく、若者たちのサブカルチャーになっている。深い知識欲を持つ彼らは、プロレスの現在ばかりでなく、過去をも知りたがる。過去の語り部として、ジャイアント馬場ほどふさわしい人間はいない。

ファンは馬場の話を夢中になって聞いた。歴史の証人である馬場の話がつまらないはずがないのだ。

トークショーでひとたび馬場からルー・テーズやバディ・ロジャースの話を聞き、誠実で飾らない温順な人柄に触れてしまえば、ファンはもはや馬場の悪口を言うことはできない。この人は、プロレスの黄金時代を生き抜いてきた凄い人なのだ。

ジャイアント馬場から「馬場さん」に

馬場と間近で接したファンが、会場で「馬場、早くやめろ！」などという厳しいヤジを聞けば、逆に「馬場さんに向かって、なんてことを言うんだ！　失礼じゃないか」と言い返した。

馬場自身も、自分がファンから愛されていることに気づく。会場でいつも通り売店に座るその表情も、次第に柔らかくなっていった。集まったファンから、気軽に話しかけられる機会も増えた。

馬場の付け人を長く務めたリングアナウンサーの故・仲田龍は、以前の馬場はファンと接する楽しさを知らなかった、と生前、筆者の取材で証言してくれた。

「ファンの声を聞こうとか、ファンの考え方を理解しようとか、そういう気持ちは馬場さんにはまったくなかった。雑誌を開けば引退間近と書かれる。会場では『早くやめろ！』とヤジを飛ばされる。当時の馬場さんはつらかったと思います。

以前は話しかけられるような雰囲気ではまったくなかったのに、売店にいると若い女の子から『馬場さん、よかったよ！』なんて声をかけられるようになった。馬場さんも『今日は女の子から、褒められたんだよ』なんて喜んでいた。居心地がよかったんでしょう」(仲田龍)

第一線から退いた馬場は、休憩前に前座試合を戦った。

一九八八年八月二九日の日本武道館で行われたジャイアント馬場対ラッシャー木村のシングルマッチは、馬場の転機となった。試合は馬場の完勝。特筆すべき内容ではまったくない。事件は試合後に起こった。

ラッシャー木村がマイクをつかむ。次の瞬間、「お前をぶっ殺してやる！」というような普通のマイクアピールとはまったく異なる不思議な言葉が、木村の口から飛び出した。

「おい、馬場！　俺はな、これだけお前と戦ってると、お前のことが、とても他人とは思えないんだよ。だから一度でいいから、お前のことをアニキと呼ばせてくれ」

武道館は爆発した。割れんばかりの「ア・ニ・キ！」コール。続いて「オ・トー・ト！」コール。

以後、馬場は木村とタッグを組むようになり〝兄弟タッグ〟と呼ばれた。

歴史の生き証人にして、すべてを笑って受け容れる度量を持ち、家督《かとく》は若い者に譲り、第一線から退いた後も、家族と会社を支えるために日々の仕事を淡々とこなす。

プロレスファンはジャイアント馬場に伝統的な日本の老人を見た。五〇歳になったばかりの馬場を老人と呼ぶのは失礼かもしれない。しかし、笠《りゅう》智《ち》衆《しゅう》が映画『東京物語』で原節子の父を演じたのは四九歳の時だった。

一九八〇年代末、ジャイアント馬場は笠智衆のような隠居老人になった。

そう、〝馬場さん〟である。

年齢、胸の薄さ、腕の細さ、スピード感のなさを問題にする観客はひとりもいなくなった。老人に強さを求めるのはおかしい。馬場さんは馬場さんでいてくれればそれでいい。観客はそう考えるようになった。ジャイアント馬場以外、そんなレスラーはひとりもいない。

馬場は少しずつ幸福になっていった。それは、多くのプロレスファンの喜びでもあった。

休憩前にはジャイアント馬場やラッシャー木村が明るく、楽しい試合を提供する。休憩後は打って変わってシリアスな雰囲気となり、天龍源一郎やジャンボ鶴田、スタン・ハンセンらが激しいプロレスを提供する。のちに平成に入ってから、ターザン山本が「明るく楽しく激しいプロレス」と命名する全日本プロレスの原型が固まろうとしていた。

バッジを作り、後楽園ホールが満員になるたびにファンに渡すと、ファンは次の後楽園にも必ず足を運ぶようになった。

少なくなった放映権料を穴埋めするために、一年に何度も日本武道館で興行を行った。

最初は空席が目立ったものの、天龍や阿修羅・原たちの頑張りで、少しずつ観客が増えていった。

しかし、当時の全日本プロレスには、引き分けや反則負け、両者リングアウトなどの不透明決着がまだ多かった。

一九八八年四月一五日の大阪府立体育会館で行われたブルーザー・ブロディ対天龍源一郎の史上初の三冠統一戦は両者リングアウト。
一九八八年一〇月一七日のインターナショナル王者ジャンボ鶴田対UNおよびPWFヘビー級の二冠王者天龍源一郎の試合は時間切れ引き分け。
一〇月二八日の横浜文化体育館の同カードは鶴田の反則勝ち。

観客が大きな不満を抱いたことはいうまでもない。

「横浜文体の鶴田対天龍は素晴らしい試合だったけど、最後は反則で鶴田の勝ち。観客はみんなガッカリしていました。帰りのタクシーの中で、（ターザン）山本さんと『これは全日本にとってマズいですね。こんなことをやっていたんじゃダメですね』と話した。ここまでやっておいて反則決着はないだろうと。それで週プロの表紙も〈これでいいのか〉という見出しにしました」（元『週刊プロレス』全日本プロレス担当の市瀬英俊）

一九八九年四月一六日の後楽園ホールでは、ジャンボ鶴田対スタン・ハンセンの三冠統一戦の再戦が行われたが、またしても決着はつかず、ファンは激怒した。

不透明な結末を認めていたのはもちろんジャイアント馬場である。心優しい馬場は、選手に向かって「今日はお前が負けろ」とは言いにくかったのだ。

しかし、プロレスは観客のために存在する。選手の気持ちばかりを尊重していては、完全決着を望む観客の心をつかむことはできない。

マッチメークを馬場が担当するのは、もはや難しくなってきた。

馬場に発想の転換を促した試合

『週刊プロレス』の市瀬英俊は、編集長のターザン山本に命じられて全日本プロレスの担当になった。

都立新宿高校では硬式野球部員であり、ジャイアント馬場とヤクルト・スワローズの大ファンである市瀬が、読売ジャイアンツの投手だった馬場の信頼を得るまでには、さほど時間はかからなかった。馬場は市瀬に〝一休《いっきゅう》〟というあだ名をつけて大いに可愛がった。

馬場の付け人を務めていたリングアナウンサーの故・仲田龍とは、同じ馬場ファンということもあってすぐに仲良くなった。

市瀬と仲田は、馬場が作るカードに共通の思いを抱いていた。

「もっと面白いカードがいくらでもできるのに、どうして馬場さんはやらないいん

　ターザン山本が『全日本プロレス再生計画』を提出して以来、馬場と週プロの関係はどんどん密接になり、一九八九年一月二八日の後楽園ホールでは市瀬たちが望んだカードがついに実現した。

ダイナマイト・キッド&デイビーボーイ・スミス対ジョー・マレンコ&ディーン・マレンコの一戦である。

　馬場にとってはまったく興味の持てないカードだった。小さい者同士が戦って何が面白いんだ？　お客さんにウケるわけがない。だが、山本と市瀬がそれほどまでに言うのなら、一度やってみよう。馬場は渋々承諾した。

　試合は馬場の予想を大きく裏切って白熱した。

　普段は関節技をほとんど使わないダイナマイト・キッドが、ジョー・マレンコに関節技で勝負を挑んでいく。考えてみれば当然の話で、ダイナマイト・キッドはイギリス北部の炭鉱町ウィガンにある〝蛇の穴《スネーク・ピット》〟ことビリー・ライレー・ジムで、ビリー・ジョイスら伝説的な強豪からシュートの手ほどきを受けたことがあったし、ジョー・マレンコはカール・ゴッチから七年間も学んでいる。お互い、腕には自信があるのだ。

しかし、解説席に座る馬場には、彼ら四人が見せる腕ひしぎ十字固めやキーロックなどの地味な攻防や、フルネルソンのかけあいなどのイギリス的なチェーンレスリングの攻防の魅力が理解できない。

《馬場　関節技って、みんなレスリングですからね。みんな知ってんですよね。ですからその、普通のプロレスの技をね、マレンコたちがちょっとその技がないというのが、かえって不利だと思うんですね。（中略）やっぱりこう見てますとね、技も確かにそうですけど、力には敵わないですねえ。いい技をかけてもみんなはね飛ばされますからねえ。》（当日の実況より）

しかし、解説席で馬場が何を言おうが、観客たちは四人のレスリングを大いに楽しんだ。

ジョー・マレンコがダイナマイト・キッドにクルックト・ヘッドシザースをかけると、「キッド！　キッド！」という大声援が送られた。

そのままもつれあって場外に落ちたジョーとキッドのふたりが、すぐにリングに這い上がると、歓声とともに大きな拍手が湧き起こる。リング上で正々堂々と勝負しようというふたりの姿勢を高く評価したのだ。

試合終盤、観客は完全にでき上がっていた。ジョー・マレンコがノーザンライトスープレックスに続いてフィッシャーマンズスープレックスを放つと、ドドドドドッと床を足で踏み鳴らす音が地鳴りのように響いた。

結局、ジョーがキッドを頭上からの回転押さえ込みにいこうとしたところをキッドに切り替えされてフォール負けしたのだが、リング上で握手し、健闘を称えあって抱き合う四人に、観客は「もう一回！　もう一回！」とこれ以上ない大声援を送った。

解説席でファンの盛り上がりを間近に感じた馬場は、深く考えざるを得ない。

「お客さんはどうしてこんなに喜んでいるのだろうか？」

プロレスの魅力はヘビー級だ。でかい身体の持ち主がバシャーンとぶつかって飛沫が飛ぶ。その迫力が観客を魅了する。馬場はそう考えている。しかしいま、小さい者同士の試合に観客は熱狂している。

馬場には、自分が渋々認めたこの試合に歓声を上げるプロレスファンの気持ちがわからない。

しかし『週刊プロレス』の市瀬にはファンの心がわかるのだ。

なぜだろう？　市瀬がプロレスファンだからだ。

頭脳明晰な馬場は、自分の価値観に固執することをやめ、カード作りに少しずつプロレスファンである市瀬や仲田龍の意見を取り入れていった。

二月二五日の後楽園ホールでは、ジャイアント馬場、ラッシャー木村組がジャンボ鶴田&谷津嘉章の五輪コンビが持つ世界タッグ王座に挑戦した。

三月二七日の後楽園ホールではジャイアント馬場、小橋健太組が、川田利明、サムソン冬木組が持つアジア・タッグ王座に挑戦した。

いずれも仲田龍が提案したカードだったが、観客は大いに沸いた。

「馬場さんが僕たちのアイディアに対して聞く耳を持ってくれた、ということがスタート地点。この頃（一九八九年初頭）から『全日本が面白いことをやり出したぞ！』という期待が客席で高まるようになってきた」（市瀬英俊）

「市瀬くんや（ターザン）山本さんは、よその会社の人であるにもかかわらず必死にやってくれた。それが伝わったから、馬場さんは受け容れたんです」（仲田龍）

「後楽園ホールか武道館の試合が終わると、馬場さん、元子さん、付け人の和田京平ちゃんの三人が、キャピトル東急ホテルのレストラン『オリガミ』で食事をする。そこに僕と市瀬くんが行くとお祭りになる。馬場さんはその雰囲気を楽しんでいた。

食事会という雰囲気の中で、ごく自然に僕らがその日の試合について触れる。

馬場さんからは絶対に言わない。だから僕が話を進めていく。そこが馬場さんの頭のいいところ。僕たちの話を聞いていないふりをして、実は敏感に聞いている。そのとぼけたようなポーカーフェイスは凄かった。

話が盛り上がってくると、僕らもどんどん突っ込んでいく。あのレスラーの態度はおかしいとか、また場外乱闘なんですか、とか。

僕は市瀬くんに向かって言ったり、元子さんに向かって言ったりはするけれど、馬場さんに直接話しかけることはめったにない。殿様が下々の話を、聞くともなく聞いているムードを作ることが大切なんです。楽しい雰囲気を作っておいてから、さりげなく馬場さんに聞く。

『次の武道館大会、大事ですよね。馬場さんはどう考えてるんですか？』

もし馬場さんのアイディアが全然ダメだったら、完全否定する。一度、あまりにも否定された馬場さんが、『やってられるかい！』と怒って逃げたことがある（笑）。

でも馬場さんは、自分の考えが時代遅れだということをよくわかっていた。『俺にはファンのニーズはわからない。こいつらの話を聞くしかない』と理解していた。そこは本当に偉かったと思う」（ターザン山本）

天龍の移籍とSWSの自壊

後楽園ホールや日本武道館での興行に、これまでは絶対にあり得ない発想のカードが潜り込み、それが観客から大いにウケるようになると、全日本プロレスのリングを覆っていた閉塞感は一気になくなってしまった。

しかし、全日本プロレスの牽引車を自他ともに認める天龍源一郎は面白くない。天龍が現状を変えるために必死に体を張ってきた意味が失われてしまったからだ。

「馬場さんと小橋（健太）が、川田&冬木のアジアタッグ王座に挑戦したカードは僕が作った。最初のうち馬場さんはちょっと渋っていたけど、結局はやってくれた。天龍さんから『馬場さんに余計な入れ知恵をするな』と叱られて、馬場さんの控え室に謝りにいったら、『面白かったよ』と言ってもらえてホッとしました」（仲田龍）

「天龍さんのいらだちが顕著だったのは、ハンセンと組んで（天龍同盟で）自分の下についていた川田&冬木組と後楽園ホールで対戦した時（八九年七月一六日）ですね。その頃の天龍さんは（阿修羅・）原さんが解雇されて八八年限りで全日本を去ったことで、ハンセンとタッグ（龍艦砲《りゅうかんほう》）を組んでいた時期。当然、川田、冬木の両選手と組む機会も多かったんですが、そんな時にいわゆる同門対決のカードがラインナップされた。同門対決はレスラーにとって戦いづらい部分があるのですが、ファンからすれば、だからこそ興味深い。でもやっぱり天龍さんからすれば、どうして俺がタッグパートナーと戦わなくちゃいけないんだ、という不満があったんです。試合も弾けた展開にはなりませんでした」（市瀬英俊）

天龍は川田や冬木と試合をしたくなかった。しかし「後楽園向きのカードだからやりましょう」という仲田と市瀬の意見が通った。

もちろんどんなカードであれ、最終的に決定するのは馬場である。そのことがわかっているからこそ、天龍も文句を言えない。

盟友の阿修羅・原は個人的な金銭トラブルで解雇されてしまった。スタン・ハンセンはタッグパートナーとなり、激しくやりあうこともできなくなった。このままジャンボ鶴田とずっと抗争していくのか。いくら挑発しても、最後のところでは決して燃えてくれない相手と。

そんな天龍のところに、メガネスーパーからの誘いがやってくる。

新たにプロレス団体を作りたい。エースになるのはもちろん君だ、という。

契約金は三億円を提示されたと噂されるが、本当のところは誰も知らない。

一九九〇年春、天龍は新団体への返事を保留したまま、全日本プロレスとの契約更改交渉に臨んだ。自分の評価を馬場から直接聞きたかった。しかし、契約更改の席に馬場はいなかった。代理の人間から提示された金額も、期待より遥かに低いものだった。

天龍は全日本プロレスとの契約更改を行わず、メガネスーパーの新団体SWS（メガネスーパー・ワールド・スポーツ）に移籍することを決めた。

馬場は約束を重んじる男だ。契約が切れた以上、天龍の移籍を止めることはできない。かくして天龍の円満退社が決まった。

円満でなかったのはそのほかのレスラーたちだ。ザ・グレート・カブキ、谷津嘉章、サムソン冬木らが、SWSに次々と移ってしまったのだ。天龍が引き抜いたわけではない。カブキ以下のレスラーは、天龍のいない全日本プロレスに残るよりも、資金力のあるSWSに移るほうが自分の利益になると考えただけだ。

馬場は激怒した。彼らと全日本プロレスの契約はまだ残っていたからだ。もしかしたら天龍が引き抜いたのではないか？　そんな疑念にもとらわれた。

天龍と仲の良い記者たちは軒並みSWSを応援した。東京スポーツの川野辺修、日刊スポーツの川副宏芳、内外《ないがい》タイムスの栗原研一、『週刊ゴング』の小佐野景浩《かげひろ》といった全日本番である。名字や名前のイニシャルから、「4K」と呼ばれていた。
「それまでどれだけ馬場さんに世話になったんだよと思うけど、彼らは全員馬場さんを裏切って天龍さんのほうに行った。一番大変な時に応援してくれよって思いますけどね。ただ、小佐野くんは敵ながらあっぱれだと。最後まで天龍さんを応援したのは小佐野くんだけでしたから。とにかく週プロ以外は全部天龍さんを応援していたから、（ターザン）山本さんには感謝以外ありません」（仲田龍）
「メガネスーパーが本気になったら、全日本が潰れるだけじゃなくて、プロレス全体が買われてしまう。俺たちは逆立ちしたって敵わない。金持ちには逆らえない。マスコミはみんなSWSにつくだろう。『週刊プロレス』だって同じだろう。強大なSWSにケンカを売るわけがない。馬場さんはそう考えていた。
でも僕はSWSにケンカを売った。嘘つきだの、プロはカネがすべてだのと散々書いた。週プロを読んだ馬場さんは、それまでよりも遙かに深く僕を信用してくれた」（ターザン山本）
ターザン山本は競馬に一億五〇〇〇万円以上を突っ込んだろくでなしであり、

妻を部下に奪われたコキュ（寝取られ男）であり、インディー団体から二〇～三〇万円を受け取った見返りに大々的に宣伝してやった金権編集長である。馬場から小遣いを受け取ったことももちろんあったに違いない。

しかし「ターザン山本は馬場から大金を受け取った見返りにSWSをつぶしにかかった」という風説は、一〇〇パーセント間違いだ。

田中八郎メガネスーパー社長と握手する天龍

そもそもターザンがカネで動くのであれば、真っ先に金持ちのメガネスーパーになびくはずではないか。実際に『週刊プロレス』以外のすべてのマスコミは馬場を裏切ってSWSについた。メガネスーパーが彼らに馬場以上の金額を渡したことは間違いない。『週刊プロレス』は負け戦にあえて挑んだ。ターザン山本は馬場に買収されたからではなく、自分の意志でジャイアント馬場および全日本プロレスを応援したのである。

結局、SWSはつまらない試合しか提供できないまま、内部抗争によって自壊していった。

一方、全日本プロレスは大量離脱以後、かつてない躍進を続けた。

もちろんジャンボ鶴田、三沢光晴以下のレスラーの努力の賜物《たまもの》だが、一方ではブレーンの差でもあった。東京スポーツ、日刊スポーツ、内外タイムス、『週刊ゴング』の連合軍が『週刊プロレス』一誌に完敗したということだ。

九〇年代初頭、ターザン山本はたかがプロレス専門誌を週に二〇万部、月に八〇万部売り上げた。『週刊プロレス』を一刻でも早く読もうと、多くの人間が早売りの書店に押しかけた。単純に面白かったからだ。こんなことができるのは天才だけだ。天才編集者のプロレス界への貢献は計り知れない。

しかし、才能ある人間は必ず嫉妬される。ターザン山本の才能に嫉妬する人間、『週刊プロレス』に敗北したほかのプロレスメディアの人間たちは「SWSは週プロに潰された」という妄説を流布した。

自分たちの敗北と無能を隠蔽するために。

観客の心を揺さぶった三沢の涙

一九九〇年五月、全日本プロレスは闇に包まれた。天龍源一郎以下の主力メンバーが大量離脱してSWSに移ってしまったからだ。

五月一四日の東京体育館では、タイガーマスクが試合中に覆面を脱ぎ、素顔の三沢光晴に戻ってポスト天龍に名乗りを上げた。

しかし、マスクを脱いだ三沢の決意は、まだ観客に届いてはいなかった。客席から小さな三沢コールが起こったものの、そこには戸惑いが同居していた。川田利明も小橋健太も単なる若手に過ぎず、観客の支持を得られるかどうかは未知数だった。

同日にはジャイアント馬場&ジャンボ鶴田対テリー・ゴディ&スティーブ・ウィリアムスの試合中、ゴーディにコーナーポストに叩きつけられた馬場が動けなくなり、そのままフォールされるという事件が起こっている。

《あの試合、馬場さんはコーナーマットに背中をぶつけて動けなくなってしまったんですが、実況していて背骨が折れたかと思いましたからね。再起不能、病院直行、ここだったら慶應病院か……そんな思いが駆け巡りましたね。俺、もうしゃべれなくなると思いました。プロレスがなくなってしまうと思いました。》（実況アナウンサーの若林健治の発言。『馬場本』）

「背中を打って控え室に戻ってきた馬場さんは、これまで見たことがないほどガックリした顔をしていた」（全日本プロレスの渕正信）

幸いにも馬場の負傷は大事には至らなかったものの、誰もが全日本プロレスの未来を危ぶみ、東京スポーツは「全日本存亡の危機！」と大きく書いた。

「天龍さんの人気は凄かったし、一番いい時に抜けていったから、そりゃあ大変だった。

でも、次の後楽園ホール（五月二六日）から流れが変わった。六人タッグ（ジャンボ鶴田＆ザ・グレート・カブキ＆渕正信対三沢光晴＆田上明＆小橋健太）の試合だったんだけど、この時に初めて、三沢があのヨーロッパ式のエルボーを初めて見せた。リングサイドでちょっかいを出してきた鶴田さんに、怒りにまかせてエルボーをぶつけたんだ。あの大きな鶴田さんが脳しんとうを起こして、リング下でしばらく動けなくなった。

その後の鶴田さんは凄かったね。試合そっちのけで三沢に向かってガンガン行ったから。

お客さんは盛り上がったよ。天龍さんがいた時代とは雰囲気が明らかに違っていた。三沢たちはみんな二十代だから、若々しくてスピード感があったんだ」（渕

正信）

すでに一九八九年後半頃から、全日本プロレスは両者リングアウトや反則負けといった、不透明決着の排除を試みていた。

「ファンは完全決着を望んでいます」と馬場に進言したのは『週刊プロレス』のターザン山本である。〝明るく楽しく激しいプロレス〟には、両者リングアウトも、凶器攻撃も、流血戦もいらない。〝殺人狂〟〝吸血鬼〟〝鉄の爪〟に人々が熱狂した時代は遠く去り、九〇年代のプロレスファンは、スポーツライクなプロレスを好んでいたのだ。

それでもSWS騒動による大量離脱以前は、新時代のプロレスに息苦しさを感じるレスラーも多かった。しかし、天龍源一郎、ザ・グレート・カブキ、谷津嘉章らがいなくなったことで、図らずも世代交代が行われた。

流血もリングアウトも反則も、ギブアップさえもない、3カウントによってのみ決着するプロレスは、天龍たちの大量離脱後に初めて貫徹されたのである。

一九九〇年六月八日、日本武道館。メインイベントはジャンボ鶴田対三沢光晴のシングルマッチである。この試合の結末を馬場に提言したのも『週刊プロレス』のターザン山本だった。

「馬場さん、ここは三沢に勝たせないとダメですよ、と言ったのは僕。普段の試合では勝ち負けにまで踏み込むつもりはないけど、全日本プロレスの運命がかかっているから、ここだけは口を出した。

馬場さんは怒ったよ。『お前は三沢に負けろ、と鶴田に言うのは誰だと思っているんだ！』って。でも、僕も一歩も退かない。ここで三沢に勝たせなければ『週刊プロレス』は全日本から撤退する覚悟だった。もちろん馬場さんには言わないけど、それだけの覚悟を僕が持っていることは察したはず。馬場さんは頭のいい人だからね。

三沢に負けろと馬場さんから言われた鶴田は、フォール負けとギブアップは勘弁してほしい、せめて場外リングアウトにしてくださいと抵抗したみたいだけど、結局、馬場さんが押し切った」（ターザン山本）

そして三沢は鶴田に勝った。

勝負の決め手となったのは、鶴田に起こったアクシデントだった。ロープ際にいた三沢にジャンピングニーパッドを放ったところを寸前で避けられ、鶴田はトップロープに股間を強く打ちつけて悶絶する。その後、バッグドロップを空中で切り返してカバーに入ったものの、さらに三沢にひっくり返されてフォールされたのである。

本書をここまでお読みいただいた方ならば、一九六一年六月三〇日にシカゴのコミスキー・パークで行われたNWAヘビー級選手権試合のことをご記憶だろう。NWA世界王者のパット・オコーナーに、バディ・ロジャースが挑戦した試合である。

試合終盤、NWA世界王者パット・オコーナーは得意のドロップキックをロープ際で放ち、バディ・ロジャースに寸前で避けられて股間をトップロープに打ちつけた。

鶴田が初めて三沢にシングルで敗北を喫することとなった武道館大会での一戦（1990年6月8日）

オコーナーは実力でロジャースに敗れたのではなく、アクシデントによってタイトルを失った。そのようなイメージを観客に与えたかった、ということだ。

三〇年前とまったく同じ手口で、鶴田と三沢は武道館の観客を熱狂させた。鶴田もまた、実力で三沢に敗れたのではなく、アクシデントによって敗れたのだ。

鶴田に初めて勝利した三沢は涙を流し、その涙は観客の心を大きく揺さぶった。

試合直後、『週刊プロレス』の市瀬英俊は三沢光晴にインタビューしている。

《――試合後には、思わず涙がこぼれましたけど。

三沢　よっぽど嬉しかったんだろうね。鶴田さんに勝ったこと、それ自体の喜びというよりも、ファンの声援も嬉しかったし……。いろんなものが混じり合った結果の涙だったんだと思うよ。ああいう涙は人生のうちで、そんなにないかもしれないね。（中略）でもね、言っちゃなんだけど、俺は鶴田さんみたいな「それなり」の試合は絶対にしたくないですから。これだけは覚えておいてください。（中略）俺は天龍さんではないし、天龍さんと同じことはできないけど、できなかったことをやることができるし、とにかく「天龍さんたちがSWSへ行ってしまって、全日本がつまらなくなった」と言われないように、残ったメンバーみんなで力を合わせて頑張ります。》（三沢光晴の発言。『週刊プロレス』一九九〇年七月三日号）

三沢は、自分が〝天龍源一郎〟にならなくてはならないと感じていた。

自分も天龍のように、ジャンボ鶴田やスタン・ハンセンと火の出るような激しい試合をしなくてはならない。

体格がまるで違うジャンボ鶴田やスタン・ハンセンと激しい試合をすれば、小さい自分のダメージは彼らより何倍も大きい。ケガも多くなることは目に見えていた。

それでも、鶴田のような「それなりの試合」をするつもりは三沢にはなかった。

何のために？

観客を興奮《ヒート》させるために。

興奮させて、もう一度会場に足を運んでもらうために。

馬場が初めて感じた団体経営の喜び

一九九〇年四月八日、『全日本プロレス中継』の放送時間は日曜夜の〇時三〇分へとさらに格下げされた。以降、土曜深夜、日曜深夜、水曜深夜と、日本テレビの都合で次々に変わり、放映権料も、そのたびに少しずつ減らされていった。

三沢光晴が自分の言葉を裏切ることは決してなかった。川田利明、小橋健太、菊地毅《つよし》と「超世代軍」を結成して、ジャンボ鶴田やスタン・ハンセンに果敢に挑んでいったのだ。

鶴田もまた、天龍がいた時とは異なる緊張感を持って若いレスラーたちと戦っていた。

SWSで高給を受け取っている天龍やカブキや谷津に負けたくなかった。

かつて付け人だった三沢光晴の下と見られるのもイヤだった。

「仕事」以外の情熱が、ようやく鶴田の心の中に芽生えてきた。

それまでも抜群の素質は広く認められていたものの、ジャンボ鶴田が〝怪物〟あるいは〝最強〟という評価を得たのは、天龍源一郎やハンセン、ブルーザー・ブロディと三冠ベルトを争っていた時ではない。三沢たち超世代軍の前に立ちふさがる強大な敵となることで、怪物的な強さがファンに届いたのである。

すなわち、鶴田はヒールとなることで真の評価を得たのだ。

小さな三沢がジャンボ鶴田という怪物に立ち向かう姿に、観客は感情移入していった。

一九九〇年一一月三〇日、帯広市総合体育館。ジャイアント馬場は左大腿骨《だいたいこつ》亀裂骨折の重傷を負った。帯広から東京の病院までなんとか運んだものの、全治三カ月と診断された。

入院中の馬場が次のシリーズのカードをなかなか決めないので、見かねた仲田龍が一シリーズ分のカードをすべて作って見せると、「おお、これでいいよ」と馬場は大いに喜んだ。

人に対する深い思いやりがあり、レスラーのメンタリティを理解する馬場は、誰かを負け役にして傷つけることには躊躇と抵抗があった。

ある時、仲田龍がチャンピオンカーニバルの星取り表を会場のロビーに掲示したことがあった。

観客の便宜をはかってのことだったが、星取り表を見つけた馬場はすぐに剥がせと命じた。負けが込んでいるレスラーが気を悪くすると考えたからだ。

馬場にはレスラーへの配慮があり、だからこそ完全決着によって、レスラーの強弱をはっきりと観客に示すことを嫌った。

対戦相手を次々に使い捨てるアントニオ猪木とは考え方が根本的に異なるのだ。

仲田によれば、九〇年代前半から後半にかけては『週刊プロレス』の市瀬英俊のアイディアが対戦カードに色濃く反映されたという。

当時の全日本プロレスは年間約一四〇試合。年に八回のシリーズで全国各地を回る。一月から始まる新春ジャイアントシリーズを除く七回のシリーズで、毎回日本武道館大会が開催された。

「社長（馬場）は市瀬くんをすごく信頼していました。言葉にしなくても、社長の意をきちんと汲んだ上でお客さんが喜ぶカードを考えられるからです。

シリーズの幹となる三冠や世界タッグなどのタイトルマッチのカードは社長が決め、枝葉の部分、つまり地方興行や武道館のセミ以下のカードの大半は市瀬くんが作り、それに社長がＯＫを出していました」（仲田龍）

極端な話、ジャイアント馬場対ジャンボ鶴田のシングルマッチを組めば客は確実に入る。しかし、馬場がそんなマッチメークを受け容れるはずもない。これならば観客も喜び、馬場も納得してくれるだろう。そのような妥協点を探りつつ、最終的に会場を満員にすることのできるカードを作るのだ。

簡単な仕事ではまったくない。真の知性が要求される。

「市瀬くんは天才ですよ。僕らも先を読むけれど、市瀬くんはさらにその先を読んでいる。こうなってこうなればお客さんをつかめる、とわかっている。カードを作るために生まれてきたような人です。

超世代軍以降、全日本プロレスの人気が上がったのは、選手の皆さんの技術と市瀬くんの知恵があったから。要するに僕たちは市瀬くんに食わせてもらってい

たんです。でも選手や社員の中にはそのことをわかっていない人が多くて気の毒でしたね」（仲田龍）

若きヒーロー三沢光晴の覚悟、天才にして最強のレスラージャンボ鶴田の覚醒、周囲の選手たちの頑張り、そしてプロレスファンの心理を知り尽くした市瀬英俊のマッチメーク。

すべてが揃った全日本プロレスは、ファンの心を捉えて放さなかった。

年七回の日本武道館興行はすべて超満員。大阪、札幌でも連戦を行い、二日間とも超満員。博多スターレーンでは人が溢れた。

地方興行も半分以上が満員か超満員。残りも七割から八割以上入った。

長年にわたって重ねてきた日本テレビへの莫大な借金を完済し、ボーナスは選手を含めて社員ひとりあたり何百万も出した。全員をハワイ旅行に連れていくこともできた。

ジャイアント馬場は、全日本プロレス創立以来初めて、団体経営者としての喜びを感じていた。

胸の奥で失わなかったレスラーとしての矜持

ジャンボ鶴田はすべてを持ち合わせたレスラーだが、ただひとつ足りないものがある。〝悲壮感〟だ。馬場はそう感じていた。

「悲壮感という言葉を使ったのは馬場さん。俺が入門した頃(七〇年代半ば)、『鶴田、お前には猪木みたいな悲壮感がないんだよ』と馬場さんがよく言っていた。馬場さんから猪木さんの名前が出るとは思わなかったから、最初はビックリしたけどね。

全日本にはいい外人がくるけど、新日本にはタイガー・ジェット・シンくらいしかこない。でも猪木さんはシンと必死にやっていた。要するに、恵まれてないからこそ猪木さんには悲壮感がある。お客さんはそこに惹かれるんだって」(全日本プロレスの渕正信)

しかし、大量のレスラーがSWSに去ったことで全日本プロレスが存亡の危機に立たされ、かつて自分の付け人だった三沢光晴に負けなくてはならない状況に追いつめられた時、鶴田は初めて自らの感情を剥き出しにした。

「鶴田さんも三沢に負けて怒ってるからガンガン行く。次の九月(一日)の武道館での鶴田さんは本気出してて、もう強い強い。

だから、ジャンボ鶴田最強論が出てきたのは、天龍さんとの試合じゃなくて、超世代軍との試合の時。鶴田さんの評価はそこでグンと上がった。トップの選手の評価が上がれば、団体はもう安泰なんですよ」（渕正信）

エースであるジャンボ鶴田が真の強さを観客に見せつけ、若きチャレンジャー三沢光晴が女性ファンの熱い声援を背に、鶴田やスタン・ハンセンに果敢に挑んでいく。

一九九一年、九二年にかけての全日本プロレスはかつてない活況を呈した。

若いファンが大量に押し寄せ、熱い戦いに興奮《ヒート》した。大量離脱を乗り越え、経営者として自信を深めた馬場も「プロレスは日本のほうがレベルが上」「いまさらNWAでもないでしょう」と公言するようになった。

日本テレビの『全日本プロレス中継』はすでに深夜枠に移っている。それでもなお、全日本プロレスは五億円程度の放映権料を受け取っていた。バブル崩壊が叫ばれていたものの、日本経済は依然として好況を維持しており、年間七回の日本武道館興行は常連客で埋め尽くされ、地方興行もかつてない数の観客を集めた。

プロレスは、もはや老人や子供を楽しませるお茶の間の娯楽ではなくなった。

ジャンボ鶴田やスタン・ハンセンに挑む三沢たち超世代軍の成長物語は、学校や職場でもがきつつ生きる若者たちに勇気を与えていたのだ。

しかし、ジャンボ鶴田の幸福な時代は短かった。肝炎を患っていることが発表されたのは、一九九二年八月二二日のことだった。

《ジャンボ鶴田さんは一九九二年秋、肝臓病を患い約八カ月の入院生活を心ならずもすることになる。入院して一カ月後あたりからよく私の家に鶴田さんから電話がかかってきた。（中略）「いいなあ、渕君は元気で。こうして病院の病室に入院してるとさあ、健康が一番大事とつくづく思うぜ。金がないとか女にモテないなんてバカらしいよ。出世がどうこうなんて本当バカらしい！」と、鶴田さんはバカらしいという言葉を強く繰り返した。》（渕正信『我が愛しの20世紀全日本プロレス史』）

ジャンボ鶴田が第一線を退いたことで、全日本プロレスは軌道修正を迫られた。「大きく強い王者に、小さな若い者が果敢に挑む」という物語が失われてしまったからだ。

すでに日本人対外国人対決では、ファンを一〇〇パーセント満足させることはできなくなっていた。結局、三沢光晴のパートナーだった川田利明が超世代軍を離脱、ジャンボ鶴田のパートナーだった田上明と合体して「聖鬼軍《せいきぐん》」を名乗り、三沢や小橋健太と敵対した。

スタン・ハンセンやスティーブ・ウィリアムスは相変わらず三沢や川田の強大な敵であり続けたものの、全日本プロレスの中核を担うのは三沢、川田、田上、小橋の、いわゆる四天王になった。

全日本プロレスの新たなる物語は、三冠ベルトをめぐる四天王の争いである。

一九九四年一〇月、日本武道館で川田利明がスティーブ・ウィリアムスを破り、四天王としては三沢以外で初めて三冠のベルトを腰に巻いた。

ファンの熱狂は凄まじかったものの、四天王の物語が日本武道館という空間の外に広がっていくことはなかった。

新日本プロレスの人気を上回ることもなかった。観客数も『週刊プロレス』増刊号の売り上げも、全日本は新日本にまったく敵わなかった。全日本のエース三沢光晴が受け取っていたギャランティは、新日本のエース武藤敬司の三分の一程度といわれる。

それでも四天王は、自分たちにできるすべてを観客に見せた。一歩間違えば命にも関わるほど危険なプロレスを。

「スタン・ハンセンのように自分の我を通したり、スティーブ・ウィリアムスのようにセオリーのないレスラーは別ですけど、たとえばジョニー・エースなんかは全然ついていけなかった。WWEは例外ですが、いまや四天王プロレスはイギリスでもどこでも世界標準になっているんです。でも、当時は四天王ほどのレベルでプロレスができる外国人レスラーはひとりもいなかった」（仲田龍）

ジャイアント馬場はラッシャー木村、百田光雄らとファミリー軍団を結成、悪役商会（渕正信、永源遙、大熊元司《おおくまもとし》ら）とギャグ満載の明るく楽しい試合を繰り広げていた。メインを若い者に譲り、休憩前の前座に回ってから、すでに五年以上が経過していた。

しかし、レスラーとしての矜持《きょうじ》は胸の奥にしっかりと持っていた。

一九九三年暮れの最強タッグに、馬場はスタン・ハンセンとタッグを組んで出場している。

「ハンセンと組んでいたテッド・デビアスがリーグ戦開始直後にケガをして帰国してしまった。だから（ターザン）山本さんと僕が、馬場さんに組んでくださいとお願いしました」（市瀬英俊）

当時最高の人気を誇った三沢光晴と小橋健太のタッグチームは、五五歳の馬場を容赦なく攻め立てた。三沢のエルボーや小橋のチョップを拳を握って耐え続ける馬場を、観客は大声援で後押しした。

《僕は馬場さんから『プロレスラーは人間であって人間じゃない。怪物なんだ』と教えられてきました。付き人をしていた時にいきなりチョップを受けたことも、両手に荷物を持っていて身動きできない状態で張り手されたこともありました。あのデカい手で張られればもちろん痛いですけど、『プロレスラーがそんなもんで痛いと言うな！』と、馬場さんから叱られました。

僕が馬場さんと試合ができるようになった時には、逆に馬場さんの胸が真っ赤になるまでチョップしました。一生懸命に試合をすることを教えてくれたのは馬場さんだったからです。プロレスを支えてきた人だとか、年齢とかは関係ありません。そこで僕が手を抜いたら、ファンに嘘をついていることになる。こんな若造に手加減されてしまったら、馬場さんに対しても失礼でしょう。

だから失礼のないようにガンガンやりました》（小橋建太の発言。『Number PLUS』三沢光晴追悼号のために筆者が行ったインタビューより）

一九九四年四月二日、『全日本プロレス中継』は、土曜深夜二時三五分からの三〇分番組へとさらに格下げされた。

一九九六年五月には田上明が、七月には小橋健太がそれぞれ初めて三冠王者となり、四天王の物語は完結した。全員がチャンピオンになって、その後の展開が見えなくなった。

誰が勝っても負けても、全日本プロレスの風景は少しも変わらない。そんな閉塞感の中、三沢光晴と小橋健太は背筋の凍るような試合を繰り広げていた。エプロンからリング下へスープレックスで放り投げるような、命懸けの攻防が常態化した。

「なぜ？　何のためにここまでやるのか？　勝っても負けても、何ひとつ変わらないというのに」

観客は大きな疑問と不安を抱えつつ、それでもふたりの試合から目を離すことはできなかった。

一九九七年一〇月、三沢と小橋の三冠戦を見た解説席の馬場は涙を流した。

馬場さんは神様みたいな人でした

バブル崩壊による経済不況が日本中を覆い始めていた。長く超満員を続けてき

日本武道館も、上のほうから空き始めた。地方興行の観客動員の落ち込みも目立つようになった

地方興行の落ち込みをビッグマッチで補おうと、シングルマッチのリーグ戦を年に二回行うというプランが浮上したが、それでは選手の身体がもたない。命懸けの試合をしているにもかかわらずギャラが安すぎる、ケガをしても休業補償がない。選手の名前入りのキャラクターグッズを販売しているのに、選手には一銭も入ってこない。疲労とダメージと不満が、選手たちに少しずつ蓄積していく。

三沢光晴がマッチメークの全権を掌握したのは、一九九八年の秋のことだった。同時に、カード作りに深く関わっていた市瀬がアイディアを出すこともなくなった。

これまでは決してあり得なかったリングアウト決着も、しばしば見られるようになった。〝四天王プロレス〟を続けることは、肉体的にも精神的にも難しくなったのである。

当時、馬場元子は地方巡業にも同行して興行運営やカードに口を挟んでいたから、三沢光晴はほかの選手の声を代弁して、馬場に「元子さんに現場を退いてもらえないでしょうか」と頼んだ。妻と所属レスラーの板挟みとなった馬場が三沢

の意見を受け容れることはついになく、元子と三沢以下の選手たちの関係はさらに悪化して、夏には仲田龍が馬場の付け人を外されるという最悪の事態にまで発展した。

ジャイアント馬場が身体の不調を訴えたのは、それからまもなくのことだった。一二月七日には精密検査のために東京医科大学病院に入院したが、この時、上行結腸ガンが肝臓にまで転移していることが確認された。

一九九九年一月三一日、ジャイアント馬場は東京医科大学病院で息を引きとった。享年六一。

偉大なレスラーは、これから全日本プロレス関係者に訪れる悲劇から逃れるようにこの世を去った。

翌二〇〇〇年五月のジャンボ鶴田の死も、同時期の三沢、小橋らの大量離脱も、二〇〇九年の三沢光晴のリング上の死亡事故も、馬場は何ひとつ知らない。

同時代を生きたアメリカのレスラーたちは、ジャイアント馬場を次のように評している。

「日本中どこに行っても、ファンはババに畏敬の念を持って接していた。モハメッド・アリと同じだよ。ラリー・ホームズに負けた後も、ファンはアリを愛し続けた。ババにはアリのような雰囲気、オーラがあった。日本のファンはババに、普通の人間とは違う何かを見ていたと思う」（ブルーノ・サンマルチノ）

「日本にきて仏像を見るたびに、いつもババのことを思い出す。イエス。ババはブッダなんだよ」（ザ・デストロイヤー）

二〇一四年二月に亡くなった仲田龍の言葉を最後に記しておこう。諺《ことわざ》に「従者の目に英雄なし」という。長く馬場の付け人を務めた〝従者〟の目に、英雄はどのように映っていたのだろうか。

馬場には他者に対する優しさが常にあった

「阪神大震災の時（一九九五年一月）、元子さんの明石の実家が半壊したんです。

馬場さんと僕たち（仲田、和田京平ら）は、壊れた家から荷物を運び出す手伝いに行った。すると馬場さんが『みんなは大丈夫なのか？』と言い出した。みんなとは、全日本のファンクラブ『キングスロード』の会員のことです。ファックスで兵庫県の会員名簿を取り寄せて、馬場さん自身が『大丈夫ですか？』と電話をかけた。『大丈夫じゃない』という家が一〇軒くらいあったので、水や果物を持って訪ね歩いた。応対に出た人は、馬場さんを見た途端に感激して泣き崩れていました。

被害の大きかった仁川《にがわ》の教会に行った時のことは忘れられません。会員の家が全壊していて、近所の教会に避難していたんですけど、たまたま馬場さんが電話をかけた時に家にかたづけにきていて電話に出た。

教会に着くと、馬場さんは『子供だけを呼んでこい』と言った。子供を呼ぶとお母さんも一緒にきて『いま、牧師さんにきてもらいますから、ちょっと待っていてください』と言った。『いや、この子の元気な顔が見られたから、もういい』って、そのまま帰ったんです。

馬場さんは、そのことを誰にも言わなかった。僕にとっての馬場さんは、地上に降りてきた神様みたいな人でした」（仲田龍）

馬場正平は、普通の日本人とはまったく異なる人生を生きた。

人並み外れた大きさと運動神経が、プロ野球へ、そしてプロレスへと導き、アメリカでも日本でも大成功を収めた。

しかし、プロレスラーとしての成功が、馬場の本質を変えることは一切なかった。

馬場正平はひとりの心優しい日本人として生き、そして死んだ。

終章

ショーヘイ・ババとシンスケ・ナカムラ

もし、一九六四年のジャイアント馬場が、日本に戻らなかったとしたら？　日本のプロレスはアントニオ猪木の独裁下に置かれ、私たちが知る歴史よりも遙かにつまらないものになっていただろう。

もしかしたら、イギリスやドイツのプロレスのように、ごくマイナーなジャンルになっていたかもしれない。

だが、馬場正平個人は、もっと幸福な人生を送ったのではないか。

仮に馬場がアメリカに残っていれば、ヴィンス・マクマホン・シニアのいるWWWF（現・WWE）と契約していた可能性が高い。グレート東郷のことは信用していなかったからだ。

もしWWWFと契約していれば、ブルーノ・サンマルチノのライバルとして、すなわち超一流のヒールとして大金を稼いだに違いない。

しかし、選手生活は長くは続かなかっただろう。巨人症は成長ホルモンが過剰に分泌される病気であり、当然、老化も早い。アンドレ・ザ・ジャイアントは日頃の不摂生がたたったこともあり、四六歳で亡くなっている。

三〇歳を過ぎた馬場の胸は急速に薄くなり、腕も細くなった。強く見えなければヒールの存在価値はない。どれほど遅くとも一九七〇年代後半、四〇歳になる頃には、引退を余儀なくされていたはずだ。

大金を稼いで引退した馬場は、亡くなるまでの約二〇年間、愛するハワイの地で元子夫人とともに悠々自適の生活を送っただろう。本格的に絵画を学んで、ジョージ・ゴーディエンコのようなアーティストになった可能性もある。実際に、馬場は更級四郎（『週刊プロレス』の名連載『ほとんどジョーク』で知られるイラストレーター）に油絵の指導を受けている。

だが、結局、馬場は田岡一雄山口組三代目組長の帰国要請を断ることができなかった。

日本プロレスでは王貞治や長嶋茂雄をしのぐ大変な高給取りになったが、一九七二年に全日本プロレスを旗揚げしてからは、日本テレビの子会社の社長として苦労を重ねた。

レスラーとしては全盛期を過ぎ、集客力も衰え、興行のアイディアにも乏しく、スタッフにも恵まれなかった。本来、個人主義者である馬場は、経営者には向いていなかった。

「四〇歳になったら引退して、ハワイで絵を描いて暮らしたい」という願望は、「試合のことだけを考えていればいい選手時代が一番幸福だった」という愚痴へと変わった。日本のプロレス団体は、馬場を幸福にはしなかったのである。

〝プロレス団体〟とは、日本独自のシステムだ。

力道山が相撲部屋に倣って作った。

週単位で契約し、会場の有料入場者数によってギャラの多寡が決まるアメリカとは異なり、日本のレスラーはよほどのことがない限りクビを切られることはないが、その代わり、興行で超満員が続いても給料は低く抑えられる。日本企業の終身雇用と同様に、日本のプロレス団体のシステムも、まだかろうじて存続している。

力道山亡き後、日本プロレスのエースはジャイアント馬場になった。

二メートルを超える大巨人は、殴る蹴る中心の力道山とは異なり、椰子の実割りやドロップキック、ランニング・ネックブリーカー・ドロップなど、スポーティで多彩な技を披露した。

馬場の全盛期にあたる一九六〇年代のレスラーの負担は、力道山時代に比べてやや増大したものの、大きなケガをする心配は現代のプロレスよりも圧倒的に少なかった。

頭部を垂直にマットに打ちつけるような技は、パイルドライバーを除けばほとんどなかったし、そのパイルドライバーでさえ、相手のダメージを最小限に抑えることが可能だった。

　日本のプロレスにアメリカとは異なる独自の方向性を与えたのは、馬場と同期入門で五歳年下のアントニオ猪木だった。

　猪木は身長一九〇センチ近い大男だが、巨漢揃いの外国人とリング上で対峙すれば、背丈は普通で華奢な方だ。もちろん馬場とは比較にならない。

　馬場も猪木も、ともに数年に及ぶアメリカ遠征の経験を持っている。だが、「東洋の大巨人」という記号性を持つ馬場が、アメリカで一流レスラーにのし上がったのに対して、目立つ個性のない猪木は、二流の域を出なかった。

　ジャイアント馬場は一流、アントニオ猪木は二流。アメリカで作られ、日本に持ち込まれたこの基準を猪木が引っ繰り返すためには、技に説得力を持たせる以外なかった。

　アントニオ猪木のジャーマン・スープレックス・ホールドは、プロレス史上最も美しく、かつ危険な技である。立っている相手の背後に回り、腰に手を回して抱え、そのまま真後ろに反り投げ、相手の後頭部をマットに叩きつけてそのままブリッジしてフォールする。

真後ろに反り投げるために、ジャーマン・スープレックスホールドをかける猪木は、相手へのダメージを完全にコントロールすることができない。投げられたレスラーは必死に受身を取り、自らの身体を守らなくてはならない。危険とはそういう意味だ。

当時、プロレス好きの子供たちは、こぞって4の字固めや椰子の実割り、ドロップキックを真似したが、ジャーマン・スープレックス・ホールドを真似しようとする子供は皆無だった。素人に真似ができないからこそ、ジャーマン・スープレックス・ホールドの衝撃は大きかったのである。

プロレスに美と危険な雰囲気を持ち込んだアントニオ猪木が、絶大なる人気を獲得したのは当然だった。

一九八〇年代に入ると、馬場と猪木の衰えは急速に進み、もはや自らの肉体と技術によって観客を説得することは難しくなった。

馬場と猪木の影響下から最初に脱したレスラーは、アントニオ猪木の新日本プロレスに颯爽と登場したタイガーマスクだった。

華麗な四次元殺法ばかりが目につくが、実はタイガーマスク＝佐山聡には猪木よりもさらに強い格闘技志向があり、新日本プロレスを辞めると、ユニバーサル

（旧ＵＷＦ）を経て、リアルファイトの総合格闘技〝修斗〟の創始者となった。

ジャイアント馬場の全日本プロレスには天龍源一郎が登場した。元大相撲力士の天龍は、不透明決着が多く、弛緩した空気が充満する全日本プロレスを立て直すためには、観客に〝痛みの伝わるプロレス〟を見せるほかはないと考えた。

一九九〇年代の新日本プロレスは武藤敬司、蝶野正洋、橋本真也の闘魂三銃士を中心に黄金時代を迎え、ドーム球場での興行が恒例になるほどの人気を誇った。アメリカンプロレスの影響を強く受けた闘魂三銃士は、アントニオ猪木の影響を払拭するために、スープレックスをほとんど使わなかった。危険な技を出さずとも、観客を熱狂させられるだけの才能が彼らにはあった。

一方、全日本プロレスの〝四天王〟と呼ばれた三沢光晴、川田利明、小橋健太、田上明には、闘魂三銃士のような華やかさも器用さもなかった。

その上、観客の感情を自在にコントロールすることにも、さほど興味を示さなかった。

四天王は、正義の味方でも悪役でもなく、ただのレスラーとしてリングに上がり、天龍の〝痛みの伝わるプロレス〟を一歩進めて、観客を震撼せしめるような恐ろしいプロレスを披露した。

その中心となったのが、投げっ放しジャーマンに代表される無数のスープレックスだった。首への攻撃こそが、観客に痛みを伝え、震え上がらせるための最も強い説得力であったからだ。

プロレスはショーであり、エンターテインテントである。

勝敗はあらかじめ決められており、ジャーマン・スープレックスもパワーボムも、もちろんふたりのレスラーの協力によって成り立っている。

投げるレスラーは相手のダメージを配慮しつつ投げ、投げられたレスラーも、自らを守るためにしっかりと受身をとる。

しかし、後頭部をマットに叩きつけられれば、ダメージがゼロというわけにはいかない。いくら上手に受身をとったとしても、首へのダメージは少しずつ蓄積されていく。

三沢光晴の後頭部がマットに叩きつけられる。もう何度目になるだろう。小橋健太がフォールの態勢に入る。レフェリーがカウントを数え始める。

「もう無理だろう。もういい。ここで終わりだ。凄い試合だった。まったく三沢はよくやった」

観客の心は、そんな感情で満たされている。

ところが三沢は、カウント3が入る寸前に肩を上げるのだ。

「ここまでやるのか」「まだやるのか」と観客は仰天しつつ、次の展開に期待を膨らませて足を踏みならす。日本武道館を埋め尽くした一万人の足音が、まるで地鳴りのように響く。

試合が終わると、解説席に座ったジャイアント馬場は「凄い試合だった。俺は若い頃、こんな試合ができたかな、と考えてしまったよ。こんな試合見たことない」とため息をもらした。

この時期、日本のプロレスは進化の極限を迎えていた。かつてこれほどハイレベルの攻防がリング上に存在したことはなかった。だが、それは同時に、急所である首にダメージを受け続ける、レスラーにとっては限りなく危険なプロレスでもあったのだ。

二一世紀に入ると、プロレスブームは去り、総合格闘技のブームがやってきた。第二の故郷ブラジルに興したバイオ事業アントン・ハイセルに、新日本プロレスのカネを無制限に注ぎ込んだアントニオ猪木は、レスラーおよびフロントからの信頼を失い、政治の世界に逃げ場所を求めたが、落選すると再び新日本プロレスに手を出した。

猪木は坂口征二と長州力のコンビが築き上げた平成の新日本プロレスをめちゃくちゃにしたばかりでなく、PRIDEのエグゼクティブ・プロデューサーに就任して、相撲やレスリングをバックグラウンドに持つ新日本プロレスのレスラーたちを次々に総合格闘技のリングに上げた。

猪木の命令に逆らえないレスラーたちが、総合格闘家のかませ犬にされた結果、プロレスは強さのイメージを失った。

かつて猪木が主張した「プロレスは最強の格闘技である」というテーゼは、猪木自身の手によって否定されたのだった。

以後、プロレスは格闘技とは異なる、プロレスそれ自体の価値を打ち出していかなくてはならなくなった。

一九九九年一月に死去したジャイアント馬場の一周忌を済ませたのち、自らの団体プロレスリング・ノアを設立した三沢光晴のもとには、旧全日本プロレス所属のレスラーのほとんどが集結した。

ノアで三沢が見せたプロレスは、全日本プロレスの頃よりもさらに危険なスープレックスだった。

二〇〇三年三月一日、日本武道館。リングへと続く花道で三沢光晴は小橋建太

（健太から改名）の腕を取ってタイガースープレックスの体勢に入った。

マットが敷かれているとはいえ、後ろは硬い床で、しかも段差がある。

まさかここでは投げないだろう、と観客の誰もが思った。

だが、次の瞬間、三沢は小橋を投げた。

一メートル下の床へ、小橋は後頭部から落ちていったのだ。

当時はK－1もPRIDEも全盛時代。

もはやプロレスラーが最強だと主張する人間はいなかった。

だが、格闘家にこんなことができるか？

総合格闘技に乗り切れないプロレスファンは、三沢光晴率いるプロレスリング・ノアに救いを求めた。

ノアは二〇〇四年、二〇〇五年と二年連続で東京ドーム大会を開催する。

だが、団体の社長となったことは、三沢光晴にとって大きな負担となっていた。

多くの社員に給料を払うためには、一定規模の会場で数多くの試合をこなす必要がある。会場を埋めるためには四〇歳を過ぎた三沢自身がメインイベンターとして激しい試合を続けなくてはならなかった。

二〇〇六年には小橋建太の腎臓ガンが発覚。三沢の負担はさらに増えた。

二〇〇七年から始まった本格的な不況は、高年齢化したプロレスファンのチケット購買力を奪い、観客席には次第に空席が目立つようになった。

企業経営者ならば不要人員を整理し、人件費の削減を図るところだが、日本的リーダーの典型である三沢光晴には、その決断ができなかった。

四五歳を過ぎた三沢の頭の中にあるものは団体の維持だけだ。スケジュールは営業回りで埋まった。

支援者やプロモーターの接待が優先され、その分、練習時間を削られた。一番必要なものは休息だったが、団体社長という立場がそれを許さなかった。

練習不足は隠しようがなく、顔はたるみ、腹は出た。三沢の体型は、すでにプロレスラーにふさわしいものではなくなっていた。

受身を取り続けた首の頸椎は変形して骨棘《こっきょう》ができていた。下を向くことすら困難だった身体は、充分な練習をすることさえ難しくなっていた。

身体が上げる悲鳴を無視して、三沢光晴はリングに上がり続けた。

生涯最後の試合は、日本テレビがプロレスリング・ノアの中継を打ち切った三カ月後に行われた。

二〇〇九年六月一三日、広島県立総合体育館。

対戦相手の齋藤彰俊が放ったバックドロップは、いつもと変わらないものであり、三沢もいつもと変わらない受身をとった。

だが、後頭部からマットに叩きつけられた三沢の身体はくの字に折れ曲がり、そのまま二度と起き上がらなかった。

死因は頸髄《けいずい》離断。頸椎の中にある神経の束が切れたという。

齋藤を悪く言う者は、一部の愚か者を除いて誰もいなかった。根本原因が、長年にわたるダメージの蓄積の結果であることは、誰の目にも明らかだったからだ。

メディアはヒーローの死を大々的に報じた。『東京スポーツ』と『日刊スポーツ』の二紙が揃って追悼号を発行し、『週刊プロレス』が発行した緊急追悼特集号は瞬く間に五万部を完売、さらに五万部が増刷された。

『スポーツ・グラフィック　ナンバー』も追悼号を出した。

『週刊ゴング』はすでに廃刊し、『週刊プロレス』の部数も減り続ける中で、まったく例外的な事態だった。

すでにプロレスを卒業していた者を含め、多くのファンが誌（紙）面で躍動する在りし日の三沢の勇姿を必死に目に焼き付けようとした。

多くの人々が三沢の死を悼んだのは、自分たちが愛した日本のプロレスの終焉を感じていたからに違いない。熱狂するあまり、リングの戦いをより過激な方向に煽ってしまったのではないか、という罪悪感に似た感情を抱いた者も少なからずいた。プロレスの灯が消えかけようとしていた。

危機的な状況にあった日本のプロレスを救ったのは、意外な男だった。

学生プロレス出身の棚橋弘至である。

棚橋は、「プロレスはキングオブスポーツであり、最強の格闘技である」というアントニオ猪木のイデオロギーとストロングスタイルを完全否定した。ストロングスタイルなど存在しない。幻だ。学生プロレスも新日本プロレスもＷＷＥもやっていることは同じ。プロレスはエンターテインメントであり、それ以外のものではない。

新日本プロレスは格闘技の物真似をするべきではない。疑似格闘技ではなく、プロレスが持つ本質的な魅力を見せていかなくてはならない。新日本プロレスにはその努力が欠けている、と棚橋は主張した。

昭和のプロレスファンは、そんな棚橋に大ブーイングを浴びせた。

創業者の思想を否定する反逆者として棚橋を糾弾したのだ。

批判する人間は、自分が何をしても批判する。

ならば新しい観客を連れてこよう。

棚橋は、必要以上に危険な技を使うことを避け、初めてプロレスを見る人でも楽しめるような、キャッチーでポップでわかりやすいプロレスを心がけた。

遠征の合間にラジオや地方局に足を運び、プロモーションを繰り返し行った。

ブログやツイッターを始め、新聞や雑誌の見出しになりそうなキャッチフレーズを自ら考え出した。

「100年に一人の逸材、棚橋弘至です」

「俺は生まれてから一度も疲れたことがないんです」

「楽しいことがなかった日は、俺を見てください」

棚橋弘至の努力によって、新日本プロレスのファンは少しずつ増えていった。

悪化した経済はなかなか回復しない中、未曾有の大災害が日本を襲った。二〇一一年三月一一日の東日本大震災である。

先行きが不安な時代に、人はハッピーエンドを求める。

「愛してま〜す！」と叫び続けた棚橋弘至を中心に、新日本プロレスは躍進を遂げた。

棚橋弘至が時代を象徴するエースとなれば、ライバルたる中邑真輔のポジションは相対的に下がる。アントニオ猪木に寵愛され、総合格闘技でも一定の結果を残した「選ばれし神の子」は、棚橋のライバルの座から転がり落ちようとしていた。

中邑は「レスラーとしては自分のほうが上」という強烈な自負を持っていたが、集客力と社内評価の両面で棚橋に決定的な差をつけられた。

東日本大震災の直後には家族を残してアメリカ遠征に出かけ、帰国後まもなくメキシコ遠征を命じられた。

ブチ切れた中邑は、髪型をモヒカンにしてメキシコに乗り込み、マイケル・ジャクソンのようなコスチュームを着てムーンウォークまで披露した。

メキシコCMLLのプロモーターは「ストロングスタイルのシンスケ・ナカムラを呼んだのに、やってきたのはマイケル・ジャクソンじゃないか」と、新日本プロレスに文句を言ったが、中邑真輔はまるで意に介さなかった。

マイケル・ジャクソンやジャッキー・チェン、映画『カラテ・キッド』や忍者。学生時代からずっとやってきたレスリング、和術慧舟會で学んだ柔術のテクニック、雀鬼《じゅんき》・桜井章一や古武術の甲野善紀から学んだ脱力やすり足、アメリカで学んだボクシングやキックボクシング、さらにアレクセイ・イグナショフや高山善廣、藤田和之から食らったヒザ蹴り。

中邑真輔は、観客や会社からの評価を気にすることをやめて、かつて自分が好きだったものや、これまでに自分がやってきたことのすべてを組み合わせて、独特のスタイルを構築した。

「新日本プロレスのストロングスタイルを守るのは自分しかいない」という強い自負を持っていた男は、会社への帰属意識を捨て、自己表現を目指した。

幼い頃から絵を描くことが好きで、ファッションセンスもある長身のハンサムが、自分だけのスタイルを追求した結果、ごく短期間で洗練が進み、男の色気を漂わせるようになった。

自信を持った中邑真輔は、桜庭和志のような総合格闘技のレジェンドとも、AJスタイルズのような達人とも、飯伏幸太のような天才とも、誰も見たことのないようなスリリングな試合をやってのけた。

アーティスト中邑真輔が魅了したのは、新日本プロレスの観客ばかりではなかった。インターネットを通じて、世界中のプロレスファンもまた、セクシーでスタイリッシュなシンスケ・ナカムラに夢中になったのだ。

そんな中邑真輔のもとに、WWEからのオファーが届く。

中邑は悩んだ末に、新日本プロレスを離れることを選んだ。

その後の大活躍は言うまでもない。

WWEの中心で活躍を続けるスーパースターのシンスケ・ナカムラは、本田圭佑や大谷翔平、錦織圭らと並んで、世界で最も有名な日本人のひとりだろう。

アメリカで評価された日本人レスラーは数多い。

キラー・カーンも、グレート・カブキも、グレート・ムタも歓声とブーイングが飛び交う会場で観客の心を掴み、一時代を築いた。

だが、一九六〇年代前半のショーヘイ・ババに比肩するレスラーは、シンスケ・ナカムラただひとりではあるまいか。

団体に所属する、という発想から離れ、自らのキャラクターを作り上げた時、レスラーは真に自由な存在となる。

シンスケ・ナカムラはいま、そんな自由を満喫している。

三大世界王座に連続挑戦していた一九六四年初頭の馬場正平のように。

あとがき

新日本プロレスは、いまなお日本最大のプロレス団体である。

八〇年代初頭、九〇年代初頭ほどの爆発的なブームではないが、年中行事となっている正月の東京ドーム興行は数万人の観客を集め、集英社のＤＶＤシリーズ『燃えろ！　新日本プロレス』は計六八巻、累計一八七万部を突破した。

アントニオ猪木も坂口征二も健在だ。猪木は再び参議院議員となり、二〇一四年八月には平壌《ピョンヤン》でプロレス興行を行った。アントニオ猪木のＤＶＤボックスは何度も発売されている。それだけの需要があるということだ。

全日本プロレスは（いまの全日本プロレスをジャイアント馬場がつくったものの後継団体と考えるかはひとまず置く）、新日本に比べてごく小さな団体であり、収容人員二〇〇〇人ほどの後楽園ホールを満員にすることも難しくなっている。本もＤＶＤも、新日本プロレスに比べて圧倒的に少ない。

数年前には小学館から『ジャイアント馬場　甦る16文キック』というＤＶＤ付きマガジンが発売されたが、内容、売れ行きともにアントニオ猪木には遠く及ばなかった。需要が少ないということだ。

すでにジャイアント馬場もジャンボ鶴田も、三沢光晴さえも世を去った。

全日本プロレスは主役のほとんどを失ったことになる。

アントニオ猪木の目標はジャイアント馬場を超えることだったが、その目標は完全に達成されたといえるだろう。

アコースティックギタリストの打田十紀夫氏は熱烈なジャイアント馬場ファンであり、私のギターの先生でもある。会えば必ずプロレスの話になり、「偉大なる馬場さんに比べれば、猪木など何者でもない」と『1976年のアントニオ猪木』の著者はコテンパンにされる。ファンの鑑《かがみ》である。

打田先生に呼び出されたのは、東日本大震災から半月が過ぎた二〇一一年三月末のことだった。

幡ヶ谷《はたがや》の居酒屋でしばらく呑むうちに、プロレスラーの渕正信氏が現われた。

プロレスラーと会うのは緊張する。特に酒席では。

しかし、意外にも渕さんは私の『1976年のアントニオ猪木』を読んでいて「よく調べてある」と褒めてさえくれた。プロレスについても打田さんよりよほど公平な見方をしていて、聞かせてくれた話はどれも興味深く、しかも腑に落ちることばかりで感心した。なんと頭の良い人なのだろう。

酒が進むうちに、打田先生が本題を切り出した。

「今年は馬場さんと猪木のデビュー五〇周年。猪木の本もＤＶＤも出ているのに、馬場さんの本が出ていないのはおかしい。柳澤さんに本を書いてもらいたい。渕さんも協力してくれますから」

実に意外な申し出だった。

「私が書くのであれば、いいことも悪いことも、プロレスの内側も外側も、打田先生の意に添わないことも全部書きますよ。それでもいいんですか？」

それでもいいというので考え始めた。私に馬場さんの本が書けるのだろうか？

ごく大まかにいって、一九五〇年代は力道山の時代、一九六〇年代はジャイアント馬場の時代、一九七〇年代はアントニオ猪木の時代である。一九八〇年代に馬場と猪木が衰えると日本のプロレスは混乱を極め、ふたりの引力圏から脱出した者たちによって一九九〇年代初頭の繁栄が築かれた。

やがてアントニオ猪木が垣間見せた「リアルファイトのプロレス」を求める声が大きくなり、ＵＷＦの中からリアルファイトを試みる者が現れ、ヒクソン・グレイシーと高田延彦のリアルファイトをきっかけにＰＲＩＤＥが誕生する。格闘技ブームが到来して、プロレスは過去の遺物とされた。

しかし、プロレスが死に絶えることはなく、格闘技ブームが去ると再び息を吹き返した。それが二〇一四年の現在である。

力道山没後の日本のプロレスは、ジャイアント馬場とアントニオ猪木の対立を軸に動いた。日本のプロレスを知るためには猪木を知らなくてはならず、猪木を知るためには馬場を知らなくてはならない。

ジャイアント馬場というレスラーを作ったのが、一九六一年から一九六四年にかけて二度行われたアメリカ遠征であることは明らかだ。

ところが、馬場のアメリカ遠征について私たちが知っていることは極めて少ない。普通の人間の目に触れるのは、せいぜい馬場の自伝『王道十六文』と、『プロレススーパースター列伝』『ジャイアント台風』などの梶原一騎作品くらいではなかろうか。

ジャイアント馬場のアメリカ遠征を可能な限り正確に書くことができれば、馬場というレスラーの本質を理解することができるのではないか。

そのように考え始めてから、すでに三年半の月日が流れている。

取材を進めるうちに、ジャイアント馬場が一流のアスリートであり、最高のプロレスラーであることを、私は改めて知った。

偉大な男の足跡を、時間をかけて辿ることができたことは幸いだった。

インタビューに応じていただいたのは以下の方々である。すべての方の発言を引用させていただいたわけではないが、これらの方々の知見は、ジャイアント馬場を理解するための重要な示唆を与えてくれた。深く感謝したい。

ザ・グレート・カブキ、グレート小鹿、渕正信、Bruno Sammartino、The Destroyer、Gene LeBell、Harley Race、仲田龍、櫻井康雄、岩室好純、衣奈義孝、山本隆司、ウォーリー山口、井上譲二、斎藤文彦、市瀬英俊。

次の方々にも、様々な形でご支援をいただいた。打田十紀夫、木口宣昭、本多尚基、堀内勇、那嵯涼介、前田桂、今泉雄策、貝島太一郎、谷敷悦子、中坂琢、広尾晃、Dave Melzer、Tim Hornbaker、Kurt Beyer、Kris Beyer Jones、Don & Judy Bogart。

流智美氏には特別の感謝を。氏の協力がなければ、本書は決して成立しなかった。

亡くなった菊池孝さんの書斎にご子息の圭晃さんのご厚意で入れていただいたことも、急逝した仲田龍氏に来日中のハーリー・レイスをご紹介いただいたことも忘れがたい。

新聞や雑誌記事、プログラムなども大いに参考にさせていただいた。ただし、事実の解釈については、すべて筆者に責任があることはいうまでもない。

『週刊大衆』での連載および今回の出版に関しては、双葉社の手塚祐一氏に大変世話になった。真のプロレスファンである氏には、特別の熱意をこめて仕事に取り組んでいただいた。

最後に両親と家族、そして我が師橋本治に感謝したい。

二〇一四年一〇月二〇日
吉祥寺の自宅にて

柳澤　健

文庫版のためのあとがき

「1964年のジャイアント馬場」を『週刊大衆』に連載したのは、二〇一三年六月から二〇一四年九月までの一年三カ月間だった。一年間の予定だったが私の見通しが甘く、延びてしまったのだ。

初めての週刊誌連載は、月刊誌連載（『小説すばる』の「1974年のサマークリスマス〜林美雄とパックインミュージックの時代」）と同時並行だったこともあって肉体的にはきつかったが、とても楽しい時間だった。

単行本が刊行されたのは、連載終了からわずか二カ月後の二〇一四年一一月。信じられないほど魅力的な装幀（デザイン・金井久幸［Two Three］、表紙コラージュ・師岡とおる）も含めて、担当編集者の手塚祐一氏は素晴らしい仕事をしてくれた。心から感謝している。

単行本が出たタイミングで、私はいつものように雑誌の著者インタビューを何度か受け、トークイベントも数回行った。

「三条の英雄・世界のジャイアント馬場を名誉市民にする会」副会長の原田洋一

氏がわざわざ新潟からきてくれたのは、確か神保町の書泉グランデだったと記憶している。

「私たちは馬場さんに、三条市の名誉市民になっていただきたいと思っています。『1964年のジャイアント馬場』は、私たちの活動にとってまことに心強い味方です」とおっしゃっていただいたことは著者冥利に尽きる。

翌二〇一五年から本格的な署名活動が始まり、二〇一六年九月には三条市議会第四回定例会で、馬場正平の名誉市民が承認された。

「三条市民名誉市民は三条市民、または三条市出身の個人で、社会文化の発展に貢献し、その事績顕著な人や、三条市の功労者として事績卓絶な人で、市民の崇敬を受ける人を対象とする」と条例にはある。

馬場の受賞は漢学者の故・諸橋轍次氏らに続く六人目。一〇月一五日には三条市役所で名誉市民記念品贈呈式が挙行され、馬場元子夫人、秋山準オールジャパン・プロレスリング代表取締役、和田京平レフェリーが同席した。

二〇一七年一〇月二七日から二九日にかけて「三条市名誉市民ジャイアント馬場顕彰記念展」が三条市厚生福祉会館で開かれ、読売ジャイアンツ時代に実際に着用した背番号59番のユニフォームの上下やグローブ、三条市および「ジャイアント馬場を名誉市民にする会」のメンバーが地元で探し当てた貴重な資料や写真、三条実業高校一年の時に美術部に所属して描いた油絵作品、さらに元子夫人から提供されたオリジナルの三冠ベルトや、シューズやガウンを着せた等身大のフィギュアも展示された。

二日目には徳光和夫アナウンサーの記念講演会も行われている。

元子夫人が亡くなったのは、それから半年ほどが過ぎた二〇一八年四月一四日のことだった。享年七八。

馬場の遺骨は死後一九年間、ずっと夫人の手元に置かれたままだった。

だがようやく、生前に墓所と定めた兵庫県明石市の日蓮宗・本松寺《ほんじょうじ》で、ふたり揃って永遠の眠りにつくことになった。

明石は、馬場にとって縁の深い土地だ。

一九五六年春、ジャイアンツの投手だった馬場は、キャンプ地の明石で伊藤元子に初めて会った。地元で石油販売業を営む元子の父・伊藤悌《やすし》が、入団二年目の馬場を含む巨人軍ナインを自宅に招いたのだ。馬場正平一八歳。伊藤元子はまだ一六歳だった。

一九六〇年春、大洋ホエールズの明石キャンプに参加した馬場が浴場で転倒して重傷を負い、引退を余儀なくされたことはすでに触れた。

一九九〇年前後、馬場は元子と、元子の兄に連れられて本松寺を訪れ、墓所の購入を決めた。

一九九五年一月一七日の阪神・淡路大震災では、明石市も死者二六名、家屋の全半壊一万棟の被害を出した。この時馬場は、明石ロータリークラブの知人に、興行先で集めた義援金の寄付を申し出ている。ただし、ジャイアント馬場の名は伏せてほしい、と伝えた。

一九九八年夏、明石ロータリークラブは県立明石公園に震災被害を伝える記念碑を建立した。碑の高さは二〇九センチメートル。馬場の身長と同じ高さにして厚意に報いた。除幕式には馬場も招かれた。

それから一年も経たない一九九九年一月三一日に馬場が六一歳で死去すると、元子夫人は本松寺に墓を建てたが、一緒にお墓に入りたいからと納骨することはなかった。

生まれ故郷の三条の人々の心に、縁の深い明石の人々の心に、そして私たちの心に偉大なレスラーはいまなお生き続けている。

*

二〇一五年一二月、広尾晃著『巨人軍の巨人　馬場正平』（イースト・プレス）が刊行された。少年時代からプロ野球を引退するまでの馬場正平を多くの関係者に取材して克明に描いている。『1964年のジャイアント馬場』を読んでプロレスラー以前の馬場正平に興味を持たれた方には、ぜひお読みいただきたいと思っている。

紀伊國屋書店新宿本店で行われた刊行記念のトークイベントには、私もご一緒させていただいた。『1964年のジャイアント馬場』にインスパイアされて書いた、と広尾さんにおっしゃっていただいたことは光栄だが、『巨人軍の巨人馬場正平』には、私の調べが及ばなかった部分が綿密な調査によって明らかにされていて感服した。

広尾晃氏のお陰で、文庫版『1964年のジャイアント馬場』第一章「白球の青春」を、より事実に近づく形で書き直すことができた。深く感謝したい。

二〇一八年一二月六日
取材先のロサンジェルスにて
柳澤　健

解説　あの日、元子さんの涙

元週刊プロレス全日本担当記者　市瀬英俊

二〇一八年七月一八日、東京のザ・キャピトル東急ホテルの大宴会場に、いくつもの懐かしい顔が集結した。

「馬場元子さん　お別れの会」と「馬場さん&元子さん〝永遠なる再会〟」。ふたつの名称が併記されたその会に出席したのは、ジャイアント馬場夫妻にゆかりのある現役プロレスラー、さらには全日本プロレスのOBたちだった。

今なおリングに上がる七六歳の大日本プロレス会長・グレート小鹿はじめ、全日本の旗揚げメンバーでもある百田光雄、そしてザ・グレート・カブキ、天龍源一郎。90年代の全日本を〝激しいプロレス〟でけん引した川田利明と小橋建太も姿を見せ、元・文部科学大臣の馳浩は公務の合間を縫って駆けつけた。

もちろんこれで全員集合というわけではないのだが、ジャイアント馬場の名のもとに男たちが集い、旧交を温め、記念写真に収まる。私はその光景をしっかり目に焼きつけた。

一九九〇年、新団体・SWSの誕生によって所属レスラーの大量離脱という非常事態に陥った全日本。団体存亡の危機も叫ばれたが、ジャンボ鶴田や三沢光晴ら残留組の奮闘によって、逆に全日本はかつてない隆盛期を迎えることになる。そのなかで馬場が敷いた政策、それが「鎖国体制」だった。

他団体との交流は一切断つ。他団体の力も借りない。それは存亡の危機に際して体を張って闘い続けた残留組への、馬場なりの配慮だった。

「○○をウチに呼んだら、これまで頑張ってきたウチの選手がどう思うか。なんだよ、もうやってられない。そう思うだろ？」

馬場から何度となく聞かされたこの言葉。九六年九月、UWFインターナショナルの神宮球場大会に川田が参戦したのを機に、全日本は開国路線へと舵を切ることになる。だが、それでも馬場は全日本に見切りをつけて他団体に移籍した選手とは、従来通り交流を持とうとしなかった。この点に関しては頑なだった。

九九年一月三一日。馬場がこの世を去った。遺された夫人の元子さんは一切公表することなく馬場を送り出そうとしたが、まもなく死の情報は漏れ、都内恵比寿の自宅マンション前には多数のマスコミ関係者が詰めかけた。

混乱のなか、ある全日本OBが弔問《ちょうもん》に訪れた。かつて馬場のもとで活躍したレスラー。しかし、かれこれ十年以上、全日本との関わりはない。

元子さんはこのレスラーの弔問を拒み、馬場が眠る部屋には招き入れなかった。どうぞお引き取りを。門前払いである。

九九年五月二日、全日本は東京ドーム大会を開催。前年の秋にマッチメークの全権を掌握していた三沢光晴は、ひとつのプランを水面下で練っていた。

それが新日本プロレス・橋本真也の起用。三沢は当時、新日本から無期限出場停止処分を受けていた橋本に手を差し伸べ、同年一月四日、無効試合に終わった小川直也戦以来の「復帰戦」を、全日本のリングで実現させようとした。

話題性や観客動員を考えれば、全日本にとって悪い話ではない。馬場が健在であれば、すなわち何ら冠のつかない興行であれば三沢のプランは日の目を見たかもしれない。だが、馬場が亡くなったことでドーム大会は馬場の「引退」記念興行として開催されることになった。

プランに「NO」を突きつけたのは元子さんだった。このように却下したと、漏れ伝わってきた。

「馬場さんの引退興行に、どうして新日本の力を借りなきゃいけないの!」

元子さんは馬場のことを常に「馬場さん」と呼んだ。

馬場さんなら、どう考えるか。馬場さんなら、どう行動するか。それが元子さんの判断基準。元子さんもまた、頑なだった。

馬場の遺志を元子さんが受け継いだ。そういう見方は確かにできるが、おそらく的を射ていない。馬場さんは私。私は馬場さん。受け継ぐも何も、私の中にはいつも馬場さんがいる。昔も今も、これから先も。元子さんの胸の内を推し量ればこうなる。

しかし、三沢にしてみれば馬場社長は馬場社長であり、元子さんは元子さん。同じ頑なさであっても、元子さんのそれを全面的に甘受することはできない。

馬場の引退興行後、全日本の新社長に就任した三沢だったが、さまざまな面で自由な団体運営は叶わず、二〇〇〇年六月にはついに全日本を退団。総勢二〇人あまりのレスラーとともに新団体プロレスリング・ノアを旗揚げした。

このとき、全日本に留まったのは川田、渕正信、マウナケア・モスマンの3選手のみ。いよいよ今度こそ団体消滅の四文字を誰もが意識したが、元子さんは十年前にSWSへと移籍した天龍を呼び戻すという起死回生の一手を打ち、全日本は危機を脱することになる。

それって、馬場の考えに背く行為なのでは、と感じる人も多いだろう。

こんな話がある。元子さんは何か決断を迫られると、いつでも仏壇の前に座り馬場に問いかけた。ある日、天龍ではない別の選手について、全日本のリングに呼び戻したいと語りかけた。すると、目の前のロウソクが激しく音を立てて燃え上がり、次の瞬間には火が消えたという。馬場さんは怒っている。そう判断し、元子さんはその選手の参戦を見送った。

ところが、天龍の全日本復帰について仏壇に向かって語りかけたときは、ロウソクに何ら異変は起こらなかった。馬場さんは許してくれた。そう判断し、元子さんは天龍にアポイントメントを取った。

仏壇の手前には、あの冬からずっと、馬場さんの遺骨が置かれていた。

元子さんが生まれ育った兵庫県明石市の本松寺に「馬場家」の墓石を建てたのは一九九九年五月のこと。しかし、元子さんは納骨せず、馬場さんとずっと恵比寿で暮らし続けた。

一緒にいたい。馬場さんを守れるのは私しかいない。それは純粋で深い愛情だった。

私がその一端に触れたのは九一年のこと。一一月三〇日、全日本は北海道・帯広で興行を開催。馬場はアンドレ・ザ・ジャイアントとのコンビで『世界最強タッグ決定リーグ戦』の公式戦に臨んだ。

相手はドリー・ファンク・ジュニアとアル・ペレスのコンビ。さかのぼることちょうど一年。九〇年一一月三〇日、同じ帯広大会において「ザ・ファンクス」と対戦した馬場は、ドリーとともに場外に転落。左大腿骨骨折の重傷を負った。約半年の戦線離脱を経て、馬場は六月一日の日本武道館大会で復帰を果たしたが、私は帯広で再びドリーと闘ってこそ真の再スタートが切れると思い、そのカードを馬場に提案、採用された。

試合は〝無事に〟終わった。興行終了後、ホテルに戻った馬場夫妻のもとへ私も出向き、三人でお茶を飲んだ。私は言った。

「いやあ、本当によかったですねえ」

すると、元子さんの瞳から大粒の涙がこぼれ落ちた。

「そんな、のん気に笑ってなんかいられないよ……」

どうしてわざわざ帯広にドリー組との試合を持ってきたの。馬場さんが良かれと思って決めたカード。だから、試合が終わるまでは黙っていたけど、もしまた何かあったらどうするの。元子さんの涙声がロビーに響いた。

私は何も言えなかった。観客の注目度を最優先すれば、あのカードこそが正解だったと今でも思っている。ただ、馬場の妻としての元子さんの心情に思いが至らなかった。それもまた事実である。

一九六七年の春。馬場との結婚を両親に反対された当時二七歳の元子さんは、就職を名目にアメリカ・ロサンゼルスへと向かった。馬場もシリーズオフのたびに渡米。事実上の「新婚」生活がスタートした。

将来はハワイでのんびり暮らす。それが夫妻の夢だった。七一年には夢の拠点としてホノルルにマンションを購入。同年九月にはハワイでふたりだけの結婚式を挙げた。

だが七二年。馬場は日本プロレスを離れ全日本プロレスを旗揚げ。三四歳の決断。このときの思いを元子さんは著書『ネェネェ馬場さん』にこう綴っている。

〈私たちは、夫婦というタッグのほかに、新しい団体を率いるジャイアント馬場の同志としてのタッグを組むことになった〉

妻として。同志として。元子さんは心に決めた。夢を封印し人生の大勝負に打って出た馬場さんのことは私が守る、と。

すでに日本に戻っていた元子さんは、全日本の巡業に同行するようになった。そして、馬場を徹底的にガードした。すべては馬場に気持ちよく仕事をしてもらうために。そのためには、マスコミとの衝突も辞さなかった。元子さんが考えるところの全日本らしさ、全日本の流儀にそぐわないと思えば、観客にも容赦なく声を荒らげた。

一方で、春のイースターではゆで卵を外国人レスラーに振る舞い、日頃の労をねぎらう。そんな気遣いも元子さんならでは、だった。

ジャイアント馬場が率いた全日本プロレス。それは良くも悪くも「馬場商店」の屋号がしっくりくる、店主の肌触りがダイレクトに伝わってくる団体だった。

自分たちの理に固執したことで、ビジネスチャンスを逸したかもしれない。近代化の波に乗り損ねたのかもしれない。だが、馬場は馬場らしく生き抜き、元子さんは元子さんらしく生き抜いた。ふたりはその日々にきっと悔いを抱いてはいない。

元子さんが馬場のもとへ旅立ち、そして実現したOBたちの同窓会。馬場夫妻はどんな思いで記念写真に収まる彼らを見つめていただろうか。

いや、日本でぶらぶらしている暇はないのかもしれない。ハワイのどこか、名も知れぬビーチに腰をおろし、キャンバスに絵筆を走らせる夫とそれを見守る妻。そんなふたりの姿が瞼の奥に浮かんでは消えていく。

特別収録　ブルーノ・サンマルチノ・インタビュー

二〇一八年四月一八日、〝人間発電所〟ブルーノ・サンマルチノが同日に死去したことがWWEから発表された。享年八二。またひとり、ジャイアント馬場ゆかりのプロレスラーがこの世を去ってしまった。

筆者は二〇一四年二月、ペンシルベニア州ピッツバーグを訪れている。サンマルチノに話を聞くためだ。

本書がテーマとする「一九六四年のジャイアント馬場」からすでに半世紀以上が経過した。

プロレスラーは連日のように自身の身体を痛めつける過酷な仕事であり、二〇一四年の時点ですでにほとんどの関係者は世を去っている。

ジャイアント馬場自身はもちろん、馬場が最も憧れたバディ・ロジャースも、鉄人ルー・テーズも、吸血鬼フレッド・ブラッシーも、グレート東郷もフレッド・アトキンスも、もはやこの世の人ではない。

しかし、幸いなことに〝人間発電所〟ブルーノ・サンマルチノは当時、まだ健在だった。二〇一三年二月にはWWEの殿堂入りが発表され、四月にはマディソン・スクウェア・ガーデンの顕彰セレモニーに出席している。

二〇一三年春から伝手をたどってインタビューを申し込んでいたものの、諸事

情から取材日が確定するまでには長い時間がかかり、ようやく、自宅のあるピッツバーグでインタビューを行うことができた。

マディソン・スクウェア・ガーデンの帝王は、同世代のプロレスラーにしてはまったく珍しく、見事にシェイプされた肉体を保っており、記憶も実に鮮明だった。今となっては貴重なものとなってしまった彼の理知的な言葉の数々を、ぜひお読みいただきたい。

*

――日本のプロレスファンは、あなたが残していったスピーチをよく覚えています。一九九九年五月二日、東京ドームでのことでした。馬場さんが一月の終わりに亡くなり、その追悼セレモニーであなたが挨拶したのです。「ババ、君に挨拶するためにきた。君は身体だけじゃなく、心もジャイアントだった。君はすべての人に愛され、大切にされた素晴らしい人物だった。今日この場にいられることをうれしく思う」。素晴らしいスピーチでした。

ブルーノ・サンマルチノ（以下BS）　その時のことはよく覚えているよ。東京ドームにいた全員がババに大きなリスペクトを抱いていることに感銘を受けた。ババ

1967年3月、サンマルチノは日本プロレスに初来日した

はとても正直で誠実な男だったから、大きなリスペクトを持っているよ。

私はババに忠誠を誓っていたんだ。

一九七〇年代半ば頃、ヴィンス・マクマホン・シニアはイノキのオフィス（新日本プロレス）のブッカーになり、多くのタレントを日本に送り込んでいた。イノキは「サンマルチノがほしい」とシニアに頼み、シニアも私に「君はイノキのところに行かないといけない」と命令したけれど、私は断った。

「私はババを裏切るつもりはない。だからイノキのところには行かない。そのことであなたとの関係がダメになっても仕方がない」とつっぱねたんだ。ヴィンス・シニアとの関係はもちろん悪くなってしまったけれど、私にとってはババとの関係のほうが重要だった。

――どうしてそれほどまでに、馬場さんを大切にしたのですか？

BS 私はババ以上のビッグ・ボス（プロモーター）を知らない。日本に行く時には何の契約書もなかった。私とババの信頼関係だけで充分だった。行く前の約束は必ず実行されたし、アグリーメント（同意事項）が変更されたことは一度もなかった。私も彼らを信用していたし、彼らも私を信用してくれた。ババのオールジャパンに抱いたような親しみを、ほかのオフィスに感じたことは一度もない。ババはとてもフェアなプロモーターで、あらゆるレスラーを素晴らしい待遇で迎えた。常に一流のレスラーを呼んでいたが、彼らからババの悪口を聞いたことは一度もない。誰もが「ババは言ったことは必ず守る男だ」と言っていた。正直で高潔な男だった。

プロモーターに対して、通常レスラーはいい感情を持っていない。プロモーターのほとんどは、残念ながらいい人間ではないんだ。

だが、ババだけは例外だった。私が知る限り、ババはレスラーから悪口を言われたことのないただひとりのプロモーターだったと思う。

――あなたが初めて馬場さんに会ったのは、一九六一年の九月だったはずですが。

BS　トーゴー（グレート東郷）とサト（芳の里）、あとスズキ（マンモス鈴木）。ババは彼らと一緒にツアーをしていた。私もルーキーで、一年前にデビューしたばかりだった。

――馬場さんは、言葉を交わす前からブルーノには好印象を持ったと自伝に書いています。あなた自身の馬場さんの印象はどのようなものだったのでしょうか？

BS　それはうれしいね。でも率直にいって、ババがニューヨークにやってきた時の印象は残っていないんだ。彼は英語ができなかったからね。当時はトーゴーが日本人レスラーを引率していたから、紹介されて挨拶はしたけど、言葉を交わしてはいなかったから、パーソナリティはまったくわからなかった。

――では、馬場さんのパーソナリティを理解して「こいつはいいヤツだ」と思うようになったのはいつですか？

BS　初めて日本に行った時（一九六七年三月）だよ。

　とにかくすごく背が高くてね……私も身体が大きくて、二五七パウンドあったから、日本人からすればとても大きかったんだけどね（笑）。

　でも、筋肉質でなくて骨っぽいし、強そうには見えなかった。だから最初は「手加減したほうがいいかな」くらいに思ったんだ。大男はたいてい、見てくればかりで何もできないからね。

ところが、いざ試合が始まってみると、柔軟性に富んでいるし、コンディショニングもよかった。ブロー（殴り合い、打撃）を受けてもタフだった。できるヤツだって尊敬したよ。しっかりとレスリングに取り組んでいるヤツだってね。

私は彼を持ち上げてスラムしたけど、ちゃんと起き上がってきたよ。結局、私たちは一時間も戦ったんだ（笑）。

――あなたが馬場さんと初めて戦ったのは一九六一年一一月一三日、マディソン・スクウェア・ガーデンのセミファイナルでした。メインイベントはアントニオ・ロッカとバディ・ロジャースだったのですが、その時にショーヘイ・ババと戦った試合のことは覚えていますか。

BS　ババはとても大きくてタフなレスラーだった。でも、私はババと戦う以前に、すでにヘイスタック・カルホーンと戦っている（同年二月二七日）。ババほどの身長はないが、太っていてとても大きな男だ。私は彼を持ち上げた世界でただひとりのレスラーなんだ。だから人々はブルーノを世界一強いレスラーだと思ったはずさ。ニューヨークのファンは「ババはブルーノにとって大きすぎる」

とは思わなかっただろう。

——若い日の馬場さんが、ニューヨークで出会ったブルーノ・サンマルチノと「いつか俺たちふたりでMSGのメインイベントで戦おう」と誓い合った、というエピソードは日本では有名なのですが、本当でしょうか？

BS ごめん。覚えていない。

——では、一九六四年二月一七日のマディソン・スクウェア・ガーデンでの試合について教えてください。あなたは馬場さんとメインイベントで試合をしました。馬場さんのキャリアでも一番思い出に残っている試合でしょう。何か覚えていることはありますか？

BS うーん。全然覚えていないなあ。私はWWWFのチャンピオンになった一九六三年五月以降、八年近くも毎月マディソン・スクウェア・ガーデンで試合をしていたんだよ（笑）。当然、全部メインイベントだ。ひとつひとつの試合を覚えちゃいないさ。

アメリカにいた頃のババと話したことはほとんどない。マディソン・スクウェア・ガーデンで顔を合わせたことはもちろんあったけど、ドレッシングルームは会場の反対側にあったし、話をする機会はまったくなく、お互いを知ることもなかった。ただリング上で試合をするだけでね。
さっきも言ったけど、ババの印象が強くなったのは、一九六七年に初めて日本に行った時のことさ。ジョー樋口を通訳にして、初めてババと本音で話した。
すぐに彼を尊敬するようになったよ。リング上でもタフだけど、リング外でも誠実で信頼できる人物だとわかったんだ。
ババにキャデラックをプレゼントしたこともある。ババはあの大きな身体で小さな日本車に乗っていたから、「なんでババみたいな大男が小さい車に乗っているんだい？」と聞いたら、ジョー樋口が「日本でアメリカのクルマを買うのは難しい」と言うから、私の大きなキャデラックを送ってあげたんだ。それほど私はババが好きで、彼をリスペクトしていたということさ。

――馬場さんの英語は上手ではなかった？

BS　ノット・グッド。会話をするのは難しかった。

――では、もし馬場さんがアメリカに残っていたら、たとえばニューヨークのヴィンス・マクマホン・シニアと契約していたら、もっとビッグな存在になったと思いますか？

BS　もちろんだよ。アメリカでのババはバッドガイ、悪役だ。私もテキサスのテリトリーで悪役に回ったことがある。バッドガイは観客に憎まれなければならない。毎週のようにテレビに出て、散々悪態をついて、観客が自分を憎むように仕向けなくてはならないんだ。

でも、ババはアメリカでひとつの都市に長く留まることがなかった。だから人々を充分に怒らせ、自分を憎むように仕向けることができなかった。

ババにはレスラーとして充分な身体能力があった。もし彼に観客にアピールする能力があれば、もっと大きなスターになったはずだ。

もしヴィンス・シニアと契約していれば、ヴィンスはババを毎週欠かさずテレビに出演させただろう。ババはテレビマッチで小さなレスラーを次々に倒して、どんどん大きな存在になっていったに違いない。

ババは英語が話せなかったから、ルー・アルバーノやフレッド・ブラッシーのようなスポークスマンが必要になる。彼らがババの代わりに「アメリカ人レスラーは弱い！　ババの相手になるレスラーはひとりもいない。ブルーノ・サンマルチノだろうが誰だろうが、あっというまに倒してやるぞ」としゃべってくれる。そうすれば観客は大いに興奮し、ババの存在を人々に強烈に印象づけることができたはずさ。

ババはタフでデカくて肉体的にも説得力があったし、その上、日本はアメリカと戦争した国なんだ。間違いなくビッグ・スターになっていたはずだよ。でも、帰国してよかったのかもしれない。ババは日本に戻って非常に有名になり、日本で一番のレスラーとなって何十年にもわたって成功したわけだからね。

——バディ・ロジャースについて教えてください。ロジャースは六〇年代のアメリカンマットを代表するスーパースターでしたが、評判の悪いレスラーです。あなたはどう思っていますか。

BS　嫌いだね。確かにスーパースターだが、人間としてはよくない。多くのレスラーにわざとケガをさせたり、誠実な人間ではなかった。初めて彼に会った時から、お互いに好きではなかったな。

ロジャースを好きな人間はほとんどいなかった。彼は六〜八名の軍団でツアーに出るんだけど、彼らはどこに行ってもトラブルを起こした。ローカルなレスラーを傷つけたりね。

悪いことに、彼はプロモーターに対しても影響力を持っていた。「いいアイディアがある」とプロモーターの耳元で囁くんだが、その「いいアイディア」も、結局はロジャースとそのグループのためのものなんだ。とにかく人を操ることに長けていて、ずる賢いんだ。

ロジャースがリングに上がれば、確かに客は沸く。しかし、彼が去った後、そのテリトリーは食い物にされて確実に悪くなってしまう。そういうことがあったから、ロジャースにはいつも悪い評判がつきまとっていたんだと思うよ。

——でも、ロジャースは圧倒的に観客を呼びました。その才能は凄いと思います。ロジャースはなぜそれほど多くの観客を呼べたのでしょうか？

BS 確かにロジャースは客を呼んだ。でも君はビジネスをきちんと理解しないといけない。彼のやり方はショットガンのようなものだ。派手で刺激的で奇抜な試合をするから、観客も夢中になるんだけど、せいぜい三〜四カ月しか続かない。

客が刺激に飽きた頃には、ロジャースはもう次のテリトリーに移っている。その後、残されたテリトリーはめちゃくちゃになっている

1967年のプログラムの表紙を飾るサンマルチノ。まさに全盛期だった

んだ。ロジャースはニューヨークのテリトリーも同様にめちゃくちゃにしてしまった。だからこそマクマホン（・シニア）はカナダで大成功していた私をニューヨーク（WWWF）に呼び寄せたんだ。

――馬場さんはロジャースが大好きです。ロジャース軍団の一員でもありました し、リング上でも何度も戦っています。馬場さんがロジャースを好きだった理由は何だと思いますか。

BS　ババとロジャースの試合のことは知らないし、ババはロジャースを好きだったかもしれない。それは構わない。ババが言うのなら、ロジャースとの試合で良い経験をしたのだろう。

だが、ほかの五〇人のレスラーは違う意見だろうね。彼らのほうがロジャースをよく知っているはずだよ。ババが見ていないことを見ているからね。

ババは長くロジャースと同じテリトリーで試合をしたことがないはずだよ。たとえば半年間ロジャースと同じテリトリーで試合をしていれば、おそらく彼を好きになることはなかったと思う。

日本、オーストラリア、南アフリカ……ロジャースはアメリカ以外で試合したことがないだろう？　そういった国ではずる賢いことはできないからね。

――あなたは何度も日本にきています。日本プロレスに六七年に初来日し、全日本には七三年、九九年には馬場さんの追悼興行に参加しました。

BS　そうだね。ババとの試合はいつもとても人気を博したことを覚えているよ。ババは日本のヒーローだから、私の役回りは当然悪役だ。アメリカは悪役にブーイングする。ところが日本の観客は、基本的には馬場を応援するんだけど、私がパワーやテクニックで見せ場を作ると、ブーイングどころか拍手して応援してくれるんだ。アメリカの観客とまったく違うことに驚いたよ。

――日本のファンからリスペクトされている、と感じたんですね？

BS　その通りだ。嫌な経験をしたことは一度もなかったよ。ホテルでファンに見つかっても、何の問題もなかった。

スタン・ハンセンは私の首を折ったことがある（七六年四月、WWWF王座戦に挑んだハンセンはサンマルチノにボディスラムをかけた際、誤って頭から落とし、頸椎損傷の重傷を負わせている。当時、日本ではハンセンはラリアットでサンマルチノの首を折った、と伝えられた）。彼はそのことで日本ではヒーローになったけど、アメリカのファンはハンセンを本気で殺そうとしていたんだよ。だからしばらくは警察の警護が必要だった。一日中ずっとだよ！　ファンがハンセンに何をするかわからないからね。ところが日本では全然違った、私がババのようなヒーローを打ちのめしてもファンは私に何もしなかった。レスラーを尊敬してくれたんだ。

日本にいた時に、危険を感じたことは一度もない。侮辱されたことも脅迫されたこともちろんなかったよ。

キンタロー・オオキ（大木金太郎）と試合をした時、彼は私を傷つけようとした。だから私は頭にきてヤツを散々殴りつけたんだ。オオキは出血して倒れたけど、その時でさえ、日本のファンからは何もされなかったからね。

――八〇年代の馬場さんはすでに年をとっていて、胸は薄く、腕も細く、強そうには見えませんでした。それでも日本のファンは「馬場さん」をすごく愛していたんです。日本人は馬場さんに強さ以外の何かを求めていたような気がしますが、ブルーノさんはどう思いますか？

BS　ババはヒーローだったし、ファンは崇拝していたね。ファンを嫌な気持ちにさせるスキャンダルもまったくなかったしね。なんて説明すればいいかな……モハメッド・アリと同じだよ。アリはラリー・ホームズにやられたけど、ファンは彼を愛し続けた。ババにもそのような雰囲気、オーラがあった。日本のファンはババに、普通の人間以上の何かを見ていたんじゃないか。

——デストロイヤーは馬場さんをブッダにたとえていました。

BS その気持ちは私にもわかるよ。ババとは一緒に日本のあちこちを（巡業で）旅したけど、どこに行っても人々は畏敬の念をもって彼に接していたからね。

——ブルーノ・サンマルチノというレスラーはWWWFで大成功を収めました。あなた以上に成功を収めたレスラーはひとりもいません。それでもあなたはプロモーターのヴィンス・シニアおよびヴィンス・ジュニアと緊張関係を持ち続けました。どの時代であっても、プロモーターとレスラーは、そのような緊張関係を持ち続けるものなのでしょうか。

BS そうだ。多くのプロモーターは、残念ながらこの世で最も高潔でない人種だ。ヴィンス・マクマホン（・シニア）と私もひどい時間を過ごしたことがあった。私が王者だった時は多くのカネを稼いだからベスト・フレンズだった（笑）。いつも客が押し寄せていたから、ヴィンスが私に何かを要求することはなかったし、私にとっても幸運な時代だったな。

——ところが二〇一三年に入って、あなたの周囲が急に騒がしくなりました。WWEと歴史的和解を果たし、WWEの殿堂入り（Hall of Fame）を果たしたからです。長らく敵対関係にあったヴィンス・ジュニアとの和解は日本でも驚きをもって報じられましたが、あなたにとっても大きな出来事だったのでは？

BS ああ、アメリカのファンもそうだったよ（笑）。これもレスラーとプロモーターの信頼関係の問題だったんだが……。

なぜ和解したかを知りたいかい？　八四年の九月だったと思う。五月にマクマホン・シニアが亡くなり、シニアの仕事を引き継いだジュニアから、私に電話がかかってきたんだ。それで私はレスラーを続けつつ、テレビマッチのコメンテーターもやったんだ、ジュニアと一緒にね。ジュニアは、父の死後、団体内で様々なことを認めるようになったんだけど、その大半は私からすれば悪い変更だった。その最たるものが、ドラッグ、ステロイドの使用を認めたことだった。

――ジュニアが薬物使用を許可したんですね。

BS 私は激怒したよ。それだけじゃない。ジュニアが業界のトップに就いたことでプロレスがすっかり変わってしまった。ほとんど裸のような格好のセクシーな女の子をリングに連れてきて、セクシャルショーまがいのプロレスが行われた。会場に汚い言葉も飛び交うようになった。私はそんな状況が許せなかったんだ。二五年間自分が関わってきたビジネスが、このような形に変わってしまったことに絶望した私は、WWFから離れた。WWFのホール・オブ・フェイムに私が入らないことにファンが「おかしい」と声をあげてくれたけれど、私は加わる気はまったくなかった。しばらくしてデストロイヤーからも連絡がきたが、私は断ったよ。ドラッグが使われ、裸の女性が歩き回り、汚い言葉が交わされるようなリングに上がるつもりはまったくなかった。

その後、私の友人であり、友達である弁護士のマーティン・ラザーロを通じてWWEサイドから殿堂入りを打診してきたけど、ドラッグで多くのレスラーが死んでいることを知っていた私は断った。

——では、なぜ二〇一三年二月の殿堂入りが実現したのですか。

BS 数年前にトリプルH（HHH）ことポール・レヴェックから連絡があったんだ。「あなたがホール・オブ・フェイム入りを断っていることは知っています。でも、私たちは変わったんです」とトリプルHは言った。「WWEは変わりました。厳しいドラッグテストもやっているし、あなたも知っている神経外科のドクター・マルーンが我々に協力してくれています。彼にWWEの現状を聞いてみてください」とね。

マルーンはWWEのドラッグチェック部門のトップとして厳しい検査をしてい

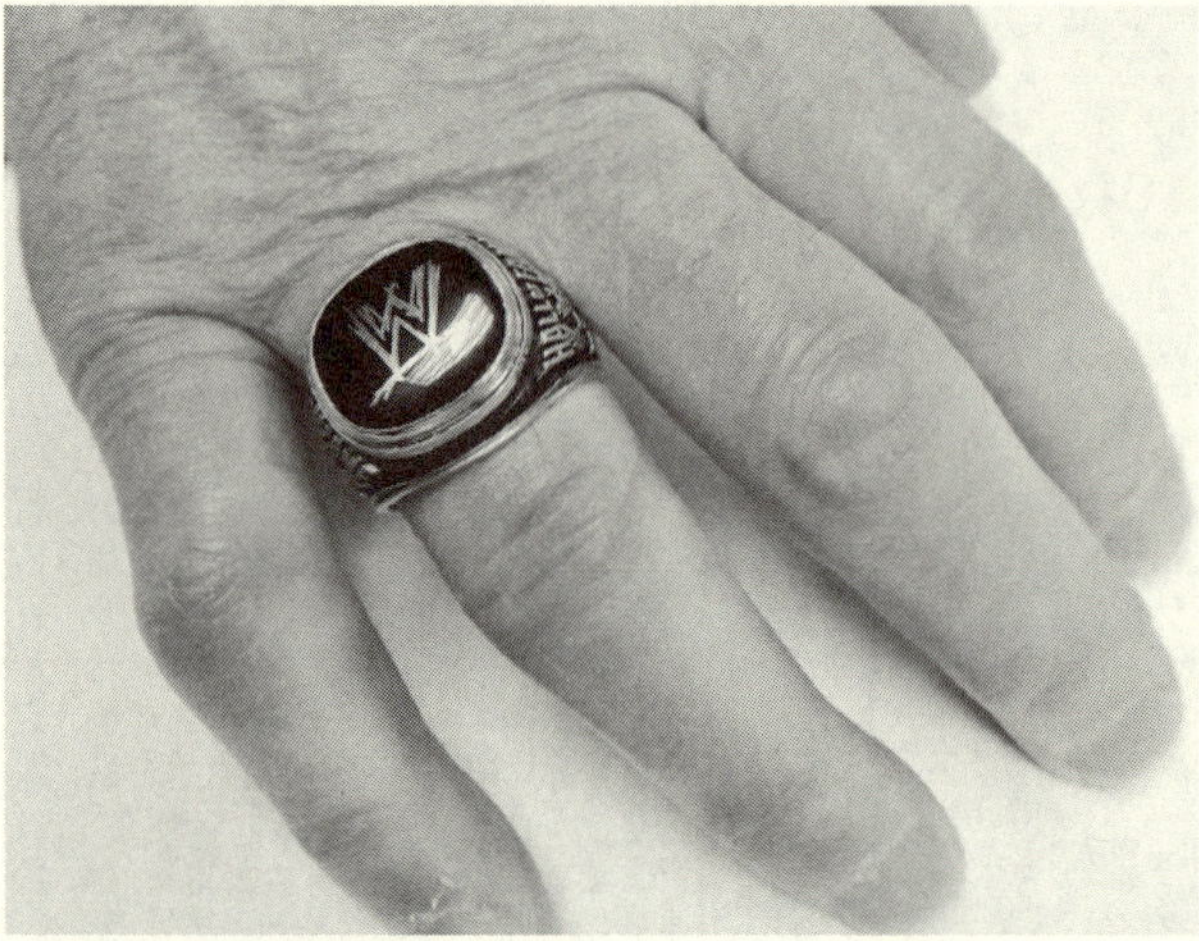

左手の薬指にはWWEの殿堂入りの証であるリングがはめられていた

て、彼の下に五人のドクターが働いている。彼に直接聞いたところ、「トリプルHの言葉を一〇〇%信じて問題ない。我々はとても厳しいドラッグテストをやっているよ」と教えてくれた。私はプロモーターのヴィンス・ジュニアたちのことは信じていないが、ドクター・マルーンのことは昔から信頼していた。私の手術を担当してくれたこともある間柄なんだ。

彼はお金持ちで、評判の高い名医だから、WWEから賄賂をもらってニセの診断書を書くことは決してない。だからこそ、彼の言葉を信じたんだ。

――それで決断した、ということですね。

BS　いや、それでも私は慎重だった。トリプルHが「あなたがいま、プロレスを見ていないことは知っています。三、四カ月間、いつでもいいから試合を見てほしいんです。問題がなくなっていることを確認できるはずですから」と。

それで私は実にひさしぶりにプロレス中継を見た。決して私が愛したレスリングではなかったけれど、過剰なセクシーさや、汚い言葉はなくなっていた。

一年後、ついに私はトリプルHの提案を受け容れた。トリプルHは言ったよ、「ブルーノ、僕たちはファミリーとして仲良くしましょう。もう問題が起こることはありません。どうかホール・オブ・フェイムに入ってください」とね。いまはとてもハッピーだよ。

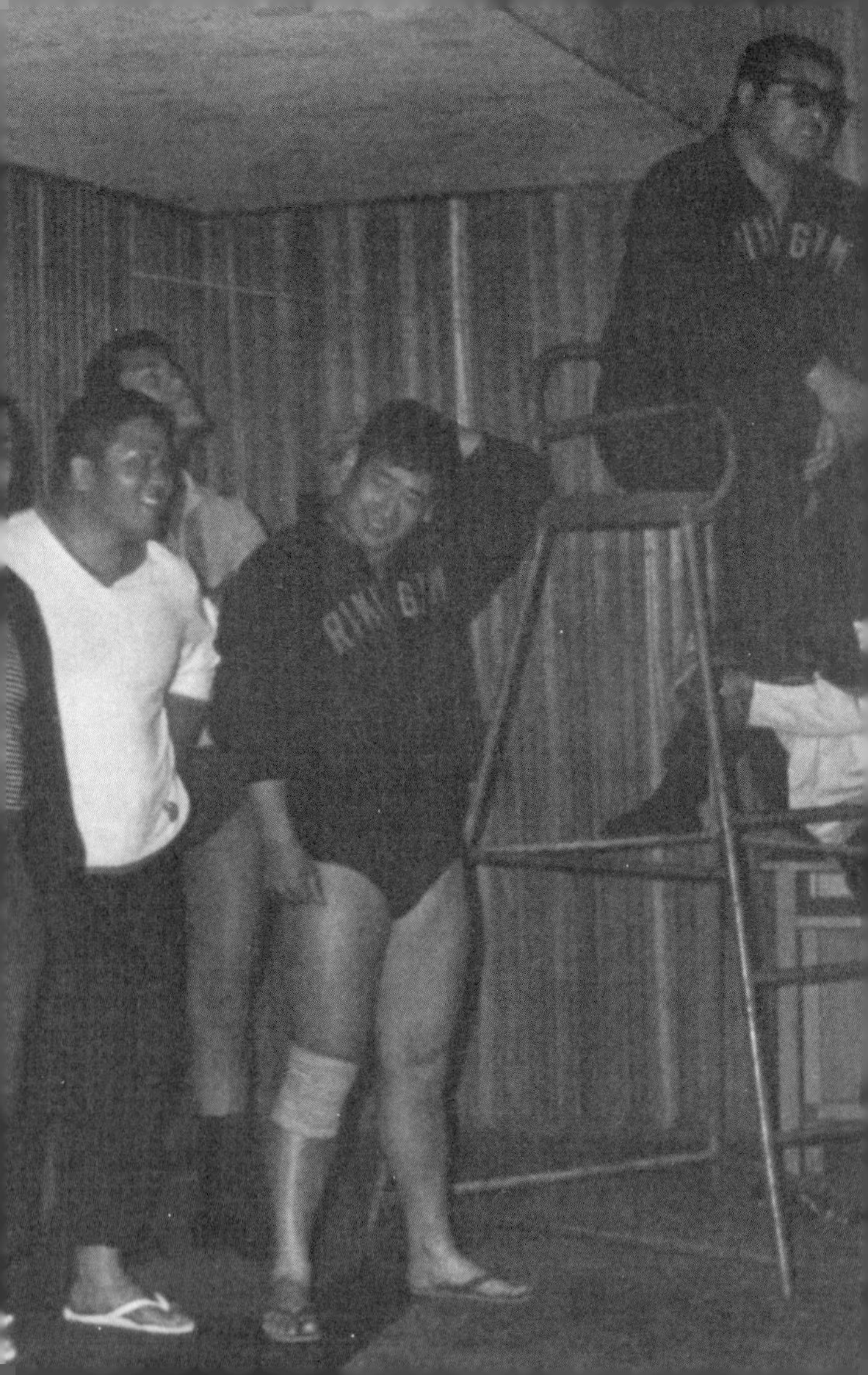

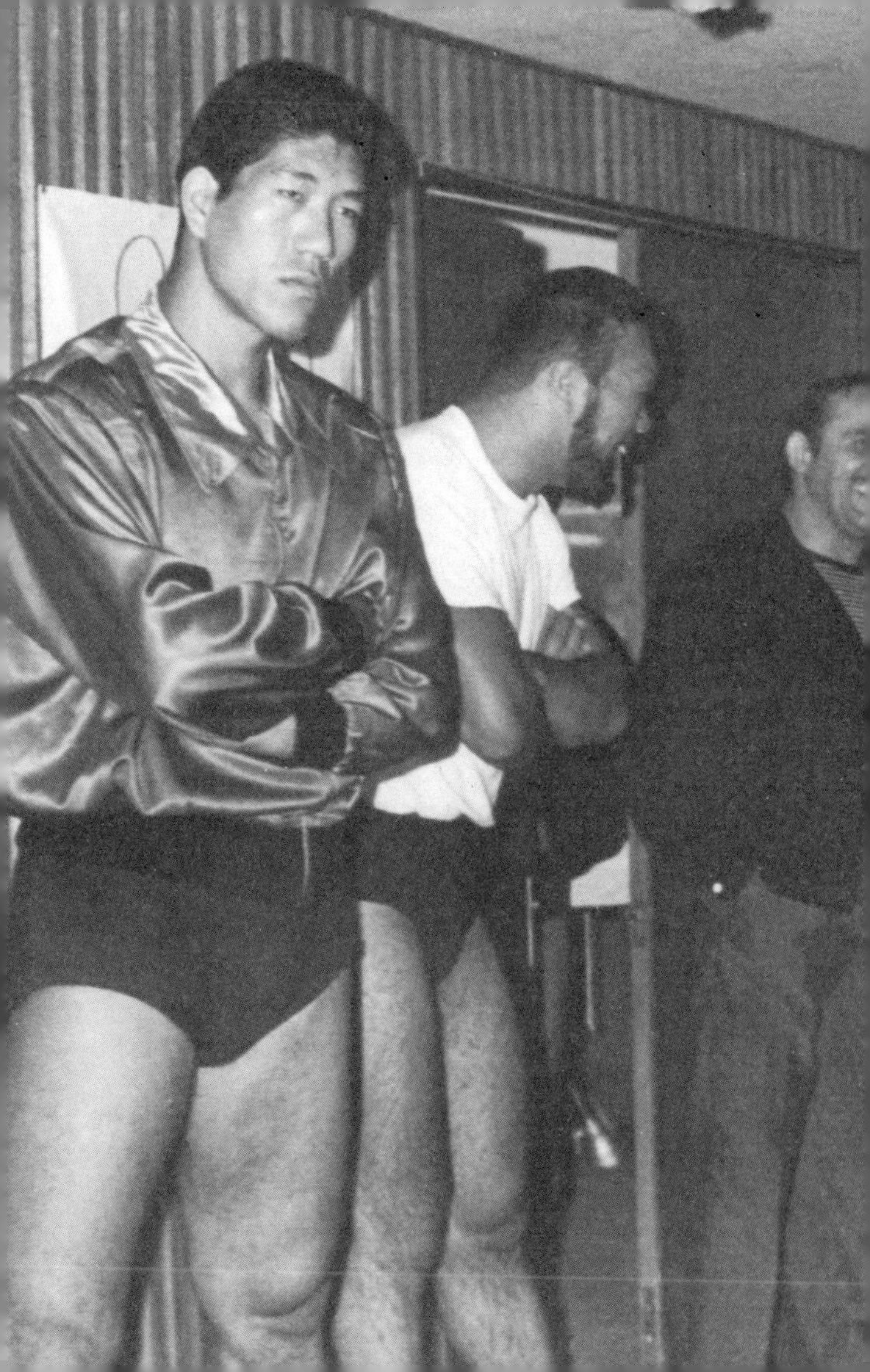

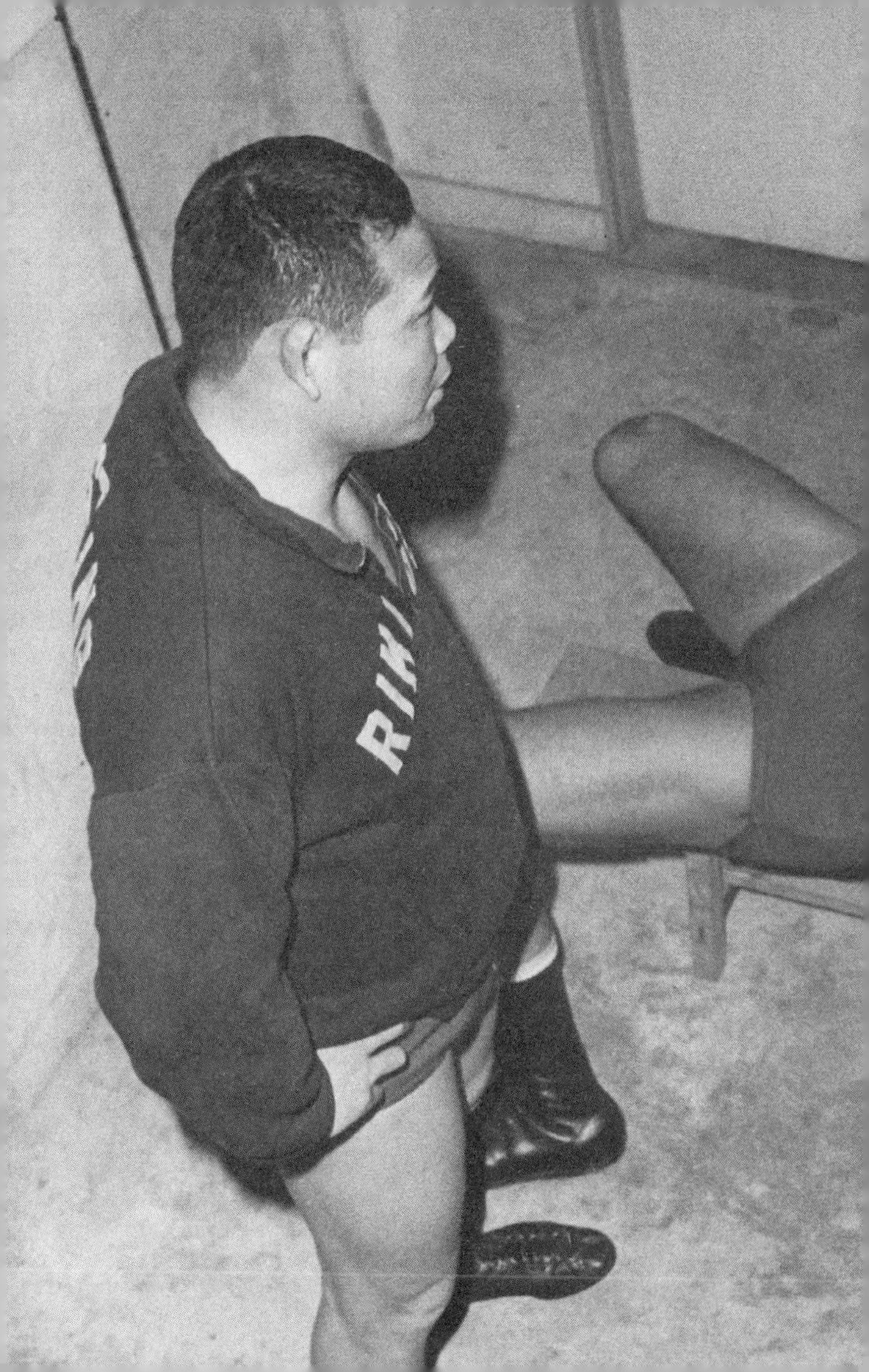

Wrestlers

27

写真・資料提供／流智美、那嵯涼介、双葉社資料室

参考資料

●書籍

『空手チョップ世界を行く～力道山自伝』(力道山光浩／ベースボール・マガジン社／1962年)
『ジャイアント馬場激闘写真集』(山田隆編／東京スポーツ新聞社／1976年)
『格闘技スーパースター』(田鶴浜弘／双葉社／1980年)
『誰も書かなかったプロレスの内側』(菊池孝／みき書房／1982年)
『たまにはオレもエンターテイナー』(ジャイアント馬場／かんき出版／1983年)
『巨人軍の男たち』(千葉茂／東京スポーツ新聞社／1984年)
『わが柔道』(木村政彦／ベースボール・マガジン社／1985年)
『個性豊かなリングガイたち』(ジャイアント馬場／ベースボール・マガジン社／1987年)
『アメリカン・ヒーロー』(ボブ・グリーン／集英社／1990年)
『激録　力道山』(原康史／東京スポーツ新聞社／1994年)
『瞬間を生きろ!』(天龍源一郎／竹書房／1994年)
『日本プロレス30年史』(田鶴浜弘編／日本テレビ放送網／1995年)
『鉄人ルー・テーズ自伝』(ルー・テーズ、流智美／講談社／1995年)
『激録　馬場と猪木　第一巻』(原康史／東京スポーツ新聞社／1997年)
『もう一人の力道山』(李淳馹／小学館／1998年)
『馬場本』(ベースボール・マガジン社／1999年)
『魂のラリアット』(スタン・ハンセン／双葉社／2000年)
『防御は最大の攻撃なり!!』(竹内宏介／日本スポーツ出版社／2001年)
『王道十六文』(ジャイアント馬場／日本図書センター／2002年)
『力道山がいた』(村松友視／朝日新聞社／2002年)
『DSM - IV - TR　精神疾患の診断・統計マニュアル　新訂版』(高橋三郎ほか／医学書院／2004年)
『フレッド・ブラッシー自伝』(フレッド・ブラッシー／エンターブレイン／2003年)
『遊牧民から見た世界史　民族も国境もこえて』(杉山正明／日本経済新聞社／2003年)
『興行界の顔役』(猪野健治／筑摩書房／2004年)
『七勝八敗で生きよ』(天龍源一郎／東邦出版／2007年)
『リングサイド』(スコット・M・ビークマン／早川書房／2008年)
『木村政彦はなぜ力道山を殺さなかったのか』(増田俊也／新潮社／2011年)
『金狼の遺言』(上田馬之助、トシ倉森／辰巳出版／2012年)
『我が愛しの20世紀全日本プロレス史』(渕正信／takami corporation／2013年)
『巨人軍の巨人　馬場正平』(広尾晃／イースト・プレス／2015年)

●新聞・雑誌ほか

東京スポーツ
日刊スポーツ
スポーツニッポン
報知新聞
朝日新聞
スポーツ毎タ
週刊ファイト
『プロレス&ボクシング』
『文藝春秋』
『週刊文春』
『本の話』
『kamipro』
『週刊プロレス』
『週刊ゴング』
『Gスピリッツ』
『Sports Graphic Number』
『Sports Graphic Number PLUS』
『アントニオ猪木デビュー50周年記念DVD - BOX』(TCエンタテインメント／2010年)
『DVD付きマガジン　ジャイアント馬場　甦る16文キック』(馬場元子監修／小学館／2012年)

●海外書籍・雑誌

『HOOKER』(Lou Thesz, Kit Bauman／Wrestling Channel Pr／2001年)
『BRISCO』(William "Bill" Murdock／Culture House Books／2003年)
『National Wrestling Alliance』(Tim Hornbaker／ECW Press／2007年)
『WRESTLING REVUE』
『WRESTLING LIFE』
『BOXING ILLUSTRATED』
『WRESTLING OBSERVER』

本書は2014年11月に弊社より刊行された単行本『1964年のジャイアント馬場』に加筆・修正をしたものです。

111

双葉文庫

や-32-02

1964年《ねん》のジャイアント馬場《ばば》

2019年1月13日　第1刷発行

【著者】
柳澤健《やなぎさわたけし》

【発行者】
島野浩二
【発行所】
株式会社双葉社
〒162-8540 東京都新宿区東五軒町3番28号
［電話］03-5261-4818(営業)　03-5261-4868(編集)
www.futabasha.co.jp
(双葉社の書籍・コミックが買えます)
【印刷所】
三晃印刷株式会社
【製本所】
株式会社若林製本工場

【表紙・扉絵】南伸坊
【フォーマット・デザイン】日下潤一
【フォーマットデジタル印字】恒和プロセス

落丁・乱丁の場合は送料双葉社負担でお取り替えいたします。
「製作部」宛にお送りください。
ただし、古書店で購入したものについてはお取り替えできません。
［電話］03-5261-4822(製作部)

定価はカバーに表示してあります。

ISBN978-4-575-71477-7 C0195
Printed in Japan